KB111445

새뮤얼슨 V/s 프리드먼

SAMUELSON   FRIEDMAN

시장의 자유를
둘러싼 18년의
대격돌

새뮤얼슨

SAMUELSON *VS* FRIEDMAN

프리드먼

니컬러스 웝숏 지음

이가영 옮김

THE BATTLE OVER THE FREE MARKET

부·키

지은이 **니컬러스 윕숏** Nicholas Wapshott

영국 언론인, 저술가. 《타임스》 창간 편집인, 《뉴욕 선》 수석 편집자를 지냈으며, 현재 뉴욕에 살면서 《로이터》 등 다수 언론에 칼럼을 기고하고 있다. 『로널드 레이건과 마거릿 대처』 『케인스 하이에크』 등 정치인 및 학자를 집중 분석하는 책을 주로 썼고, 『캐럴 리드』 『렉스 해리슨』 『피터 오툴』 등 유명 인사의 전기도 다수 썼다.

전작 『케인스 하이에크』 에서 경제학계 숙명의 라이벌인 존 M. 케인스와 프리드리히 하이에크의 격돌을 치밀하게 재연해 냄으로써 큰 화제를 모은 바 있다. 이 세기의 대결이 20세기 전반기의 경제학 논쟁에 불을 지폈다면, 또 다른 두 거장 폴 새뮤얼슨과 밀턴 프리드먼은 20세기 후반기의 경제학 지형에 커다란 영향을 끼쳤다. 현대 경제학의 양대 산맥인 이들의 대결은 정부와 시장의 역할에 대한 오래된 경제학 논쟁에 다시금 불을 지펴 놓는다. 그 속에 녹아 있는 시대 고민과 날카로운 통찰을 통해 우리는 현실 경제와 정치의 미래를 가늠해 볼 수 있다.

옮긴이 **이가영**

KAIST에서 전기 및 전자 공학을 전공하고 서울대학교 기술정책대학원에서 경제학 석사 학위를 받았다. 현재 바른번역에서 과학과 경제 분야 번역가로 활동하고 있다. 《하버드비즈니스리뷰》 한국어판과 청소년 과학 교양 잡지 《OYLA》 번역에 참여했고, 역서로는 『적자의 본질』 『세계 경제가 만만해지는 책』 『유전자는 우리를 어디까지 결정할 수 있나』 『보석 천 개의 유혹』 『빅데이터 인간을 해석하다』 등이 있다.

새뮤얼슨 vs 프리드먼

초판 1쇄 발행 2022년 6월 15일 | 초판 2쇄 발행 2022년 7월 15일

지은이 니컬러스 윕숏 | **옮긴이** 이가영 | **펴낸이** 박윤우 | **편집** 김동준, 김송은, 김유진, 성한경, 여임동, 장미숙, 최진우 | **마케팅** 박서연, 이건희 | **디자인** 서혜진, 이세연 | **저작권** 김준수, 백은영, 유은지 | **경영지원** 이지영, 주진호 | **발행처** 부키(주) | **출판신고** 2012년 9월 27일 | **주소** 서울 서대문구 신촌로3길 15 산성빌딩 5-6층 | **전화** 02-325-0846 | **팩스** 02-3141-4066 | **이메일** webmaster@bookie.co.kr | ISBN 978-89-6051-928-2 03320

잘못된 책은 구입하신 서점에서 바꿔 드립니다.

만든 사람들
편집 김동준 | **디자인** 서혜진 | **조판** 권순나

루이즈에게

이 책에 쏟아진 찬사

오늘날에도 여전히 중요한 경제적 현안들을 이해하기 위해 반드시 읽어야 할 책.

_폴 크루그먼, 노벨 경제학상 수상자, 뉴욕시립대학교 석좌 교수

전후 수십 년 동안 가장 영향력 있는 경제학자 두 명으로 폴 새뮤얼슨과 밀턴 프리드먼을 꼽는다면 크게 틀리지 않을 것이다. 저자는 이 두 경제학자를 통해 오늘날 여전히 가장 중요한 현안으로 남아 있는 논쟁을 조명한다.

_애덤 투즈, 컬럼비아대학교 역사학 교수, 『셧다운』 저자

이 책은 MIT의 폴 새뮤얼슨과 시카고대학교의 밀턴 프리드먼 사이에서 벌어진 논쟁의 역사다. '경제학자들의 경제학자'로서 경제학 문제를 수학적으로 접근하는 독창적인 연구 방식으로 유명했던 새뮤얼슨. 화폐 경제학에 막대한 영향을 끼친 학자이며 새뮤얼슨보다 훨씬 더 큰 정치적 영향력을 지닌 인물이었던 프리드먼. 이렇게 두 사람의 차이점에 초점을 맞추며 저자는 오늘날까지 유효한 논쟁을 조명한다.

_마틴 울프, 《파이낸셜타임스》

저자는 경제학에 대한 기초 이론을 설명하고 문화사와 인물들에 대한 다채로운 묘사를 통해 내용을 풍부하게 한다. 그 결과 20세기 가장 영향력 있는 두 경제학자에 대한 이해하기 쉽고 미묘한 입문서가 탄생했다.

_《퍼블리셔스 위클리》

이 책은, 마치 우리가 잊은 듯하지만, 지금도 유효한 1960년대와 1970년대의 교훈을 일깨워 준다. 고통스럽겠지만, 경제학자와 일반 독자는 그 시절로부터 다시 배워야 한다. 그 시대를 다시 재현해 내는 것보다 이 즐겁고 유익한 책을 읽는 편이 더 낫기 때문이다.

_《시티 저널》

이전 시대의 경제학적 명제가 무너지고 있는 현재, 경제학의 두 거장을 비교함으로써 많은 것을 배울 수 있도록 하는 책이다.

_《포린 어페어》

경제학도라면 두 거장의 충돌을 다룬 이 훌륭한 이야기를 즐기게 될 것이다.

_《커커스 리뷰》

20세기 후반을 대표하는 두 경제학자의 사상과 인생에 초점을 맞춘 기념비적 작업이다.

_《리터러리 리뷰》

지금 왜 새뮤얼슨과
프리드먼인가

박기영
한국은행 금융통화위원,
『래디컬 마켓』 역자

『새뮤얼슨 vs 프리드먼』은 『케인스 하이에크』의 저자인 니컬러스 웝숏의 후속작으로 폴 새뮤얼슨과 밀턴 프리드먼의 학문적 대결 과정과 (세상에 덜 알려진) 평생에 걸친 우정을 꼼꼼한 사료 확인을 통해 흥미롭게 소개한다. 케인스와 더불어 20세기 가장 위대한 경제학자라 할 수 있는 두 사람은 1933년 시카고대학교 교정에서 학부생과 대학원생으로 처음 만났다. 이후 평생에 걸쳐 연구와 논쟁을 통해 경제학자들뿐 아니라 정책 입안자들에게 큰 영향을 미쳤다. 또한 진보와 보수를 대표하는 경제학자로 1965년부터 18년 동안 《뉴스위크》 칼럼을 통해 다양한 경제 이슈에 대해 전문가의 의견을 대중들에게 전했다. 새뮤얼슨은 1970년, 프리드먼은 1976년 노벨 경제학상을 수상했다.

    폴 새뮤얼슨은 경제학자들의 경제학자economists' economist라는 호칭이 가장 어울리는 학자이다. 현대 경제학의 수학적 방법론을 정립했을 뿐 아니라 경기 변동, 국제 무역, 재정학, 금융 경제학 등 거의 모든 분야에서 학자들이 평생에 한 편만 써 봤으면 하는 논문들을 다수 작성했다. 경제학에 수학을 적용하는 표준 지침서로 자리 잡은 1947년 저작『경제 분석의 기초Foundations of Economic Analysis』는 놀랍게도 1941년 본인의 박사 학위 논문에 기초한 것인데, 박사 논문 디펜스 당시 지도 교수였던 조지프 슘페터와 바실리 레온티에프는 "우리 봉과한 섯일까?"라는 농담을 니눴다고 한다(지도 교수 레온티에프도 노벨 경제학상 수상자인데 제자였던 새뮤얼슨이 3년 먼저 수상했다). 1997년 그레고리 맨큐의『맨큐의 경제학Principles of Economics』이 나오기 전까지 수 세대 동안 경제학 교육에서 가장 중요한 역할을 했던『새뮤얼슨의 경제학Economics』은 1948년에 출판되었는데 이 책에 소개된 관련 일화가 흥미롭다. 당시 MIT에서 선택 과목이었던 경제학 입문 과목이 학생들 사이에서 인기가 없자 경제학과장이 새뮤얼슨에게 '분량이 많을 필요는 없고, 재미만 있으면' 되는 책을 써 볼 것을 제안한 것에서 시작했다(『새뮤얼슨의 경제학』은 20개국 언어로 번역되었으며 2001년 12판부터는 2018년 노벨 경제학상 수상자인 윌리엄 노드하우스가 참여했다).

밀턴 프리드먼은 그의 책『선택할 자유Free to Choose』의 제목에서도 쉽게 알 수 있듯이 개인의 합리성을 신뢰하고 자유 시장을 주창하는 사람으로 널리 알려져 있지만 그의 소비 이론과 통화 이론은 거시 경제의 작동과 안정화 정책에 대한 우리의 지식을 크게 넓혔다. 필자의 유학 시절 동기 한 명이 도서관에 뛰어 들어와 프리드먼이 학교에 왔다며 다 같이 보러 가자는 말에 경제학과 박사 과정생들이 우르르 몰려 나갔던 기억이 있다. 2002년 11월 8일이었고 프리드먼의 90세 생일을 축하하는 학술 행사였다. 바로 이 행사에서 당시 연준 의장이었던 벤 버냉키는 다음과 같은 말을 남김으로써 프리드먼이 우리가 통화 정책을 이해하는 데 얼마나 큰 영향을 미쳤는지 보여 주었다.

"대공황에 대한 선생님의 지적은 옳았습니다. 우리(연준)가 대공황을 초래했습니다. 정말로 죄송합니다. 하지만 선생님 덕분에 다시는 그런 실수를 저지르지 않을 것입니다."

이 책은 저자의 전작과 같이 시장과 정부의 역할에 대해 상반된 견해를 가졌던 위대한 두 경제학자의 인생과 교류를 돌아보면서 20세기 후반 경제학사의 큰 흐름을 짚고 있다. 동시에 여러 측면에서 독서의 즐거움을 주는 책이다. 먼저, 현재 우리 사회에도 크나큰 함의를 가지고 있는 정부와 시장의 역할에 대해 다시 생각해 볼 기회를 준다. 시장이 작동하지 않을 때 정부의 개입을 옹호하는 새뮤얼슨의 주장은 개인적 경험에 기반한 것임을 책의 여러 군데에서 볼 수 있다. 대공황이 한창이던 1930년대 초 시카고대학교에서 수업을 들었던 새뮤얼슨은 경기 변동 수업에서는 실업을 얘기하지만 이론 수업에서는 실업에 대한 논의가 전혀 없는 것이 "편집증적"으로 느껴졌다고 한다. 또한 300군데 넘게 지원했는데도 취업에 실패한 친구들이 바로 옆에 있는데 굳이 시장이 잘 작동하는지 검증할 필요가 없었다고 한다. 이런 경험들에 기반해 필요할 경우 정책적 개입을 옹호했던 새뮤얼슨은 신고전파 종합neoclassical synthesis의 대표 주자가 되었다. 이 이론의 요지는 경제가 완전 고용 상태에 가까울 때는 가격 기능을 강조하는 신고전파 경제학의 방법론으로 분석하고, 경제가 완전 고용 상태에서 벗어날 때는 케인스학파의 정책 처방을 따르는 것이다.

당시 경제학의 지배적인 사조였던 신고전파 종합은 1970년대 물가가 오르면서 경기가 동시에 침체하는 스태그플레이션 현상을 설명하지 못했다. 이때 프리드먼은 자연 실업률은 통화 정책과 무관하게 결정되고, 물가와 자연 실업률 변동은 장기적으로 아무런 관계가 없다는 자연 실업률 가설을 들고나오면서 거시 경제학계에 큰 기여를 한다. 국방과 사법 체계 말고는 국가의 개입을 대부분 반대했던 프리드먼은 의사 면허제 폐지, 마약 합법화, 교육 바우처, 부의 소득세 제도 등 선택의 자유를 강조하는 정책 제안들을 하기도 했다. 이들 중 일부는 사회적 논쟁 과정을 거쳐 정책화되었거나 정책 실험들이 이어지고 있다. 케네디 행정부의 입각 제의를 거절하기도 했던 새뮤얼슨과 달리 프리드먼은 경제학을 넘어서 본인의 자유 지상주의자libertarian적 시각을 정책화시키고자 애썼다.

문제는 정부와 시장 사이 어디에서 선을 그어야 할지 여전히 우리는 답을 모르고 있다는 것이다. 하이에크가 『노예의 길』 출판 전 최종 원고를 케인스에게 보냈는데 케인스가 하이에크에게 보낸 답장의 문제 의식에서 벗어나고 있지 못하는 것이다.

"정말이지 진지하게 비판할 부분은 한 가지밖에 없네. 이 책 곳곳에서 자네는 (경제를 모두 시장에 맡길지, 정부에 맡길지가 아니라 민간과 정부 부문을 가르는) 선을 어디에 그을 것인지가 문제라 말했지. …… 하지만 자네는 그 선을 어디에 그어야 하는지에 대해서는 아무런 지침을 제시하지 않았네."

이 어려운 문제에 대해서 필자도 당연히 답을 모르지만 필자의 개인적 경험, 그리고 책에 나온 사례들을 통해서 큰 원칙들을 짐작해 볼 수 있지 않을까 한다. 첫 번째는 시장을 어떻게 볼 것인가이다. 필자의 유학 시절 첫 학기 가격 이론(시카고대학교에서는 다른 곳과 달리 미시 경제학은 가격 이론price theory, 거시 경제학은 소득 이론income theory으로 부른다) 수업은 1992년 노벨 경제학상을 수상한 게리 벡커 교수가 강의했는데, 어느 날 숙제의 주제로 '장기 기증'이 제시되었다. 미국의 경우 장기 기증을 받기 위해서는 명단에 이름을 올리고 순번이 와야만 장기 이식 수술을 받을 수 있는데, 장기의 '공급'보다 '수요'가 훨씬 크기 때문에 많은 사람들이 수술을 받지 못하는 안타까운 현실에 착안한 문제였다. 시장을 중시하는 시카고학파의 대표 학자답게 벡커 교수는 장기를 시장에서 거래할 필요가 있다고 했고, 여기까지는 필자의 예상대로였다. 하지만 숙제의 목적은 무작정 시장에 맡길 경우 돈 많은 사람들이 장기를 먼저 사 갈 수 있으므로 더 좋은 방법이 있는지 모색해 보자는 것이었다. 예를 들어, "장기 기증을 받길 원하는 사람들을 대상으로 '장기 복권survival lottery'을 만들어 판매하면 어떨까?" "어떤 조건에서 사람들은 장기를 기증하고 복권을 살 의향이 있는가?" "어떤 제도에서 후생이 더 큰가?" 같은 문제들을 분석했던 것으로 기억한다. 당시 필자는 시카고학파에서도 무작정 시장에 맡기자는 주장을 하는 것이 아니라 매 사안마다 시장보다 더 나은 대안이 있는지 고민한다는 신선한 인상을 받았다. 정부의 개입을 반대하고 시장에 맡기자는 주장을 하기 전에 시장에서 자유롭고 공정한 경쟁이 이루어지는지, 외부 효과 등으로 시장이 잘 작동하지 않는 요소들이 없는지를 살필 필요가 있다.

두 번째는 정책을 세울 때 필요한 원칙에 대한 것이라 할 수 있다. 새뮤얼슨은 1950년 프리드먼에게 보내는 편지에 다음과 같이 썼다. "전에 했던 말을 철회해야겠어. 자네도 알다시피 나는 말을 바꾸는 걸 무척 싫어하지만, 잘못된 시각을 고집하는 게 더 싫거든. 그러니 어쩔 수 없지." 비슷한 맥락에서 케인스도 왜 의견이 바뀌었냐는 말에 "들은 정보가 달라졌으니 의견을 바꿀 수 밖에요"라고 말한 적이 있다. 데이터 또는 근거가 바뀌면 생각도 바뀌어야 한다. 즉, 정책은 데이터에 기반data-dependent해 결정되어야 한다. 또한 새뮤얼슨의 "프리드먼은 자신이 과학을 하는 사람이라고 믿었지만, 자기 생각보다 훨씬 더 열정에 차 있었습니다"라는 말처럼 신념이나 당위론이 정책에 개입하는 것도 조심할 필요가 있다. 선거를 의식할 수밖에 없는 정치인들의 영향도 정제할 필요가 있다. 1971년 6월 닉슨 대통령은 선거 전 경기를 부양하고 싶어 했다. 당시 비공식 자문에 불과한 프리드먼을 불러 연준 의장 아서 번스가 이자율을 낮춰 통화량을 늘리도록 설득을 부탁했다. 프리드먼이 이런 정책은 심각한 인플레이션을 초래할 텐데 이러면서까지 선거에서 이겨야 되냐고 묻자 닉슨은 "그건 그때 가서 걱정할 문제"라 답했다.

이 책의 또 다른 미덕은 두 거장에 얽힌 흥미로운 일화들을 많이 접할 수 있다는 것이다. 예를 들어, 케인스의 이론을 강의하는 것이 마르크스주의를 가르치는 것이나 마찬가지라며 새뮤얼슨이 공산주의자로 의심받았으나 당시 MIT 총장 칼 테일러 컴튼 덕분에 구제되었던 사례는 필자도 이 책을 통해 처음 접했다. 또한 시카고대학교에서 당시 떠오르던 스타 경제학자였던 새뮤얼슨을 초빙하려 무척 애를 썼다는 일화도 흥미로웠다. 책을 읽으면서 '새뮤얼슨이 시카고대학교로 왔다면 경제학의 역사는 어떻게 바뀌었을까' '2006년 작고한 프리드먼은 그 이후 있었던 연준의 양적 완화QE를 어떻게 평가했을까' 등 흥미로운 질문들이 떠올랐다.

경제학에 조금이라도 관심을 가지고 있거나 경제학원론 수업 정도를 들은 독자들이라면 이 책을 무척 흥미롭게 읽고 다양한 생각거리를 가질 것이다. 개인적으로 이 책에서 이념적 갈등이 깊어지는 오늘날 우리 사회가 얻을 수 있는 가장 큰 교훈은 1995년 12월 8일 새뮤얼슨이 프리드먼에게 보낸 편지의 구절이 아닐까 생각한다.

"우리가 만난 지 …… 이제 겨우 62년이 되었군. …… 우리가 서로 의견이 갈리는 때가 많기는 했지만 논리적, 실증적 차이가 벌어지기 시작하는 근본적인 지점에서는 서로를 이해했다는 사실을 나중에 사람들이 알게 됐으면 좋겠어. 그동안 서로를 향한 애정과 우정, 존경심을 꽤나 잘 감춰 왔다는 걸 말이야."

프리드먼은 이 편지에 감동받았다고 하면서도, '모두 밀턴과 논쟁하고 싶어 합니다. 특히 밀턴이 그 자리에 없을 때요'라는 평을 받았던 인물답게 '우리가 처음 만난 건 …… 내 생각에는 63년이 맞는 것 같아'라고 정정했다.

차례

1   18년 논쟁의 시작

뉴욕의 부동산 재벌 빈센트 애스터(사진)는 영국을 여행하던 중 감기에 걸린 뒤로 건강을
회복하지 못하고 있었다. 미국으로 돌아온 그는 가벼운 심장 마비 증상까지 보이며 상태가
악화되었다. 1959년 2월 3일, 빈센트 애스터는 아내와 주치의가 곁을 지키는 가운데 사망
했다. 그리고 그의 죽음은 뜻밖에도 경제 사상사에서 가장 치열하고 중요한 논쟁의 서막이
되었다.

《뉴스위크》편집국장 오즈번 엘리엇(사진)은 다양한 관점의 칼럼을 실어 논쟁을 불러일으
키고 이목을 끌고자 했다. 그가 폴 새뮤얼슨과 밀턴 프리드먼을 칼럼진으로 영입한 것은
《뉴욕타임스》에 기사가 날 정도로 언론계에서 엄청난 사건이었다. 당시에 이 칼럼을 통한
논쟁이 18년 동안이나 계속되며 경제학의 미래를 건 결투로 발전하리라는 생각은 아무도
하지 못했다.

《뉴스위크》의 발행인이 바뀌었다.
새로 임명된 편집장은 논쟁을 불러일으키기 위해
폴 새뮤얼슨과 밀턴 프리드먼을 맞붙인다.
스태그플레이션이 시작되면서 케인스학파의
이론이 시험대에 오른다.

빈센트 애스터Vincent Astor[1]는 몸이 좋지 않았다. 이 고독한 뉴욕 부동산 재벌은 영국에 있는 사촌 윌리엄 애스터William Astor[2]의 별장 클리브덴Cliveden[3]에서 감기에 걸린 뒤로 좀처럼 건강을 회복하지 못했다. 거대하고 음침한 클리브덴 하우스는 오랜 역사를 지닌 건물로, 1930년대에는 윌리엄의 부모 월도프Waldorf[4]와 낸시Nancy[5]가 주말마다 화려한 파티를 열어 상류층 인사들과 모임을 갖던 곳이었다. 나중에 '클리브덴 세트Cliveden Set'로 이름 붙여진 이 모임에는 고위관료, 언론인, 귀족 등 히틀러의 유화 정책을 지지하는 영국 엘리트들이 참석했다.[6]

예순여섯 살의 빈센트 애스터는 사촌들을 만나기 위해 영국을 여행 중이었다. 이 여행에는 그가 '푸키Pookie'라는 애칭으로 불렀던 세 번째 부인 브룩Brooke이 동행했다. 브룩은 뉴욕 대주교와 함께 교황 요한 23세의 즉위식에 참석한 다음 런던으로 와 남편을 만났다. 부부는 짧게 영국에 머문 뒤 맨해튼으로 향하는 유나이티드스테이츠호SS United States 에 몸을 실었다. 빈센트는 영국을 떠나는 날까지 감기로 코를 훌쩍였다.

이 항해는 빈센트에게 아버지의 기억을 불러일으킨 것으로 보인다. 그의 아버지 존 제이컵 애스터 4세John Jacob Astor IV[7]는 첫 항해에서 가라앉은 타이태닉호의 희생자였다. 이 사고로 빈센트는 갓 스무 살에 애스터가의 유산을 상속받았다. 존 애스터 4세는 '불침선'이라는 별명이 붙은 배가 물에 가라앉는 급박한 상황에서도 침착함을 잃지 않은 품위 있는 인물로 유명하다. 목격담에 따르면 이 훤칠하고 잘생긴 백만장자는 당황하지 않고 임신한 아내 매들린Madeleine을 구명정에 태운 뒤, 동물이 실린 곳으로 다가가 자신이 키우던 에어데일테리어 키티는 물론이고 다른 개들까지 우리에서 풀어주었다고 한다. 그가 마지막 순간에 칵테일 바에 앉아, "얼음을 주문하긴 했지만, 이 얼음(빙하-옮긴이)은 너무 크군"이라는 농담을 중얼거렸다는 이야기는 진위를 확인하기 어렵다. 하지만 이 일화는 널리 퍼졌고 빈센트의 아버지는 때 이른 죽음을 겸허하게 받아들인 침착한 인물로 기억되었다.

빈센트와 브룩은 영국에서 돌아오는 길에 애스턴 가문의 영지 펀클리프Ferncliff에 들렀다. 뉴욕에서 허드슨강을 따라 북쪽으로 약 150킬로미터 떨어진 곳에 위치한 펀클리프는 새로 개봉한 영국 영화 〈타이태닉호의 비극A Night to Remember〉[8] 시사회가 열리는 포킵시Poughkeepsie에서 가까웠다. 빈센트는 타이태닉 사건을 재조명한 이 영화가 부친의 품위 있는 영웅적 행동을 어떻게 그렸는지 보고 싶었다. 특히 키티를 구출하는 장면이 궁금했다. 그는 평생 아버지의 죽음이 남긴 그늘에서 벗어나지 못했다. 그날, 영화관 발코니 좌석을 향해 계단을 오르던 중 빈센트는 가슴에 통증을 느꼈다. 이는 나중에 가벼운 심장 마비 증상이었던 것으로 밝혀졌다.

맨해튼으로 돌아온 뒤 빈센트의 건강은 더 나빠졌다. 1959년

2월 3일, 빈센트는 브룩과 함께 저녁 파티에 참석할 예정이었지만, 몸이 좋지 않다며 브룩을 혼자 보냈다. 파티에서 돌아온 브룩은 침대에 누워 제대로 숨을 쉬지 못하는 남편을 발견하고 주치의 코니 귀온Connie Guion을 불렀다. 귀온은 빈센트의 상태가 안정적이어서 병원에 갈 필요가 없다고 판단했다. 그러나 자정 무렵, 브룩과 귀온이 초조하게 침대맡을 서성이는 가운데 빈센트는 사망했다. 이 비극적인 사건은 그 후 50년 동안 굴곡진 인생을 보낸 브룩 애스터에게만 영향을 준 것이 아니었다. 빈센트 애스터의 죽음은 뜻밖에도 경제 사상사에서 가장 치열하고 중요한 논쟁의 시작을 알리는 서막이 되었다.

어느 부동산 재벌의 유산

빈센트 애스터는 브룩에게 1억 3400만 달러(2020년 가치로 12억 달러)에 달하는 막대한 유산을 남겼다. 이 중 바로 처분 가능한 돈만 200만 달러였다. 남은 유산 중 반은 투자되어 브룩에게 넉넉한 소득을 주었고 나머지 반은 1938년 빈센트가 '인류의 고통 경감'을 위해 설립한 빈센트 애스터 재단Vincent Astor Foundation에 속해 있었다. 재단의 운영과 수입 배분은 전적으로 브룩에게 맡겨졌다. 브룩은 재단 활동을 중요하게 생각했고 부유한 자선 사업가라는 위치를 즐겼다. 그녀는 자주 이렇게 말했다. "돈은 거름이에요. 고르게 뿌려 줘야죠." 당시 애스터 재단이 소유한 여러 자산 중에는 맨해튼 5번가의 랜드마크인 세인트 레지스 호텔St. Regis Hotel, 그리고 주간지 《뉴스위크Newsweek》가 있었다.

브룩은 상의 끝에 자신이 호텔왕이나 언론왕이 되는 데 관심이 없다는 결론을 내리고 세인트 레지스 호텔과《뉴스위크》를 모두 내놓기로 했다. 1933년 창간한《뉴스위크》는 헨리 루스Henry Luce가 발행하는 보수지《타임》소속 기자들이 더 진보적인 잡지를 만들어《타임》과 겨루겠다는 포부를 가지고 퇴사해 만든 잡지였다. 그러나 1950년대 말이 되자 처음의 열정은 사라진 지 오래였다. 당시《뉴스위크》워싱턴 지국을 총괄했던 벤 브래들리Ben Bradlee[9]에 따르면 그 무렵《뉴스위크》는 "열정과 이상이 결여된" 고루한 경영 잡지로, 편집 위원장과 수석 편집 위원을 맡은 맬컴 뮤어Malcolm Muir 시니어와 주니어 부자가 "상공 회의소 동료들을 위해 발행하는 기관지" 같았다. 저널리스트 데이비드 핼버스탬David Halberstam[10]은《뉴스위크》에는 "《타임》이 가진 재치와 열정, 그리고 [헨리] 루스의 과감함이 전혀 없다"고 혹평하기도 했다.

브룩 애스터가《뉴스위크》를 판다는 소식을 들은 뮤어 부자는 빈센트가 신임했던 자신들에게 먼저 인수 제안이 올 것으로 보고 자금을 준비하기 시작했다. 토마토 통조림과 과일 통조림으로 유명한 헌트Hunt Foods의 회장 겸 CEO 노튼 사이먼[11]도 인수에 관심이 있다는 소문이 돌았다. 하지만 브래들리에게는 다른 계획이 있었다. 그는 편집장 오즈번 엘리엇Osborn Elliott[12]과 함께 마음에 드는 인수자를 직접 찾아 나섰고《워싱턴포스트Washington Post》를 발행하는 필 그레이엄Phil Graham[13]을 발견했다.

《워싱턴포스트》소유주의 딸 캐서린 마이어Katharine Meyer와 결혼해 사업을 물려받은 그레이엄은 정력적이고 카리스마 넘치는 인물로, 언제나 자신을 병적인 우울증에서 벗어나게 해 줄 일거리를 찾아다녔다. 그는 브래들리와 엘리엇의 제안을 듣자마자 열광적인 반응을 보였다. "이리로 오셔서 이야기하는 게 어떻습니까? 지금 당장 말입니다!" 장인에게서 《워싱턴포스트》를 물려받은 뒤부터 그레이엄은 항상 자기 손으로 키운, 자기 회사를 가지고 싶어 했다. 급성장 중인 《타임》의 경쟁지로, 《워싱턴포스트》와 나란히 두기에 손색없는 이름값을 가진 《뉴스위크》는 그런 그이 열망에 잘 들어맞는 언론사였다. 《뉴스위크》에는 통찰력과 비전이 있는 열정적인 경영자가 필요했고 그레이엄은 그런 역할을 맡을 자신이 있었으므로 인수전에 참여하기로 했다. 눈보라가 뉴욕 전역을 뒤덮었던 1961년 3월 9일, 필 그레이엄은 맨해튼 칼라일 호텔Carlyle Hotel에 있는 자신의 아파트에서 아내 케이트와 함께 애스터 재단 이사회의 연락을 기다렸다. 사실 브룩 애스터는 별다른 이유 없이 처음부터 그레이엄에게 회사를 팔고 싶어 했다. 브룩이 그레이엄 편에 서서 다른 이사들을 설득한 끝에 《뉴스위크》는 1500만 달러(2020년 기준 1억 2900만 달러)에 그레이엄에게 팔렸다.

《뉴스위크》의 변신

《뉴스위크》는 즉시 편집 방향을 수정했다. 브래들리는 당시 상황을 다음과 같이 회상했다. "《뉴스위크》는 기업 친화적이고 보수적인 상공 회의소 분위기를 단번에 벗어 던지고 새 틀을 잡아 나갔습니다. 《타임》보다 더 젊고 더 혁신적이고 덜 냉소적이면서, 더 공정하고 더 재미있고 덜 가르치려 들었죠."14 신임 편집국장 '오즈' 엘리엇의 지휘 아래 《뉴스위크》는 일반 독자층에 호소하는 진보적이고 흥미로운 잡지로 서서히 거듭났다. 엘리엇은 보수 성향이 강한《타임》과 차별을 두기 위해 "예측 가능한 보수적 시각"을 대변하던 이전의 필진을 1960년대의 진취적 분위기에 어울리는 필진으로 교체했다. 다양한 관점의 칼럼을 실어 논쟁을 불러일으키고 관심을 끄는 것이 그의 목표였다. 1963년 그레이엄이 자살로 생을 마감했지만, 엘리엇은 계속해서《뉴스위크》의 콘텐츠를 바꿔 나갔다.

1962년 10월 엘리엇은 노련한 칼럼니스트인 미국 언론계의 거물 월터 리프먼Walter Lippmann[15]과 한때 아이젠하워 대통령의 연설문 작성자였으나 비평가로 돌아선 에밋 휴스Emmet Hughes[16]를 영입했다. 이어서 1965년 초에는 경영 칼럼을 연재하던 헨리 해즐릿Henry Hazlitt[17]을 교체하기로 결정했다. 당시 해즐릿은 아이젠하워 대통령 경제 자문을 지낸 예일대 경제학과 교수 헨리 월릭Henry Wallich[18]과 번갈아 가며 칼럼을 연재하고 있었다. 옛날식 보수주의자였던 해즐릿은 정부가 경제에 개입하면 안 된다는 낡은 시각을 고집했다. 하지만 제2차 세계 대전이 끝나고 영국 경제학자 존 메이너드 케인스John Maynard Keynes[19]의 혁신적인 처방이 널리 받아들여지면서 정부가 실업률에 개입하는 것은 좌우를 막론하고 당연한 일이 되어 가고 있었다. 해즐릿의 시각이 "시대에 뒤떨어졌다"고 판단한 엘리엇은 린든 존슨Lyndon B. Johnson[20] 정부의 케인스주의 정책을 대변할 유명 경제학자를 찾기 시작했다.

가장 먼저 물망에 오른 사람은 존 케네스 갤브레이스John Kenneth Galbraith[21]였다. 캐나다 출신 하버드 경제학 교수 갤브레이스는『풍요한 사회The Affluent Society』[22]를 비롯한 여러 베스트셀러의 저자로, 당시 미국에서 가장 유명한 좌파 지식인이자 경제학자였다. 이론을 현실에 적용하려는 야망이 컸던 갤브레이스는 루스벨트부터 트루먼을 거쳐 케네디[23]까지 민주당 대통령을 두루 보좌했다. 갤브레이스는 마르고 키가 컸으며 고상한 사고방식에 어울리는 느긋하고 귀족적인 말투를 구사했다. 엘리엇은 갤브레이스처럼 눈에 띄는 인물을 영입하면 언론의 시선을 끌어《뉴스위크》가 새로운 방향으로 나아가고 있음을 확실히 알릴 수 있으리라 기대했다 갤브레이스는 정·재계에 발이 넓었을 뿐 아니라, 암살당한 케네디 대통령 및 그 최측근과도 매우 가까웠다. 케네디의 측근 중에는《뉴스위크》의 새 발행인 필 그레이엄과 캐서린 그레이엄 부부도 있었는데, 이들의 조지타운 저택은 아서왕의 캐멀롯[24] 시대에 비견되는 케네디 집권기에 가장 북적이는 살롱이었다.

하지만 갤브레이스는 엘리엇의 제안에 관심이 없었다. 언제나 자기 가치를 높이 평가했던 갤브레이스는 자신이 주간지 칼럼니스트나 하기에는 너무 중요한 인물이라고 생각했고 매주 마감에 시달리는 것도 내키지 않아 했다. 엘리엇에게는 책을 쓰는 데 익숙해서 1000단어 남짓한 칼럼 분량을 맞출 자신이 없다고 둘러댔지만, 그가 제안을 거절한 이유는 그게 다가 아니었다.

1961년 케네디는 갤브레이스를 불러 경제자문위원장을 누구에게 맡길지 상의했다. 이 자리에서 케네디는 1960년 대통령 선거 기간에 갤브레이스에 앞서 자신을 도왔던 MIT 경제학 교수 폴 새뮤얼슨Paul A. Samuelson[25]을 위원장으로 앉히고 싶다는 의사를 명확히 밝혔다. 경제자문위원장을 노리던 갤브레이스에게 암묵적으로 거절 의사를 표한 것이다. 하지만 어린 자녀를 키우던 새뮤얼슨은 보스턴에서 워싱턴으로 거주지를 옮길 의사가 없었다. 새뮤얼슨이

청을 거절하자 케네디는 망설이는 듯했다. 훗날 새뮤얼슨은 이렇게 말했다. "사람들은 케네디에 대해 잘못 알고 있습니다. 그를 자신감 있고 확신에 찬 사람으로 기억하죠. 하지만 케네디는 많이 망설이고 돌다리도 두들겨 보는 성격이었습니다."[26]

케네디는 연설문 작성자 겸 보좌관 아서 슐레진저 주니어Arthur Schlesinger Jr.[27]를 통해 갤브레이스가 여전히 위원장 자리에 관심이 있는지 물었지만, 갤브레이스는 이미 마음을 바꾼 뒤였다. 슐레진저에 따르면 당시 케네디는 갤브레이스가 위원장직을 거절했다는 이야기를 듣고도 "전혀 개의치" 않았다고 한다. 갤브레이스는 케네디 정부에 대한 자신의 영향력이 다른 목소리에 묻혀 약해질까 봐 경계하는 사람이었다. 훗날 그는 위원장직을 거절한 이유를 이렇게 밝혔다. "매일 똑같은 사람들과 똑같은 참나무 탁자에 앉아 똑같은 주제에 관해 똑같은 논쟁을 하고 싶지 않았다. 특히 별로 달갑지 않은 사람들을 매일 봐야 한다는 게 싫었다."[28]

갤브레이스가 위원장직을 거절한 뒤에도 케네디는 계속 그와 함께 1961년 1월 취임사에서 발표할 경제 정책의 큰 줄기를 잡아나갔다. 갤브레이스는 시민권 확장, 교육과 의료 분야 지출 확대, 만연한 빈곤의 퇴치, 독재 정부를 지원하지 않는 윤리적인 외교 정책, 가난한 나라에 대한 재정 및 기술 지원 확대 등을 새 정부의 주요 과제로 제안했다. 하지만 케네디의 조심스러운 성격 탓에 급진적인 제안은 대부분 취임사에서 빠졌다.

2년 뒤 케네디가 암살당하고 부통령 린든 존슨이 정권을 물려받으면서 갤브레이스는 민주당 지도부와 거리를 두게 됐다. 존슨과 친하지 않았던 갤브레이스는 새 행정부에 합류하라는 제안을 받지 못했고 한동안 저술과 강의에 집중하겠다는 결정을 내렸다. 하지만 오래 지나지 않아 그는 존슨 정부의 베트남 정책에 대한 강력한 비판자로 떠올랐다. 갤브레이스 전기 작가 리처드 파커Richard Parker의 말처럼 그는 "정부의 주요 내부 인사에서 열성 아웃사이더 정부 비판자"[29]로 변신했다.

거부할 수 없는 제안

《뉴스위크》칼럼은 존슨의 무모한 정책을 비판하기에 딱 맞는 지면이었지만, 갤브레이스가 제안을 거절하면서 엘리엇은 새뮤얼슨에게로 관심을 돌렸다. 1948년 케인스 경제학 교과서의 결정판『새뮤얼슨의 경제학』을 출간한 새뮤얼슨은 갤브레이스와 마찬가지로 학계를 넘어 대중적인 인지도를 가지고 있었다. 처음에 새뮤얼슨의 반응은 시큰둥했다. "아시다시피 교과서가 잘 팔려서 경제적으로 아쉬운 게 없습니다. 돈이 더 필요하지 않아요." 엘리엇은 연간 몇천 달러의 원고료가 그의 삶을 바꿔 놓을 리는 없지만, 미국에서 가장 뛰어난 이론 경제학자라는 자리를 굳힐 수 있을 거라며 그를 설득했다. 엘리엇에 따르면 새뮤얼슨은《뉴스위크》구독자가 1400만 명이라는 말에 "귀를 쫑긋 세우더니" 제안을 받아들였다고 한다. 처음 합의한 원고료는 칼럼 한 편당 400달러(2020년 가치로 3450달러)였지만, 연재를 시작한 9월에는 750달러(2020년 가치로 5800달러)까지 늘어났다. 1년 동안 열일곱 편의 칼럼을 연재하는 대가로 오늘날 가치로 9만 8600달러에 계약이 성립된 것이다. 칼럼 내용에 대한 권한은 전적으로 새뮤얼슨에게 있었고 원한다면 헤드라인까지 직접 쓸 수 있었다.

엘리엇은 경제학자 세 명이 번갈아 가며 연재하는 칼럼을 구상했다. 하지만 당시 엘리엇이 손에 쥔 카드는 "진보 경제학자[새뮤얼슨] 한 명, 중도 경제학자[월릭] 한 명, 그리고 답답한 보수주의자[해즐릿] 한 명"뿐이었다. 그는 고루한 해즐릿을 대체할 젊은 보수 경제학자가 필요하다고 판단했다. 우파 경제학자 한 명을 섭외해 좌파인 새뮤얼슨과 번갈아 칼럼을 연재하게 하는 방안도 고려했지만, 새뮤얼슨에게 격주로 칼럼을 연재해 줄 수 있냐고 묻자[30] 『새뮤얼슨의 경제학』을 개정하느라 시간이 없다는 답이 돌아왔다. 결국 연재 간격은 3주에 한 번으로 결정되었다.

아내의 말을 들어라

1936년 케인스가 『고용, 이자, 화폐의 일반 이론The General Theory of Employment, Interest and Money』(이하 『일반 이론』)을 발표해 경제학계에 혁명을 일으킨 이후 보수 경제학과 보수 경제학자의 영향력은 크게 줄어들었다. 1960년대 미국에서 케인스 경제학은 혁신적 처방으로 대공황을 끝냈다는 평가를 받으며 계속 위상을 높여 가고 있었다. 거의 모든 미국 대학에서 보수파 경제학 교수가 은퇴하면 그 자리를 케인스학파 경제학자가 채우는 물갈이가 일어났다. 이런 상황에서 새뮤얼슨에 맞설 명석하고 젊은 보수 경제학자를 찾기는 쉽지 않았다. 때마침 보수 경제학의 보루 시카고대학교에서 활발히 활동 중인 교수 한 명이 엘리엇의 눈에 들어왔다. 바로 밀턴 프리드먼Milton Friedman[31]이었다. 1966년 여름 엘리엇은 프리드먼에게 칼럼니스트 자리를 제안했다. 하지만 프리드먼은 《뉴스위크》에 글을 쓰기에는 너무 바쁘다"는 이유로 제안을 거절했다. 엘리엇은 낙담했지만, 다행히 프리드먼의 아내 로즈Rose Friedman가 남편을 설득하고 있었다.

로즈는 당시를 이렇게 회상했다. "남편도 저와 마찬가지로 그 일이 가치 있다고 생각했습니다. 하지만 하고 싶어 하지 않았어요. 지면 제약이 있는 칼럼에서 제대로 다룰 만한 주제가 많지 않을 것 같다면서요. …… 연구에 들이는 시간을 뺏길 거라는 걱정도 했습니다. 주업이 연구와 강의니까요."³² 로즈 프리드먼은 유명 언론에 칼럼을 연재하면 프리드먼의 인지도가 크게 올라갈 것을 잘 알고 있었다. 로즈는 진정 위대한 경제학자라면 시간을 들여 자신의 사상을 알려야 한다고 말하며 남편을 설득했다.

연구하는 사람과 사상을 퍼뜨리는 사람이 서로 다른 경우가 많기는 하지만, 언제나 그렇지는 않다는 것이 로즈의 주장이었다. 로즈는 프리드먼에게 "존 메이너드 케인스는 둘 다 했다"고 강조했다. 프리드먼에게는 케인스처럼 단순한 이론 경제학자로만 머물지 않겠다는 야심이 있었다. 나중에 로즈는 이렇게 말했다. "자유 시장 경제와 정치적 자유의 연관성이나 정부가 국민의 삶에 개입할 때 발생하는 문제 같은 걸 제대로 설명할 사람이 필요했습니다. 저는 남편이 가진 특별한 능력과 지식이 그런 일에 잘 들어맞는다고 생각했어요."³³

프리드먼은 《뉴스위크》가 요구하는 분량과 어조에 맞춰 글을 쓸 수 있는지 확인하기 위해 다루고 싶은 주제를 목록으로 만들고 샘플 칼럼을 두어 편 작성해 동료 시카고학파 경제학자 조지 스티글러George Stigler[34]에게 보냈다. 칼럼을 읽은 스티글러는 로즈와 마찬가지로 소재가 떨어질 일은 없을 거라며《뉴스위크》의 제안을 받아들이라고 조언했다. 그럼에도 결정을 내리지 못한 프리드먼은 시카고대학교 시절 만난 친구 새뮤얼슨에게 전화를 걸었다. 프리드먼의 기억에 따르면 이날 새뮤얼슨은 긴 통화를 나눈 끝에 제안을 받아들이라고 "강력히" 권했다.[35] 여러 보수 경제학자 가운데 프리드먼이 자신의 가장 강력한 맞수임을 인정한 것이다.

세기의 대결 2막

엘리엇이 새뮤얼슨과 프리드먼을 영입한 일은《뉴욕타임스》기사[36]에 날 정도로 언론계에서 엄청난 사건이었다. 서로 성향이 다른 경제학자들로 팀을 꾸린 엘리엇의 '혁신적' 기획은 큰 찬사를 받았고, 이듬해 엘리엇은 최고의 경제 언론인에게 수여하는 제럴드 뢰브 상Gerald Loeb Award을 받았다.

이로써 프리드리히 하이에크Friedrich Hayek[37]가 존 메이너드 케인스를 비판하는 논문을 학술지에 실으면서 시작된 1931년의 논쟁이래 주류 경제학 사상 가장 끈질기고 치열한 대결이 될 설전의 무대가 마련되었다. 엘리엇도 새뮤얼슨도 프리드먼도 자신들이 이후 18년 동안이나 칼럼을 연재할 거라고는 생각하지 못했다. 이 기간 케인스학파의 지적 패권은 큰 도전을 받게 된다.[38]

오랫동안 연재된 새뮤얼슨과 프리드먼의 칼럼은 모아 놓으면 경제 현황과 미래 전망에 대한 하나의 긴 논쟁이 된다. 이들의 칼럼은 대중이 경제를 이해하는 방식에 유례를 찾기 힘들 정도로 큰 영향을 미쳤다.

　새뮤얼슨과 프리드먼이 서로에게 너그럽고 예의 바르지 않았다면 논쟁이 이렇게 오랫동안 이어지지 못했을 것이다. 둘은 사상적으로는 적이었지만, 사적으로는 친구였다. 다만 사상의 차이를 반영하듯 사고방식이나 글 쓰는 스타일은 완전히 달랐다. 새뮤얼슨의 글은 그의 평소 성격과는 차이가 있었다 글에서 그는 이미 명망이 높고 성공한 학자답게 때로는 상대를 무시하는 것처럼 보일 만큼 여유 있게 도전을 받아넘겼다. 반대로 프리드먼은 끄떡없는 상대방에 맞서 점수를 내기 위해 길거리 싸움꾼처럼 주먹을 날려댔다. 또, 프리드먼은 옹호나 비평을 통해 당대에 벌어진 사건에 개입하려는 의도를 가지고 정치적 글을 쓴 반면, 새뮤얼슨은 한때의 논쟁에 일일이 개입하기보다는 더 장기적이고 거시적인 글을 썼다.

　프리드먼은《뉴스위크》칼럼이 성공한 원인으로 두 사람 사이의 애정과 존경심을 꼽았다. "정책에 대한 의견은 완전히 다를 때가 많지만, 폴과 나는 좋은 친구다. 우리는 서로의 능력과 경제학에 한 기여를 존경한다."[39] 새뮤얼슨 또한 프리드먼에게 보낸 편지에서 같은 취지로 말했다. "우리가 의견이 갈리는 때가 많기는 하지만, 논리적·실증적 차이가 벌어지기 시작하는 근본적인 지점에서는 서로를 이해한다는 사실을 나중에 사람들이 알게 됐으면 좋겠어. 그동안 서로를 향한 애정과 우정, 존경심을 꽤 잘 감춰 왔다는 걸 말이야."[40]

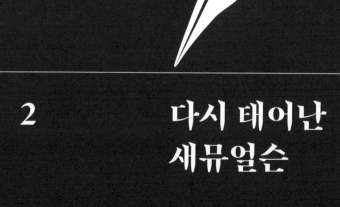

2   다시 태어난
세뮤얼슨

폴 새뮤얼슨은 1915년 5월 15일 인디애나주 게리(사진)에서 태어났다. 제1차 세계 대전으로 무기와 군수 물자의 수요가 폭발하자 철강 도시인 게리는 빠르게 성장했다. 새뮤얼슨은 당시를 회상하며 이렇게 말했다. "전쟁으로 상당한 부가 흘러들었습니다. 집이 가난한편은 아니었습니다. 배고픔을 경험해 본 적이 없어요." 정부 정책의 영향을 많이 받은 새뮤얼슨은 게리에서 자란 경험이 그가 경제학자가 되는 데 밑거름이 되었다고 말했다.

새뮤얼슨은 1930년대 대공황에 대해 "살아남는 것 외에 다른 것은 고민거리조차 되지 못했"던 시기로 회상한다. 시카고대학교에서 경제학을 공부하던 새뮤얼슨은 '대공황 상황에서도 정부가 사람들의 고통을 덜기 위해 할 수 있는 것이 아무것도 없다'는 의견을 고수한 시카고학파가 현실과 동떨어져 있다고 느꼈다. 이후 그는 시카고를 떠나 하버드대학교에서 학업을 이어 갔다.

인디애나주 게리에서 태어난 새뮤얼슨은
뛰어난 수학 실력으로 시카고대학교에 입학해
자유 시장 경제학자들의 가르침을 받는다.

폴 새뮤얼슨과 밀턴 프리드먼은 닮은 점이 많다. 둘 다 유대인 가정에서 태어났고 대학 동창과 결혼했으며 시카고대학교에서 수학했다. 인맥도 얽혀 있었다. 시카고 시절 새뮤얼슨은 프리드먼의 매형애런 디렉터Aaron Director로부터 경제학을 배웠다. 새뮤얼슨은 장수한 디렉터를 두고 "(훗날) 살아남아 '내 급진적인 매부 밀턴 프리드먼은 말이지'하고 운을 뗄 수 있는 사람은 디렉터밖에 없을 것"[1]이라고 농담하기도 했다. 하지만 이처럼 가정 환경과 삶의 궤적이 비슷했음에도 경제를 보는 둘의 관점은 완전히 달랐다.

　폴 앤서니 새뮤얼슨은 1915년 5월 15일 미시간호 남쪽 끝에 자리한 도시인 인디애나주 게리Gary에서 태어났다. 그의 표현을 빌리면 게리는 "기차에 실려 온 애팔래치아산 석탄과 배로 도착한 미네소타산 철광석"이 세계 최대의 제철소 게리 웍스Gary Works를 거쳐 가공되는 곳이었다.[2] 새뮤얼슨의 아버지 프랭크Frank Samuelson는 아내이자 사촌인 엘라 립턴Ella Lipton[3]과 함께 "리투아니아와 동프로이센 사이에 낀 작은 폴란드 땅"[4]에서 미국으로 이민했다. 프랭크는 약사였고 주 고객은 폴란드, 체코, 크로아티아, 러시아 등 동유럽에서 이민 온 철강 노동자들이었다. 약국에서 그는 환자들의 모국어인 다양한 슬라브어권 언어에서 공통된 단어를 모아 만든 피진어로 소통했다.

게리는 빠르게 성장하는 도시였다. 미국이 제1차 세계 대전에 참전하면서 무기와 군수 물자의 수요가 폭발하자 도시의 성장세는 더욱 가팔라졌고 새뮤얼슨의 부모는 1920년대 풍요의 물결에 올라탔다. 프랭크와 엘라의 세 아들 중 둘째로 태어난 폴 새뮤얼슨은 어린 시절을 회상하며 이렇게 말했다. "전쟁으로 상당한 부가 흘러들었습니다. 집이 가난한 편은 아니었습니다. 배고픔을 경험해 본 적이 없어요."[5] 게리의 경기는 정부 정책의 영향을 많이 받았다. 새뮤얼슨은 게리에서 자란 경험이 그가 경제학자가 되는 데 영향을 미쳤다고 말했다. "[게리에서 보낸 유년기는] 훗날 경제학자가 되는 데 좋은 밑거름이 되었습니다. 전쟁 기간에 정부 지출이 크게 늘면서 경기가 좋아지는 걸 봤기 때문에 사업가가 아니라 경제학자가 되었죠."[6]

새뮤얼슨이 17개월 무렵 부모는 그를 인근 포터 카운티Porter County의 40만 제곱미터 규모 농장에 위탁했다. 새뮤얼슨은 부모가 게리의 나쁜 공기를 우려해 자신을 농장에 맡기지 않았을까 짐작할 뿐 평생 이유를 알지 못했다. '샘 아저씨Uncle Sam'와 '프리다 아주머니Aunt Freda'는 아무런 혈연관계 없는 프리드먼이 대여섯 살이 될 때까지 아들처럼 키웠다. 새뮤얼슨은 이 시절을 떠올리며 이렇게 말했다. "하루 1달러에 음식과 잠자리, 그리고 유전자를 공유하지 않은 사람의 애정을 받았습니다."[7] 노년에 부모가 어린 그를 다른 사람에게 맡긴 이유가 무엇이었냐는 질문을 받자 그는 이렇게 답했다 "어쩌면 어머니가 초창기 페미니스트여서 식사 준비나 집안일을 즐기지 않았는지도 모릅니다. 아니면 제가 잘 안 먹는 아이였을 수도 있고요. 하지만 17개월짜리가 뭘 알겠습니까?"[8] 그가 이 일로 부모를 원망하거나 샘과 프리다 밑에서 자라는 동안 지우기 힘든 상처를 입었다는 증거는 없다. 오히려 그는 잠깐의 고아 생활에서 배울 점을 찾은 것으로 보인다. 새뮤얼슨은 원시적인 농장 생활을 회상하며 이렇게 말했다. "저는 전기가 안 들어오고 중앙난방이 안 되고 상하수도가 없는 집에 살아 봤습니다. 야외 변소와 요강을 사용했죠. 고작 8킬로미터 떨어진 밸퍼레이조Valparaiso에서 장을 보려면 마차에 말을 매고 오전 내내 달려야 했습니다."[9]

지적 자극이 부족한 농장 생활이었지만, 새뮤얼슨은 도서관의 책을 섭렵하며 매우 총명한 소년으로 자랐다.[10] 그는 수준 높은 지역 공립 학교에서 몇 학년을 건너뛸 정도로 똑똑했다. 새뮤얼슨은 모두 여덟 곳의 학교를 옮겨 다녔는데 잠시 부모가 살았던 플로리다에 있는 학교에 다니기도 했다. 1923년 가족들은 새뮤얼슨을 데려와 함께 시카고로 이주했다. 시카고 하이드파크고등학교Hyde Park High School에 다니던 시절, 새뮤얼슨은 일찍부터 경제학에 관심을 보였다. 그가 고등학생이던 1920년대에 미국 주식 시장은 엄청난 호황을 누렸고, 평범한 사람까지 돈을 벌기 위해 투자에 뛰어들고 있었다. 평소 주식 시장을 눈여겨보던 새뮤얼슨은 수학 선생님이 신문에 실린 증권사 리포트를 보고 주식을 고르는 것을 도와주었다. 아쉽게도 당시 새뮤얼슨이 고른 종목이 수익을 냈는지는 기록으로 남아 있지 않다.

경제학자의 탄생

일찍부터 수학에 재능을 보인 새뮤얼슨은 열여섯 살에 시카고대학교에 조기 입학했다. 입학 날 첫 강의에서 그는 평생 자신을 사로잡을 주제를 만났다. 새뮤얼슨은 자주 이렇게 말했다. "저는 1932년 1월 2일에 태어났습니다. 시카고대학교 강의실에 발을 들인 바로 그날에요." 경제학은 그의 적성에 잘 맞았다. 그는 다른 직업을 가지거나 분야를 바꿔야겠다는 생각을 한 번도 하지 않았다. 새뮤얼슨은 이렇게 말했다. "고작 청소년기에 그렇게나 적성에 잘 맞고 흥미로운 학문을 만난 건 엄청난 행운이었습니다."

대학 신입생 시절 새뮤얼슨이 배운 경제학 이론 중에는 영국 경제학자 로버트 맬서스Robert Malthus[11]의 인구론이 있었다. 훗날 새뮤얼슨은 인구론을 배웠을 때를 떠올리며 이렇게 말했다. "사람들이 계속해서 지나치게 많은 아이를 낳을 거라는 이론이었죠. 수확 체감의 법칙에 따라 인구가 늘면 임금은 최저 수준에 머물 수밖에 없는데도요. 그 이론이 무척 흥미롭게 느껴졌습니다. 하지만 너무 단순해 보여서 제가 이해하지 못하는 복잡한 무언가가 있을 거라고 생각했습니다."[12]

새뮤얼슨은 자신의 첫 경제학 교수 애런 디렉터[13]에 대해 이렇게 말했다. "엄청난 보수주의자에 주류에 저항하는 사람이었지만, 관심이 가는 사람이었습니다." 새뮤얼슨은 경제학 공부에 열중했고 프랭크 나이트Frank Knight,[14] 제이컵 바이너Jacob Viner,[15] 헨리 사이먼스Henry Simons,[16] 폴 더글러스Paul Douglas[17] 등 시카고학파[18]의 거장들로부터 배웠다. 그는 모든 면에서 우수한 학생이었다. 바이너는 시카고 시절 새뮤얼슨에 대해 이런 기록을 남겼다. "냉철하고 주의 깊고 아주 유능한 학생으로, 뛰어난 수학 실력과 열정, 독창성, 독립성을 갖췄다. 그 나이 또래 똑똑한 학생 특유의 공격성이나 다른 아이들에 비해 우월하다고 생각하는 오만이 엿보이지 않는다."[19] 1935년 새뮤얼슨은 3년 만에 학사를 졸업했고, 이듬해 석사 학위를 마쳤다.

새뮤얼슨이 이론 경제학에 남긴 초기 업적 가운데 하나는 승수-가속도 모형을 개발한 것이다. 훗날 핸슨-새뮤얼슨 모형Hansen-Samuelson model[20]으로 이름 붙여진 이 모형은 시장 경제가 호황과 불황을 반복하며 일정한 사이클을 따라 순환하는 원인을 설명한다. 새뮤얼슨은 외국인 투자를 비롯한 외부 요인이 경제에 미치는 영향을 관찰해 이들 외부 요인이 경제를 사이클상의 어떤 지점으로 움직이는지 분석했다. 그 결과 케인스의 승수나 J. M. 클라크J. M. Clark의 가속도 원리만으로는 경기 순환을 제대로 설명할 수 없다는 결론을 내리고 승수-가속도 모형을 제시한 것이었다.

굿바이 시카고

1935년 새뮤얼슨은 사회과학연구협의회Social Science Research Council Training 펠로십 대상자로 선정되었다. 미국 대학 경제학과 졸업생 중 가장 뛰어난 여덟 명에게 주어지는 이 넉넉한 장학금은 새뮤얼슨의 삶에 예상치 못한 전환점이 되었다. 장학금을 받으려면 시카고를 떠나야 한다는 단서가 붙어 있었기 때문이다. 새뮤얼슨의 표현대로 그는 "뇌물을 받고" 시카고를 떠난 셈이었다.[21] 나중에 그는 이렇게 말했다. "그 뇌물을 받아서 얼마나 다행인지! 시카고대학교에 남는 건 엄청난 실수였을 겁니다."[22]

시카고학파 경제학이 현실과 동떨어져 있다고 느끼고 있었던 새뮤얼슨에게 시카고대학교를 떠난 것은 좋은 결정이었다. 시카고대학교 교수들은 실업자가 수백만 명에 달하던 1930년대 대공황 상황에서조차 정부가 사람들의 고통을 덜기 위해 할 수 있는 일이 아무것도 없다는 의견을 고수했다. 새뮤얼슨은 대공황을 이렇게 회상했다. "살아남는 것 외에 다른 것은 고민거리조차 되지 못했습니다. 주변 모든 가게가 문을 닫았어요. 집집마다 돌아다니며 '배가 고파요. 감자 하나만 주시겠어요?'라고 묻는 어린아이와 어른을 시카고의 중산층 거주 지역에서 매일 볼 수 있었습니다. 가슴 아픈 기억이지요."[23] 그는 자신이 배운 이론으로 주변의 고통을 설명할 수 없다고 느꼈다. "제가 교실에서 배운 지식으로는 북부 인디애나주와 일리노이주의 은행이 거의 다 파산하고 형이 대학에 가려고 모은 돈이 사라져 버린 그 상황을 설명할 수 없었습니다."[24] "제 가족은 윤택하지 않았습니다. 제가 일을 했다면 집에 돈을 더 벌어다 줄 수 있었을 테지만 일자리를 찾는 건 의미 없는 일이었습니다."[25] 새뮤얼슨은 1919~1921년 불경기에 노동자가 파업하자 고용주들이 멕시코 노동자를 들여왔던 일을 기억하고 있었다. 과거에 케인스가 그랬듯 새뮤얼슨도 눈앞에서 벌어진 대량 실업 상황이 끔찍하다고 생각했다. 안타깝지만 어쩔 도리가 없다고 말하는 시카고학파는 그가 보기에 악어의 눈물을 흘리고 있을 뿐이었다.[26]

시카고를 떠나게 된 새뮤얼슨은 뉴욕 컬럼비아대학교와 매사추세츠 케임브리지의 하버드대학교를 놓고 고민했다. "시카고에 있던 제 멘토들은 하나같이 컬럼비아를 추천했습니다. 저는 선배나 어른의 조언을 잘 듣는 편이 아니었습니다. 그래서 멋모르고 하버드를 택했죠."[27]

하버드에서 새뮤얼슨은 나치의 폭정을 피해 독일과 오스트리아에서 망명한 저명한 학자들의 가르침을 받았다. 그중에는 케인스의 1936년 대표작 『일반 이론』을 미국 경제학계에 소개해 '미국의 케인스'라는 별명을 얻은 앨빈 핸슨Alvin Hansen[28]을 비롯해 바실리 레온티예프Wassily Leontief,[29] 조지프 슘페터Joseph Schumpeter,[30] 고트프리트 하벌러Gottfried Haberler[31]가 있었다. 펠로십 기간을 채워야 해서 바로 박사 논문을 쓸 수 없었던 새뮤얼슨은 도서관에 틀어박혀 수리 경제학의 기초를 뒤흔들 논문을 연달아 써 내려갔다. "스물다섯 살이 되자 발표한 논문 수가 제 나이를 넘어섰습니다."[32]

새뮤얼슨은 1936년부터 박사 논문을 준비하기 시작했지만, 학위를 받은 것은 1941년이 되어서였다. 새뮤얼슨이 박사 논문 『경제 분석의 기초Foundations of Economic Analysis』에서 다룬 주제는 매우 난해해서 그가 논문 발표를 마치고 나자, 지도 교수 슘페터가 레온티예프를 향해 이런 농담을 던졌다고 한다. "바실리, 우리 통과한 걸까?"[33] 훗날 새뮤얼슨은 박사 논문을 발전시켜 첫 책 『경제 분석의 기초Foundations of Economic Analysis』(1947)를 출간했고, 이 책은 얼마 지나지 않아 경제학에 수학을 적용하는 방법에 관한 표준 지침서로 자리 잡았다. 1938년 7월 새뮤얼슨은 중서부 출신의 하버드 경제학과 대학원생이자 슘페터의 조교이며 레온티예프의 애제자인 매리언 크로퍼드Marion Crawford와 결혼했다.

공과 대학의 경제학과

뛰어난 실력을 입증한 새뮤얼슨은 졸업 후 하버드 경제학과에 조교수 자리를 얻을 수 있으리라 기대했을 것이다. 하지만 1940년 가을 하버드가 그에게 제안한 것은 조교수가 아닌 강사 자리였다. 새뮤얼슨은 마지못해 제안을 수락했지만, 얼마 지나지 않아 다른 제안을 받았다. 그는 하버드 주니어 펠로 기간에 1937년부터 3년 동안 MIT 학부생들에게 경제학을 가르쳤는데, 당시 그를 눈여겨본 MIT 경제학과 조교수 해럴드 프리먼Harold Freeman이 새뮤얼슨을 MIT에 추천한 것이었다. 당시 MIT는 공과 대학으로 알려져 있었을 뿐 명성은 하버드와 비교가 되지 않았다. 특히 대학원 과정조차 없는 경제학과는 그저 평범한 수준이었다.

새뮤얼슨은 하버드 강사직을 수락한 지 몇 시간 지나지 않아 MIT로부터 조교수직을 제안받았다. MIT 측에서는 바로 박사 과정을 만들게 해주겠다는 조건까지 내걸었다. 새뮤얼슨은 하버드 측에 MIT의 제안을 알리고 답을 기다렸지만, 열두 시간이 지나도 원하는 답을 들을 기미가 보이지 않자 MIT의 제안을 수락했다. 이 결정은 그의 삶을 바꾸어 놓았다. 새뮤얼슨은 이런 말을 한 적이 있다. "다윈이든 무엇이든 우주를 관장하는 힘이 있다고 생각하게 됐습니다. 시카고에 갇히지 않게 해 준 걸 감사하고 있어요."[34] 새뮤얼슨이 하버드에 남지 못하고 MIT로 가게 된 이유에 대해서는 의견이 나뉜다. 어떤 이들은 하버드 경제학과 교수진이 그에게 반감을 품고 있었기 때문이라고 말한다. 실제로 하버드 경제학과장을 지낸 해럴드 히칭스 버뱅크Harold Hitchings Burbank[35]는 반유대주의자인 데다 경제학에 수학을 적용하는 것에도 부정적이었다. 그런가 하면 하버드의 온건한 분위기에 어울리지 않는 새뮤얼슨의 독립적이고 오만한 태도가 문제였을 거라고 말하는 사람도 있다.

새뮤얼슨은 두 가지 설명 다 일리가 있다고 보았다.

제2차 세계 대전 이전에는 학계에 반유대주의가 만연했습니다. 아내는 주류 계급 출신이지만, 우리 둘 다 내가 유대인이라는 사실이 하버드에서의 커리어에 영향을 줄 거라고 생각했죠. 하지만 1940년에는 분위기가 달라지고 있었어요. 어쩌면 윌리엄 텔William Tell처럼 뻣뻣한 내 태도가 능력보다 성격을 중시하는 사람들의 마음에 들지 않았는지도 모릅니다.[36]

하버드를 떠나 MIT로 가기에 앞서, 새뮤얼슨은 오랜 멘토인 통계학자 겸 수리 경제학자 에드윈 비드웰 윌슨Edwin Bidwell Wilson[37]에게 조언을 구했다. "1907년 윌슨이 예일대학교를 그만두고 MIT 물리학과장으로 갔을 때 주변에서 미친 짓이라고 했다더군요. 하지만 제게 보낸 편지에서 그는 MIT로 간 것이 자신이 내린 이직 결정 가운데 가장 잘 한 결정이었다고 말했어요. 그 말이 큰 영향을 미쳤습니다."[38]

1940년 새뮤얼슨은 MIT 경제학과 조교수가 되었다. 1939년 9월, 제2차 세계 대전이 시작되면서 곧 미국이 연합군에 가담할 거란 예상이 돌던 때였다. 당시 스물다섯이었던 그는 입대를 고려했지만, 고혈압 때문에 일반 병사로는 참전할 수 없었다. 그는 전쟁 지원 연구에 자원했고, MIT에 남아서 계속 학생을 가르칠 수 있었다.

의심받는 베스트셀러 작가

1944년부터 전쟁이 끝날 때까지 새뮤얼슨은 허름한 목조 건물인 MIT방사선연구소MIT's Radiation Laboratory 20호실에서 수학 실력을 발휘해 전쟁 기술 개발을 도왔다. 1940년 11월 MIT에 설치된 방사선연구소는 1941년 신설된 대통령 직속 과학연구개발국OSRD: Office of Scientific Research and Development 의 명령으로 전투기에서 적을 감지하는 데 사용할 레이더 시스템과 전투기용 장파 무선 항법 장비, 레이더 기술 기반의 대공포용 자동 조준 시스템 등을 개발했다.

1945년 전쟁이 끝나면서 새뮤얼슨은 또 다른 과제를 부여받았다. MIT 경제학과장 랠프 프리먼이 이런 제안을 한 것이다. "폴, 두 학기 동안 선택 과목으로 경제학 입문을 듣게 되어 있는데 학생들이 이 과목을 싫어해. 몇 달 동안 수업을 줄여 줄 테니 학생들이 좋아할 만한 재미있는 교과서를 써 보면 어떨까? 분량이 많을 필요는 없고 재미있기만 하면 돼." 새뮤얼슨은 바로 동의했다. "좋습니다. 안될 것 없죠."[39] 4년 뒤, 새뮤얼슨은 『새뮤얼슨의 경제학Economics: An Introductory Analysis』을 출판했다. 이 책은 경제학 교육에 일대 혁신을 일으키며, 이후 수 세대 동안 케인스 경제학이 세계 경제학의 주류로 집권하는 데 큰 역할을 했다. 새뮤얼슨은 이 책에 대해 이렇게 말했다. "잘 팔릴 줄은 알았지만, 50년 동안 잘 팔려서 경제학의 지형을 바꿔 놓을 줄은 몰랐습니다."[40]

『새뮤얼슨의 경제학』 초판은 케인스주의를 노골적으로 옹호하는 도발적인 책이었다. 새뮤얼슨은 케인스가 '다방면에서 천재'였다고 소개하며, 책에 나오는 위대한 경제학자 가운데 오로지 케인스의 생애만을 독자가 친근함을 느낄 만큼 생동감 있게 서술했다. 승수 효과(정부가 경제에 지출한 돈은 끊임없이 손을 바꿔 가며 다시 소비되므로 정부가 1원을 추가 지출하면 훨씬 더 많은 돈을 지출한 효과가 난다는 이론), 소비 성향, 절약의 역설, 경기 대응적 재정 정책 등 케인스가 『일반 이론』에서 소개한 주요 이론도 빠짐없이 실렸다. 총수요 식(GDP=C+I+G, C=소비자 지출, I=투자, G=정부 지출)이 설명되었고 총수요와 총소득의 교차점을 찾는 케인지안 크로스 모형Keynesian cross income-expenditure diagram(케인스의 소득–지출 교차점 도표라고도 부른다. 이 도표는 초판부터 3판까지의 표지를 장식했다)도 처음으로 소개되었다. 또, 미시 경제학을 먼저 가르치는 일반적 방식과 반대로 미시 경제학보다 거시 경제학을 앞에 배치했다.

새뮤얼슨은 교과서에서 극단적 케인스주의를 드러낸 뒤부터 정치권의 표적이 되었다. 제2차 세계 대전이 끝나고 냉전 체제가 시작되면서 미국에서는 거센 반공산주의 물결이 일었다. 반공 분위기는 조 매카시Joe McCarthy 상원 의원이 국회에 공공 분야에 종사하는 공산주의자를 색출하는 상설 조사위원회를 설치하면서 정점에 달했다. 케인스는 공산주의자도 사회주의자도 아니었지만, 정부 지출을 늘려 일자리를 만들자는 그의 주장은 공산주의와 닮았다는 의혹을 받았다. 이런 분위기 속에서 스탠퍼드 경제학과 교수로, 케인스의 제자이자 미국 최초의 케인스 이론 교과서인 『경제학의 기초The Elements of Economics』(1947)를 쓴 캐나다 출신의 경제학자 로리 타쉬스Lorie Tarshis[41]는 비이성적인 초기 반공산주의 운동의 희생자가 되었다. 타쉬스의 교과서를 대학에서 몰아내자는 운동이 벌어졌고, 그를 해고하라는 전화가 빗발쳤다. 스탠퍼드는 타쉬스를 해고하지 않았지만, 압력을 못 이긴 다른 대학들은 타쉬스의 교과서를 쓰지 않기로 했다.

윌리엄 F. 버클리 주니어William F. Buckley Jr.[42]가『예일대의 신과 인간God and Man at Yale』에서 진보주의 대학들의 '무신론적' 성향이 부적절하고 반미국적이라면서 비판하고, 케인스의 이론을 가르치는 것이 마르크스주의를 가르치는 것이나 마찬가지라는 주장을 펴면서, 새뮤얼슨은 공산주의자로 의심받았다. 결국 MIT 이사회의 일부 이사들이 동요하면서 새뮤얼슨은 강도 높은 조사를 받았다. 새뮤얼슨이 타쉬스의 전철을 밟지 않은 것은 순전히 당시 MIT 총장이었던 물리학자 칼 테일러 컴튼Karl Taylor Compton[43]이 강하게 나선 덕분이었다. 컴튼은 이사들에게 편지를 보내 모든 MIT 교수에게 표현의 자유를 보장하지 않으면 총장직을 사퇴하겠다고 선언했고, 새뮤얼슨을 향한 마녀사냥은 그제야 끝이 났다.

사상 검증의 위협에서 벗어난 뒤, 새뮤얼슨은 MIT에서 승승장구했다. 1947년 전미경세학회AEA: American Economic Association는『경제 분석의 기초』의 중요성을 인정해 40세 미만 경제학자 가운데 "경제학의 주요 사상과 지식 발전에 가장 눈에 띄는 기여를 한 인물"로 새뮤얼슨을 선정했다.

이듬해『새뮤얼슨의 경제학』초판이 출간되면서 새뮤얼슨은 단번에 베스트셀러 작가가 되었다. 그가 3년마다 개정판을 내는 것을 두고 동료 교수들은 부러움 섞인 농담을 던졌다. 동료 경제학자 조지 스티글러는 강연에서 새뮤얼슨을 이렇게 소개하기도 했다. "명성은 이미 얻었고 이제 부를 쌓고 계신 새뮤얼슨 교수입니다."[44] 주택 융자금을 한 번에 갚을 수 있을 만큼 인세 수입이 좋기도 했지만, 중년에 접어든 교수에게 교과서 집필은 그보다 더 각별한 의미가 있는 일이었다. 훗날 새뮤얼슨은 이런 말을 했다. "교과서만 쓸 수 있다면 나라의 법을 만드는 일쯤은 다른 사람에게 맡길 수 있습니다."[45]

신고전파 종합 이론

1951년 새뮤얼슨은 고전 경제학과 신(케인스)경제학을 융합한 독창적인 이론을 처음으로 선보였다. 자연적 경기 변동에 대응해 실업률을 최소화하려면 어떤 정책을 써야 하는지에 대해 다룬 논문 「현대 재정 정책의 원칙과 규칙: 신고전파 종합Principles and Rules in Modern Fiscal Policy: A Neo-Classical Formulation」에서 그는 뉴딜 시절 공공 일자리 프로그램의 효과가 과대평가된 반면 감세 정책의 경기 부양 효과는 과소평가됐다고 주장했다. 경기 변동에 제대로 대응하려면 공공 지출 정책과 조세 정책을 적절히 조합해 써야 한다는 것이 새뮤얼슨의 결론이었다. 다만 그는 화폐의 역할이나 중앙은행의 통화량 조절에 대해서는 언급하지 않았다. 나중에 그가 (포드의 첫 번째 양산형 자동차 모델 T에 빗대어) "케인스주의 모델 T"[46]라고 이름 붙인 이 시기의 새뮤얼슨 이론에서 통화는 중요하지 않았다. 통화 이론 (경제 내 통화량이 물가 상승에 직접적 영향을 미친다는 가설)을 배재하기로 한 새뮤얼슨의 결정은 그가 통화주의자 프리드먼과 의견 차이를 보이는 근본적인 원인이 되었다.

새뮤얼슨은 1995년 『새뮤얼슨의 경제학』 개정판을 통해 자신의 '신고전파 종합neoclassical synthesis' 이론을 더 많은 사람에게 소개했다. 새뮤얼슨은 자유 시장의 힘에 의해 결국 균형이 달성된다는 케인스 이전의 경제학과 케인스 경제학을 통합한 이 이론을 다음과 같이 소개했다.

> 요즘 미국 경제학자 가운데 90%는 '케인스주의자'도 '반케인스주의자'도 아니다. 이들은 편을 나누는 대신 현대 케인스학파의 국민 소득 이론과 고전 경제학의 가치 있는 이론을 융합하고 있다. 그 융합의 결과물인 소위 신고전파 경제학은 5%의 극좌와 5%의 극우 논객을 제외한 모두에게 널리 받아들여지고 있다.[47]

그러나 이때 새뮤얼슨은 지나치게 낙관적이었다. 그는 케인스학파와 보수 경제학자들 사이의 구분이 사라졌다고 선언했고 실제로도 그렇게 되기를 바랐다. 하지만 케인스주의 경제학자와 보수 자유 시장 경제학자 사이의 골은 너무 깊고 넓었다.

케네디의 제안을 거절하다

새뮤얼슨이 경제학을 쉽게 설명하기로 정평이 나면서, 매사추세츠 주 상원 의원 케네디는 MIT에 있는 새뮤얼슨에게 1960년 대통령 선거 캠프의 경제 자문을 부탁하기로 했다. 하지만 새뮤얼슨은 첫 만남에서 케네디의 마음에 들려는 노력을 전혀 하지 않았다. 그는 이미 민주당의 거물급 국회 의원이자 1959년 당시 세 번째 대선을 준비하고 있던 일리노이주지사 애들레이 스티븐슨Adlai Stevenson[48]과 애버렐 해리먼Averell Harriman[49]으로부터 경제 자문 요청을 받은 상태였다.

새뮤얼슨은 무뚝뚝하게 말했다. "저는 당신이 아니라 [애들레이] 스티븐슨 쪽입니다." 케네디는 이렇게 답했다. "표를 달라는 말이 아닙니다. 그래 봤자 한 표일 뿐인걸요. 하지만 저는 [백악관에] 갈 생각입니다. 나라에 도움이 될 좋은 아이디어를 가지고 있으시다면, 이 기회를 잡으세요."⁵⁰ 새뮤얼슨은 확신이 서지 않았다. "제가 보기에 그의 아버지 조 케네디Joe Kennedy는 아첨꾼에 편협한 개자식이었습니다." 그는 눈앞에 있는 부유한 청년이 네 아들 중 한 명은 대통령으로 만들어야겠다는 아버지의 꿈을 대신 좇고 있는 게 아닌지 우려했다. 또, 케네디의 진정성도 의심스러웠다. 새뮤얼슨은 케네디가 소속된 매사추세츠주 상원 위원회에 경제 현황을 보고하곤 했는데, 케네디는 그 자리에 한 번도 참석한 적이 없었다.

그럼에도 새뮤얼슨은 케네디를 돕기로 했다. 무엇보다도 다른 경제학자들이 못 미더웠기 때문이었다. 그는 미국은 "존 케네스 갤브레이스나 월트 로스토Walt Rostow 같은 경제학자들이 움직이기에는 너무 중요한 나라"⁵¹라고 생각했다. 처음의 우려와 달리 새뮤얼슨은 케네디와 점점 친해졌다. 새뮤얼슨은 케네디를 "잭이라고 부른 적은 한 번도 없다"⁵² 면서도 "서로 스타일이 비슷하고 궁합이 잘 맞았다"고 회상했다.⁵³ 그는 케네디가 의외로 소탈하다는 데 놀랐다. 새뮤얼슨은 케네디와 함께한 식사를 떠올리며 이렇게 말했다. "안심 스테이크를 기대하고 배를 비워 뒀는데"⁵⁴ 블러디메리를 마시고 나니 "소시지와 통조림 콩 요리가 나오더군요."⁵⁵

새뮤얼슨은 곧 케네디의 성향을 간파했다. 케네디는 "매우 영리하고 말을 경청하는 사람"이었으며, 브리핑할 때 약간 과장을 섞는 것을 좋아했다. "왕에게 조언할 때는 조금 허풍을 떨 필요가 있더군요. 과장을 섞지 않으면 열의 있는 반응을 끌어낼 수 없으니까요."[56]

케네디는 하버드 시절 1년 동안 경제학 수업을 들었지만, 새뮤얼슨은 그를 처음부터 다시 가르치기로 했다. 1960년 대선이 끝난 뒤, 새뮤얼슨은 케네디가의 여름 별장이 있는 하이니스 포트Hyannis Port에 방문해 커다란 바위 위에서 첫 번째 짧은 강의를 펼쳤다(아서 왕의 전설을 떠올리지 않을 수 없다). 나중에 새뮤얼슨은 미국 경제를 진단하고 앞으로 해야 할 일을 정리해 「케네디 대통령 당선인에게 보내는 미국 경제 현황에 관한 새뮤얼슨 보고서The Samuelson Report on the State of the American Economy to President-elect Kennedy」로 엮었다. 이 보고서는 1961년 1월 5일 케네디에게 전달됐다.

케네디 행정부가 아이젠하워로부터 정권을 물려받았을 때, 미국의 실업률은 5%에 달했고 공장과 생산 설비는 상당 부분 가동을 멈춘 채 놀고 있었다. 연준은 달러 가격을 높게 고정했고, 이는 곧 미국산 제품이 비싸다는 의미였다. 어떻게 하면 이 상황을 해결할 수 있을까? 새뮤얼슨은 케네디에게 상황이 비슷했던 1930년대에 케인스는 감세 정책을 제안했다고 조언했다. 감세로 침체된 경제에 현금을 공급하면 총수요가 증가할 것이라는 논리였다. 대공황 당시 케인스는 정부가 여러 방법으로 경기 침체를 막을 수 있다고 말했다. 가장 주요한 정책은 돈을 빌려서라도 정부 지출을 늘려 공공 일자리를 만드는 것이었지만, 『번영에의 길The Means to Prosperity』(1933)에는 세금을 낮춰 총수요를 늘리는 방안도 실려 있었다. 새뮤얼슨은 이 제안을 받아들여 1951년 논문 「현대 재정 정책의 원칙과 규칙: 신고전파 종합」에서 감세 정책의 중요성을 강조한 바 있었다.

새뮤얼슨이 실업률 "7.5% 라는 심각한 상황에서는 …… 소득의 구분 없이 모든 계층의" 세금을 "3~4%p 낮춰야 한다"고 조언하자 케네디는 당황했다. 선거 운동 기간 동안 신중한 재정 운영을 약속했기 때문이었다. 케네디는 이렇게 물었다. "재정 건전성을 확보하고 균형 재정을 달성하겠다고 약속해서 당선됐는데 시작부터 세금을 낮추라고요?" 새뮤얼슨은 100억 달러만 세금을 줄여도 효과가 나타날 거라고 답했지만, 속으로는 케네디가 더 과감한 정책을 펴길 바랐다. "저는 케네디가 정권을 이양받자마자 달러를 평가 절하하고 아이젠하워 정부에 책임을 돌려야 한다고 생각했습니다.[57] 하지만 그 방법은 선택지에 없었죠. 케네디가 사망하고 난 뒤에도 미국은 오랫동안 지킬 수도 없는 달러 가치를 지키기 위해 노력했습니다. 10년이 지나 마침내 둑이 터질 때까지요."[58]

새뮤얼슨이 케네디 행정부에서 한자리를 맡을 거라는 소리가 나오는 건 당연한 일이었다. 하지만 새뮤얼슨은 정부 관료가 되거나 워싱턴 D.C.의 배타적인 사회에 발을 들이고 싶어 하지 않았다. 그는 경제자문위원회 위원장이 되어 달라는 케네디 행정부의 제안을 거절했다. 개인 생활을 포기하거나 MIT에서의 생산적인 업무 리듬을 깨고 싶지 않았기 때문이었다. 학교 일을 하면서 정기적으로 교과서를 개정하고 1년에 한 편 논문을 내는 것만으로도 일은 충분했다. 새뮤얼슨의 조카 로런스 서머스Lawrence Summers[59]는 이렇게 말했다. "큰아버지께선 워싱턴에서 3박 이상 한 적이 없다는 걸 자랑거리로 여겼습니다."[60]

아버지로서의 책임감도 새뮤얼슨이 케임브리지를 떠나기 어렵게 만들었다. 매리언과의 사이에 자녀를 몇 명 두었냐는 질문에 그는 이렇게 답했다. "처음엔 하나였죠. 두 번째는 쌍둥이를 낳았어요. 다음엔 세쌍둥이를 낳았답니다. 그리고 나니 또 낳기가 겁이 나더군요."[61] 둘은 아들 세쌍둥이를 포함해 모두 여섯 명의 자녀를 두었다. 아이들이 한창 어렸던 때에는 한 주에 기저귀 350장을 세탁소에 보낸 적도 있다고 한다.

케네디의 임기가 예상보다 일찍 끝나면서, 새뮤얼슨의 결정은 현명했던 것으로 판명이 났다.[62] 사실 대통령 경제자문위원장은 언제든 교체될 수 있는 자리여서 대체로 임기가 매우 짧다. 새뮤얼슨이 케네디의 제안을 받아들였더라도, 케네디의 자리를 갑자기 물려받은 린든 존슨Lyndon Johnson에 의해 교체당해 허둥지둥 케임브리지로 되돌아와야 했을 것이다. 하지만 MIT에 남기로 한 결정 덕분에 그는 학교로부터 공로를 인정받고 석좌 교수Institute Professor로 승진했다.

《뉴스위크》에 칼럼을 써 달라는 오즈 엘리엇의 부탁은 새뮤얼슨에게는 예상치 못한 일이었다. 교수 일을 비롯한 여러 업무로 바쁜 상황이었지만, 새뮤얼슨은 일반 독자를 대상으로 한 경제 갈럼을 쓰면 전 세계에 영향을 미칠 수 있다는 생각에 《뉴스위크》의 제안에 몹시 끌렸다. 또, 프리드먼과 번갈아 가며 칼럼을 연재한다는 사실도 그의 흥미를 자극했다. 그러나 새뮤얼슨과 프리드먼 둘 다이 칼럼이 18년 동안이나 이어지며 경제학의 미래를 건 비공식적 결투로 발전하리라는 생각은 하지 못했다.

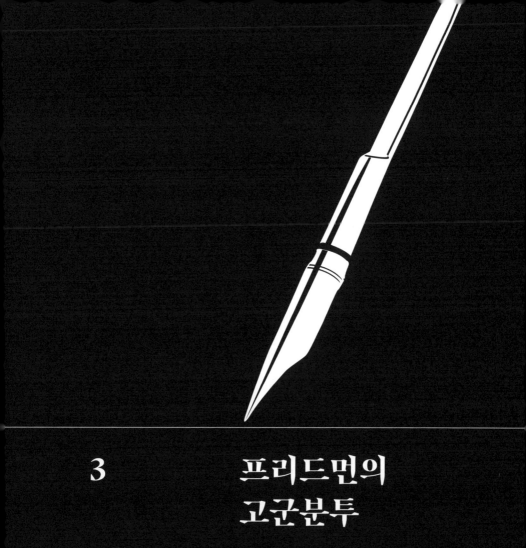

3

프리드먼의
고군분투

대공황이 깊어 가던 1932년, 시카고대학교 사회 과학 연구소 건물(사진)에서 폴 새뮤얼슨과 밀턴 프리드먼은 처음 만났다. 둘은 처음부터 강한 라이벌 의식을 느꼈다. 이는 지적 영역에 국한되지 않았다. 생활비를 벌기 위해 일할 필요가 없었던 새뮤얼슨과 달리, 프리드먼은 점심시간에 학교 식당에서 웨이터로 일했고, 토요일도 신발 가게에서 일을 했다.

뉴저지의 가난한 가정에서 자란
프리드먼은 시카고대학교에서 경제학에
발을 들이고, 그곳에서 평생의
친구이자 라이벌 새뮤얼슨을 만난다.

밀턴 프리드먼은 새뮤얼슨과 마찬가지로 유대계 중유럽 이민자 부모 사이에서 태어났다. 새뮤얼슨의 부모가 리투아니아와 동프로이센 사이에 낀 폴란드 출신이라면, 프리드먼의 부모는 카르파티아 루테니아의 베레그자시Beregszász 출신이었다. 원래 헝가리령이었던 이 땅은 두 번의 세계 대전을 거치는 동안 체코슬로바키아령을 거쳐 현재 우크라이나령 베레호베Berehove가 되었다.

제노 사울 프리드먼Jenő Saul Friedman과 아내 사라 에델Sára Ethel (결혼 전 성은 랜다우Landau)은 20세기 초, 십 대의 나이로 뉴욕에 도착했다. 제노 프리드먼은 브루클린의 유대인 이민자 거주 지역에서 일용직으로 일했고 이후로도 평생 육체노동으로 돈을 벌었다.

사라와 제노 부부의 네 자녀 중 막내이자 둘째 아들인 밀턴 프리드먼은 1912년 7월 31일 브루클린에서 태어났다. 한 살 때, 그는 가족과 함께 맨해튼에서 30킬로미터 떨어진 뉴저지주 로웨이Rahway로 이사했다. 스태튼섬에서 서쪽으로 8킬로미터 떨어진 로웨이는 가로수가 늘어선 작은 도시였다. 그곳에서 사라 프리드먼은 말린 콩, 밀가루, 통곡물, 압착 귀리 등을 파는 곡물상을 열었다. 프리드먼은 어린 시절을 회상하며 이렇게 말했다. "수입이 적고 불안정했습니다. 늘 금전적으로 불안했죠. 하지만 먹거리가 부족하지는 않았어요. 집안 분위기는 따뜻하고 화목했습니다."[1]

하지만 곧 제노가 생을 마감하는 비극이 닥쳤다. 제노는 1928년 프리드먼이 로웨이고등학교를 졸업하기 직전에 사망했다. 고등학교를 조기 졸업한 프리드먼이 열여섯 살이 되기도 전이었다. 어머니 혼자 가계를 꾸려 나가야 하는 상황이었지만, 프리드먼은 아버지의 죽음에 영향받지 않고 학업을 계속할 수 있었다. "모두 제가 당연히 대학에 가야 한다고 생각했습니다. 학비는 스스로 벌어야 했지만요." 돈이 부족한 집에서 자란 경험은 프리드먼에게 오랫동안 영향을 미쳤다. 훗날 경제학자로 성공해 노벨상을 받고 백만장자가 된 이후에도 그는 기자들에게 전화를 걸 때면 꼭 수신자 부담 전화를 이용했다.

프리드먼은 당시까지만 해도 사립이었던 뉴저지주 럿거스대학교Rutgers University 수학과에 장학생으로 입학했다. 어머니가 보내주는 용돈은 얼마 안 되었기에 웨이터나 가게 점원으로 일해 생활비를 벌어야만 했다. 그는 돈을 벌기 위해 친구들과 사업을 벌이기도 했는데, 기숙사를 돌며 신입생에게 녹색 럿거스 넥타이를 판 적도 있었다. 수학을 좋아했던 프리드먼의 원래 꿈은 보험 계리사가 되는 것이었다. 그는 당시를 회상하며 이렇게 말했다. "보험 계리사 시험을 본 이유는 수학으로 먹고살 수 있는 직업 중에 아는 직업이 그것밖에 없어서였습니다. 대학에서 수학과 경제학 수업을 듣고 난 뒤에 다른 직업도 있다는 걸 알게 되었죠."[2]

프리드먼이 대학을 졸업한 1932년에 미국 경제는 대공황으로 가는 깊은 침체기에 돌입했다. 경제가 위기에 빠지면서 정치에 관심이 많은 사람과 학생들 사이에서 경제학은 인기 있는 토론 주제가 되었다. 언제나 논쟁을 즐겼던 프리드먼은 1929년 주식 시장 붕괴가 누구의 책임인지, 경기 침체가 지속되는 이유는 무엇인지, 막 선출된 민주당 루스벨트 행정부가 경기 회복을 위해 어떤 일을 해야 하는지 등에 대한 논쟁에 푹 빠져들었다. 경제학에 열정을 느낀 프리드먼은 보험 계리사라는 꿈을 접고 경제학을 공부하기로 했다.

"열아홉 살짜리 대학교 졸업반 학생에게 어느 쪽이 더 중요해 보였겠습니까? 보험료를 정확히 산정하는 일일까요, 아니면 세상이 왜 그렇게 망가졌는지 알아내는 일일까요?"[3]

평생의 인연을 만나다

졸업 후 프리드먼은 갈림길에 섰다. 브라운대학교 수학과와 시카고대학교 경제학과로부터 동시에 장학금 제안을 받은 것이다. 프리드먼은 시카고를 택했고 고루한 대학 행정부가 입학 첫날 신입생을 알파벳 순서대로 앉힌 덕분에 시카고 경제학과 교수 겸 변호사 애런 디렉터[4]의 누이 로즈 디렉터 옆에 앉게 되었다. 훗날 프리드먼은 이렇게 말했다. "그해 내게 일어난 가장 중요한 일은 부끄럼 많고 내성적이고 사랑스럽고 너무나도 총명한 같은 경제학과생 로즈 디렉터를 만난 것이다. 6년 뒤 우리는 결혼했다."[5] 로즈는 프리드먼의 헌신적인 아내이자 자녀 재닛Janet과 데이비드David[6]의 어머니이기도 했지만, 무엇보다도 프리드먼에게 항상 도움을 주는 동료이자, 책의 공저자, 좋은 비평가, 든든한 옹호자였다.

비슷한 시기 프리드먼은 중요한 인물을 또 한 명 만났다. 1932년 가을, 막 완성된 시카고대학교의 사회 과학 연구소 건물에서 자신보다 세 살 어리지만 조숙한 학부 2학년생 폴 새뮤얼슨을 만난 것이다. 새뮤얼슨의 천재성에 대해서는 이미 디렉터로부터 익히 들어 알고 있던 그였다. 둘은 처음부터 강한 라이벌 의식을 느꼈고, 이는 지적 영역에만 국한되지 않았다. 로즈 프리드먼은 새뮤얼슨이 프리드먼보다 더 많은 기회를 누렸다며 분통을 터뜨리곤 했다. 심지어 아흔이 넘어서까지 새뮤얼슨이 누린 '특권'에 대해 투덜거렸을 정도였다.

새뮤얼슨이 전액 장학생으로 시카고대학교를 다닐 때, 프리드먼은 조교 일을 해서 겨우 학비를 마련했고 누나로부터 300달러를 빌려 집세와 생활비를 충당했다. 생활비를 벌기 위해 일할 필요가 없었던 새뮤얼슨이 미시건호의 모래사장에서 매년 여름을 즐기는 동안, 프리드먼은 아르바이트를 두 개나 뛰었다. 그는 학교 식당에서 점심시간에 웨이터로 일했고 토요일에는 온종일 신발 가게에서 일했다.[7]

프리드먼의 불평에 발끈한 새뮤얼슨은 자신도 일하고 싶었지만, 장학금으로 충분히 생활할 수 있는데 다른 학생들과 경쟁하는 것이 옳지 않게 느껴졌을 뿐이라고 반박했다. 나중에 그는 이런 말을 했다. "저도 여름에 일해서 돈을 벌고 싶었습니다. 하지만 인맥이 없으면 이력서를 800장 돌려 봤자 한 군데에서도 연락이 안 오는 시절이었어요."[8]

뉴딜 정책의 수혜자

프리드먼은 시카고에서 1년 만에 석사 학위를 마친 뒤, 1933년부터 컬럼비아대학교의 해럴드 호텔링Harold Hotelling[9] 밑에서 펠로십을 하며 통계학과 수리 경제학을 공부했다. 이 기간 그는 호텔링 외에도 웨슬리 C. 미첼Wesley C. Mitchell,[10] 존 M. 클라크John M. Clark[11]로부터 가르침을 받았지만, 시카고가 더 잘 맞다고 느꼈다. 시카고대학교에는 당시 학계에서 가르치던 주류 경제학에 회의적인 경제학자가 많았다. 시카고학파 경제학자인 조지 J. 스티글러, 헨리 사이먼스, 로이드 민츠Lloyd Mints,[12] 프랭크 나이트, W. 앨런 월리스W. Allen Wallis,[13] 제이컵 바이너는 프리드먼과 마찬가지로 정부의 경제 개입에 본능적으로 의구심을 느꼈다. 이들은 정부가 재량으로 정책을 펴기보다는 규칙에 따라 경제에 개입해야 한다고 믿었다(정치인들의 의도를 의심했던 시카고학파는 경제가 일정한 조건을 만족할 때 미리 정해둔 정책을 펴는 쪽을 선호했다). 컬럼비아에서 펠로십을 마친 뒤, 프리드먼은 시카고대학교로 돌아와 계량 경제학(개인의 소득과 소비 사이의 관계 등, 경제 원리를 수량적으로 측정하는 학문)의 창시자 중 한 명인 헨리 슐츠Henry Schultz[14]의 연구실에서 연 1600달러(2020년 가치로 3만 100달러)를 받으며 연구 조교로 일했다. 당시 슐츠는 저서 『수요 측정론The Theory and Measurement of Demand』의 막바지 작업을 하고 있었다.

1934년, 프리드먼은 당대 가장 유명한 경제학자였던 존 메이너드 케인스와 처음이자 마지막 접점을 가졌다. 슐츠의 원고를 검토하던 프리드먼은 저명한 케임브리지 경제학자 아서 피구Arthur Pigou[15]의 수요 탄력성(제품의 수요가 가격 변화에 영향을 받는 정도) 이론에 의문을 품었다. 아직 대학원생이었지만 자신만만했던 프리드먼은 심한 감기로 침대에 누운 채 피구의 논리에서 잘못됐다고 생각하는 부분을 적어 내려갔다. 그는 이렇게 작성한 피구의 이론을 날카롭게 비판하는 글을 두 번 생각하지 않고 영국 왕립《경제학 저널Economic Journal》편집자를 맡고 있던 케인스에게 보냈다. 케인스는 이 논문을 피구에게 보여 주었지만, 프리드먼의 주장이 틀렸다는 대답을 받고 논문을 싣지 않기로 했다.

프리드먼은 좌절하지 않고 하버드대학교 경제학과의《계간 경제학 저널Harvard University Economics Department's Quarterly Journal of Economics》편집자 프랭크 타우시그Frank Taussig[16]에게 논문을 보냈다. 1935년 11월, 타우시그는 동료 바실리 레온티예프Wassily Leontief의 추천을 받아 프리드먼의 논문을 실었다. 이에 피구는 프리드먼의 논리에 반박하는 글을 레온티예프에게 보냈고, 다시 프리드먼의 반박이 이어졌다. 피구처럼 세계적으로 유명한 경제학자로부터 응답을 받아 낸 젊은 프리드먼의 비범한 능력과 용기는 시카고학파 경제학자들 사이에서 큰 관심을 받았다. 이 설전을 통해 프리드먼은 치열한 학문적 결투의 장에 첫발을 들였다. 그리고 자신이 논쟁을 매우 좋아한다는 사실을 깨달았다.

프리드먼은 시카고대학교에서 정규직을 구하지는 못했지만, 루스벨트의 뉴딜 프로그램 덕분에 1935년 여름부터 정부 기관에서 좋은 대우를 받으며 일할 수 있었다. 정부 기관에 고용되어 뉴딜 정책의 활용 방안을 연구하고 성과를 평가하는 일은 당시 많은 젊은 경제학자가 택하는 진로였다. 프리드먼은 워싱턴 D.C.에 있는 국가자원위원회National Resources Committee 소속으로 미국인들이 소득을 어떻게 소비하는지에 대해 연구했다. 이때의 연구는 그가 1957년 출간한『소비함수론A Theory of the Consumption Function』의 바탕이 되었다. 1937년 가을, 그는 뉴욕에 있는 전미경제연구소NBER: National Bureau of Economic Research로 직장을 옮겨 사이먼 쿠즈네츠Simon Kuznets[17] 밑에서 일했다. 당시 쿠즈네츠는 미국의 국민 총소득을 최초로 정확히 산출하기 위해 전문직 미국인의 소득을 연구하고 있었다.[18]

프리드먼에게 주어진 일 중 하나는 쿠즈네츠의 전문직 소득 연구의 일환으로 의사와 치과 의사의 연봉 차이에 대해 조사하는 것이었다. 당시 미국에서는 치과 의사가 되려면 의사보다 3년을 더 공부해야 했지만, 의사의 소득이 치과 의사보다 3분의 1 더 높았다. 프리드먼은 미국의학협회AMA: American Medical Association의 거주 의무 규정 때문에 나치를 피해 망명한 유대인 의사들이 미국에서 다시 의사로 일하기 힘들다는 사실을 발견했다. 거주 의무 규정은 표면적으로는 의료의 질을 유지하기 위해 만들어졌으나, 현실에서는 영업 장벽으로 작용했다. 조사를 마친 뒤, 프리드먼은 미국의학협회가 부여하는 의사 면허가 의사와 환자 모두에게 해롭다는 충격적인 주장을 담은 결과 논문을 쿠즈네츠에게 제출했다.

프리드먼의 논문은 너무 논쟁의 여지가 많아서 전미경제연구소 이사 중 한 명의 반대로 공개되지 않았다. 이 소동을 전해 들은 새뮤얼슨은 프리드먼의 판단력을 비판했다. "연구 결과가 이렇게 나왔으니 모든 사람에게 수술할 권리를 줘야 한다고 (진지하게) 주장할 수 있는 사람은 밀턴 프리드먼밖에 없다."[19]

오랜 시간이 흐른 뒤, 프리드먼은 루스벨트 정부의 뉴딜 일자리 사업에 참여했던 경험에 대해 입을 열었다. 그는 1930년대에 루스벨트가 경제를 살리기 위해 닥치는 대로 행했던 각종 실업률 저감 및 수요 회복 정책을 대부분 칭찬할 만하다고 평가했다. "대학원에 입학하고 첫 1년 동안 우리는 시카고의 은행들이 연달아 무너지는 모습을 가까이서 지켜보았다. 시카고대학교의 교수와 학생을 포함해 사실상 모든 사람이 초기 뉴딜 정책이 위기에 대한 합당한 대응이었다는 데 동의할 것이다. 오해를 막기 위해 덧붙이자면, 우리는 미국산업부흥국National Recovery Administration과 농업조정국Agricultural Adjustment Administration의 가격 및 임금 고정 정책은 잘못되었다고 생각한다. 하지만 일자리개선청Works Progress Administration, 공공일자리청Public Works Administration, 시민자연보전단Civilian Conservation Corps의 일자리 정책은 효과적이었다."[20]

경제가 무너지고 기업이 하루아침에 문을 닫고 일자리를 찾아보기 힘들던 시절에, 프리드먼 부부는 정부 기관과 정부 사업을 감독하는 독립 기구에서 좋은 일자리를 얻을 수 있었다. 훗날 프리드먼은 루스벨트의 시장 개입 정책이 대부분 시행착오적이고 효과가 없었다는 결론을 내렸지만, 자신과 로즈가 뉴딜 정책의 수혜를 입었다는 사실은 부정하지 않았다. 그는 이렇게 말했다.

아이러니하게도 개인적으로는 뉴딜 정책이 우리 부부를 구했다. …… 뉴딜이 없었더라면, [로즈와 내가] 경제학자로 일할 수 있었을지 모르겠다. 대학에는 자리가 거의 없었고, 학계에는 반유대주의가 만연했다. …… 우리는 막 사회에 나온 참이었다. 천성이 긍정적이고 젊었음에도 대공황은 우리의 습관과 시각에 평생 흔적을 남겼다.[21]

한때의 케인스주의자

프리드먼은 1940년 위스콘신대학교 매디슨캠퍼스Wisconsin-Madison

University에 방문 교수로 초빙되면서 처음으로 대학에 자리를 얻었다. 그러나 그는 "반유대주의 때문에 1년밖에"[22] 머물 수 없었다. 당시 루스벨트 정부는 독일과 일본에 대항하기 위해 제2차 세계 대전 참전을 준비하고 있었다. 미국의 참전에 반대하는 독일계 미국인이 많았던 위스콘신에서 프리드먼은 미국이 유럽에 유일하게 남아 있는 민주 국가인 영국을 도와 추축국을 몰아내야 한다는 생각을 공공연히 드러냈다. 또한 그는 통계학 교육에 관한 보고서를 쓰면서 통계 과목 교수들을 폄하했고, 그로 인해 위스콘신대학교 경제학 교수진의 파벌 싸움에 휘말리면서 교수회의 강한 반대로 조교수에 임용되지 못했다. 프리드먼의 교수 임용 반대를 주도한 인물은 월터 A. 모튼Walter A. Morton[23]으로, 로즈 프리드먼에 따르면 그는 "친독일 성향이 강한 반유대주의자"였다(모튼은 이를 부인했다).

새뮤얼슨이 하버드의 반유대주의를 피하기 위해 찰스강 건너편의 MIT로 자리를 옮긴 것처럼 프리드먼도 위스콘신대학교를 떠나기로 결정했다. 그는 곧 관심이 가는 연구 프로젝트를 찾아냈다. 컬럼비아 대학교 경제학과 교수 칼 슈프Carl Shoup[24]와 루스 맥Ruth Mack[25]이 그를 카네기재단Carnegie Foundation과 행정연구소Institute of Public Administration의 주관으로 버몬트주 노리치Norwich에서 진행하는 여름 프로젝트에 초청한 것이었다. 이곳에서 프리드먼은 전시에 기업이 소비자에게 부담을 전가하거나 노동자가 임금 인상을 요구해 물가가 높아지는 것을 방지하면서 세금을 더 걷을 방안을 연구했다. 프리드먼은 연구 결과를 정리해 「인플레이션 방지를 위한 조세 정책Taxing to Prevent Inflation」이라는 보고서를 냈고, 완성된 보고서가 발간될 무렵 워싱턴에 있는 미국재무부조세연구과Division of Tax

Research at the U.S. Treasury Department[26]에 일자리를 구했다. 프리드먼은 이후 2년 동안 전시에 세금을 걷는 방법을 연구했는데, 이 주제는 과거 영국에서 케인스[27]와 하이에크가 치열한 공방을 벌인 난제이기도 했다.

프리드먼은 전시에 물가 상승을 억제하려면 세금을 얼마까지 늘려야 하는지 알아내고자 했다. 그는 의회가 세수를 870억 달러까지 크게 늘려야 한다고 말하면서, "인플레이션을 효과적으로 방지하려면 최소한" 이 정도는 세금을 걷어야 한다고 주장했다. 나중에 그는 자신이 케인스와 같은 논리를 폈음을 깨닫고 이렇게 말했다. "가장 놀라운 점은 이 주장이 완전히 케인스식 사고방식에서 나온 결론이라는 것이다. 과거의 내가 얼마나 케인스주의 성향이 강했는지 완전히 잊고 있었다."[28]

훗날 프리드먼은 자신이 전시 경제학에 남긴 가장 큰 업적인 근로 소득 원천 징수 제도를 비판했다. 원천 징수 제도는 세금을 소득에서 미리 공제함으로써 소득세를 탈세하는 것을 불가능하게 만들었다. 프리드먼은 이렇게 말했다.

그때는 몰랐지만, 나는 지나치게 자유를 제한하는 거대하고 침해적인 정부를 돕는 장치를 개발하고 있었다. 나는 그런 정부를 강하게 비판하면서도, 정확히 그런 정부를 만드는 일을 했다. 로즈는 오랫동안 우리가 강력히 비판하는 현재의 비대한 정부를 만드는 데 내가 한몫했다면서 나를 꾸짖었다. 내가 개입을 했든 안 했든 원천 징수는 도입되었을 것이므로 농담조로 한 말이기는 했다. 하지만 내가 원천 징수를 더 효율적으로 할 수 있게 만들었다는 비판은 인정할 수밖에 없다.[29]

프리드먼은 더 직접적으로 전쟁과 관련이 있는 기술적 연구를 하기도 했다.

비행기 격추용 미사일이 한 대 있다고 칩시다. 우리는 미사일이 폭발하면서 몇 조각으로 나뉘게 할지 결정할 수 있습니다. 파괴력이 약해지더라도 적기를 맞힐 확률을 높이기 위해 여러 소각으로 나누어서 터지게 하는 편이 좋을까요? 아니면 맞힐 확률이 낮아지더라도 큰 조각 몇 개로만 나뉘게 만들어서, 제대로 맞기만 하면 적기가 파괴되도록 설계하는 편이 좋을까요?[30]

1943년 프리드먼은 앨런 월리스Allen Wallis의 초청으로 뉴욕으로 돌아와 컬럼비아대학교 통계연구그룹Statistical Research Group at Columbia University에서 남은 전쟁 기간을 보냈다.

다시 만날 뻔한 두 사람

전쟁이 끝나고 1년 뒤인 1946년 프리드먼은 쿠즈네츠와 함께 쓴 「전문 자영업자의 소득Incomes from Independent Professional Practice」을 컬럼비아대학교에 박사 논문으로 제출했다. 같은 해, 바이너가 시카고에서 프린스턴으로 자리를 옮기면서 프리드먼은 시카고대학교 경제학과 교수로 임용되어 마음의 고향 시카고로 돌아올 수 있었다. 이후 그는 마음 맞는 동료들과 함께 시카고대학교를 하버드를 중심으로 한 주류 케인스주의 경제학에 맞서는 시장 경제학의 산실로 키워나가는 데 중요한 역할을 하게 된다.

그러나 프리드먼의 귀환은 힘들이지 않고 계속 성과를 쏟아내는 새뮤얼슨에게 가려 빛을 잃었다. '계량 경제학의 아버지' 제이컵 마샥Jacob Marschak[31]은 프리드먼과 새뮤얼슨이 둘 다 있으면 시카고대학교가 케임브리지, 하버드, 스톡홀름을 뛰어넘는 경제학의 수도가 될 것이라면서 총장 로버트 허친스Robert Hutchins[32]에게 새뮤얼슨을 영입할 것을 제안했다. 이후 시카고대학교는 새뮤얼슨을 향한 끈질긴 구애에 나섰다. 시카고는 새뮤얼슨에게 정교수 자리와 높은 임금을 내걸었고, 협상이 길어지면서 임금은 점점 더 높아졌다. 새뮤얼슨은 처음에는 거절했다가 받아들이고 다시 거절하며 갈팡질팡하는 모습을 보였다.

새뮤얼슨이 망설인 이유 중 하나는 시카고대학교 경제학과의 보수주의자들이 케인스주의에 적대적이었기 때문이었다. 시카고대학교 내부에서는 새뮤얼슨의 임용에 반대하는 목소리가 높았다. 이에 절망한 마샥은 허친스에게 편지를 보내 이렇게 말했다. "정부가 손을 아예 놓지 않는 한 거시 경제학에 기초해 모든 경제 정책을 펼 수밖에 없네. 하지만 이 사람들은 거시 경제학 자체가 케인스주의이고 이단이라고 생각하는 분위기야. 학과 내에서 새뮤얼슨의 임용을 옹호하는 데 어려움을 겪고 있어."[33] 그해 9월 1일에 임용된 프리드먼도 새뮤얼슨의 임용을 반대하는 쪽이었다. 그는 스티글러에게 보낸 편지에서 새뮤얼슨이 시카고로 돌아온다는 생각에 "우울하다"고 말했다. "케인스주의자들은 표를 가지고 있고 그걸 행사할 방법도 있다네. [프랭크] 나이트는 씁쓸해하며 앞으로 학과 일에 나서지 않겠다고 선언했어."[34] 다행히 새뮤얼슨이 MIT에 남기로 하면서 프리드먼은 마음을 놓을 수 있었다. 이 일화는 두 사람이 일찍부터 정치적 성향을 띤 강한 경쟁 관계를 형성했음을 잘 보여 준다.

그즈음 프리드먼은 전미경제연구소의 안나 슈워츠Anna Schwartz[35]와 함께 미국 경제학의 역사에 통화가 미친 영향을 조사하는 연구를 시작했다. 이 연구는 프리드먼이 평생을 바친 화폐 연구의 대표작이 되었다. 1960년, 프리드먼과 슈워츠는 연구 결과를『미국 화폐사Monetary History of the United States, 1867-1960』라는 책으로 펴냈다. 프리드먼과 슈워츠는 기존에 정설로 여겨지던 경기 과열과 주식 시장 거품이 대공황을 초래했다는 케인스식 설명을 부정하고 연준이 경제에 충분한 돈을 공급하지 않았기 때문에 대공황이 발생했다는 새로운 이론을 주장했다. 기존 시각으로 보면 연방 정부가 극심한 주식 투기를 막기 위해 대출 금리를 올려 1929년의 주식 시장 붕괴를 초래한 것은 옳은 결정이었다. 하지만 프리드먼은 방대한 통화 자료를 분석한 끝에 연준이 더 일찍 이자율을 낮췄더라면, 많은 기업이 도산하지 않고 돈을 빌려 계속 영업할 수 있었을 거라는 다른 결론에 도달했다.

몽펠르렝 총회에서 만난 사람들

당시까지만 해도 프리드먼은 미국 학계에서 유명세를 얻었을 뿐, 유럽에서는 생소한 학자였다. 그는 우연히 프리드리히 하이에크의 초대를 받게 됐는데, 사실 하이에크가 초대한 사람은 프리드먼이 아니라 그의 매형 디렉터였다. 디렉터는 미국의 주요 출판사가 출간을 거절한 하이에크의 문제작『노예의 길The Road to Serfdom』[36]을 1944년 9월 시카고대학교 출판사를 통해 출판하는 데 결정적 역할을 했다. 이에 하이에크는 디렉터와 그의 일행을 비수기 스위스 몽 펠르랭Mont Pèlerin 스키 리조트에서 열리는 모임에 초대하기로 했다. 이 모임은 확산되는 집산주의에 맞서 자유 시장주의를 되살릴 방안을 모색하는 회담이 될 예정이었다.

하이에크는 사명에 차 있었다. 제2차 세계 대전에서 민주주의 국가들이 파시스트 국가들을 상대로 승리를 거뒀음에도 그는 자유가 위협받고 있다고 믿었다. 케인스의 경제학 혁명은 국가가 시장의 메시지를 무시하고 정부 지출과 공공사업을 통해 직접 경제에 개입할 근거를 마련해 주었다. 그가 보기에 정부 주도의 대형 사업은 나치의 상징이었고 국가가 경제를 관리하는 것도 마찬가지였다. 하이에크는 큰 그림을 그리고 있었다. 1931년 케인스를 저지하기 위해 혼자 런던으로 향했던 그는 이제 불순분자, 이단아, 보수주의자, 자유주의자 지식인을 가리지 않고 모아 만든 군대의 선봉에 설 생각이었다. 서구 사회는 전쟁 동안 불가피하게 계획 경제를 경험한 뒤로 사회주의에 잠식되어 가고 있었다. 하이에크는 이에 맞서 자유 시장주의를 되살리고자 했다. 한자리에 모여서 일주일 동안 국가주의의 거센 물결을 저지할 방안을 논의하자는 그의 초대는 승산 없는 비주류 세력으로 이루어진 이질적인 부대원들에게 보내는 전투 준비 지시나 다름없었다.

애런 디렉터는 하이에크의 경고를 심각하게 받아들이지 않았다. 갑작스럽게 커진 사회주의의 위험에 대해서는 이미 하이에크가 쓴『노예의 길』을 통해 알고 있던 터였다. 하지만 경비를 모두 스위스 은행가들이 부담한다고 하니 스위스에서 일주일을 보내는 것도 나쁘지 않아 보였다. 동료들과 카드놀이를 하며 일주일을 보낼 절호의 기회였던 것이다. 그는 매부인 프리드먼과 스티글러에게 함께 가자고 제안했다. "자유주의 수호를 위한 …… 스위스 시찰"[37]을 표방한 이 여행은 사실 아내의 눈을 피해 열흘 동안 브리지를 즐길 구실에 불과했다.[38] 스티글러는 프리드먼에게 이렇게 말했다. "애런에게 브리지를 연습시키고 자유주의자 한 명을 더 구해서 가르치는 거야. 그렇게 네 명이 치면 돼."[39]

1947년 4월 스위스 브베 근교 몽펠르랭의 뒤파르크 호텔에서 열린 몽펠르랭 총회에서 프리드먼은 자신과 마음이 맞는 사람들이 사는 미국 밖 세계를 발견하는 뜻깊은 경험을 했다. 회의에 참가한 사람들은 대부분 자연스럽게 그의 의견에 동조했으며, 나중에는 그의 추종자가 되었다.

순진한 미국 시골 청년이었던 나는 그곳에서 나와 같은 자유주의 사상을 가진 세계 각지에서 온 사람들을 만났다. 모두 자국에서 사면초가에 몰려 있지만 이미 세계적으로 유명한 학자도 있고 훗날 유명해질 사람들도 있었다. 삶을 풍요롭게 해 줄 친구들을 사귀었고 자유사상을 보강하고 보호하는 총회를 설립하는 데 참여했다.[40]

프리드먼은 하이에크가 『노예의 길』 홍보차 시카고에 왔을 때 잠깐 만난 적이 있었다. 몽펠르랭에서 프리드먼은 하이에크와 더 가까워졌고 초기 반케인스주의 진영에서 하이에크가 얼마나 중요한 인물이었는지도 알게 되었다. 그는 이곳에서 오스트리아학파의 거장 루트비히 폰 미제스Ludwig von Mises[41]도 만났다. 호전적이고 외골수 기질이 있는 미제스는 나치 하수인들과의 대립으로 비엔나에

서 추방당한 뒤, 스위스에서 자리를 잡지 못하고 머물다가 자유 시
장주의를 홍보하는 윌리엄 볼커 기금William Volker Fund[42]의 도움으로
1940년 뉴욕대학교 교수로 부임했다. 프리드먼은 미제스를 이렇게
기억했다. "미제스는 아주 강경해서 다른 의견을 인정하지 않는 편
이었습니다." 치열한 지적 논쟁을 무엇보다 즐겼던 프리드먼은 기
쁘게 덧붙였다. "우리가 함께한 회의에서는 엄청나게 활발한 논쟁
이 벌어졌죠."[43]

프리드먼에게 몽펠르랭은 친구들과 브리지를 치는 장소라기
보다는 자신과 닮은 반항적인 사람들이 모인 장소에 더 가까웠다.
열정적이고 논쟁을 좋아하는 몽펠르랭의 자유사상가들은 전후 서
양 정부를 덮친 사회주의의 파도에 저항하고자 했다. 프리드먼은
로즈에게 편지를 보내 이렇게 말했다. "이곳은 믿을 수 없을 정도로
멋져. 하루에 세 번씩 회의를 하는데 …… 힘이 들기는 하지만 좋은
자극이 돼."[44] 이들은 경제 외에 정치와 철학에 대해서도 논했다. 경
제 외 분야에도 관심이 많았던 프리드먼은 다양한 주제를 둘러싼
폭넓은 토론에 고무되었다. 이들은 종교와 윤리가 자유 사회를 유
지하는 데 어떤 역할을 하는지, 노동조합의 독점력이 어떤 영향을
미치는지, 정부가 사회를 더 평등하게 만들기 위해 소득세를 걷는
것이 옳은지 등을 논의했다.

프리드먼은 그 후 10년 동안은 몽펠르랭 총회에 참석하지 않
았다. 하지만 첫 번째 총회에서 접한 광범위한 주제는 그에게 깊은
영감을 주었다. 몽펠르랭은 프리드먼이 살면서 마주한 여러 전환점
가운데서도 특별히 더 중요한 위치를 차지했다.[45] 오스트리아학파
이론을 둘러싸고 서로 의견이 갈리기는 했지만, 결국 프리드먼은

하이에크의 후계자가 되었다. 둘은 이론이 닮았다기보다는 주류인 케인스주의 진보 경제학을 무너뜨리고 공공 부문을 축소하려는 야심의 크기가 닮아 있었다.

프리드먼과 하이에크의 경제에 대한 의견 차이는 1950년 하이에크가 시카고대학교 경제학과 교수로 지원했을 때 극명하게 드러났다. 하이에크는 오스트리아학파의 시각이 시카고대학교의 다른 보수 경제학자들이 가진 시각과 잘 맞으리라고 생각했다. 하지만 오스트리아학파의 이론과 시카고학파의 이론 사이에는 시카고학파와 케인스학파만큼이나 큰 차이가 있었다.

미제스의 영향을 받은 하이에크는 시장이 효율적으로 작동하는 데 필요한 가벼운 규제 말고는 정부가 시장에 절대 개입하지 않아야 한다고 믿었다. 아무도 경제를 제대로 이해할 수 없으므로, 정부가 개입하면 시장 기능을 방해만 할 뿐이라는 것이 그의 주장이었다. 반면 프리드먼을 비롯한 대다수 시카고학파 경제학자들은 자유 시장의 장점을 설파하면서도 가격 기구와 성장 장려책 등 경제를 효율적으로 관리하기 위한 방법을 주로 연구했다.

결국 하이에크는 시카고대학교 경제학과로부터 거절당하는 수모를 겪고 중소 학과인 사회사상위원회Committee on Social Thought 교수로 가게 되었다. 프리드먼은 그 일에 대해 이렇게 말했다. 시카고학파는 "하이에크를 원하지 않았습니다. 하이에크의 경제학에 동의하지 않았거든요. …… 전 세계를 대상으로 교수 한 명을 모집해야 한다면, 『가격과 생산Prices and Production』의 저자(하이에크)를 뽑을 리 없었습니다."[46]

얼마 지나지 않아 프리드먼은 몽펠르랭 총회에 참석한 완고한 보수 경제학자들과 케인스학파 사이에 남아 있는 앙금을 직접 느낄 수 있게 되었다. 1931년 케인스와 하이에크가 치열한 설전을 벌이면서 시작된 좌파 경제학과 우파 경제학 사이의 분열은 여전히 깊은 골로 남아 평소 예의 바른 학자들마저도 서로를 모욕하게 만들었다. 케인스와 하이에크의 대립이 극에 달했던 1930년대에 케임브리지대학교 경제학과 교수 피구는 케인스와 하이에크의 논쟁 이래 케임브리지의 지적 토론이 "결투의 수단"으로 변질되었으며, 마치 "길고양이들의 패싸움 같은" 논쟁이 벌어지고 있다고 한탄했다. 피구는 이렇게 물었다. "양심에 손을 얹고 현재 논란이 되고 있는 주제에 대한 경제학계의 논쟁 방식에 진심으로 만족한다고 말할 경제학자가 과연 있을까?"[47] 그로부터 20년이 지난 뒤에도 경제학계는 여전히 정치적으로 심각하게 분열된 상태였다.

케임브리지 서커스와 맞서다

1954~1955학년도에 프리드먼은 풀브라이트 방문 연구 프로그램 Fulbright Visiting Fellowship에 선정되어 케임브리지대학교 곤빌 앤드 카이우스 칼리지Gonville and Caius College에서 한 학기를 지내게 되었다. 당시 케인스주의자들은 프리드먼 같은 '고전' 경제학자를 시대에 뒤떨어져 밀려난 사람으로 취급했기 때문에, 그에게 케인스 사상의 세계 수도인 케임브리지에 가는 것은 사자 굴에 들어가는 것만큼 용기가 필요한 일이었다. 심지어 이런 말까지 돌 정도였다. "[케인스주의자들이 보기에] 자유 시장주의자는 점쟁이, 예언자, 마법사와 함께 지옥의 여덟 번째 고리에 떨어져 머리가 뒤틀린 채 뒤로 걷는 벌

을 받아 마땅했다."[48] 물론 자유 시장주의자들이 케인스주의자를 보는 시각도 그에 못지않았다.

1936년 경제학계를 뒤흔들어 놓은『일반 이론』출판을 준비하는 동안 케인스는 케임브리지대학교 킹스칼리지에서 추종자들에게 둘러싸여 지냈다. '케임브리지 서커스Cambridge Circus'라는 이름으로 알려진 이 추종자들은 1946년 케인스가 요절한 후에도 자신들이 정통 케인스주의라고 믿는 것을 필사적으로 지켰다. 유명한 학자와 학생이 뒤섞인 이 집단은 케인스와 함께 친밀한 모임을 열어 자유로운 경제 토론을 펼치며 케인스가『일반 이론』을 다듬는 것을 도왔다. 케인스가 죽은 뒤, 이들 중 대다수는 자신들의 영웅 케인스보다 훨씬 더 왼쪽으로 치우치는 경향을 보였다. 뛰어난 경제학자 조앤 로빈슨Joan Robinson[49]을 비롯해 많은 수가 공적 소유public ownership, 높은 세금, 집단 공급collective provision을 옹호했고 심지어 중국을 비롯한 전체주의 정권의 계획 경제를 칭찬하기도 했다.

케임브리지 서커스 경제학자들은 자신들의 홈그라운드에 뛰어든 고루하고 작고 날카로운 미국인[50]에게 흥미를 느꼈다. 친근한 성격의 프리드먼은 케인스의 제자들과 잘 어울렸고 공식 만찬이나 초저녁에 열리는 셰리 파티에 불려 다녔다. 프리드먼이 사귄 서커스 경제학자 중에는 케인스의 '승수' 개념을 수학적으로 증명한 리처드 칸Richard Kahn,[51] 조앤 로빈슨과, 조앤의 남편 오스틴 로빈슨 Austin Robinson,[52] 하이에크의 번역가이자 초기 협력자였으나 케인스주의자로 전향한 니컬러스 칼도르Nicholas Kaldor[53] 등이 있었다. 이외에도 프리드먼은 케인스의 전기 작가이자 캐나다 출신 제자인 해리 존슨Harry Johnson[54]과 케임브리지의 케인스 저항 세력을 이끄는 인물로, 프리드먼과 마찬가지로 화폐를 중시하는 데니스 로버트슨Dennis Robertson[55]을 만났다.

프리드먼이 문화 차이에 잘 적응한 반면, 로즈 프리드먼은 케임브리지에 남아 있는 소수의 자유주의자들과 케인스학파 사이를 가르는 깊은 골에 충격을 받았다. "가장 안타까운 것은 두 집단이 서로를 신랄하고 적대적으로 비판할 뿐, 아무런 지적 교류를 하지 않는다는 점이었습니다." 미국의 좌우 경제학자들 사이에도 비슷한 적대감이 있었지만, 케임브리지의 분위기는 더 심각했다. 로즈는 이렇게 말했다. "당시 우리의 정치·경제적 시각은 대다수 미국 대학에서도 소수에 속했습니다. 그래서 우리는 소수자 취급을 받는데 익숙했어요. 하지만 미국 대학 중에 케임브리지만큼 분열돼 있고 감정의 골이 깊은 곳은 보지 못했습니다."[56]

케임브리지 서커스는 프리드먼의 자신 있고 당당한 모습에 당황하지 않고 오히려 공개 석상에 그를 내보이기를 좋아했다. 한 번은 소앤 로빈슨이 프리드먼의 주장을 정면 반박하는 강연을 열어 그 자리에 프리드먼을 초대했다. 프리드먼은 브레턴우즈Bretton Woods[57]에서 케인스가 묶어 둔 환율을 자유롭게 풀어 줘야 한다는 주장을 즐겨 했는데 강연에서 로빈슨은 한 통화의 환율을 다른 통화에 연동시킨 케인스의 결정을 강력히 옹호했다. 제2차 세계 대전 이전까지 각국 정부는 자국 통화의 환율을 임의로 고정했고 그에 따라 수입품과 수출품의 가격이 정해졌다. 하지만 이 방식은 종종 고통스러운 결과를 낳았다. 예를 들어 제1차 세계 대전 직후 영국에서는 보수당 정부가 파운드를 너무 높은 가격에 고정하는 바람에 세계 시장에서 영국산 제품의 수요가 줄어들면서 수출이 줄고 대량 해고가 발생했다. 로빈슨은 강연을 끝낸 뒤 프리드먼을 무대 위로 초대했고, 프리드먼은 환율이 시장에서 자유롭게 정해져야 한다고 주장하며 로빈슨의 주장에 반론을 제기했다. 케인스 사상의 중심지에서 사람들의 주목을 받으며 자신의 사상을 설파한 이 날의 경험은 프리드먼에게 무척 즐거운 기억으로 남았다.

프리드먼은 8주 동안의 케임브리지 체류가 "좋은 자극이 되었고 유익했으며 도움을 주는 친구들을 사귈 수 있었던 경험"[58]이었다고 말했다. 하지만 로즈는 그리 길지 않은 시간이었지만, 시장 경제학자를 대놓고 무시하는 사람들 사이에서 지내기가 불편했다고 회상했다. 로즈는 하이에크가 있었던 런던정치경제대학교London School of Economics and Political Science의 분위기가 "케임브리지보다 훨씬 더 건강하고 자신에게 잘 맞았다"[59]고 말했다.

자타 공인 케인스주의자였던 새뮤얼슨은 케임브리지 서커스와 친했고 서커스의 일원으로 받아들여졌다. 새뮤얼슨은 오스틴 로빈슨과 그의 아내 조앤, 데니스 로버트슨, 피에로 스라파Piero Sraffa, 존 힉스John Hicks, 로이 해러드Roy Harrod, 리처드 칸, 라이오넬 로빈스Lionel Robbins 등 서커스의 거의 모든 주요 인물과 자주 친밀한 편지를 주고받았다. 그러나 시간의 흐름에 따라 케인스주의가 발전하면서 새뮤얼슨은 자신이 "케인스주의자이긴 하지만, 깨어 있는 케인스주의자"라면서 이들과 거리를 뒀다. 그는 "20세기 들어 정부가 지나치게 커지고 효율이 낮아졌으며 이전의 박애주의자들이 기대한 만큼 생활 수준을 높이지 못했"[60]음을 인정했다. 한 인터뷰에서 그는 이렇게 말했다. "저는 선택적 케인스주의자입니다. …… 매주 미사에 참석하니까 독실한 신자라고 볼 수 있지요. 하지만 교황의 말을 듣고 피임을 안 하지는 않습니다."[61]

새뮤얼슨은 케인스주의를 종교로 생각하지 않았으며, 오히려 맹목적으로 케인스를 신봉하는 동료들을 비판했다.[62] 자신이 어떤 학파에 속한다고 생각하는지 묻자, 그는 이렇게 답했다. "저는 제 자신을 포스트케인스주의자post-Keynesian로 분류합니다. 1936년의 초기 케인스주의Model A Keynesianism는 이제 구식이 되었죠. 물론 당시에는 최신식이었지만요."[63] 새뮤얼슨은 언제든 스승인 케인스를 비판할 준비가 되어 있었고, 케임브리지 서커스 앞이라고 다르지는 않았다. 1983년 그는 케인스 탄생 150주년을 기념하기 위해 영국 케임브리지에서 열린 케인스학파 모임에 참석했다. 그날 있었던 일에 대해 새뮤얼슨은 이렇게 말했다. "모두 그 자리에 참석했어요. 다들 일어서서 이렇게 말하더군요. '나는 여전히 독실한 케인스주의자입니다. 아직도 진심으로 그를 믿습니다.' 저는 좀 무례했죠. 이렇게 말했거든요. '당신들을 보니 충성 맹세를 하는 나치 당원들이 생각납니다.' 케인스주의는 종교가 아닙니다. 분석 방법일 뿐입니다. 저는 여전히 케인스주의자지만, 10년 전과는 다릅니다."[64] 하지만 경제학자로서 케인스를 어떻게 평가하느냐고 묻자, 그는 망설임 없이 답했다. "제 생각에 그는 20세기의 가장 위대한 경제학자이자, 역사상 가장 위대한 경제학자를 꼽으라면 세 손가락 안에 드는 사람입니다."[65] 다른 두 명의 이름을 알려 달라는 말에 그는 이렇게 답했다. "애덤 스미스Adam Smith 그리고 레옹 발라스Leon Walras죠."[66]

새뮤얼슨의 유연한 시각은 어쩌면 자신의 지적 능력에 대한 자신감에서 비롯된 것인지도 모른다. 한 가지 사고방식만을 고집했던 프리드먼이나 하이에크 같은 학자들과는 달리 새뮤얼슨은 감탄스러울 정도로 사고가 유연했다. 언젠가 그는 프리드먼에게 이런 편지를 보냈다. "전에 했던 말을 철회해야겠어. 자네도 알다시피 나는 말을 바꾸는 걸 무척 싫어하지만, 잘못된 시각을 고집하는 게 더 싫거든. 그러니 어쩔 수 없지."[67] 나중에 그는 프리드먼에게 이렇게 말하기도 했다. "내가 10년 전에 쓴 논문 중에 지금의 내 시각을 대변할 수 있는 건 하나도 없어."[68] 이런 면에서 새뮤얼슨은 케인스와 닮아 있었다. 누군가 케인스에게 의견이 왜 바뀌었냐고 묻자 그는 이렇게 답했다. "들은 정보가 달라졌으니 의견을 바꿀 수밖에요. 경께선 그렇게 하지 않으십니까?"[69]

4   케인스에게
맞서다

———

"나라가 내게 무엇을 해줄지 묻지 말고 내가 나라를 위해 할 수 있는 일이 무엇인지 물어라." 프리드먼은 당시 미국 진보주의의 총아였던 존 F. 케네디(사진)의 말을 허언에 불과하다며 비판했다. 그는 이 말이 "정부는 보호자, 시민은 피보호자"라는 세계관을 대변한다며, 이는 "자유로운 인간이 가진, 자기 운명을 스스로 책임진다는 믿음"에 반한다고 주장했다. 또한 미국을 중심으로 세계가 힘을 합쳐 공공의 적을 무찌를 수 있도록 단결하자는 케네디의 말에서는 "정부는 주인 또는 신이고, 시민은 하인 또는 숭배자"라는 시각이라며 반대했다.

프리드먼은 1960년대까지만 해도 학계 밖에서는 이름이 잘 알려지지 않았다. 하지만 극단적 보수주의자로 평가받던 애리조나주 상원 의원 배리 골드워터(사진)의 선거 운동에 참여한 것을 계기로 폴 새뮤얼슨에 맞설 활력 있고 논쟁적이며 도발적인 보수 경제학자를 찾고 있던《뉴스위크》편집장 오즈번 엘리엇의 눈에 띄게 되었다.

프리드먼은 경제학에서 케인스 사상을
지우는 것을 사명으로 삼았다. 그는 고삐 풀린
자본주의가 승리하고 시장 원리가 회복되는
경제학적 유토피아를 꿈꿨다.

프리드먼은 영국 방문 연구를 마친 뒤, 스페인 마드리드를 여행하고 스위스에서 가족과 스키를 즐긴 다음 에든버러를 찾아 자유 시장 경제학의 창시자인 스코틀랜드 출신 경제학자 애덤 스미스의 집과 무덤에 들렀다. 의심이 많았던 로즈 프리드먼은 스미스의 묘에서 케인스학파의 보이지 않는 손을 느꼈다. "스미스의 무덤은 가장 컸지만, 가장 허름하고 방치된 무덤이었다. 밀턴은 독신이었던 스미스가 후손을 남기지 않아서라고 했지만, 나는 스미스의 사상이 점점 외면받고 있기 때문이라는 생각이 들었다."[1]

프리드먼은 바쁘고 생산적인 1950년대를 보냈다. 1953년 그는 그동안 쓴 글을 모아 『실증 경제학 소론Essays in Positive Economics』을 펴냈다. 이 책에서 가장 눈에 띄는 글은 「실증 경제학 방법론The Methodology of Positive Economics」으로, 케인스의 아버지 존 네빌 케인스John Neville Keynes가 깊이 몰두한 주제인 경제학의 객관성 문제, 즉 경제학이 물리학처럼 객관적 현상을 서술하는 학문이 되어야 하는지 아니면 철학처럼 어느 정도 주관적 기준을 가지고 정책의 성과를 평가하는 학문이 되어야 하는지에 대해 다룬 글이었다. 프리드먼은 이 글을 통해 그에게 평생의 지침이 될 엄격한 원칙들을 확립했다.

그리고 무엇보다도 사상을 설파하려면 이론을 단순하고 이해하기 쉽게 만들어야 한다는 깨달음을 얻었다.

하이에크는 프리드먼의 이 책이 위험하다고 생각했다. 그는 90년대에 이렇게 말하기도 했다. "내게 가장 후회되는 일은 케인스의 [『일반 이론』]을 계속 비판하지 않은 것이지만,[2] 밀턴 프리드먼의 『실증 경제학 소론』을 비판하지 않은 것도 그만큼 후회된다. 어떻게 보면 『실증 경제학 소론』은 상당히 위험한 책이다."[3]

프리드먼은 1957년 『소비함수론A Theory of the Consumption Function』을 발간해 케인스 사상의 근간을 이루는 개념인 소비 함수에 의문을 제기했다. 케인스의 '소비 함수'는 소득과 소비 사이의 연관 관계를 나타내는 함수로, 프리드먼은 사람들이 일시적 소득 변화가 아닌 영구적 소득 변화에만 반응하기 때문에 단기적으로 감세 정책을 펴서 가처분 소득을 늘리는 정책은 경기 부양에 효과가 없다고 주장했다. 사람들은 신중해서 감세 조치가 일시적임을 알면 추가 소득을 소비하기보다는 저축한다는 것이 그의 설명이었다. 프리드먼은 이 책을 자신의 "가장 영향력 있는 저작은 아니지만, 학문적으로는 가장 큰 업적"이라고 평했는데,[4] 실제로 그는 이 책으로 이론 경제학계에서 상당한 명성을 얻었다.

1960년, 프리드먼은 안나 슈워츠와 함께 100년에 걸친 미국의 화폐 데이터를 분석하는 작업을 마무리 지었다. 그 결과물인 『미국 화폐사』는 대공황의 발생 원인에 대한 당시의 통념을 뒤집는 책이었다. 이전까지는 돈이 너무 많이 풀렸는데 상품과 주식은 너무 적다 보니 상품과 주식의 가격이 감당 불가능한 수준으로 치솟았고 그로 인해 주식 시장에 형성된 거품이 1929년에 꺼지면서 대공황이 시작됐다는 것이 정설로 받아들여졌다. 하지만 프리드먼과 슈워츠는 금융 데이터를 면밀히 분석한 끝에 완전히 다른 결론을 내렸다. 이들은 연준이 이자율을 올리면서 통화량이 감소했고 그 결과 은행이 줄줄이 도산해 금융 시스템이 얼어붙었으며 이에 주식 시장에 공포 분위기가 조성되면서 시장이 무너져 내렸다는 설명을 내놓았다.

이 책은 모두가 옳다고 믿던 틀린 사실을 바로잡은 것 이상의 의미가 있었다. 프리드먼과 슈워츠는 연준의 통화량 관리 실패가 경제의 향방을 가르는 데 무엇보다 더 결정적 역할을 했다고 주장했다. 이는 오랫동안 부정되어 온 화폐 수량설quantity theory of money에 기초한 주장이었다. 화폐 수량설에 따르면, 이자율을 내려 돈을 빌리기 쉽게 만들면 시중에 돈의 양이 늘면서 돈의 가치가 떨어진다. 반대로 이자율을 올려 돈의 유통량을 줄이면 시간이 지나도 돈의 가치가 유지된다. 프리드먼과 슈워츠는 『미국 화폐사』를 통해 오랫동안 잊혀 있던 화폐 수량설을 '통화주의'라 불리게 될 사조로 부활시켰다.

프리드먼은 자신과 슈워츠의 책이 학계의 환영을 받은 데 기뻐하며 이렇게 자평했다. 『미국 화폐사』는 "대량의 역사적 데이터를 활용해 통화량의 변동과 뒤이은 경제 변동 사이의 연관성을 입증함으로써 전문가들의 견해를 바꾸는 데 중요한 역할을 했다."[5] 이 책은 "현재 진행 중인 소위 '통화주의자'들과 케인스학파 사이의 논쟁에 중요한 기여를 했다."[6]

『자본주의와 자유』

1956년 6월 프리드먼은 볼커 기금의 지원을 받아 인디애나주 크로 퍼즈빌Crawfordsville에 위치한 와바시칼리지Wabash College에서 강연회를 열었다. 이 강연의 내용은 5년 뒤『자본주의와 자유Capitalism and Freedom』[7]라는 책으로 출판되었다.『자본주의와 자유』는 제한 없는 자본주의를 옹호하는 프리드먼의 생각을 종합한 첫 번째 책이었다. 이 책이 작은 정부를 지향하는 보수 경제학자와 정치인 사이에서 바이블로 자리 잡으면서, 프리드먼은 처음으로 베스트셀러 작가가 되는 기쁨을 누렸다. 책은 15년 동안 40만 부가 팔렸고, 프리드먼은 인세로 버몬트에 여름 별장을 구입해 '캐피타프Capitaf'라는 이름을 붙였다.[8]

　『자본주의와 자유』는 프리드먼의 개인적 신념을 밝힌 선언문이나 다름없었다. 쉰 살이 된 프리드먼은 화폐와 정부의 역할에 대한 생각을 종합해 통합적 세계관을 구축했다. 그는 단순히 케인스 경제학을 부인하는 수준을 넘어 공화국 수립 이래 미국이 누려 온 민주주의 체제로까지 생각의 범위를 넓혔다. 프리드먼은 시장에서의 자유가 보장되지 않으면 정치적 자유도 없다고 주장했다. 그에 따르면 시장을 길들이려는 시도(불평등을 줄이기 위해 만들어진 누진세나 인종 또는 성 평등을 위해 만들어진 보조금과 세금 우대 정책 등)는 아무리 의도가 좋아도 실패할 수밖에 없었다. 그냥 두었으면 사회의 효용을 최대화하는 방향으로 작동했을 자본주의를 저해해 비효율적으로 만들기 때문이다.

　프리드먼은『자본주의와 자유』의 첫 문장에서 비판의 대상을 명확히 밝혔다. 그가 노린 인물은 미국 진보주의liberalism의 총아인 신임 대통령 존 F. 케네디였다. 1년 전 취임식에서 케네디는 "나라가 내게 무엇을 해 줄지 묻지 말고 내가 나라를 위해 할 수 있는 일이 무엇인지 물어라"[9]라는 말로 국민을 고취시켰다. 프리드먼은 진보주의의 화신 케네디가 남긴 이 명언이 겉만 번드르르한 허언에 불과하다고 비판했다. 그는 이 말이 "정부는 보호사, 시민은 피보호자"라는 세계관을 대변한다고 말하면서 이는 "자유로운 인간이 가진 자기 운명을 스스로 책임진다는 믿음"[10]에 반한다고 주장했다. 그는 미국을 중심으로 세계가 힘을 합쳐 공공의 적을 무찌를 수 있도록 단결하자는 케네디의 말에서 "정부는 주인 또는 신이고 시민은 하인 또는 숭배자"[11]라는 시각을 엿보았다.

> 자유로운 인간이라면 '나라가 내게 무엇을 해 줄지' 또는 '내가 나라를 위해 무엇을 할지' 따위는 묻지 않을 것이다. 그는 오히려 개인에게 지워진 책임의 무게를 덜고, 개인이 가진 여러 목적과 목표를 달성하고, 무엇보다도 자유를 지키기 위해서는 '정부를 어떻게 이용해야 할까?'라고 물을 것이다.[12]

이어서 자유로운 인간은 두 번째 질문을 던진다.

자유를 지키기 위해 만든 정부가 오히려 자유를 해치는 프랑켄슈타인이 되지 않도록 하려면 어떻게 해야 할까? …… 정부는 자유를 지키는 데 필요하다. 정부는 우리가 자유를 행사하기 위해 만든 기구다. 그러나 정치인에게 힘을 집중해 우리의 자유를 위협하는 존재이

기도 하다.[13]

　프리드먼이 반평생 동안 연방 정부를 지켜본 뒤 내린 결론은 정부가 도움이 되는 일이 거의 없다는 것이었다. 그는 『미국 화폐사』를 통해 대공황이 자본주의 자체의 문제 때문이 아니라 연방 정부의 일원인 연준이 무책임한 결정을 내려서 발생했다는 역사적 근거를 제시한 데 이어, 대공황 이후 미국 정부가 국민의 삶을 개선하기 위해 폈던 정책의 대부분을 비판하기 시작했다.

　그에 따르면, 누진 소득세는 빈부 격차를 줄이지 못했고 사회 복지 지출은 빈곤을 악화시켰을 뿐이다. 공공 주택과 빈민가 철거 프로그램은 "빈곤층의 주거 환경을 악화시키고 청소년 범죄를 초래하고 도심을 망가뜨렸다."[14] 정부가 농민을 지원하기 위해 도입한 농산물 시장 가격 규제는 "전국에서 논란"[15]을 불러일으켰을 뿐 아니라 가난한 농민을 돕는 효과도 거의 없었다. 최저 임금은 가난한 사람의 소득을 늘리기는커녕 가난한 사람들이 일을 구하지 못하게 만들었다. 주와 주 사이를 잇는 고속 도로와 수력 발전용 댐 등 대규모 공공 건설 프로젝트는 그저 "정부의 대규모 자원 동원 능력에 바치는 찬사"[16]였을 뿐이다. 노동자들의 권리를 지키고 임금 협상력을 높이기 위해 만들어진 노동조합은 더는 "정의의 편"[17]이 아니었다.

　프리드먼은 정부와 민간을 조합한 현재의 혼합 경제 체제보다 정치인의 어설픈 손길에서 완전히 자유로운 경제 체제가 궁극적으로는 모두에게 더 풍요롭고 만족스러운 삶을 보장해 준다는 주장을 여러 장에 걸쳐 설파했다. 그는 자유 시장이 정부 지출이나 규제 등 정부가 제공하는 안전망에 기대지 않고도 실업, 인종주의, 소득 불평등, 교육 문제 등 정부가 해결하지 못한 문제까지 해결할 수 있다는 이상적 세계관을 선보였다. 또, 정부가 돈을 빌려 경제에 공급할 경우 잠깐 가짜 번영을 누릴 수는 있지만 진정한 발전은 오히려 저해된다면서 케인스주의에 논리적 결함이 있다고 지적했다.

한 진보 논객이 지적한 대로 "프리드먼은 농업 패리티, 관세, 임대료 제한, 최저 인금, 산업 규제, 사회 보장 제도, 공공 주택, 징병제, 국립 공원, 우체국, 공공 도로, 전문직 자격증 등 정부의 업적을 모조리 되돌리고 싶어 했다."[18] 프리드먼은 정부 정책의 잘못된 점을 지적하면서 자신의 강한 반골 기질을 그대로 드러냈다. 그의 태도는 그루초 막스Groucho Marx[19]가 영화〈풋볼 대소동Horse Feathers〉에서 부른 다음 노래 가사에 딱 들어맞았다.[20]

네 말이 맞을 수도 있겠지

하지만 이건 알아 둬

네가 뭘 하자고 하든 난 반대야

『자본주의와 자유』는 진보의 성역을 공격해 그들의 수호신을 끌어내리고 노골적으로 관심을 끌기 위해 쓴 프리드먼의 역작이었다. 이 책을 기점으로 프리드먼은 자신의 혁명적 사상을 경제학 너머로 확장하기 시작했다. 그는 경제학의 경계를 넘어 빈사 상태에 있던 보수 정치 철학에 자유 지상주의라는 새 숨결을 불어넣었다.[21] 새뮤얼슨과의 경제 논쟁을 계속하면서도 프리드먼은 자신이 더 원대한 계획을 품고 있으며 그 계획에서 경제학이 차지하는 부분은 비교적 작다는 사실을 확실히 알렸다.

1962년에 프리드먼의 명성은 미미한 수준이었다. 일부 학술지와 런던《이코노미스트》에 리뷰가 실리기는 했지만, 미국의 주요 언론사 가운데『자본주의와 자유』에 관심을 보인 곳은 한 군데도 없었다. 프리드먼은 이것이 미국 언론이 진보 쪽으로 치우쳐 있다는 사실을 보여 주는 명백한 증거라고 믿었다. "반대 진영에서 이런 책이 나왔다면 [《뉴욕타임스》《뉴욕 헤럴드트리뷴》《뉴스위크》등이] 리뷰를 싣지 않았을 리 없다."[22] 새뮤얼슨은 1973년 개정된『새뮤얼슨의 경제학』제9판에서야『자본주의와 자유』를 언급했다. 그는 "중요한 관점을 매우 논리적이고 신중하고 설득력 있게 설명"[23]한 책이라는 평과 함께 이 책을 학생들에게 추천했다. 그러나 그가 교과서에 프리드먼의 연구를 제대로 소개한 것은 몇 차례의 개정을 더 거치고 나서였다.

『자본주의와 자유』를 기점으로 프리드먼은 중도 우파였던 미국 공화당을 극단적 자유 지상주의의 선봉장으로 만들겠다는 목표를 세우고 자신을 자본주의의 전도사로 재정의했다. 사실 자유 지상주의는 전통적 보수의 가치 체계와 많은 면에서 대립된다. 프리드먼이 지적했듯, 인종 혐오 같은 오랜 보수적 편견은 모든 사람을 동일하게 취급하는 객관적인 자본주의 아래서 아무런 정당성을 인정받지 못한다.

프리드먼의 자유 지상주의 신념은 전통적인 보수의 원칙과 잦은 마찰을 빚었다. 전통적 공화당원은 무엇보다 애국심을 강조했고 국가에 봉사하는 것을 신성한 의무로 생각했다. 공화당원들에게 입대는 국가를 위한 가장 큰 헌신이었고 징병에 응하는 것은 가장 중요한 의무를 다하는 행동이었다. 특히 수많은 미국군이 베트남에

파견된 1960년대에 보수주의자들은 징병 반대 시위를 하는 사람들을 '괴짜 평화운동가peaceniks'나 병역 거부자, 또는 목숨을 아까워하는 겁쟁이로 보고 무시했다. 정작 공화당 위원의 자제들(조지 W. 부시George W. Bush,[24] 밋 롬니Mitt Romney,[25] 뉴트 깅리치Newt Gingrich,[26] 루디 줄리아니Rudy Giuliani,[27] 딕 체니Dick Cheney[28])은 병역을 회피했음에도 공화당에서는 전반적으로 병역 기피자들을 비미국적인 배신자라고 비난하는 분위기였다.

반면 프리드먼은 병역 기피자 편에 섰다.[29] 그가 보기에 의무 군 복무는 오만한 국가의 도를 넘는 요구에 불과했다. 그는 의무 군 복무제가 "불공평하고 낭비적이고 자유로운 사회에 부합하지 않는다"면서 징병제는 "표현·결사·저항의 자유를 억누르기 위한 …… 무기"라고 말했다.[30] 프리드먼은 군산복합체military-industrial complex로 지탱되는 대규모 상비군이 꼭 필요한 자유를 억압하게 될 것을 걱정했고, 상비군을 두는 대신 자발적인 의용군을 모집하자고 주장했다.

마찬가지로 프리드먼은 마약을 합법화하자고 주장해 동료 보수주의자들을 놀라게 했다. 그는 이렇게 말했다. "우리에게 정부를 통해 누군가가 알코올 중독이나 마약 중독이 되지 않도록 막을 권리가 있을까?" "직접적으로든 간접적으로든 무력을 동원해 다른 사람이 자살하는 것을 막을 권리가 없는 것처럼, 술을 마시거나 마약을 하지 못하게 할 권리 또한 없다." 마약 암거래를 단속해야 할 경찰들은 불법 마약 거래에서 발생하는 엄청난 수익 때문에 부패하기 일쑤다. 그러므로 마약을 합법화하면 범죄가 줄고 경찰이 더 청렴해질 것이다. "법질서를 바로잡는 데 이것만큼 효과적인 방법이 있을까?"[31]

    프리드먼은 자녀를 공립 학교에 보내지 않을 자유를 보장해야 한다고도 주장했다.[32] 의무 공교육 제도하에서는 부모가 정치적 절차를 통해서만 학교를 통제할 수 있기 때문이었다.[33] 프리드먼은 정부가 공립 학교에 들일 비용을 부모에게 바우처 형식으로 지급해, 각자 원하는 독립 교육 기관에서 쓸 수 있게 해야 한다고 주장했다. 그는 바우처 제도를 도입하면 공립 학교 교사 노동조합의 독점이 깨지고 학부모의 진정한 선택권을 보장할 수 있으리라고 믿었다.[34]

배리 골드워터와의 만남

프리드먼은 오랫동안 여러 정치 논쟁에 참여했지만, 50대 초반이었던 1960년대 초까지만 해도 학계 밖에서는 이름이 잘 알려져 있지 않았고, 학계 내에서도 케인스주의에 반대하는 소수 집단을 벗어나면 인지도가 거의 없었다. 하지만 이후 그는 단숨에 고위급 정치인과 직접 연락하는 위치로 격상됐다. 프리드먼의 정치 참여는 보수주의자 사이에서 그의 평판을 높이는 동시에 중도 우파와 진보주의자들이 그의 판단력을 의심하는 계기가 되었다.

    제2차 세계 대전 이후 여러 서유럽 국가의 보수당과 마찬가지로 미국 공화당 또한 인기를 유지하기 위해 유권자들이 좋아하는 진보 진영의 사회 및 경제 정책을 받아들였다. 하지만 물밑에서는 해안가 도시 지역에서 멀리 떨어진 내륙의 소수파 공화당원들을 중심으로 조용한 저항이 일고 있었다. 1960년대 초, 이 시골 보수주의자들은 세력을 과시하기 시작했고, 마침내 애리조나 상원 의원 배리 골드워터Barry Goldwater[35]를 대통령 후보로 추대하기에 이르렀다. 골드워터의 당선은 공화당 내에서 과거의 보수주의로 돌아가고자 하는 세력이 부와 특권의 대명사인 뉴요커 넬슨 록펠러Nelson Rockefeller[36]가 이끄는 귀족적인 공화당 지도부와의 싸움에서 승리했다는 의미였다.

프리드먼은 훗날 미국기업연구소American Enterprise Institute라는 보수 싱크탱크의 수장이 될 빌 배루디Bill Baroody[37]의 소개로 골드워터를 처음 만났을 때부터 그에게 호감을 느꼈다. 공화당 내 소수파였던 골드워터는 척 보기에도 가식 없는 인물로, 잘 다듬어지지는 않았지만 자기 의견과 생각이 있었다. 프리드먼은 보수의 기본 원칙에 충실하고 인기에 연연하지 않으며 정치적 욕심을 내려놓을 준비가 되어 있는 골드워터의 태도에 깊은 인상을 받았다.[38]

골드워터는 좌우를 가리지 않고 모든 후보가 진보적 공약을 내걸던 당시의 관례를 깨고 극단적인 보수주의 정책을 선보였다. 당을 오래된 사교 모임처럼 이끌던 온건하고 자기만족적인 기존 공화당 지도부는 그를 후보로 내세우는 것에 강하게 반대했다. 하지만 골드워터는 일반 공화당원들 사이에서의 인기에 힘입어 1964년 7월 샌프란시스코 전당 대회에서 온건파 록펠러를 예상외의 큰 차이로 제치고 공화당 후보로 선출되어 11월 대선에서 존슨 대통령과 맞붙게 되었다.

골드워터는 유권자들에게 꾸밈없는 보수적 메시지를 전달했고, 프리드먼은 골드워터가 진솔하다고 생각했다. 하지만 동부 해안 출신의 기득권 정치인들은 골드워터를 위험한 극단주의자로 몰아갔다. 골드워터는 이런 농담을 하기도 했다. "어떨 땐 동부 해안

지대를 톱으로 잘라 내서 바다에 떠내려 보내는 편이 이 나라에 더 낫지 않을까 하는 생각이 듭니다."[39] 프리드먼은 "골드워터에 대한 언론과 지식인의 편견"이 너무나도 불공평하다고 생각했다. 무슨 일을 낼지 모르는 극단주의자라는 비판에 골드워터는 이렇게 응수했다. "자유를 수호하기 위한 극단주의는 악이 아니요, 정의를 추구하는 과정에서의 온건주의는 선이 아니다."[40]

그러나 '자유를 수호하는 극단주의자'라는 이미지는 선거에서 이기는 데 절대 유리하지 않았다. 당시 베트남에서는 북베트남 공산 정권이 러시아와 중국의 후원을 등에 업고 남베트남의 가짜 민주 정부와 수년째 게릴라전을 벌이고 있었다. 골드워터가 미국의 무기와 병력을 총동원해 북베트남 공산 정권을 진압하겠다고 선언하자, 존슨은 골드워터에게 미국을 핵전쟁으로 몰아갈 수 있는 전쟁광 이미지를 씌웠다(존슨이 당선 이후 미국의 베트남전 참전을 밀어붙인 장본인임을 고려하면 재미있는 일이다). 특히 결정적 한 방을 날린 것은 존슨의 '데이지 광고Daisy Ad'[41]였다. 데이지 꽃잎을 하나씩 떼는 어린 소녀의 모습과 함께 핵미사일의 카운트다운을 세는 음울한 남성의 목소리가 울리는 이 광고는 엄청난 영향을 미쳤다.

주류 진보 세력은 골드워터가 이상한 사람이라고 생각했지만, 프리드먼은 그와 엮이는 것을 두려워하지 않았다. 그는 오히려 골드워터의 극단적 주장을 지적으로 뒷받침해 줄 필요가 있다고 보고 앞장서서 텔레비전과 언론 인터뷰에 응했다. 이 과정에서 프리드먼은 사회가 보수적 시각을 드러낸 사람들을 부당하게 취급한다는 믿음을 굳혔다.

나는 학계, 언론계, 금융계, 비영리 재단 등 온갖 분야의 사람들과 대화를 나누고 논쟁했다. 이 지식인들은 보편적 시각을 비판 없이 수용하고 상투적인 반박을 하며 자신이 주류 집단이라는 사실을 우쭐해한다는 면에서 믿을 수 없을 정도로 서로 닮았다. 영국 케임브리지에서도 비슷한 인상을 받았지만, 방송에서 만난 사람들에 비하면 훨씬덜했다.[42]

1964년 11월 대통령 선거에서 골드워터는 완패했다. 그는 전통적으로 공화당을 지지해 온 다섯 주와 자신이 주지사로 있던 애리조나를 제외한 모든 주에서 졌다. 프리드먼은 이 일을 통해 배운 실제 정치의 불공평한 현실을 평생 잊지 않았다. 그리고 논란이 많기는 했으나, 골드워터의 선거 운동에 참여한 것을 계기로 그는 폴 새뮤얼슨에 맞설 활력 있고 논쟁적이며 도발적인 보수 경제학자를 찾고 있던《뉴스위크》편집장 오즈번 엘리엇의 눈에 띄게 되었다.

이렇게 프리드먼이 링에 오르면서 1931년 영국에서 케인스와 하이에크가 시작한 지적 다툼은 새뮤얼슨과 프리드먼의 논쟁으로 이어지게 되었다. 케인스와 하이에크의 논쟁은 겨우 넉 달 만에 막을 내렸지만, 1965년《뉴스위크》지면에서 시작된 새뮤얼슨과 프리드먼의 싸움은 거의 50년이나 계속되었다. 케인스와 하이에크의 대결에서와 마찬가지로 이번 싸움에서도 결정적 한 방은 나오지 않았으며, 아무도 링 위에 쓰러지지 않았다. 하지만 이전의 논쟁에서처럼 이번에도 논쟁의 강도와 열정은 치열했다. 향후 50년 동안 경제 이론이 나아갈 방향과 미국 경제의 관리자로서 연방 정부의 역할이 이들의 싸움에 걸려 있었다.

5 　　　　　칼럼 경쟁

프리드먼과 새뮤얼슨의 의견 차이가 비롯된 근본적인 원인을 찾다 보면 30년 전 케인스
(좌)와 하이에크(우) 사이의 분열을 만나게 된다. 당시 두 사람, 그리고 경제적 좌파와 우파
를 가르던 의견 차이의 핵심에는 다음 질문이 자리하고 있었다. 정부가 시장에 개입해야 하
는가? 정부 개입은 의도한 효과를 거둘 수 있는가?

하이에크는 그의 대표작『노예의 길』의 최종 원고를 케인스에게 보냈다. 케인스는 브레턴
우즈 회담 참석차 대서양을 건너는 길에 하이에크의 원고를 읽었다. 케인스는 배에서 내린
뒤 애틀랜틱시티 클래리지 호텔(사진)에서 하이에크에게 답장을 썼다. "비판할 부분은 한
가지밖에 없네. 이 책 이곳저곳에서 자네는 선을 어디에 그을 것인지가 문제라고 말했지. 논
리적 극단은 가능하지 않고 중간 어딘가에 선을 그어야 한다는 걸 인정한 거야. 하지만 자네
는 그 선을 어디에 그어야 하는지에 대해서는 아무런 지침을 제시하지 않았네."

"
케인스와 하이에크의 논쟁에서
처음 드러난 경제학계의 깊은 분열은
새뮤얼슨과 프리드먼의 《뉴스위크》 칼럼에서도
뚜렷이 드러나기 시작했다.
"

정기적으로 칼럼을 연재하는 작가라면 독자를 붙잡아 둘 새로운 소재를 꾸준히 찾아낼 수 있을지 걱정하기 마련이다. 처음에 새뮤얼슨과 프리드먼은 주간지에 칼럼을 연재하다 보면 얼마 못 가 소재가 다 떨어질 거라고 생각했다. 하지만 둘은 곧 정기적으로 칼럼을 쓰는 일에 익숙해졌다. 처음에는 3주에 한 번이었던 연재 주기는 헨리 월릭이 연준 이사로 선임된 다음부터는 2주에 한 번으로 줄어들었다. 새뮤얼슨과 프리드먼은 둘 다 연재 간격이 줄면서 오히려 일이 더 쉬워지고 독자와의 유대감도 더 깊어졌다고 느꼈다.

새뮤얼슨은 이렇게 말했다. "처음 《뉴스위크》 연재에 응했을 때는 소재가 다 떨어질지도 모른다는 걱정을 했습니다. 하지만 쓸데없는 걱정이었습니다."[1] 2주에 한 번씩 마감일에 맞춰 소재를 찾아야 한다는 걱정은 글을 쓰면서 자연스럽게 해소되었다. 칼럼은 생각을 정리할 기회를 주었다. 새뮤얼슨은 이렇게 물었다. "자신이 쓴 글을 읽기 전에 자기가 진짜로 무슨 생각을 하는지 알 수 있을까요?"[2] 프리드먼과 새뮤얼슨은 둘 다 빠르고 조리 있게 썼다. 새뮤얼슨은 이렇게 말했다. "속기용 펜이 도움이 됐습니다."[3]

오랫동안 알고 지내던 상대와 논쟁하는 것은 새뮤얼슨과 프리드먼 둘 다에게 즐거운 경험이었고 좋은 자극이 되었다. 경쟁심이 강하고 글을 잘 쓰는 두 사람은 독자의 관심과 인정을 얻기 위해 경쟁하며 좋은 글을 써 냈다.

프리드먼과 새뮤얼슨의 칼럼은 단순히 당대에 벌어진 사건을 각자의 관점으로 해석한 글이 아니라 더 큰 문제가 걸려 있는 싸움이었고 두 사람은 그 사실을 잘 알고 있었다. 하이에크를 중심으로 한 고전 경제학자들과 케인스의 대결은 케인스가 『일반 이론』을 발표하면서 케인스의 승리로 끝났지만, 그로부터 30년이 지나 새뮤얼슨과 프리드먼이 맞붙었을 때 케인스학파의 패권은 도전받고 있었다. 프리드먼은 이렇게 말했다. "비전문가의 눈에 경제학자들은 절대 서로에게 동의하지 않고 걸핏하면 싸우기만 하는 종족으로 비칠 것이다."

> 이러한 시각에는 일리가 있다. 예를 들어 폴 새뮤얼슨과 나는 자주 공공 정책을 놓고 공개적으로 심하게 다툰다. …… 경제학자들 사이에서 공공 정책에 대한 의견이 나뉠 때, 상대가 경제적 분석을 제대로 했는지를 놓고 다투는 경우는 거의 없다. 그보다는 수치의 크고 작음을 판단하는 기준이나 추구해야 하는 목표, 고려해야 할 기간, 정치적 고려 사항 같은 경제 외적인 부분에서 의견이 갈린다.[4]

새뮤얼슨도 이에 동의했다. 의견 대립은 지식인의 삶을 흥미롭게 만드는 요소였고, 상대에 대한 개인적 감정과는 전혀 관련이 없었다. 그는 이렇게 썼다. "프리드먼 교수는 능력 있는 학자이자 자유주의 보수 경제학의 강력한 대변인이다. 또, 나의 오랜 친구이기도

하다. 하지만 보수주의의 주장을 꽤 많이 들었음에도 나의 진보적 성향은 변하지 않았다."⁵ 진리를 찾는 독자들에게 새뮤얼슨이 한 답은 다음과 같았다. "제가 생각하는 진리란《뉴스위크》에 칼럼을 쓰는 경제학자 세 명 중 두 명이 동의하는 것입니다."⁶ 새뮤얼슨은 자신이나 프리드먼의 시각에 격한 반감을 드러내는 독자들에게 진정하라고 당부했다. "오늘《뉴스위크》에서 읽은 경제학 칼럼이 마음에 들지 않았다면 한 주만 더 기다려 보기를 바란다. 또 다른 입장의, 어쩌면 더 좋은 글이 실릴 테니까."⁷

언론인들은 사뭇 젠체하며 자신들이 '역사의 초안'을 작성하고 있다는 말을 즐겨 하지만, 칼럼을 포함해 모든 기사의 수명은 아주 짧다. 누가 하루 지난 신문을 사겠는가? 새뮤얼슨은 자신이 단순히 화제를 모으기 위해 프리드먼과 논쟁하는 것이 아니라는 입장을 취하고 싶어 했다. "나와 다른 도덕관을 가진 사람들에게 나의 가치 판단을 강요하는 것은 내 일이 아니다. 내게는 경제학자로서 여러 정책안의 예상 비용과 효과를 정확하고 객관적으로 알릴 의무가 있다."⁸ 하지만 그는 칼럼의 주목적이 경제학의 토대에 대한 진지한 논쟁을 벌이는 데 있다고 착각하지는 않았다. "당시의 경제 상황을 분석한 이 칼럼들은 일부러 논쟁적인 시각을 배제하고 쓴 것이다. 독자의 생각을 바꾸는 것은 내 의도와 거리가 멀었다. 진실을 잘라 내고 왜곡해 단순하게 만들어 설교하기보다는 다양하고 흥미로운 경제 문제들을 소개하고 싶었다."⁹

새뮤얼슨과 프리드먼의 칼럼은 전국적인 정치 대결로 발전했고 지지자들은 좌와 우, 진보와 보수, 기존의 정설을 지지하는 쪽과 그에 도전하는 쪽의 두 집단으로 뚜렷이 나뉘었다. 둘은 매주 칼럼을 연재할 때마다 언론의 관심을 받는 연방 정부의 경제 정책 현안에 대해 다루지 않을 수 없었다. 하지만 시간이 지나고 칼럼이 쌓일수록 두 사람의 글에서는 경제에 대한 관점 차이를 넘어선 세계관의 차이가 드러나기 시작했다.

새뮤얼슨은 케인스처럼 우아한 글을 썼고 신중하게 단어를 고르며 즐거움을 느꼈다. 케인스와 마찬가지로 그도 경제학 지식뿐 아니라 풍부한 주변 지식을 갖추고 있었고 이를 활용할 줄 알았다. 로널드 레이건이 매주 농담으로 라디오 연설을 시작했던 것처럼 새뮤얼슨은 본론으로 들어가기 전에 재치 있는 인용문으로 독자를 미소 짓게 했다.

예를 들어 1966년, 그는 연방 정부의 재정 부양책이 타당한지 논한 글에서 두 갈래로 나뉘어 갈팡질팡하는 마음을 이렇게 표현했다. "쉼표 하나를 넣느라 아침나절을 다 보낸 뒤, 오후는 그 쉼표를 빼는 데 다 써 버렸던 오스카 와일드Oscar Wilde처럼 나는 갈피를 잡지 못하고 있다."[10]

유명한 학자를 인용하는 일도 잦았다. 그는 독자들이 자신만큼 깊고 넓은 교양을 갖추고 있다고 믿었다.

장 자크 루소Jean-Jacques Rousseau[11] 이전의 사람들은 아이들을 작은 어른으로 여기는 우를 범했다. 지그문트 프로이트Sigmund Freud[12] 이후 어른이 그저 몸만 자란 아이라는 사실을 알아보지 못하는 것은 용서받지 못할 일이 되었다.

새뮤얼슨은 특히 《뉴요커New Yorker》 기고가 E. B. 화이트E. B.

White,[13] 영국의 제국주의 작가 러디어드 키플링Rudyard Kipling,[14] 음울한 이탈리아 정치 철학자 니콜로 마키아벨리Niccolò Machiavelli,[15] 영국의 유토피아주의 소설가 새뮤얼 버틀러Samuel Butler,[16] 산업 혁명 시대 런던의 모습을 통해 자유 시장의 실상을 기록한 찰스 디킨스Charles Dickens[17]를 자주 인용했으며, 구약 성서에 등장하는 인물과 이야기도 자주 언급했다.

프리드먼의 글은 달랐다. 그는 새뮤얼슨처럼 박식한 교양을 드러내거나 문제를 개괄적으로 고상하게 다루지 않았다. 프리드먼은 실용적인 단어로 주장을 직설적으로 독자에게 전달하는 쪽을 선호했다. 그는 우아하고 아름다운 글을 쓰기보다는 명확하고 설득력 있는 글을 쓰기를 바랐다. 한 정치 평론가는 이렇게 말했다. "프리드먼은 문학적으로 뛰어나지는 않지만, 일반 독자가 쉽게 읽을 수 있는 평이한 문장을 쓰는 법을 익혔다. 글솜씨가 늘면서 한때 진보주의자들로부터 '이상하다'고 치부되던 그의 주장은 신뢰를 얻기 시작했다."[18] 새뮤얼슨이 고상한 말투를 쓰는 케인스주의의 대사제라면, 프리드먼은 이교도를 한 명이라도 더 개종시키고자 집집마다 돌아다니는 자유 시장주의의 전도사였다.

논쟁에서 이기는 방법

학계 안에서 이루어지는 논쟁에서는 새뮤얼슨이 프리드먼보다 훨씬 유리했다. 새뮤얼슨은 언제나 미국의 명망 있는 경제학 교수에게 기대되는 행동을 하고 품위를 지켰지만, 도전하는 입장이었던 프리드먼은 치고 빠지기를 즐겼다. 기득권을 쥐고 있던 새뮤얼슨은 기회만 되면 프리드먼을 깎아내렸다. 대다수 경제학자에게 프리드먼은 성가신 잔소리꾼에 불과했고 심지어 그 잔소리조차 터무니없는 주장으로 여겨졌다. 새뮤얼슨은 케인스 사상에 대한 프리드먼의 도전이 "검 하나 달랑 들고 전함을 공격"[19]하는 꼴이라고 말하면서도 상대를 얕잡아 보지는 않았다. 훗날 새뮤얼슨은 이렇게 말했다. "프리드먼은 제가 만나 본 사람 가운데 가장 똑똑한 사람입니다. 적으로 만나지 않기를 바랄 정도로 설득을 잘하는 사람이기도 하고요."[20]

경제학자들은 경제에 영향을 미치는 다른 요인들을 모두 배제하고 통화량에만 집착하며 교묘한 논리로 논쟁을 빠져나가는 프리드먼을 자주 우스갯거리 삼았다. 한 경제학자는 이런 농담을 했다. "밀턴은 바나나를 쓸 줄은 알지만 언제 멈춰야 하는지는 모른다(같은 말을 계속 반복하는 것을 놀리는 말이다-옮긴이)." 또 다른 경제학자는 이렇게 말하기도 했다. "자네는 모든 것을 확신하는 것 같은데 나는 그 정도로 확신할 수 있는 게 한 가지만 있어도 좋겠군." 새뮤얼슨과 같은 MIT 경제학과 교수인 로버트 솔로Robert Solow[21]는 이렇게 적었다. "밀턴은 뭘 보든 통화량을 떠올린다. 나는 뭘 보든 섹스를 떠올리지만, 그렇다고 그걸 글로 쓰지는 않는다."[22] 새뮤얼슨은 프리드먼이 요리조리 논쟁을 빠져나가는 것을 두고 이렇게 말했다. "고기잡이배에서는 물고기를 오랫동안 산 채로 신선하게 운반하기 위해 수조에 장어를 넣는다. 경제학계에서는 밀턴 프리드먼이 바로 그 장어다."[23]

새뮤얼슨과 프리드먼은 둘이서 대화하거나 편지를 보낼 때 전문 지식과 학술 용어를 많이 썼다. 하지만 칼럼은 전문 경제학자가 아닌 교양을 갖춘 독자가 이해할 수 있는 수준으로 써야 했다. 새뮤얼슨은 그의 주특기인 전문적인 개념, 학술 용어, 수식을 사용해 논리를 전개하는 방식을 쓸 수 없었다. 반면 프리드먼은 복잡한 논리를 생략하고 평범한 독자가 이해할 수 있을 정도로 상식적인 수준에서 명확하게 말하는 데 익숙했다. 지면에서는 둘의 차이가 강조되었지만, 사실 둘은 서로 통하는 면이 많았다. 새뮤얼슨은 이렇게 말했다. "밀턴 프리드먼과 의견 차이가 있을 때면 상대방의 의미와 그렇게 말하는 이유를 금세 이해할 수 있습니다. 경제학자가 아니라면 알 수 없는 방식으로요."[24]

매주 연재되는 칼럼에서 학술적인 논의를 할 수 없다는 점은 프리드먼에게 유리하게 작용했다. 프리드먼은 어려운 경제 이론을 제쳐 두고 평범한 사람이 겪을 만한 일에 빗대어 설명할 수 있었다. 일부러 쉬운 길을 택했다기보다는 화폐와 경제에 대한 그의 이론이 그만큼 직관적이었기 때문이었다. 통화량을 예로 들어 보자. 상품은 적은데 시중에 풀린 돈의 양이 많아지면 가격이 오른다는 것은 경제학의 기본이다. 정부가 돈을 너무 많이 풀면 잠깐은 풍족할지 몰라도 곧 인플레이션이 발생할 거라는 프리드먼의 주장은 직관적으로 일리 있게 들렸다. 하지만 새뮤얼슨은 국가 경제는 가정 경제와 달라서 국가 경제를 가정 경제와 똑같이 생각하면 안 된다고 말해야만 했다.

새뮤얼슨은 프리드먼의 효율적이고 강력한 논쟁 기술에 어떻게 대처해야 할지 몰랐다. 그는 프리드먼과 얼굴을 맞대고 논쟁할 때마다 "마음속 깊이 두려움을 느꼈다"[25]고 고백했다. 게다가 프리드먼에게는 논쟁의 내용이 어떻든 자신이 이긴 것처럼 보이게 하는 재주가 있었다. "나중에 기록을 보고 객관적으로 점수를 매기면 제가 이긴 게 확실히 보일지도 모릅니다. 하지만 어찌 된 일인지 청중 앞에서 저는 언제나 엘리트일 뿐이고 승자는 프리드먼이죠."[26] 그러니 조지 슐츠George Shultz[27]가 이렇게 말한 것도 당연했다. "모두 밀턴과 논쟁하고 싶어 합니다. 특히 밀턴이 그 자리에 없을 때요."[28]《파이낸셜타임스》기자 샘 브리턴Sam Brittan[29]은 주류에 저항하는 프리드먼의 솔직함과 용기에 찬사를 보냈다. "그의 의견에 설득력을 더하는 요소는 그가 많은 사람이 입에 올리기조차 어려워하는 불편한 진실을 기꺼이 내뱉는다는 것이다. 게다가 그는 거기서 그치지 않고 경제적 올바름을 내세우는 다수에 맞서 그 불편한 진실을 옹호한다."[30]

레이건 대통령 경제 고문이었던 마틴 앤더슨Martin Anderson[31]은 프리드먼의 열정적인 모습을 선망하며 이렇게 말하기도 했다.

프리드먼과의 만남은 잘 제어된 에너지의 집결체와 부딪치는 것과 비슷하다. 그의 친근한 두 눈은 깊고 민첩하다. 처음에 그는 조용히 이야기를 경청한다. 의견이 다른 부분이 나오기 전까지는 그저 듣기만 하는 편이지만, 대개 침묵이 깨지기까지 그리 오랜 시간이 걸리지 않는다. 논리나 근거의 빈틈이 드러나면 그는 그 순간을 놓치지 않고 입을 열어 답하기 힘든 질문, 논평, 막힘없는 논리로 상대를 덮친다. 그런데도 너무도 친근하고 솔직해서 지적으로 산산조각이 나더라도 그와의 만남을 진심으로 즐기게 된다.

프리드먼은 지식인의 지식인이다. 그는 사람들을 생각하게 만들고, 그 과정에서 거의 언제나 기쁨을 준다.[32]

앤더슨만큼은 아니었지만, 새뮤얼슨과 절친했던 로버트 솔로 조차도 프리드먼의 특별한 자질을 인정할 수밖에 없었다.

밀턴은 자신을 의심하거나 회의주의에 빠지는 법이 없는 신실한 신 자요, 이론적 지도자였다. 사실 그런 사람은 꽤 많지만, 밀턴은 날카 롭고 민첩한 정신으로 무장하고 있다는 점에서 특별했다. 게다가 다 른 이들과 달리 그는 뛰어난 논쟁가였고 언제나 행복하게 대결에 임 했다. 그는 지치지 않았고 설득력이 있었으며 전략을 잘 짰고 신뢰감 을 주었다. 항상 미소를 잃지 않았고 청중에게도 친절했다. 함께 언 쟁할 때면 그는 자주 이렇게 말했다. "밥. 나는 자네 말이 이해가 안 가." 속뜻은 "자네는 어쩜 그렇게 멍청하지?"였겠지만 그렇게 말하는 법이 없었다.[33]

프리드먼은 케인스를 보고 대중의 관심을 얻으려면 이해하기 쉬운 이론을 만들어야 한다는 사실을 배웠다. 케인스의『일반 이론』 은 많은 사람에게 복잡하고 어려운 책이지만, 케인스 사상의 핵심 은 단순해서 책을 들춰 보지 않아도 이해할 수 있다. 케인스가 품은 의문은 이랬다. 정부가 나서서 실업을 방지해야 할까? 놀고 있는 생 산 설비가 이렇게 많은데 왜 직업을 구하지 못하는 사람이 많을까? 정부가 어떻게 하면 줄어든 총수요를 다시 늘릴 수 있을까? 프리드 먼은 이렇게 말했다.

바로 핵심에 가 닿는 아주 단순한 이론을 만들어야 한다. 몇 안 되는 핵심 개념에서 거의 모든 현상이 파생되므로, 지나치게 복잡하고 어려운 이론은 성공할 수 없다. 좋은 이론은 단순하다. 다른 요인을 배제하고 핵심 개념만을 드러낸다. 이런 면에서 케인스의 『일반 이론』은 좋은 이론이다.[34]

통화량과 통화 유통 속도의 변화를 인플레이션과 연결시킨 프리드먼의 이론은 단순하고 설득력 있었다. 그는 인플레이션이 오로지 통화량과 통화 유통 속도의 변화에 의해 나타난다고 주장했다. 반면 새뮤얼슨은 이론을 더 널리 퍼뜨리기 위해 자신의 주장을 지나치게 단순화할 생각이 없었으며 그럴 필요도 느끼지 못했다. 새뮤얼슨이 자신의 이론을 뒷받침하기 위해 쓰고 발표한 글들은 단순함과는 거리가 멀었다. 그의 논문은 경제 내 다양한 요소들의 복잡한 상호작용을 반영하는 수식으로 가득했다. 새뮤얼슨은 이렇게 설명했다. "모든 계란이 상한 계란 아니면 안 상한 계란인 것처럼, 모든 이론은 좋은 이론 아니면 나쁜 이론이다. 어떤 이론이 좋은 이론인지 판단하는 법은 그 이론이 실제로 관찰된 현상을 제대로 설명하는지 보는 것뿐이다. 이론의 논리적 우아함이나 정교한 아름다움 따위는 고려 대상이 아니다."[35]

케인스 vs 하이에크

주제가 무엇이든 프리드먼과 새뮤얼슨의 의견 차이가 비롯된 근본적인 원인을 찾아 거슬러 올라가다 보면 결국 30년 전 케인스와 하이에크 사이를 가르고 있던 분열을 만나게 된다. 당시 두 사람, 그리고 경제적 좌파와 우파를 가르던 의견 차이의 핵심에는 다음 질문

이 자리하고 있었다. 정부가 시장에 개입해야 하는가? 정부 개입은
의도한 효과를 거둘 수 있는가?

하이에크의 경제 사상은 제1차 세계 대전 직후 합스부르크 왕
국이 해체되고 영토가 분할되던 혼란스러운 시기에 오스트리아에
살았던 경험을 토대로 만들어졌다. 오스트리아는 더 이상 왕국의
수도가 아니었고 경제는 급격히 혼란스러워졌다. 극심한 인플레이
션이 오스트리아를 덮쳤고 하이에크의 가족에게도 예외일 수 없었
다. 다행히 하이에크는 미제스가 수장으로 있는 전쟁 채무 관련 정
부 기관에서 일자리를 구할 수 있었다.

하이에크는 하이퍼인플레이션의 공포를 몸으로 겪었다. 원
래 그의 월급은 한 달에 5000크로네였다. 하지만 인플레이션이 너
무 심한 나머지 두 번째 달에는 1만 5000크로네로 올랐고, 1922년
7월에는 100만 크로네가 되어 있었다. 케인스는 저서 『평화의 경
제적 귀결The Economic Consequences of the Peace』에서 하이에크를 비롯
한 오스트리아 국민이 전후 하이퍼인플레이션을 겪게 될 것을 예견
한 바 있다. 케인스는 이렇게 적었다. "정부는 물가 상승률을 꾸준
히 올려 시민이 가진 부를 조용하고 은밀하게 몰수할 수 있다. 레닌
이 맞았다. 통화를 망가뜨리는 것보다 더 은밀하고 확실하게 한 사
회의 기반을 무너뜨리는 방법은 없다."[36] 1922년, 폰 미제스는 사회
주의 계획 경제의 단점을 지적하는 저작 『사회주의: 경제·사회적 분
석Socialism: An Economic and Sociological Analysis』을 비엔나에서 출간했다.
미제스를 비롯해 사회주의에 반대하던 오스트리아학파 경제학자
들은 레닌의 볼셰비키 무력 혁명이 서쪽으로 확산되어 오스트리아
를 덮칠까 봐 두려움에 떨었다.

미제스와 하이에크는 케인스가 《맨체스터 가디언Manchester Guardian》에 기고한 인플레이션과 통화 가치에 관한 글들을 열정적으로 읽었다. 미제스는 하이에크에게 케인스의 "의도는 선하지만, 경제 논리는 형편없다"면서 주의할 것을 권했지만, 하이에크는 오래된 문제에 대한 새로운 해결책을 제시하는 케인스가 신선하다고 느꼈다. 특히 하이에크는 정부가 경제에 개입해 물가와 환율을 안정적으로 유지해야 한다는 케인스의 주장에 열광했다. 케인스는 이렇게 썼다. "우리는 정부가 의도적으로 환율을 관리해서는 안 된다는 뿌리 깊은 생각에서 벗어나야 한다."[37] "원하든 원치 않든, 지폐와 은행 신용이 통화의 대부분을 차지하는 현대에 통화를 '관리'하지 않을 방법은 없다. 금 태환이 가능하다고 해도 금의 가치 자체가 중앙은행의 정책에 따라 변한다는 사실은 바뀌지 않는다."[38]

케인스는 시간이 지나면 경제는 균형에 도달하므로 '장기적으로 보면' 화폐 공급이 일정해지면서 물가가 안정되고 경제가 제자리를 찾을 거라는 다른 경제학자들의 주장을 비판했다. 케인스는 물가를 안정시키는 데 중요한 변수는 (화폐 수량설에서 말하는) 통화량이 아니라 경제 내 통화의 유통 속도이며, 예고 없이 변하는 통화 유통 속도가 계속 물가를 변화시킬 것이라고 주장했다. 당장 해결책을 원했던 케인스는 '장기' 예측이 공공 정책을 세우는 데 활용하거나 인플레이션이나 디플레이션으로 피해를 본 사람들을 위로할 수 없는 뜬구름 잡는 소리에 불과하다고 생각했다. 널리 알려진 그의 명언 "장기에 우리는 모두 죽는다"[39]는 이러한 생각에서 나온 말이었다.

제1차 세계 대전 이후 영국은 정부가 파운드화의 가치를 전쟁

이전 수준으로 무리하게 되돌리면서 수백만 명의 실업자가 발생한 상황이었다. 이런 상황에서 정부가 개입하지 않고 시간이 지나면 장기 균형이 달성되어 통화 가치와 물가가 자연스럽게 안정되고, 시장 메커니즘에 따라 모든 생산 가능 인구가 고용되는 수준에서 균형이 달성될 거라는 주장을 케인스는 믿지 않았다.

1918년 영국 정부가 파운드화 가격을 지나치게 높게 고정하자, 국제 시장에서 영국 수출품의 가격 경쟁력이 떨어졌다. 1918년에서 1920년까지 영국 정부는 지출을 종전의 75% 수준으로 줄였다. 이후 10년 동안 영국의 실업자 수는 한 번도 100만 명 아래로 내려가지 않았다. 1933년에는 영국 노동 인구의 20%에 해당하는 300만 명 이상이 실업 상태였다. 정부가 고용을 늘리는 데 실패하면서 사회는 불안정해졌고 1926년 노동자 총파업과 1936년 석탄 광산 노동자 채로우 행진Jarrow March 등 대규모 시위가 잇따랐다. 수상 네빌 체임벌린Neville Chamberlain[40]이 파운드화를 평가 절하하라는 간청을 무시하며 고집을 피우는 가운데 케인스는 실업자들을 일자리로 되돌려 보낼 방안을 강구하기 시작했다.

1924년 케인스는 "힘든 시기일수록 자유방임 체제의 성과는 더 나빠진다"[41]고 못 박았다. 그는 완전한 자유방임 경제는 머릿속에만 존재하는 환상이며 사람을 홀리는 도깨비불에 불과하다고 주장했다. 현실 경제에서는 끊임없는 방해 요인과 규제, 제약으로 인해 진정한 자유 시장이 존재할 수 없었다. 납세자로부터 거액의 돈을 걷어 지출하는 정부는 그 자체로 자유 시장을 왜곡하는 존재였다. 정부가 세금을 어디에 어떻게 쓰는지에 따라 경제의 향방이 달라진다면, 정부가 경제에 미칠 영향을 미리 고려해 전략적으로 지출 결정을 내릴 수도 있을 터였다. 다음 글에서 드러나듯, 케인스는 자유 시장 신봉자들이 경제학을 객관적 현상을 분석하는 도구가 아니라 일종의 종교처럼 생각한다고 꼬집었다.

[국내 투자를 늘리는] 방안을 생각하다 보면 이단에 발을 들이게 된다. 이것을 이단이라고 부를 수 있다면 말이다. 나는 선언한다. 나는 자유방임을 부정한다. …… 자유방임은 정부의 개입과 도움을 받지 않는 민간 기업에 공익의 달성을 맡긴다. 그러나 요즘 정부 개입에서 자유로운 민간 기업은 없다. 기업은 정부의 개입을 받고 다양한 방식으로 자유를 제한받는다. …… 민간 기업이 정부의 개입을 받는 한, 우리는 민간 기업을 돕지 않을 수 없다.[42]

케인스는 이자율을 낮추고 국채를 발행해서 경제에 돈을 공급하고, 공공 노동 프로그램을 마련해 실업자를 직접 고용하라고 제안했다. 하지만 체임벌린은 케인스의 조언을 듣지 않았다. 케인스는 곧 시장을 자율에 맡기는 조치가 모두를 풍요롭게 할 수 없다는 결론에 도달했다. "이기주의자로 이루어진 사회를 그대로 두면 제대로 돌아가지 않을 것이 분명하다. 어쩌면 그럭저럭 견딜 수 있는 수준조차 못 될 것이다."[43]

케인스의 개입주의적 사고는 속도를 내기 시작했다. "우리의 바퀴는 구덩이에 빠져 있다. 우리에게는 자극, 충격, 가속력이 필요하다." 그는 "실업을 해결하는 최선의 방법"으로 공공 주택 건설, 도로 보수, 전력망 수리에 당장 1억 파운드(2020년 기준으로 15억 달러)를 지출하라고 제안했다. 이러한 대규모 공공 투자 사업이 성공할지 실패할지 알 수 없다는 사실은 케인스도 잘 알고 있었다. 하지만 상황이 심각할 때는 뭐든 해 봐야 한다는 것이 그의 생각이었다. "일부는 실패로 끝날 가능성이 높기는 하지만, 과감하게 실험적 조치를 할 필요가 있다."[44]

케인스는 눈앞의 상황을 자유 시장의 실패로 해석하기는 했지만, 그렇다고 반대로 사회주의를 받아들이지는 않았다. 그는 안벽한 자유 기업이라는 가정에는 "여러모로 동의하지 않는다"고 했지만, 자유당 지지자로서 자본주의를 깎아내릴 의도는 없었다. 그는 이렇게 썼다. "현명하게 관리되기만 한다면 자본주의는 지금까지 등장한 다른 어떤 경제 체제보다 더 효율적으로 경제 목표를 달성할 것이다." 케인스는 1924년 11월 옥스퍼드대학교에서 열린 〈자유방임의 종말The End of Laissez-Faire〉이라는 직설적 제목의 강연(그는 2년 뒤 베를린대학교에서도 같은 강연을 했다)에서 이렇게 말했다. "정부의 역할은 민간에서 이미 하는 일을 대신 맡아 하는 것이 아니다. 그런 일을 정부가 더 잘할지 못할지는 문제가 아니다. 정부의 역할은 현재 아무도 하지 않는 일을 하는 것이다."[45]

40년이 흐른 뒤 새뮤얼슨은 미국 공화당을 만든 대통령 에이브러햄 링컨Abraham Lincoln의 말을 인용해 비슷한 취지로 말했다.

링컨은 이렇게 말했다고 전해진다. "나는 정부가 민간이 스스로 할 수 없는 일만 해야 한다고 믿는다." …… 내 생각에 링컨은 정부가 어떤 일을 해야 한다고 주장하는 사람에게 정부가 그 일을 왜 해야만 하는지 입증할 책임을 지우고 싶었던 것 같다. 왜 그래야 하냐고? 링컨은 거기까지는 말해 주지 않았다.[46]

케인스와의 논쟁에서 하이에크는 정부가 시장에 개입할 때 나타나는 문제점을 강조했다. 그는 "인위적으로 수요를 창출해" 시장의 자유로운 작동을 "왜곡"하면 "가용 자원 중 일부가 엉뚱한 곳에 사용되면서 경제를 잘못된 방향으로 움직여 확실하고 지속적인 균형이 달성되는 시기가 또 한 번 늦춰질 뿐"이라고 말했다. 그리고 다음과 같이 말을 이었다.

> 그러므로 항구적으로 모든 가용 자원을 '동원'하는 유일한 방법은 (위기 상황이든 위기가 지나고 난 뒤든) 인위적 자극을 주지 않고 시간이 생산 구조를 가용 자본에 맞춰 서서히 재편해 나가도록 둠으로써 상처가 영구적으로 아물게 하는 것이다.[47]

하이에크를 비롯한 오스트리아학파 경제학자들은 정부가 경제를 활성화하기 위해 이자율을 낮추면 훗날 더 큰 문제가 발생한다고 믿었다. 이들의 논리는 이랬다. 이자율을 낮추면 저축과 투자의 '자연 균형'이 깨진다. 인위적으로 돈의 값어치를 낮추어 기계 등 불필요한 자본재가 팔리게 되면 저축과 투자의 관계가 빠르게 균형을 벗어난다. 이자율을 인위적으로 낮게 유지하는 중앙은행의 정책은 이자율 하락이라는 악순환을 초래해 경제를 혼란과 침체로 몰아갈 뿐이다.

『노예의 길』

오랜 시간이 흐른 뒤, 하이에크는 자신의 논리를 발전 시켜 『노예의 길』을 출간했다. 제2차 세계 대전이 한창이던 1944년의 일이었다. 『노예의 길』은 정부의 경제 개입을 허용하면 중요한 결정 권한을 시민이 아닌 정부 관료의 손에 쥐여주는 꼴이 되어 민주주의가 위기에 빠질 수 있다고 경고하는 책이었다. 하지만 하이에크는 이 책에서 정부의 위험한 권한 남용과 합법적 활동을 구분하는 자신만의 기준선을 제시하기도 했다.

『노예의 길』은 전 세계에서 수백만 부가 팔렸고 미국에서도 볼커 기금이 관심을 보이면서 자유 시장주의자들의 성서로 빠르게 자리 잡았다. 하지만 모든 기독교 신자가 성서를 제대로 읽지는 않는 것처럼, 하이에크 지지자 중에도 이 책을 정확히 이해한 사람은 많지 않았다. 심지어 하이에크의 추종자라 자처하는 사람들조차도 그의 복잡한 사상을 과도하게 단순화하는 경우가 많은 것을 고려해, 아래에 길지만 『노예의 길』의 한 문단을 그대로 실었다. 하이에크는 풍요롭고 평안한 전후 미국이 아닌 전쟁의 상처를 안고 긴축 재정에 시달리던 파산 상태의 영국에서 바람이 드는 추운 방에 앉아 다음의 글을 적어 내려갔다. 자칭 하이에크주의자나 하이에크를 정부 개입에 무조건 반대한 절대론자로만 알고 있는 사람이라면, 아래의 글을 보고 놀라움을 느낄 것이다.

우리가 사는 나라처럼 부가 일정 수준에 달한 국가라면, 일반적 자유를 위협하지 않는 선에서 모든 사람에게 최소한의 안전망을 보장하지 못할 이유가 없다. …… 의심의 여지없이 누구에게나 건강과 업무 능력을 유지하는 데 필요한 최소한의 음식, 주거, 의복을 보장할 수 있다. ……

마찬가지로 국가가 대다수의 개인이 제대로 대비할 수 없는 불의의 피해를 입은 사람을 돕지 못할 이유도 없다.

질병이나 사고 등의 재난은 보험이 있다고 해도 피하고 싶은 마음이나 극복하려는 의지가 줄어든다고 볼 수 없다. 이런 재난의 경우 국가가 종합 사회 보험을 제공해야 할 매우 강력한 근거가 있다.

세부 사항에 있어서는 경쟁 체제를 보호하고자 하는 사람과 이를 다른 체제로 대체하고자 하는 사람 사이에 의견 차이가 있을 수 있으며, 사회 보험을 만드는 과정에서 경쟁의 효율이 다소 저해될 수도 있다. 하지만 국가가 보험을 통해 시민에게 더 안정적인 삶을 보장하는 것과 개인의 자유를 수호하는 것이 원칙적으로 양립 불가능하지는 않다.……

마지막으로 경기 순환과 그에 따른 대량 실업의 반복에 대처하는 법에 관한 지극히 중요한 문제에 대해 언급하려 한다.…… 이 문제를 해결하려면 좋은 의미의 계획이 다수 필요하겠지만, 일부 사람들의 말처럼 시장을 대체할 특별한 계획이 필요한 것은 아니며, 그래서도 안 된다.

사실 많은 경제학자는 통화 정책이 궁극적 해결책이 될 수 있다고 믿는다. 통화 정책은 심지어 19세기식 자유주의와도 양립할 수 있다. 물론 일부 경제학자들은 적시에 대규모 공공사업을 벌이는 방식으로만 이 문제를 해결할 수 있다고 믿는다. 그러나 그런 방식은 경쟁을 심히 저해할 수 있다. 그런 정책을 도입할 때는 경제 전반이 점점 더 정부 지출의 규모와 방향에 의존하는 방향으로 가고 있지는 않은지 주의 깊게 살펴야만 한다. 하지만 나는 이 방법이 경기 변동에 대처하는 가장 효과적인 방안이나 유일한 해법은 아니라고 생각한다.

어떤 식으로든 경기 순환에 대응하기 위해 꼭 필요한 조치를 하는 것이 반드시 자유를 위협하는 종류의 경제 계획으로 이어지는 것은 아니다.[48]

하이에크는 『노예의 길』을 출판하기 전에 최종 원고를 케인스에게 보냈다. 케인스는 뉴햄프셔에서 열릴 브레턴우즈 회담에 참석하기 위해 대서양을 건너는 길에 하이에크의 원고를 읽었다. 그는 항상 그랬듯 축하 편지를 보내 하이에크를 격려했지만, 하이에크의 중심 주장에는 회의적이었다. 그는 하이에크의 논리에서 가장 취약한 부분을 곧장 파고들었다. 앞에서 본 것처럼 하이에크는 문명 사회에는 시민의 기본적 생존에 필요한 음식, 의료, 주거 등을 제공할 윤리적 의무가 있다고 전제했다. 케인스는 배에서 내린 뒤 애틀랜틱시티 클래리지 호텔Claridge Hotel에서 하이에크에게 보낼 편지를 썼다. 그는 이렇게 운을 뗐다. "대작이로군. 누군가 꼭 해야 했을 말을 이렇게 유려하게 풀어내다니, 모든 사람이 감사할 일이야. 자네도 내가 이 책에 담긴 모든 경제적 견해에 동의할 거라고 기대하지는 않았겠지. 하지만 나는 이 책에 실린 거의 모든 윤리와 철학에 동의한다네. 그냥 하는 말이 아니라 진심으로 동의해." 그러나 곧 날카로운 공격이 시작됐다.

정말이지 진지하게 비판할 부분은 한 가지밖에 없네. 이 책 이곳저곳에서 자네는 [경제를 모두 시장에 맡길지, 정부에 맡길지가 아니라. 민간 부문과 정부 부문을 가르는] 선을 어디에 그을 것인지가 문제라고 말했지. 논리적 극단은 가능하지 않고 중간 어딘가에 선을 그어야 한다는 걸 인정한 거야. 하지만 자네는 그 선을 어디에 그어야 하는지에 대해서는 아무런 지침을 제시하지 않았네.

자네와 나는 아마 서로 다른 곳에 선을 긋겠지. 내 생각에 자네는 현실에서 사람들이 중도를 지킬 가능성을 너무 낮게 평가하는 것 같아. 하지만 극단을 취할 수 없다는 사실을 인정하고 중간 어딘가에 선을 긋는 순간, 자네는 자네 자신의 주장에 걸려 넘어지게 될 걸세. 계획 [경제]를 향해 한 발짝이라도 내딛는 순간 벼랑 끝으로 가는 내리막길에 오르게 될 거라고 주장한 사람이 바로 자네 아닌가.[49]

케인스는 정부의 시장 개입이 독재로 향하지 못하게 막는 것은 경제학의 역할이 아니라 윤리학의 역할이라고 말했다. "그러려면 올바른 윤리 사상을 회복해야 한다네. 우리의 도덕 철학에서 올바른 윤리적 가치를 복원해야 하지. 그 방향으로 저항 운동의 칼을 겨눈다면, 자네가 지금처럼 돈키호테 같아 보이지는 않을 거야."[50]

무시할 수 없는 도전자

1931년의 케인스와 하이에크는 주로 정부가 경기 변동에 대응하는 것의 타당성을 두고 논쟁을 벌였다. 하지만 하이에크의 자리를 물려받은 프리드먼은 정부의 역할 자체에 초점을 맞췄다. 하이에크가 은밀한 전제주의에 공포를 느꼈다면, 프리드먼은 큰 정부에 본능적 의구심을 품고 있었다.

논쟁 주제가 이전과 같았더라면, 새뮤얼슨은 케인스주의를 지킬 준비가 충분히 되어 있었다. 하지만 프리드먼이 싸움의 범위를 넓혀 정부의 존재 자체가 경제의 효율성을 저해한다고 주장하면서 새뮤얼슨이 가진 무기는 대부분 무용지물이 되었다. 새뮤얼슨과 프리드먼 사이의 논쟁은 서로 완전히 상반된 양립 불가능한 두 세계관의 충돌이었다. 새뮤얼슨이 정부와 민간으로 이루어진 현재의 혼합 경제 체제를 옹호한 반면, 프리드먼은 자유 지상주의 지상 낙원으로 돌아가야 한다고 주장했다. 새뮤얼슨은 한때 미국이 프리드먼이 그토록 바라는 이상적 자유 시장에 가까웠다며 이렇게 말했다.

> 19세기 미국은 아마도 칼라일이 '무정부 더하기 경찰'이라고 부른 자유방임 국가에 가장 가까운 사례일 것이다. 19세기에 미국은 빠르게 물질적 진보를 이루었고 개인의 자유가 극대화되었다. 하지만 주기적으로 경제 위기를 겪었고 대체재 없는 천연자원이 고갈되었으며 기득권 이익 집단으로 인해 정부가 부패하고 극심한 빈부 격차가 나타났다. 자율 규제적 경쟁 시장은 자주 독점 시장으로 변질되었다.[51]

프리드먼은 연방 정부의 활동을 좋아하지 않았지만, 무정부주의와는 선을 그었다. 그는 이렇게 말했다. "무정부주의자들의 행운을 빕니다. 그게 지금 우리가 나아가야 할 방향은 맞으니까요. 하지만 저는 게임의 규칙을 강제할 정부가 필요하다고 봅니다."[52]

새뮤얼슨은 이상 사회를 만드는 것보다는 현대 경제의 복잡한 작동 방식을 설명하는 데 관심이 있었다. 반면 프리드먼은 미국이 점점 사회 민주주의로 가고 있다고 보고 이 추세를 바꾸려는 사명감에 차 있었다. 그는 시장을 중심으로 하되, 정부가 정치적 재량으로 경제에 개입하는 것을 최소화하고 엄격한 준칙에 근거해 경제 정책을 시행하면 경제 성장을 극대화할 수 있다고 믿었다. 그의 주 목표는 연준이 마음대로 새로운 돈을 공급하지 못하게 하는 것이었다. 프리드먼은 이렇게 적었다. "통화 준칙을 세워 [연준의 신규 화폐 공급을 규제하면] 유권자의 힘이 미치지 않는 소수 독점 권력과 당파 정치의 근시안적 압력에 의해 통화 정책이 좌지우지되는 것을 막을 수 있다."[53]

이런 프리드먼의 주장에 새뮤얼슨은 별로 놀라지 않았다. 그 또한 시카고학파의 거장들로부터 경제학을 배웠기에, 활기찬 자유 시장 경제라는 이상적 사회를 선망하고 케인스학파의 개입주의 정책에 회의적인 시각에는 익숙했다. 하지만 자신의 주장을 방어해야 하는 상황 자체가 새뮤얼슨에게는 낯설었다. 그때까지 새뮤얼슨은 심한 반대에 부딪히거나 자신을 방어해야 할 필요 없이 수월하게 부와 명예를 쌓았다. 그런데 이제 프리드먼의 도전에 맞서 기존 질서의 정당성을 입증하고 대의 민주주의 체계를 옹호해야 하는 입장이 된 것이다. 프리드먼과 맞붙을 때마다 새뮤얼슨은 거의 항상 뒤로 물러선 채, 프리드먼이 자신의 주장을 역설하고 유명 보수 정치인들이 그의 독특한 경제 처방을 받아들이는 모습을 반쯤은 경외심에 차서 그리고 반쯤은 믿을 수 없다는 표정으로 지켜볼 수밖에 없었다.

프리드먼의 선전이 성공하면서 새뮤얼슨도 프리드먼의 업적을 무시하기 힘들어졌다. 원래 새뮤얼슨은 다른 케인스주의자처럼 반대파인 프리드먼을 무시하거나 그의 도전자적 위치를 조롱하는 편이었다. 『새뮤얼슨의 경제학』 초판에서 프리드먼의 이름은 사이먼 쿠즈네츠와 공동 저술한 논문의 저자로 각주에서 단 한 번 등장했다. 하지만 프리드먼의 오랜 저항 운동이 활력을 띠고 잇따른 승리를 거두면서, 새뮤얼슨은 승리의 주역인 그를 언급할 수밖에 없게 되었다.

한편 프리드먼은 자신이 의도적으로 기존 질서를 무너뜨리려한 적은 없다고 주장했다. "사람들은 제게 장기적인 계획이 있었을 거라고 믿지만, 저는 아무것도 계획하지 않았습니다. 모든 일은 그저 자연스럽게 일어났습니다. 그리고 운이 큰 역할을 했습니다. 아주 큰 역할을요."[54]

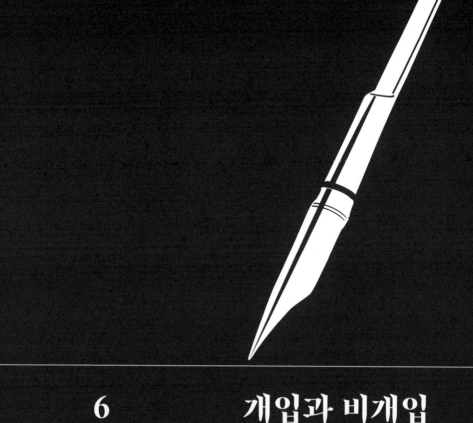

6 개입과 비개입

새뮤얼슨과 프리드먼이 《뉴스위크》에 칼럼을 연재하기 시작할 무렵 미국 경제는 꾸준히 성장하고 있었다. 베트남 전쟁으로 정부 지출이 늘었고 물가 상승률은 낮게 유지되었으며 미국인의 삶은 그 어느 때보다 더 풍요로웠다. 새뮤얼슨은 케인스주의 또는 신케인스주의 정책이 계속되리라고 확신했다. 반면 프리드먼은 국가가 사회 문제를 해결하기 위해 한 모든 일은 의도가 좋더라도 사회주의적 행동이자 자유 시장을 방해해 경제 성장을 저해하는 행동으로 여겼다.

새뮤얼슨은 프리드먼과 자신의 논쟁이 궁극적으로는 사회에서 개인이 수행해야 하는 역할에 대한 시각차에서 비롯되었다고 생각했다. 프리드먼은 애덤 스미스(사진)가 『국부론』에서 말한 대로 이기심이 사회를 가장 효율적으로 움직이는 원동력이라고 믿었다. 하지만 새뮤얼슨이 보기에 스미스의 주장은 계몽주의가 유행했던 18세기 스코틀랜드라는 시간과 장소를 고려할 때만 의의가 있었다.

" 새뮤얼슨과 프리드먼 논쟁의 근저에는
경기가 안 좋을 때 정부가 시장에
개입할 수 있는지, 또는 개입해야 하는지에 대한
의견 차이가 자리하고 있었다. "

새뮤얼슨은 정부가 좋은 사회를 만드는 데 중요한 역할을 한다고 믿었고 시민의 삶을 개선하기 위해 재정 정책을 쓰는 것에 전혀 잘 못이 없다고 생각했다. "경제생활의 많은 부분을 시장에 맡겨 둬도 어느 정도 운 좋게 잘 굴러갈 수는 있다. 하지만 경제학에 의하면 정부가 나서서 해야 하는 중요한 일이 매우 많다."[1]

60년대 중반에 출판된 『새뮤얼슨의 경제학』 제7판에서 새뮤얼슨은 케인스주의 경제학의 미래를 이렇게 내다보았다. "지나친 경기 변동이 없는 진보적 완전 고용 경제가 달성될 것이다. 우리는 경제가 호황, 위기, 불황을 반복하며 '돈의 가치가 춤추듯 오르내리는' 것을 방지하고자 한다."[2] 1968년 《뉴스위크》 칼럼에서는 이렇게 말했다. "신경제학(케인스 경제학)은 실제로 효과가 있다. 이는 월스트리트가 아는 사실이고, 아흔두 달째 매출 상승을 누리고 있는 상점가가 아는 사실이고, 회사의 이익을 장부에 기록하는 회계사가 아는 사실이다. 노동자 가정의 아이들은 모를지라도 아이들의 어머니는 아는 사실이다. 과거의 깡마른 아이들을 기억하며 요즘 아이들의 키와 몸무게를 재는 보건 교사도 아는 사실이다. …… 이 사실을 모르는 자는 누구인가? 그렇다. 신고전 경제학의 주창자들. 그들

만 명백한 사실을 부정한다.[3]

　프리드먼은 여러모로 보수 경제학자이자 "신고전 경제학의 주창자"에 해당했지만, 자신을 특정 학파로 분류할 수 없는 급진적인 자유 사상가로 여겼다. 「왜 나는 보수주의자가 아닌가Why I Am Not a Conservative」라는 유명한 글을 남긴 하이에크와 마찬가지로, 프리드먼은 이렇게 주장했다. "나는 보수주의자가 아니다. 나는 세상이 있는 그대로 유지되기를 바라지 않는다."[4] 그는 사람들의 눈에 자유 지상주의자이자, 정부의 활동을 깊이 의심하는 한 개인으로 비치길 바랐다. 사실 그는 경제학을 넘어, 자유 사회에서 정부가 하는 역할 자체에 회의를 품고 있었다.

케인스학파의 전성기

새뮤얼슨과 프리드먼이 칼럼 연재를 시작한 1968년에 새뮤얼슨과 케인스학파는 한창 전성기에 있었다. 이 사실은 당시 출판된 경제 사상사 책만 펼쳐 봐도 알 수 있다. 예를 들어 1967년 웨슬리언 대학교Wesleyan University 경제학과 교수 윌리엄 J. 바버William J. Barber 가 출판한 『경제 사상사A History of Economic Thought』를 보자. 애덤 스미스, 로버트 맬서스, 데이비드 리카도David Ricardo, 존 스튜어트 밀John Stuart Mill에 대한 장에서 '고전 경제학'을 언급한 뒤 결국 케인스가 승리하는 것이 이 책의 줄거리다. 오스트리아학파, 시카고학파, 미제스, 하이에크, 프리드먼은 언급조차 되지 않았다.

　교과서를 쓴 새뮤얼슨 또한 시장의 미덕을 강조하는 시카고학파, 오스트리아학파, 급진적 자유 지상주의 사상은 현대 사회에 맞지 않으므로 경제를 배우는 학생들에게 큰 쓸모가 없다는 입장이었다. 1948년 출간된 『새뮤얼슨의 경제학』 초판에서 새뮤얼슨은 "평생 끝나지 않을 논쟁"[5]을 일부 소개했다고 말하면서 '가격과 화폐'에 한 장을 할애했는데, 프리드먼이 깊은 관심을 두었던 주제인 "통화량 M과 장기 가격 변화에 따른 M의 일반적 움직임"[6]은 이 장의 소주제로 잠깐 언급했을 뿐이었다.

새뮤얼슨은 책에서 비케인스주의 학설을 거의 다루지 않았다. 『새뮤얼슨의 경제학』 초판에서 미제스를 지나치듯 언급하기는 했지만, 회의적인 시선이 여지없이 드러났다.[7] 새뮤얼슨은 이렇게 적었다. "1920년 즈음 루트비히 폰 미제스는 …… 자유 시장이 아닌 합리적인 경제 체제는 논리적으로 존재할 수 없다는 논쟁적 주장을 발표했다." 하이에크의 이름은 고작 한 번 각주에 언급되었다.[8] 하지만 프리드먼은 두 번 인용했는데 한 번은 지나치듯 각주에서 언급했고,[9] 다른 한 번은 본문에 인플레이션에 대한 프리드먼의 생각을 짤막하게 소개했다.[10] 인플레이션 문제, 다시 말해 한 경제의 통화량 증가 속도와 가격 변화 사이에 어떤 관계가 있는지에 대한 문제는 두 사람 간 의견 차이의 중심이 되는 주제였다. 1970년대 들어 선진국의 물가 상승률이 크게 높아지면서, 정치권이 인플레이션 억제에 초점을 맞추자, 상황은 프리드먼에게 유리해졌다. 통화주의 이론 자체가 물가가 왜 급격히 오르는지 설명하고 물가의 지나친 상승에 대한 해결책을 제시할 목적으로 만들어진 이론이었기 때문이다. 한편 새뮤얼슨은 이미 1958년부터 인플레이션 문제가 커질 것을 예상하고 있었다. 향후 20년 동안 미국 경제가 겪을 가장 큰 문제가 무엇이라고 생각하느냐는 질문에 새뮤얼슨은 이렇게 답했다. "인플레이션의 위협입니다. …… 인플레이션은 그 자체로도 문제지만, (인플레이션 자체의 문제 외에) 인플레이션에 대한 합리적 또는 비합리적 공포 또한 문제입니다. 짧게 말하자면 저는 인플레이션이 두렵습니다. 그리고 인플레이션에 대한 공포도 두렵습니다."[11]

새뮤얼슨은 계속 교과서를 개정했지만, 개정판에서도 프리드먼의 자유 시장 이론에 많은 부분을 할애하지 않았다. 당시까지만 해도 '신경제학New Economics', 즉 케인스 경제학이 여전히 경제학계를 지배하고 있었다. 프리드먼은 주류 경제학자들로부터 터무니없는 이론을 주장하는 비주류로 취급받는 것에 자존심 상해하면서도, 한편으로는 남들과 다르다는 것을 즐겼다. 프리드먼은 이렇게 썼다. "나는 공공 정책과 경제 이론 모두에서 주류의 반대편에 서 있었다. 공공 정책에서는 복지 국가와 사회주의적 시각에 반대했고 경제 이론에서는 케인스주의에 반대했다. 한번은 하버드 대학원에 다닌다는 학생이 나를 찾아와 이렇게 말했다. '중서부의 흑마법사가 어떻게 생겼는지 직접 보고 싶었어요.'"[12]

1966년, 《타임》은 "신케인스주의neo-Keynesianism"의 도래를 커버스토리로 선정했다. 《타임》은 "과거의 인물인 케인스가 침체된 세계를 풍요롭고 안정된 세상으로 바꾸는 데 관심을 뒀다면, 오늘날의 경제학자들은 현재의 풍요로운 경제를 더 발전시키는 데 관심이 있다"고 주장한 뒤, 프리드먼의 말을 인용했다. "이제 우리는 모두 케인스주의자다."[13]

이 발언은 자유주의 경제학의 선봉장 프리드먼이 케인스주의의 승리를 인정했다는 근거로 받아들여지며 큰 화제를 모았다. 하지만 화제를 모은 기사가 대개 그렇듯, 이 이야기에는 검증이 필요하다. 사실 프리드먼은 《타임》 기자가 자신의 말을 오도했다는 데 격분해 편집국장에게 항의 편지까지 보냈다.

"이제 우리는 모두 케인스주의자다"라는 말을 인용했더군요. 제가 그 말은 한 건 사실이지만, 전후 맥락이 빠졌습니다. 지금 기억하기로 저는 이렇게 말했습니다. "어떻게 보면 이제 우리는 모두 케인스주의자입니다. 또 어떻게 보면 이제 아무도 케인스주의자가 아닙니다." 이 말의 뒷부분은 앞부분만큼이나 중요합니다.[14]

새뮤얼슨은 한 조교 덕분에 《타임》에서 인용한 말을 그대로 믿지 않을 수 있었다면서 프리드먼에게 위로 편지를 보냈다. "과거 [윌리엄] 하코트William Harcourt[15] 경도 '이제 우리는 모두 사회주의자다'라는 말을 하지 않았나. 이 말은 하코트 경이 사회주의자라는 뜻이 아니라 당시 시대와 경향이 그렇다는 말로 받아들여졌지. 경제학자들도 《타임》에 인용된 자네의 말을 그렇게 해석할 걸세."[16] 몇 년이 흐른 뒤 프리드먼은 새뮤얼슨에게 이렇게 말했다. "《뉴스위크》에 글을 써서 좋은 점 중 하나는 《타임》 기자의 전화에 시달리지 않아도 된다는 거야. 내 경험에 따르면, 신뢰할 수 없는 사람들이거든."[17]

훗날 프리드먼은 누군가는 자신을 케인스주의자라 부를 수도 있음을 인정하며 덜 방어적인 자세를 보였다. "우리는 모두 케인스가 만든 언어와 도구를 사용한다. 하지만 케인스가 내린 결론 그대로를 진리라고 믿는 사람은 이제 아무도 없다."[18] 상호 연관된 경제 시스템 전체를 보는 거시 경제적 시각을 처음 제시한 사람이 케인스이므로, 그의 처방에 동의하든 동의하지 않든, 거시 경제학을 하는 사람이라면 케인스의 두드러진 업적을 인정할 수밖에 없다는 뜻이었다. 오스트리아학파의 시각에서 거시 경제학 자체를 부정하고 미시 경제적 설명에만 의존했던 하이에크는 프리드먼의 사상이 많은 면에서 자신보다는 케인스에 더 가깝다고 말했다. 실제로 케인스와 폰 미제스 가운데 누가 더 위대한 경제학자라고 생각하느냐는 질문을 받자 프리드먼은 망설임 없이 답했다. "케인스죠."[19]

《타임》 사건으로 프리드먼의 아웃사이더 이미지는 더더욱 굳어졌다. 프리드먼에게 우호적인 한 경제학자는 이렇게 말했다. "1970년대까지 경제학계는 프리드먼의 생각에 극도로 적대적이었다."[20] 당시 프리드먼과 비슷한 신념을 가진 경제학자들은 배척당했다. 프리드먼은 이렇게 썼다. "복지 국가와 케인스 사상의 승리로 정부의 규모가 커지면서 자유와 번영에 위협을 줄 것이라고 경고했던 우리는 괴짜 소수 집단으로 치부되어 동료 지식인들로부터 따돌림당했다."[21]

프리드먼은 듀크대학교 도서관에 프리드먼의 책이 없다는 사실을 발견하고 놀란 한 학생의 일화를 자주 입에 올렸다. 그 학생에 따르면 듀크대학교 경제학부는 "[프리드먼의] 연구는 비치할 가치가 없다"[22]는 이유로 프리드먼의 책을 도서관에 들여놓지 않았다. 그 학생은 프리드먼의 책을 가져다 놓든지 마르크스 관련 서적을 빼든지 해 달라고 요청했다. 프리드먼에 따르면 듀크대학교는 언론의 관심을 끌까 두려운 마음에 마지못해 프리드먼의 주요 저작 몇 권을 도서관에 비치했다.

물밑에서의 변화가 시작되다

그러나 케인스주의가 여전히 주류 자리를 지키고 있던 1960년대에
도 경제학계의 물밑에서는 변화가 일어나고 있었다. 새뮤얼슨은 일
찍부터 경제 사상의 판도가 바뀌고 있음을 알아채고 이렇게 말했다.

> 『새뮤얼슨의 경제학』 같은 경제학 교과서의 내용이 판을 거듭하며
> 어떻게 달라지는지 살펴보는 것은 우리 시대의 역사를 이해하는 좋
> 은 방법 중 하나다. 1948년 출간된 『새뮤얼슨의 경제학』 초판의 찾
> 아보기에서는 '오염pollution'이나 '생태ecology' 같은 단어를 찾을 수
> 없다. 1990년대 중반에 시급했던 대량 실업 근절, 경기 순환 관리, 수
> 요 견인 인플레이션의 거시적 관리 등이 실려 있을 뿐이다. ……[23]

새뮤얼슨과 프리드먼이 《뉴스위크》에 칼럼을 연재하기 시작
할 무렵 미국 경제는 꾸준히 성장하고 있었다. 베트남 전쟁으로 정
부 지출이 늘었고 물가 상승률은 낮게 유지되었으며 미국인의 삶은
그 어느 때보다 더 풍요로웠다. 새뮤얼슨은 케인스주의 또는 신케
인스주의 정책이 계속되리라고 확신했다. 1966년 10월 그는 이렇
게 말했다. "무슨 일이 일어나든 이미 선악과를 먹은 이상 과거로 돌
아갈 수는 없다."[24] 이제 자유방임은 의미 없이 논점만 흐리는 낡은
사상에 불과했다. 새뮤얼슨은 《뉴스위크》에 다음과 같이 썼다. "자
유방임 체제에서 모두의 문제는 누구의 문제도 아니다. 좋은 사회
에서 모두의 문제는 말 그대로 모두의 문제다."[25] 현실적으로 해석
하면 이 말은 오로지 정부만이 자본주의의 탐욕으로부터 국가를 구

하고 국내외의 무력적 위협으로부터 시민을 지킬 수 있다는 뜻이었다. 새뮤얼슨은 다음과 같은 말로 시장이 경제의 모든 문제를 해결할 수 있다고 믿는 보수주의자들을 꼬집었다. "나는 경제학을 단번에 배울 수 있다는 말을 절대 믿지 않는다."[26]

프리드먼을 비롯한 자유 지상주의자들은 자유 시장의 힘이 사회의 모든 문제를 해결해 줄 것처럼 선전했다. 이들은 정부 부채와 정부 지출을 줄이는 것이 시민의 미덕인 것처럼 말했다. 국가가 사회 문제를 해결하기 위해 한 모든 일은 의도가 좋더라도 사회주의적 행동이자 자유 시장을 방해해 경제 성장을 저해하는 행동으로 여겼다.

프리드먼은 선거보다 시장이 미국인이 원하는 바를 더 잘 보여 준다는 식으로 말하기도 했다. 시장이 민주주의를 능가한다기보다는 시장이 유권자의 진정한 민주적 의도를 더 잘 반영한다는 뜻으로 한 말이었다. 프리드먼은 이렇게 썼다. "연방 정부는 이 나라에 하나뿐인 인플레이션을 만드는 기계다. 하지만 정부가 이렇게 된 것은 미국인들이 그렇게 명령했기 때문이다. 사람들은 정부가 세금은 올리지 않으면서 지출을 늘리길 바란다. 이는 정부가 인플레이션이라는 숨은 세금에 의존하도록 부추기는 행동이다. 사람들은 인플레이션을 싫어하지만, 자기가 파는 물건값이 오르는 걸 싫어하는 사람이 있다는 소리는 들어 본 적이 없다."[27] 프리드먼은 케인스가 쓴 『화폐개혁론A Tract on Monetary Reform』의 장 제목을 빌려 "인플레이션은 입법 없는 과세"[28]라고 말했다.

새뮤얼슨은 민주주의와 정부 지출을 연관 짓는 것이 논점을 벗어났다고 보았다. "정치 경제학의 사회 선택 연구에 따르면 민주주의가 그 자체로 과도한 공공 지출을 유도한다는 증거는 찾을 수 없다. 경제학의 집단 의사 결정 이론과 경쟁 게임 이론 또한 정부가 지출을 지나치게 많이 할 유인만큼 지출을 지나치게 '적게' 할 유인도 크다는 것을 보여 준다."[29]

　프리드먼은 《뉴스위크》 칼럼에서 특유의 선동적인 말투로 정부의 간섭에서 벗어나는 것은 모든 시민의 권리이며, 자유 시장의 힘이 정부보다 우위를 차지해야 한다고 역설했다. 그는 경제학 이론을 설명하는 대신 정부가 시장에 거의 개입하지 않았던 과거 사회를 이상적으로 묘사했다. 그는 루스벨트가 대공황에서 벗어나기 위해 정부의 힘을 총동원했던 1933년보다 훨씬 전, 우드로 윌슨 Woodrow Wilson이 제1차 세계 대전에 대응하기 위해 계획 경제를 시작하기 이전의 미국 사회를 이상향으로 꼽았다.

　프리드먼에 따르면 남북 전쟁 이후 제1차 세계 대전 전까지 "미국은 현실적으로 가능한 최고의 자유 기업 체제와 자유방임 사회를 누렸고"[30] 그 결과 개인과 국가의 부가 빠르게 증가했다. 정부가 뒤로 물러나 시장이 힘을 쓰도록 두었기 때문이었다. 그는 자유 기업 체제가 "지금까지 발명된 체제 가운데 빈곤을 퇴치하고 대중의 생활수준을 높이는 데 가장 효과적인 체제"[31]라고 주장했다.

　프리드먼은 연방 정부가 경제에 개입하기 전까지 미국 경제가 고질적인 기업과 은행의 도산에 시달렸고[32] 실업과 일자리 부족으로 고통을 겪었다는 사실은 언급하지 않았다. 그는 자신의 주장을 극단으로 밀어붙여 모든 것을 흑과 백으로 서술하기를 즐겼다. 마치 중도적인 말을 하면 반대편의 주장에 굴복하는 것이라고 여기는 듯했다. 그의 표현만 보면 정부 지출은 민주적으로 선출된 의회와 대통령이 하는 일이 아니라, 소련 등의 비민주 국가가 국민의 의사에 반해 강제로 하는 일 같아 보였다. 심지어 그는 국방비 지출이 민간 기업을 정부에 재정적으로 의존하게 만든다면서 국가의 가장 기본 임무인 침입자로부터 국경과 국민을 보호하는 기능마저 사회주의적이라고 주장했다.

프리드먼은 그 성격상 강제적일 수밖에 없는 과세를 개인의 자유를 중대하게 침해하는 행위로 보았다. 「결국 누구 돈인가?Whose Money Is It Anyway?」[33]라는 과격한 칼럼에서 프리드먼은 흔히 국가가 돈을 찍어 내어 지출하므로 복지가 공짜라고 생각하지만, 정부가 쓴 돈은 결국 납세자가 내야 한다고 설명했다. "연방 정부에 계속 돈이 나오는 과부의 항아리widow's cruse[34]가 있어서 아무도 돈을 내지 않아도 보조금을 줄 수 있다는 생각은 사실이 아니다. 엄밀히 말하면 연방 정부에는 돈이 없다. 납세자의 돈만 있을 뿐이다."[35] 그는 승자가 모든 권력을 갖는 민주주의의 특징 때문에 작은 정부와 적은 세금을 원하는 소수는 다수의 폭정에 의해 무시되기 쉽다고 주장했다.

프리드먼은 민주적으로 선출된 지도부가 지출을 승인했다고 하더라도 정부 지출이 그 지출에 반대하는 사람들에게 부당한 짐을 지운다는 사실에는 변함이 없다고 주장했다. 왜 정부는 지출에 반대하는 사람들에게 법적 처벌을 내리면서까지 강제로 세금을 걷는 걸까? 프리드먼은 물었다. "도움이 필요한 사람에게 자발적으로 가진 것을 나눠 주는 것은 온정적인 행동이겠지만, A가 B에게 C를 도우라고 강제하는 것도 과연 온정적인 행동일까?"[36] 프리드먼이 보기에 정부의 활동은 다수의 편에 서서 소수의 권리(특히 기본 재산권)를 억압하는 행동이었다.

자유 시장을 둘러싼 논쟁

프리드먼은 자신이 개인의 자유를 지키기 위해 자유 시장을 옹호한다고 주장했다. 다른 시장 경제학자들은 자유 시장이 가장 효율적인 경제 체제라고 생각해서 자유 시장을 옹호했지만, 프리드먼에게 경제적 효율성은 그저 덤으로 주어지는 것에 불과했다. 그는 이렇게 적었다. "사유 재산권은 경제의 효율을 높여서가 아니라 자유를 지켜 주기 때문에 정당하다. 효율성은 우연의 산물은 아니지만, 기분 좋은 부산물일 뿐이다. 물론 가장 중요한 부산물이기는 하다. 부를 창출해 내지 못했다면 자유도 살아남지 못했을 테니까."[37]

새뮤얼슨은 '자유'와 제한 없는 사유 재산권을 동일시하는 프리드먼의 생각이 설득력이 떨어진다고 생각했다. 그는 말했다. "인권이 확장될수록 재산권은 축소된다."[38] 새뮤얼슨은 정부의 시장 개입이 일부 집단에 손해를 입히는 것처럼 제한 없는 시장에도 승자와 패자는 존재한다고 지적했다. 누구나 원하는 것을 살 자유가 있다고는 하지만, 사실 가격을 기준으로 상품이 배분되는 자유 시장에서 돈이 없는 사람은 물건을 살 엄두조차 내지 못하는 경우가 많다. 일례로 시장에서 교육 서비스의 가격이 지나치게 높게 형성될 경우, 가난한 가정의 아이들은 교육받을 권리를 박탈당하게 된다. 시장이 개인에게 주는 '자유'는 현실에 없는 추상적 개념에 불과하다.

그럼에도 프리드먼과 하이에크 같은 자유 시장 경제학자들은 시장이 결정한 가격(판매자들과 구매자들 사이의 상호 합의에 따라 정해진 금액)이 언제나 도덕적으로 옳다고 주장했다. 이들은 시장이 가격에 모든 참여자의 의사를 반영해 최대 공동선을 달성한다고 믿었다. 하지만 새뮤얼슨은 가격을 단순히 희소한 상품을 배분하는 한 가지 방식으로 보았을 뿐, 가격에 도덕적 의미를 부여하지 않았다. 실제로 사람의 행동이 반영되어 가격이 오르내리기보다는 오히려 사람의 행동을 변화시키기 위해 인위적으로 가격을 올리거나 내리는 경우가 더 많다. 새뮤얼슨은 프리드먼의 말을 뒤집어 이렇게 말했다. "자유 지상주의자들은 가격 체제도 일종의 강제일 수밖에 없다는 사실을 깨닫지 못하고 있다."[39]

미국인들은 정부에 회의적이고 대통령이나 국회 의원 같은 선출직 공무원을 믿지 못하는 경향이 있다. 하지만 새뮤얼슨은 공정하고 안정적인 사회를 만들기 위해서는 대의 민주주의가 꼭 필요하다고 역설했다. "우리가 사회 보장 제도와 복지 제도를 위해 투표하는 이유는 워싱턴의 공무원들을 아껴서가 아니다. 우리는 인간으로서 실업과 가난 같은 예상치 못한 어려움을 겪을 수 있음을 알기에 자신의 이익을 위해 현대 복지 사회가 제공하는 상호 재보험mutual reinsurance에 가입하는 선택을 한다. 신의 은총으로 언젠가 좋은 우리를 위해서도 울릴 것이기에."[40]

새뮤얼슨은 '자유'를 우선순위의 문제로 보았다. "현실에서 우리는 여러 선택지 중에 하나를 골라야 하는 순간을 맞닥뜨린다. 이만큼의 자유와 이 정도의 빈곤을 택할 것인가, 아니면 저만큼의 자유와 저 정도의 빈곤을 택할 것인가?"[41]

새뮤얼슨은 자본주의 사회가 태도와 전통, 규약, 법에 기초한 성문화되지 않은 사회적 합의를 바탕으로 움직인다고 보았다. 사람들이 서로 평화롭게 어울려 살 수 있는 것은 이 사회적 합의 덕분이다. 시장 경제에서 계층 이동의 가능성은 매우 중요하다. "자본주의는 호텔이다. 이 호텔의 스위트룸은 언제나 꽉 차 있다. 하지만 10년 전과 같은 사람들이 스위트룸을 차지하고 있지는 않다. 호텔의 지하실 역시 붐비기는 마찬가지다. 하지만 그곳을 메운 얼굴과 몸은 전과 같지 않다."[42] 사회적 합의는 사람들이 더 큰 자유를 누리기 위해 개인적 권한 중 일부를 내려놓음으로써 맺어진다. 새뮤얼슨은 이렇게 썼다. "신호등은 니의 지유를 제한하고 억입한다. 하지만 붐비는 도로에 신호등이 없을 때 우리는 정말로 '자유'로울까? 잘 설계된 정지 신호 앞에서 나와 다른 운전자들 그리고 사회 전체가 누리는 자유의 산술적 총합은 커질까, 아니면 작아질까? 당연한 이야기지만, 정지 신호는 누군가에게는 출발 신호다."[43]

새뮤얼슨의 공격

프리드먼은 존경하는 정치 사상가의 이름을 직접 언급한 적이 거의 없었다. 하지만 그의 사상은 케인스가 제안한 정책을 펴느라 국가의 힘이 커지는 것에 반대했던 여러 자유 지상주의 및 보수 사상가들의 생각에 뿌리를 두고 있었다. 이들 중 가장 극단적인 인물은 아인 랜드Ayn Rand[44]다. 랜드는 시장을 아예 없애 버리려 했던 소비에트 공산주의 러시아에서 어린 시절을 보냈고, 그 영향으로 자유 시장을 제외한 모든 체제가 자유를 억압한다고 믿는 극단주의자가 되었다. 랜드가 보기에는 심지어 하이에크조차 신뢰할 수 없는 절충론자에 불과했다. 사상만큼이나 행동도 과격했던 그녀는 한 파티에서 하이에크에게 침을 뱉기까지 했다.

하이에크는 정부 개입을 신뢰하지 않는다는 면에서 프리드먼과 생각이 같았다. 프리드먼은 하이에크가 주최하는 자유 지상주의자들의 연례 총회 몽펠르랭 소사이어티를 20년 넘게 지지했다. 그리고 이미 형성되어 있던 고전 경제학 분파인 시카고학파 경제학자들과도 끈끈한 동맹을 맺고 있었다. 시카고학파에는 프랭크 나이트, 헨리 사이먼스, 폴 더글러스를 주축으로 비교적 젊은 학자인 로버트 루카스 주니어Robert Lucas Jr.,[45] 조지 스티글러, 게리 베커Gary Becker,[46] 로버트 포겔Robert Fogel,[47] 시어도어 슐츠 등이 속해 있었다. 프리드먼은 이들 중 가장 매력적이고 유명한 대중 지식인이었다.

새뮤얼슨은 프리드먼의 지적 우상들에게 거의 감흥을 느끼지 못했다. 그는 "아인 랜드의 황당무계한 이기심이라는 종교"[48]에 관심이 없었다. 하지만 시카고대학교 경제학과를 우수한 성적으로 졸업한 그에게는 프리드먼이 주장하는 사상의 이론적 기초를 공격하기에 충분한 지식이 있었다. 한번은 시카고학파에 대해 잘 알고 있던 그가 논쟁 중에 프리드먼과 한 팀인 시카고학파 경제학자들을 들먹이며 프리드먼의 코를 납작하게 만든 적이 있었다.

먼저 새뮤얼슨은 비록 대공황 때 시장이 세계 경제 위기가 벌어지는 것을 막기는커녕 위기를 더 심화시키기는 했지만, 경제의 중심은 여전히 시장이기에 이 사실을 상기시킨 시카고학파의 공로는 인정받아야 마땅하다고 말했다. "1932년부터 1945년까지 시장의 가격 기구가 경제를 관리할 수 있다는 믿음은 많이 약해졌다. 우리에게 시장의 가치를 다시 일깨워 준 프랭크 나이트와 시카고학파의 공은 가치를 매기기 힘들 만큼 크다."[49]

시카고학파의 중심 인물들과 친했던 새뮤얼슨은 그들 사이에서도 의견이 갈릴 때가 많음을 알았다. 그는 장난스럽게 말했다. "밖에서 보기에는 현대 경제학이 다 똑같아 보일지 몰라도, 경제학자들은 시카고대학교에 '혼합 경제'라는 새로운 정설을 부인하는 신선한 이단이 있음을 알고 있었다."[50]

　새뮤얼슨은 특히 프랭크 나이트의 지성과 정직성을 높이 샀다. 나이트는 자유 시장이 사회의 선을 극대화하는 데 좋은 도구가 아니라고 생각했지만, 정부 개입은 더 나쁜 결과를 초래한다고 믿었다. 새뮤얼슨은 이렇게 말했다. "나이트는 시카고 경제학파의 창시자다. 그가 아브라함이라면 헨리 사이먼스가 이삭, 밀턴 프리드먼은 야곱이다.[51] 프리드먼 박사가 모든 가능한 세상 가운데 자본주의가 최선이라고 여기는 낙관론자라면, 나이트 박사는 정말로 자본주의가 최선일까 염려하는 비관론자다."[52]

　새뮤얼슨은 정부가 개입해야 할 영역이 많기는 하지만, 그래도 시장 원리가 중요하다고 흔쾌히 인정했다. 그는 경제 사상의 시류가 변하고 있고, 시카고학파의 포교에 힘입어 시장의 인기가 유지되고 있음을 알고 있었다. 1973년 그는 이런 글을 썼다. "오해는 하지 않길 바란다. 시장이 죽었다는 소문은 [마크] 트웨인[53]이 죽었다는 소문만큼이나 크게 과장된 것이다. 지난 25년 동안 영국과 스칸디나비아반도에서 사회주의 정부는 자주 정권을 잃었다. 마찬가지로 미국에서도 상황은 계속 변하고 있다."[54]

　새뮤얼슨은 기회가 있을 때마다 거침없이 프리드먼을 저격했고, 프리드먼은 새뮤얼슨의 말에 상처받을 때마다 주저하지 않고 그 사실을 알렸다. 1971년 시카고 드폴대학교DePaul University에서 열린 강연에서 새뮤얼슨은 이렇게 말했다. "사실상 모든 경제학자가 화폐 수요와 이자율 사이에 강한 음의 상관관계가 존재한다는 결론을 내렸습니다. 단 한 명, 밀턴 프리드먼 교수만 빼고요. 그에게는 사실을 똑바로 볼 의지나 능력이 없어 보입니다."[55] 마음이 상한 프리드먼은 즉시 6년 전에 쓴 논문[56]을 새뮤얼슨에게 보내어 반박했다. 오랜 친구이자 라이벌에게 그는 이렇게 말했다. "건설적이든 아니든, 비판은 환영하네. 하지만 내 시각을 와전하는 것까지 환영할 순 없네."[57] 새뮤얼슨은 이렇게 답했다.

> 그 말은 신중히 고른 말이었어. (자네를 괴롭히기 쉬운 무력한 사람으로 생각한 적은 한 번도 없다네. 자네의 입장을 언급할 때는 언제나 근거가 있을 때만 그렇게 해 왔지. 자네가 다른 곳에서 다르게 말했다고 해도 이미 있는 근거가 사라지지는 않아) …… 내가 드폴에서 공격한 통화주의는 허수아비야.[58]

새뮤얼슨의 조롱을 가장 많이 받은 사람은 단연코 프리드먼이었지만, 스티글러 또한 새뮤얼슨의 빈정거림을 자주 들었다. 새뮤얼슨은 이렇게 썼다.

> 내 친구 조지 스티글러는 정부 활동의 단점을 지적한다. 단점을 지적하기만 하는 건, 결혼 생활의 단점에 대해 투덜대는 것만큼이나 쓸모없는 짓이다. 그럴 때면 이렇게 묻고 싶어진다. "그래서 대안이 뭔가? 금욕? 냉수욕? 격렬한 운동?" 농담은 집어치우고 스티글러 교수가 시장이 더 많은 일을 더 '효율적'으로 '공정'하게 해결해 주기를 바라는 것만은 틀림없다. 그건 나도 바라는 바다.[59]

새뮤얼슨은 거시 경제학은 미시 경제학과 다르다는 일관된 논리로 자유 시장주의자를 비판했다. 시장 경제학자들은 주로 특정 사례를 일반적인 이론으로 발전시키는 미시 경제학적 방법을 사용해 기업이나 가계의 경험을 경제 전반의 진리로 확장했다. 하지만 새뮤얼슨은 경제학, 그중에서도 특히 거시 경제학의 근본 논리는 기계니 기업의 재무 외는 완전히 다르다고 보았다.

경제학의 가장 흥미롭고 중요한 학문적 특성은 개인에게는 참인 명제가 사회에 적용하면 대부분 거짓이고, 사회 전체로 보면 참인 명제가 개인에게 적용하면 대개 거짓이라는 것이다. 각 개인은 자신이 사는 물건의 가격에 거의 영향을 미치지 못한다. 하지만 가격을 결정하는 것은 바로 그 개인들의 모임이다.[60]

팽팽한 대립

새뮤얼슨이 프리드먼을 곯려 주길 좋아했다면, 프리드먼은 매사추세츠 케임브리지에 사는 새뮤얼슨의 엘리트 친구와 이웃들이 소중히 여기는 가치를 과감히 공격했다. 좋은 의도를 내세우는 부유한 진보주의자들은 프리드먼의 주 조롱 대상이었다. 불평등한 사회의 지배계층인 이들이 평등한 사회만큼이나 최고의 가치로 꼽는 것은 바로 예술을 사랑하는 마음이었다. 프리드먼은 순수 예술 지원 단체 PBS 공영 방송Corporation for Public Broadcasting 과 인문예술국가기금 National Endowments for the Arts and for the Humanities 의 운영비를 납세자들이 내는 것이 부당하다고 지적했다. 프리드먼이 제시한 자료에 따르면 이들 단체의 활동으로 즐거움을 누리는 사람은 대부분 잘 교육받은 상류층이었다. 교육 수준이 낮고 가난한 블루칼라 노동자들은 순수 예술을 즐기는 경우가 드물었다.

"대체 무슨 근거로 고소득층 사람들의 사치를 위해 저소득층에게 세금을 부과하는 것일까?" 프리드먼이 내놓은 답은 이랬다.

> 정치적 힘이 있는 엘리트가 아니고서야 다른 사람의 돈으로 사치를 즐기게 해 달라고 국회 의원을 설득하기가 쉽지 않다. 물론 모든 것은 세금을 내는 불쌍한 호구들의 '이익'을 위한 것으로 포장될 것이다. 대중의 교양을 함양할 필요가 있다면서. 하지만 사람들이 보지도 않는 TV 프로그램과 책이 어떻게 대중의 교양 수준을 높일 수 있다는 건지 도통 이해가 가지 않는다.[61]

한편, 새뮤얼슨은 프리드먼이 '자유'라는 단어를 너무 협소하게 정의한다고 지적했다. 그는 개인을 사회로부터 완전히 분리할 수는 없다면서 개인은 사회에 속하는 대가로 세금을 내서 공공 서비스에 드는 비용을 지불할 의무가 있다고 말했다. 그는 《뉴스위크》 칼럼에서 대법관 올리버 웬들 홈스 주니어Oliver Wendell Holmes Jr.를 인용해 이렇게 말했다. "세금은 문명사회를 위해 내는 돈이다."[62] 프리드먼에게 과세는 국가가 개인의 자유를 강압하는 사례였지만, 새뮤얼슨에게 과세는 선량한 시민이라면 당연히 내야 할 돈을 걷기 위한 방편이었다. 새뮤얼슨은 이렇게 썼다. "아나톨 프랑스Anatole France가 남긴 다음의 짧은 경구는 자유 지상주의자들이 옹호하는 자유방임 체제가 가하는 은밀한 강압을 한 번에 보여 준다."

"부자와 빈자 모두에게 다리 밑에서 밤잠을 잘 권리를 주다니 이 얼마나 평등한 법인가."[63]

새뮤얼슨은 연방 정부와 주 정부가 마치 사악하고 독재적인 기관이라도 되는 것처럼 국가가 세금을 강제 징수하는 것이 권력 남용이라고 말하는 프리드먼 같은 자유 지상주의자를 참기 힘들어했다. 그는 이렇게 썼다. "정부 정책과 관련해서는 도덕, 강제성, 행정, 빈도, 인센티브 등을 고려해야 한다. 이런 작업을 '자유' '강압' '개인주의' 같은 단어의 의미를 따지는 것에서부터 시작할 수는 없다."[64]

새뮤얼슨은 설사 '강압'이라는 표현이 적절하다고 해도, 세금 징수의 강제성을 따지는 일은 경제학자가 매달려서 풀어야 할 문제가 아니라고 생각했다. "어떤 종류의 강압이든 강압이 다른 모든 악을 뛰어넘을 정도로 나쁘다는 생각은 자유를 그들만의 괴물 같은 암호로 만든다."[65]

프리드먼이 정부가 개인의 자유를 침해한다고 비난하면 새뮤얼슨은 문명사회에서는 개인의 자유를 제한해야 할 때도 있다는 말로 맞섰다. 새뮤얼슨은 이렇게 말했다. "나의 프라이버시는 타인의 외로움이다. 나의 프라이버시를 지킬 자유가 커지면 다른 사람의 친구를 사귈 자유는 줄어든다. 당신이 '차별할' 자유를 인정받으면 나는 '참여할' 자유를 부정당한다."[66]

새뮤얼슨이 보기에 프리드먼이 옹호하는 자유 지상주의적 가치와 완벽한 자유 시장에 대한 믿음은 민주주의가 만든 여러 제한을 풀어 일종의 무정부 상태를 초래하고 궁극적으로 사회를 부패시킬 것이었다. 보수주의자와 자유 지상주의자들이 극단적 진보주의를 독재 감시 국가로 가는 길이라고 믿었다면, 새뮤얼슨은 지나친 자유 지상주의가 극심한 개인주의를 촉발하고 무정부적 디스토피아를 만들 것이라고 믿었다.

새뮤얼슨은 이렇게 말했다. "현대 도시는 북적인다. 개인주의와 무정부주의는 마찰을 부를 것이다. 이제 우리는 서로 조정하고 협력해야만 한다."

> 교통 신호를 도입하려면 협력과 강제가 필요하다. 극단적 개인주의자는 이 새로운 제한을 좋아하지 않을지도 모르지만, 사실 신호는 우리에게 더 큰 자유를 보장하기 위한 것이다. 구속 없는 자유라는 원칙은 이미 버림받았다. 이제 남은 문제는 조건을 조율하는 것뿐이다.[67]

윗글에서 새뮤얼슨은 케인스와 하이에크의 논쟁에서 케인스가 하이에크에게 지적한 내용을 상기시키기 위해 일부러 "조건을 조율"한다는 표현을 썼다. 앞서 보았듯 케인스는 하이에크가 『노예의 길』에서 말한 대로 시장을 절대적으로 신봉하는 원칙을 버리고 보편적 의료 서비스나 실업 보험 같은 인도주의적 정책을 고려한다면, 그 순간 남는 문제는 시장과 정부 사이의 선을 어디에 그을 것인가밖에 없다고 꼬집은 바 있다.

정부는 시장에 얼마나 개입해야 하는가

새뮤얼슨은 정부 개입을 무조건 옹호하지는 않았다. 그는 정부의 지나친 개입이 경제 질서를 흩뜨려 생산성을 낮출 수 있음을 알고 있었다. "시장이 할 수 있는 일은 시장에게 맡기는 편이 좋다. 의도가 아무리 좋다고 해도 정부가 무분별하고 비효율적으로 돈을 쓰게 둘 이유는 없다. 카사노바처럼 정부도 언제 멈춰야 할지 모르는 때가 많다."[68]

반면 프리드먼은 정부 개입이 사회에 무엇이 최선인지 자신들이 가장 잘 알고 있다고 생각하는 건방진 정치가와 공무원들이 개인의 재산을 합법적으로 침해하는 행위라고 생각했다. 하이에크처럼 프리드먼도 공무원이 아닌 자유 시장이 사람들의 욕구를 가장 잘 채워 줄 수 있다고 믿었다. 그는 이렇게 말했다. "중앙의 지시가 있어야 질서가 잡힌다는 믿음은 완전히 틀린 생각이다. '포괄적 정책'을 수립하고 '누군가'가 다른 사람의 돈으로 그 정책을 집행하게 하는 시도는 지금껏 많은 문제를 만들어 냈고, 앞으로도 그럴 것이다."[69]

새뮤얼슨은 자유 시장보다 민주 절차를 선호했다. 민주 절차는 더 공정하고 더 친절하고 더 인간적이었다. 그는 이렇게 말했다. "민주주의는 지금까지 발명된 체제 가운데 가장 뛰어난 상호 재보험 체제다. 우리는 일자리를 잃고 실업 급여를 받기 위해 줄 서 있는 사람을 보며 이런 생각을 한다. '수요 공급이 조금 어긋났더라면 나도 저 자리에 있었을지 모른다.'"[70]

인간이 예상치 못한 실업과 빈곤에 시달릴 수 있는 존재임을 알기에, 우리는 자신의 이익을 위해 현대 복지 국가의 상호 재보험에 가입하는 쪽을 선택한다. 신의 은총으로 오늘 장례식에서 울리는 저 종은 언젠가 나를 위해 울릴 것이다. 당신이 전염병에 걸리면 나도 전염병에 걸린다. 히로시마의 시민들처럼 우리는 운명 공동체다.[71]

새뮤얼슨은 자유 시장이 불행에 대한 안전망을 제공할 수 있다는 생각은 그저 공상에 불과하다고 보았다. 사실 진정한 자유 시장은 세상에 존재한 적조차 없었다. 자유 시장은 케인스주의가 더럽힌 잃어버린 에덴동산이 아니었다. 새뮤얼슨은 이렇게 말했다. "중산층의 반발과 납세자 저항 운동으로 자유방임 세상을 되찾겠다는 건 터무니없는 생각이다. 이것은 우파 버전의 공상 과학 소설일 뿐이다. 물론 좌파와 중도 버전도 있으니, 내키는 대로 읽고 즐기면 그만이다. 하지만 희망 사항에 불과한 그런 공상에 가진 것을 걸지는 말자."[72] 그는 자유 시장 경제학을 종교처럼 신봉하는 사람들을 꼬집었다. "경제학은 신학이 아니다."[73]

새뮤얼슨은 개인주의적 동기로 움직이는 매력적이고 용감한 사업가가 '혼자 힘으로' 성공해 사회에 부와 안정을 가져다준다는 주장은 보수주의 신화에 불과하다고 주장했다. 그는 오히려 잘 조직된 사회가 사업가가 성공하는 데 필수적이라고 생각했다.

새뮤얼슨은 영국의 진보 사회학자 L. T. 홉하우스L. T. Hobhouse를 인용해 이렇게 말했다.[74]

'혼자 힘으로' 성공했다고 믿는 사업가는 자신의 손에 능력 있는 노동자, 기계, 시장, 평화, 질서를 쥐여 준 사회 시스템의 존재를 알아야 한다. 이 사회 시스템은 수많은 사람이 수 세대에 걸쳐 만든 거대한 조직이자, 사회 구석구석에 스민 분위기다. 사회적 요소를 다 제하고 나면, 우리의 모습은 배운 지식으로 난파에서 살아남은 로빈슨 크루소가 아니라 뿌리, 열매, 벌레로 연명하는 야만인에 가까울 것이다.[75]

1950년대 반공주의자들의 마녀사냥으로 고초를 겪었던 새뮤얼슨은 정부가 합리적 범위 내에서 경제를 관리하는 것이 '비非미국적'이라거나 건국의 아버지로부터 물려받은 신성한 자유 기업의 원칙에 위배된다는 주장을 일축했다. "빌리 그레이엄Billy Graham(침례교 목사로 역대 미국 대통령의 영적 조언자 역할을 했다-옮긴이)의 교리가 미국의 법이 아닌 것처럼, 정부 예산을 적게 유지하고 중요한 경제 결정은 시장에 맡겨야 한다는 낡은 교리는 이제 대다수 미국인의 생각이 아니다."[76]

새뮤얼슨은 자유 시장이 해결할 수 없는 일이 많고, 시장 원리는 윤리적으로 옳은 사회를 만들기 위한 원리가 아니라, 중립적 교환 메커니즘에 불과하다는 사실을 기억해야 한다고 말했다. 그는 정부가 개입해야만 하는 때가 있으며, 개입은 특정한 경제 분파의 신념에 따라서가 아니라 윤리와 인도주의적 가치에 따라 이뤄져야 한다고 생각했다.

1968년 새뮤얼슨은 이렇게 말했다. "정부 정책 대신 민간 기업으로 빈곤과 빈민가 문제를 해결할 수는 없다."[77] 그로부터 10년이 뒤, 린든 존슨 정부 국방 장관을 역임한 세계은행 총재 로버트 맥나마라Robert McNamara[78]는 세계은행의 아프리카 프로그램이 실패했음을 인정하며 자유 기업은 빈곤을 퇴치할 수 없다는 결론을 내렸다. 이에 새뮤얼슨은 이렇게 말했다. "시장 원리가 성공적으로 작동하더라도 극심한 불평등과 가난을 해결할 수 없다는 사실을 인정한 로버트 맥나마라의 탁월한 식견에 존경을 표한다."[79]

새뮤얼슨은 시장에 개입해 경제 성장을 촉진하고 부를 늘리고 국민 생활을 개선하지 않는 정부는 정치적 대가를 치를 수밖에 없다고 말했다. "정부가 과세와 지출을 통해 동기 부여를 하지 않는 한 기업은 현대 도시가 겪고 있는 문제를 해결하려 하지 않을 것이다. 기업이 하는 일은 사업이다. 사업가에게 고객은 언제나 옳다. 고객은 왕이고 정부의 고객은 바로 유권자다."[80]

새뮤얼슨은 프리드먼과 자신의 논쟁이 궁극적으로는 사회에서 개인이 수행해야 하는 역할에 대한 시각차에서 비롯되었다고 생각했다. 프리드먼은 애덤 스미스[81]가 『국부론The Wealth of Nations』에서 말한 대로 이기심이 사회를 가장 효율적으로 움직이는 원동력이라고 믿었다. 그는 이렇게 말했다. "200년 전 애덤 스미스가 설명한 것처럼 사람들은 시장에서 자신의 욕구를 충족시키기 위해 움직일 뿐이지만, 보이지 않는 손에 의해 의도치 않게 공익에 기여하게 된다."[82]

하지만 새뮤얼슨이 보기에 스미스의 주장은 계몽주의가 유행했던 18세기 스코틀랜드라는 시간과 장소를 고려할 때만 의의가 있었다. 새뮤얼슨은 이렇게 말했다. "스미스는 오늘날의 시각으로 보면 실용주의자에 가까웠다. 그는 자유방임이 독점으로 이어질 소지가 다분하다는 사실을 알고 있었다."[83]

새뮤얼슨은 스미스가 정부 개입에 반대한 것은 당시 공무원이 대체로 무능력했기 때문이지 정부가 시민의 생활에 관여하는 것을 싫어했기 때문이 아니라고 주장했다. 당시 스미스가 살았던 도시 에든버러는 자유를 보장하면서도 의무와 제한을 부과하는 정부에 의해 잘 운영되는 도시였다. 당시 지어진 에든버러 '뉴타운New Town'을 건설하는 과정은 그때의 정부가 시민의 자유를 제한했음을 명확히 보여 준다. 조지 시대의 계획도시 뉴타운은 민간 자본에 의해 만들어졌지만, 도시 계획가들에 의해 경직적이고 논리적으로 설계되었다. 개인은 그 설계에 따라 건물을 지어야만 했다.

　새뮤얼슨은 말했다. "스미스는 조지 3세의 통치 능력을 고려해 정부가 독점을 몰아내려고 시도하면 득보다 실이 많을 것이라는 판단을 내렸다. 오늘날 그가 살아 있었다면, 실용적으로 판단해 셔먼법(반독점법)[84]이 아니라 그보다 더 강력한 독점 금지법에도 찬성했을 것이다. 어쩌면 공이사업 전체에 대한 규제를 도입하자고 했을지도 모른다."[85]

　새뮤얼슨은 스미스를 자주 인용하는 프리드먼 등 보수 경제학자들을 비판했다. "극단적 개인주의자들은 이런 현실적인 분석은 건너뛴 채, 마음에 드는 말을 찾기 위해 책을 뒤져, 보이지 않는 손이 이기적인 개인을 이끌어 공공선에 최대로 기여하게 한다는 문장에만 초점을 맞춘다."[86]

　프리드먼은 스미스를 인용해 경제의 모든 것이 개인의 이기심에서 비롯된 것이며, 나아가 반드시 이기심에서 비롯되어야만 한다고 주장했지만, 새뮤얼슨은 제한 없는 자유 시장만으로는 진정한 문명사회를 이룰 수 없다고 주장했다. 새뮤얼슨은 이렇게 말했다. "사적 이윤만 추구해서는 우리의 강과 대기에 발암 물질이 배출되는 것을 막을 수 없다. 육군과 해군을 고용해 우리가 안심하고 사업을 벌이고 사적 효용을 극대화할 수 있도록 지켜 주는 존재는 이기심이 아니다."[87]

좁혀지지 않는 차이

새뮤얼슨은 시장의 한계를 인정하지 않는 것은 틀린 것을 넘어 비

윤리적 행동이라고 믿었다. 사회 속의 개인은 자유 시장의 많은 부작용으로부터 보호받아야만 했다. 그가 보기에 시장의 반사회적 부작용을 안타깝게 여기면서도 시장 원리의 중요성만 강조하는 사람은 한심할 정도로 고루하고("시간을 들여 경제학을 진지하게 살펴본 사람이라면…… 아, 여기서 말하는 경제학은 현대 경제학입니다. 두 세대 전의 경제학이 아니라요."[88]), 위험한 백일몽 속에 젖어 있는 사람이었다.

시장의 능력에 대한 새뮤얼슨과 프리드먼의 시각 차이는 근본적인 철학의 차이에서 비롯된 것으로, 아무리 오래 논쟁해도 이 차이를 좁히기는 힘들었다. 60년대 말, 아주 현실적인 문제가 세계를 잠식하기 시작하면서 둘의 차이는 더욱 뚜렷이 드러났다. 서구 세계의 물가가 빠르게 높아지기 시작한 것이다.

제2차 세계 대전이 끝난 뒤 20년 동안 안정적으로 유지되던 물가 상승률이 치솟으면서 미국은 하이퍼인플레이션에 빠졌다. 하이에크로 하여금 케인스주의가 위험하다고 생각하게 했던 제1차 세계 대전 이후 오스트리아를 떠올리게 하는 상황이었다. 물가가 걷잡을 수 없이 치솟아 사회가 불안정해지자 정치인들은 경제학자들에게 인플레이션을 멈출 방안을 묻기 시작했다.

새뮤얼슨과 프리드먼이 칼럼을 통해 제시하는 해법은 서로 정반대일 수밖에 없었다. 인플레이션의 원인과 해결책에 대한 논쟁은 경제 사상을 둘러싼 이들의 기나긴 논쟁에서 핵심적인 위치를 차지했다.

7

승승장구하는
통화주의자

1960년대 중반, 케인스 이론이 틀렸음을 입증하는 것을 최우선 순위로 삼았던 프리드먼은
케인스의 숙적 하이에크와 교류하고 케임브리지대학교(사진) 경제학자들과 만나 논쟁을
벌이기도 했다.

프리드먼은 자신의 사상을 검증할 기회를 얻기 위해 워싱턴 D.C.(사진)에 입성하길 원했다. 하이에크는 프리드먼에게 정치인들과 너무 가깝게 지내지 말라고 줄곧 경고했지만 프리드먼은 그 경고를 듣지 않았다. 그는 자기 생각을 행동으로 옮겨 줄 권력자들에게 끌렸다. 통화주의를 현실에 적용하지 않는 한, 정부는 계속해서 재정 정책을 통해 경제에 어설프게 개입할 터였다.

"

케인스는 탄탄한 수요를 유지하는 것이
번영의 열쇠라고 말했다. 하지만 프리드먼은
경제학이 오로지 통화량에 관한
학문이던 시절로 되돌아가고자 했다.

"

60년대 중반 프리드먼은 바쁜 시간을 보냈다. 그는 여러 가지 일을 했지만 목적은 단 하나, 케인스의 핵심 이론을 반박해 중요한 경제 학자로 자리매김하는 것이었다. 비록 야망을 입 밖에 내지는 않았 지만, 그가 한 모든 일에는 케인스가 남긴 이론적 유산에 지울 수 없 는 상처를 내려는 의도가 숨어 있었다. 그는 케인스의 이론을 해체 하는 데에서만 앞으로 나아가고자 했다.

케인스의 숙적 프리드리히 하이에크와 교류하고 영국에 잠시 머물며 케임브리지 서커스 경제학자들과 만나 논쟁하는 동안 프리 드먼은 케인스주의의 패권에 도전하기 위한 총알을 장전했다. 케인 스 사상의 오류를 찾아내려는 사람은 그 외에도 많았지만, 프리드 먼은 케인스 이론이 틀렸음을 입증하는 것 자체를 최우선 순위로 삼았다.

프리드먼은 그 일을 할 준비가 되어 있었다. 날카로운 지성, 논 쟁을 즐기는 정신, 한 가지 일에 집중하는 완고함, 다른 경제학자들 이 날리는 모욕을 아무렇지 않게 견디는 차분한 성격, 대중을 사로 잡는 능력까지. 게다가 프리드먼에게는 케인스주의를 무너뜨릴 대 담한 아이디어도 있었다. 그는 인플레이션이 오로지 통화 유통 속도의 영향만 받는다고 주장했다. 새뮤얼슨은 프리드먼의 통화주의를 강하게 비판한 통화 유통 속도 이론의 권위자 조지 가비George Garvy[1]에게 토머스 쿤Thomas S. Kuhn[2]이 『과학혁명의 구조』에서 한 말을 인용해 이렇게 말했다. "이론을 죽이려면 다른 이론이 필요하다."

케인스와 프리드먼의 접점

프리드먼은 케인스의 초기 저작인 『화폐개혁론』을 자신의 이론적 토대로 삼았다. 하지만 정작 케인스는 책이 출간되었을 무렵 이미 『화폐개혁론』에서 주장한 이론을 폐기하고 다른 이론을 구상하고 있었다. 홍보 수완이 뛰어났던 케인스는 제1차 세계 대전이 끝난 뒤부터 매년 여름 영국 케임브리지에서 강의를 열고 그 내용을 모아 가을에 책으로 펴냈는데, 이 중 1923년 여름에 한 강의를 모은 책이 『화폐개혁론』이다. 당시 세계에서 가장 유명한 경제학자였던 케인스는 이 책에서 통화의 유통량과 유통 속도(화폐의 손바꿈이 얼마나 빠른 속도로 일어나는지)가 재화와 서비스의 가격에 직접 영향을 미친다는 화폐 수량설을 검토했다. 케인스에게 이 책은 『일반 이론』으로 가는 도중에 잠시 거친 여러 중간 단계 중 하나에 불과했지만, 케인스 전기 작가 로버트 스키델스키Robert Skidelsky[3]는 이 책이 "거시 경제학의 시작"을 알렸다는 면에서 의의가 있다고 평했다. 거시 경제학은 고립된 개인의 경제 활동을 연구하는 미시 경제학과 달리 인플레이션, 성장, 이자율, 고용 등의 변수와 이들 사이의 관계를 통해 경제 전반을 연구하는 학문이다.

　　한편 프리드먼을 비롯한 반反케인스주의 혁명가들은 『화폐개혁론』에서 영감을 얻었다. 1989년 프리드먼은 이렇게 말했다. "나는 경제학자로서는 드물게『일반 이론』[이 아닌『화폐개혁론』]을 [케인스의] 최고작으로 꼽는 사람이다. 이 책은 60년이 지난 오늘날에도 읽을 가치가 충분할 뿐 아니라, 여전히 경제 정책에 큰 영향을 미치고 있다."[4] 자주 인용되는 프리드먼의 명언, "인플레이션은 입법 없는 과세다"는『화폐개혁론』의 상 제목 "과세로서의 인플레이션"을 변형한 것이다.

『화폐개혁론』에서 케인스는 경제 내 통화량과 통화 유통 속도가 전반적 물가 수준과 직접적 연관이 있으며 그에 따라 경기 전반에 영향을 준다고 결론 내렸다. 이는 곧 (은행 등의 신용 분배 주체가) 통화량을 조절할 수 있다면 경제 성장률에 영향을 미칠 수 있다는 의미였다. 나아가 케인스는 경기 순환의 변동성을 줄이기 위해 통화량을 줄이거나 늘려 물가를 올리고 내리는 방식으로 경제를 관리할 필요가 있다고 주장했다.

경제를 관리할 수 있고 관리해야만 한다는 주장은 당시 매우 큰 논쟁을 불러 일으켰고 여전히 일부 보수 경제학자 사이에서는 논쟁적인 주장으로 남아 있다. 경제를 관리하려면 공무원과 경제학자가 시장의 보이지 않는 힘에 맞서 자신의 결정을 밀어붙여야 하므로, 공무원과 경제학자의 중요성과 권력이 커질 수밖에 없다. 프리드먼은 정부가 경제를 관리할 수 있다는 케인스의 생각에 동의했고 중앙은행이 통화 공급을 조절해 물가를 관리할 수 있고, 관리해야만 한다고 믿었다. 그의 이런 생각은 하이에크를 비롯한 여러 자유 시장주의자의 반발을 샀다.

하이에크를 비롯한 오스트리아학파 경제학자들은 경제의 작동 방식을 정확히 파악하는 것은 불가능하기에 경제를 관리하려는 시도는 실패할 수밖에 없다고 믿었다. 하이에크가 보기에 시장은 그냥 둘 때 가장 잘 기능했다. 그는 정확히 따지자면 프리드먼은 자신보다는 케인스에 가깝다고 투덜대곤 했다. "어떻게 보면 밀턴 프리드먼은 케인스주의자다. 통화 이론 자체가 그렇다는 말이 아니라 방법론이 그렇다는 말이다." 하이에크가 보기에 프리드먼은 케인스가 발명한 거시 경제학의 전제를 받아들임으로써 "자신의 의도와 완전히 반대되는" 방향으로 가고 있었다. 그는 프리드먼의 이론에 심각한 오류가 있다고 생각했다.

> 밀턴 프리드먼은 거시 경제학의 사도다. 그의 이론은 통계 자료에 일정한 규칙이 있다는 생각에 기초하고 있다. 그는 자신이 역사적 자료를 바탕으로 통화량과 물가 사이에 단순한 상관관계가 있음을 증명했다고 믿었고, 다른 이들도 그렇게 믿게 만들었다. …… 아무도 통화량이 정확히 무엇인지 모른다. 통화량의 정의는 매우 다양하다. …… 경제 활동을 관장하는 모든 가격과 그 가격들 사이의 관계에 대한 세부적 사항을 총계, 합계, 평균, 통계로 대체할 수는 없다. 그것은 우리 지식의 한계를 넘어서려는 어리석은 시도다.[5]

하이에크가 프리드먼을 공격한 이유는 프리드먼이 오스트리아학파처럼 미시 경제학에만 의존해 경제를 연구하지 않고 케인스의 거시 경제학을 받아들였기 때문만은 아니었다. 중앙은행이 통화량을 조절해 물가를 적절히 관리해야 한다는 프리드먼의 생각은 명백히 하이에크의 주장보다는 정부가 경제를 관리해야 한다는 케인스의 주장에 더 가까웠다. 이는 하이에크로서는 절대 용납할 수 없는 생각이었다.

케인스는 『화폐개혁론』에서 훗날 경제학에서 주목받게 될 '합리적 기대'에 대해 언급한 바 있다. 경제 주체들이 합리적 기대를 하므로 가격의 오르내림과 같은 경제 변화를 예측해 의식적 판단을 내리고 이 판단이 다시 가격에 반영된다는 것이었다. 케인스는 합리적인 판매자와 구매자는 가격 변동에서 오는 손해를 최소화하기 위해 미리 조치를 하기 때문에 경제를 분석할 때 최악의 경우를 피하려는 이들의 행동을 고려해야 한다고 말했다. 예를 들어 오렌지의 작황이 안 좋다거나 수확기에 일손이 부족해서 오렌지 공급이 부족해질 것이라는 소문이 돌면 오렌지 수입업자는 앞으로 오렌지 가격이 오를 것을 예상하고 미리 가격을 올릴 것이다. 이 '합리적 기대' 개념은 곧 과장, 단순화, 일반화를 좋아하는 경제학자들에 의해 사업가가 언제나 경제 현황과 경제의 향방을 완벽히 이해하고 가까운 미래에 닥칠 변화를 예상해 '가격을 매긴다'는 주장으로 변질되었다.

자주 인용되는 케인스의 명언 "장기에 우리는 모두 죽는다"[6] 역시 『화폐개혁론』에서 처음 등장한 말로, 경제 주체들이 미래 경제 상황을 예측한다는 생각에서 출발했다. 통화량과 물가를 연관 짓는 화폐 수량설[7]은 통화량이 두 배가 되면 장기적으로 물가도 두 배가 된다고 주장한다. 하지만 케인스는 현금성 자산을 가진 사람들이 물가가 통화량에 맞는 수준으로 오르기 전에 물가가 오를 것을 예측해 미리 현금 보유량을 줄일 가능성이 높다고 보았다. 즉, 통화량을 두 배로 늘린 뒤 새로운 균형에 도달해도 물가가 두 배보다는 덜 오른다는 것이 케인스의 주장이었다.

케인스는 그러므로 통화량과 물가 사이에 직접적 연관이 있다는 가정에는 동의하지만, 거기서 끝이 아니라고 말했다. 통화 공급과 물가 사이의 관계를 이해하는 데 중요한 변수는 통화량이 아니라 '통화의 유통 속도'라는 것이었다. 즉, 『화폐개혁론』에서 케인스는 물가가 단순히 통화량에 따라 변하는 것이 아니라 돈이 얼마나 빠르게 손바꿈하는지에 따라 변한다고 주장했는데, 이는 그가 나중에 『일반 이론』에서 제시한 '승수' 개념(돈은 여러 차례 유통되기 때문에 정부가 1달러를 지출하면 그 달러가 한 사람에게서 다른 사람으로 손바꿈하면서 '승수'처럼 기하급수적 효과를 낸다는 개념)과 논지가 비슷하다. 경제 활동 속도가 빨라지면 은행 대출이나 국채 판매 등을 통해 공급된 '새 돈'의 효과가 더 크게 나타날 것이고, 반대로 경제 활동 속도가 느려지면 물가는 안정될 것이었다.

『화폐개혁론』에서 케인스는 경제가 균형을 되찾아 물가가 안정될 때까지 기다리는 것에 또 한 번 회의를 나타냈다. "지금 폭풍이 치는데 바람이 멎고 바다가 잔잔한 상황에 대해서만 말할 수 있다고 우기는 경제학자는 너무 쉽고 너무 쓸모없는 일을 하고 있는 것이다."[8] 케인스는 무계획적으로 물가를 오르내리게 두는 것이 소모적이고 기업 활동을 저해하며 때로는 사회 안정마저 위협한다고 주장했다. 그는 혼란스러운 상황을 보고만 있기보다는 정부가 은행을 통해 신용을 조이거나 푸는 방식으로 통화량을 조절해 물가를 관리해야 한다고 믿었다.

새뮤얼슨도 케인스의 『화폐개혁론』을 프리드먼만큼이나 높이 평가했다. 그는 고전 경제학과 케인스주의 경제학의 장점을 조합한

'신고전파 종합' 이론을 주창하면서 케인스가 『화폐개혁론』에서 말한 통화 이론 중 대부분을 사실로 인정했다. "시장 경제가 순항할 때는 1920년대의 케인스주의, 즉 『화폐개혁론』에 담긴 케인스의 이론이 필요하다. 이런 시기에는 의식적으로 이자율을 조금 높게 유지해야 할 필요가 있다."[9]

화폐가 중요하다

《뉴스위크》에 칼럼을 연재하기 전 20년 동안 프리드먼은 다방면으로 케인스를 공격했다. 그는 1956년 시카고대학교 출판사에서 출판한 논문 모음집[10] 머리말에서 케인스에게 집중 포격을 퍼부으며 전쟁의 서막을 알렸다.

1936년 케인스가 『일반 이론』을 펴낸 이후부터 미국 경제학계는 대공황의 원인과 해결책에 대한 그의 설명을 정설로 받아들였다. 그 후 30년 동안 케인스주의 경제학자들은 경제가 침체기에 빠졌을 때는 수요가 줄었다고 판단해 실업률을 낮추기 위해 노력하고, 경제가 활황일 때는 상품에 비해 돈이 너무 많다고 판단해 정부 지출을 줄여 물가 상승률을 낮추는 방식으로 경기 변동을 조절했다. 이들은 이런 재정 정책(과세와 정부 지출)만으로 경기 변동이 사회에 미치는 악영향을 최소화할 수 있다고 믿었다.

『일반 이론』에서 케인스는 통화량 및 통화 유통 속도와 물가 사이의 관계를 밝히려 시도했으나 변수가 너무 많고 헤아리기 힘들다는 결론을 내렸다. 통화량과 인플레이션 사이에 이론적 연관 관계가 있기는 하지만, 둘 사이의 관계가 "극도로 복잡해서" 이론을 현실에 적용하기는 어렵다는 이유에서였다.[11] 이후 『일반 이론』을 추종한 케인스주의자들은 화폐 수량설의 가치를 낮게 평가하고 무시하거나 조롱했으며 화폐는 더 이상 중요하지 않다고 주장했다. 반면 프리드먼이 펴낸 논문집의 메시지는 한마디로 '화폐가 중요하다'는 것이었다. 그가 논문집에 실은 자신의 논문「화폐 수량설: 재성명The Quantity Theory of Money: A Restatement」은 수식을 통해 화폐 수량설을 세밀하게 재정의하는 내용이었다. 프리드먼은 화폐 수량설이 "1929년의 주식 시장 붕괴와 이어진 대공황 기간에 오명을 얻었으나, 최근 들어 전문가 사이에서 서서히 다시 가치를 인정받고 있다"[12]고 주장했다.

프리드먼은 자신이 오랫동안 잊힌 논문들을 책으로 묶은 결정을 내리게 된 것이 "한편으로는 화폐 수량설의 재부상 조짐이 보였기 때문이고 다른 한편으로는 [시카고대학교에서] 비주류 고전 경제학 연구가 계속되고 있었기 때문"이라고 밝혔다. 그는 케인스주의가 경제학의 패권을 장악한 1935년 이후에도 시카고대학교에서만은 "화폐 수량설이 입에서 입으로 활발하게 전해지며 중요한 이론으로 남아" 있었다고 주장했다. 게다가 그에 따르면 시카고학파 경제학자들은 화폐 수량설을 전수하는 데 그치지 않았다. 프리드먼은 이들이 화폐 수량설을 고치고 가다듬어 "신경제학[케인스 경제학]의 소득-지출 접근법[13] 옹호자들이 비판하는 낡고 경직된 이론과는 완전히 다른" 이론으로 발전시켰다고 주장했다.

프리드먼은 시카고대학교 경제학과의 남다른 학풍은 "경직적인 체제도 변치 않는 교리도 아닌 하나의 시각"일 뿐이라면서, 아무도 화폐 수량설을 고수해야 한다고 강요하지 않았다고 말했다. 그는 화폐 수량설을 "통화량은 여전히 중요하다고 주장하는 이론"으로 소개하며 "통화량 변화와 그 파급 효과를 고려하지 않고, 사람들이 왜 통화량을 일정한 수준으로 유지하고자 하는지 설명하지 않은 채 경제의 단기 변화를 설명한다면 심각한 오류를 범할 가능성이 크다"고 주장했다.

프리드먼에 따르면 시카고학파의 권위자인 헨리 사이먼스와 로이드 민츠 그리고 "완전한 시카고학파는 아니지만," 프랭크 나이트와 제이컵 바이너는 덜 경직적인 화폐 수량설을 개발했다. 이들은 화폐 수량설에 일반 가격 이론을 결합해 화폐 수량설을 경제의 변화를 해석하고 정책을 개발하는 데 쓸 수 있도록 만들었다.

프리드먼은 그전에도 화폐 수량설을 옹호하는 과감한 주장을 몇 차례 했지만, 주류 경제학계에서 틀렸다고 판단하고 폐기한 이론이 건재하다고 주장하는 논문집을 발간한 것은 명백한 도발이었다. 그러나 케인스학파는 프리드먼이 과거에 갇혀 있다고 생각해 이 논문집에 아무런 반응도 보이지 않았다.

새뮤얼슨은 화폐 수량설을 복원하려는 프리드먼의 시도에 위협을 느끼기는커녕 재미있다고 생각했다. 성경을 구전으로 전수한 초기 기독교인들처럼 시카고대학교에서 화폐 수량설을 구전으로 전수했다는 주장은 새뮤얼슨으로서는 처음 듣는 이야기였다. 새뮤얼슨은 처음에는 입을 열지 않았으나 시간이 흐른 뒤 시카고대학교에서 화폐 수량설이 "입에서 입으로 활발하게 전해졌다"는 프리드먼의 주장에 의문을 제기했다. "저도 시카고대학교를 나왔습니다. 그곳 사람들을 잘 알고 수업 시간에 필기한 노트도 보관하고 있습니다."[14] 하지만 그의 기억이나 노트에서 화폐 수량설이 시카고대학교에서 살아남아 구전되어 내려왔다는 흔적은 찾을 수 없었다.

화폐 수량설이 시카고대학교에서 살아남아 전수되었다는 프리드먼의 주장은 기억 오류일지 모르지만, 아무튼 프리드먼은 화폐 수량설을 복원하기 위해 계속 시도했다. 이후 10년 동안 그는 화폐 수량설이라는 반혁명적 사상을 옹호하는 연구 결과만을 끊임없이 발표했다. 그의 모든 글은 이렇게 말하고 있었다. 화폐 수량설은 여전히 유효하다. 통화량은 여전히 중요하다.

1957년 프리드먼은 「소비함수론A Theory of the Consumption Function」을 발표해 케인스의 『일반 이론』에 등장하는 중요한 개념인 '소비 성향'을 공격했다. 소비 성향이란 사람들이 새로운 소득이 생겼을 때 저축하지 않고 소비하는 비율이다. 케인스는 소득이 많은 사람일수록 새로운 소득 중 더 많은 부분을 저축하고, 소득이 적을수록 더 많은 부분을 소비할 거라고 생각했다. 이러한 생각은 케인스 경제학에서 말하는 '승수' 효과(공공 지출이나 감세로 소득 한 단위를 늘릴 때마다 소비가 그 배로 늘어나기 때문에 들인 비용보다 훨씬 큰 경기 부양 효과가 나타난다는 개념)의 핵심이었다. 케인스주의자들은 침체에 빠진 경기를 부양하려면 수요를 늘려 기업 활동, 투자, 일자리가 늘어나도록 자극해야 한다고 믿었다. 이들이 보기에 경기를 부양하는 가장 좋은 방법은 정부가 경기 부양 자금을 저소득층에게 직접 지급하는 것이었다. 소득이 적은 사람일수록 받은 돈을 저축하기보다는 바로 써 버릴 것이기 때문이었다.

프리드먼은 50년 동안의 미국 가계 소득·지출 데이터[15]를 모아 케인스의 가정을 검증했고, 케인스의 주장과 달리 사람들은 현재 소득이 아닌 '항상 소득permanent income'에 기초해 소비 결정을 내린다는 결론을 내렸다. 여기서 항상 소득이란 오랫동안 꾸준히 벌 것으로 예상되는 소득을 말한다. 프리드먼에 따르면 현재 소득은 누군가 새로운 소득을 저축할지 소비할지 결정하는 기준이 될 수 없었다. 이를 바탕으로 프리드먼은 감세와 공공사업을 통해 공급된 경기 부양 자금이 케인스가 가정한 것처럼 빠르게 소비되지 않을 것이며, 그러므로 새징 부양책을 통해 기대한 만큼의 승수 효과를 얻기는 힘들다고 주장했다.[16]

1960년, 프리드먼은 『브리태니커 백과사전』[17] 제15판의 화폐 항목을 작성해 달라는 요청을 받았다. 당시 『브리태니커 백과사전』은 1929년 제14판을 낸 뒤로 오랫동안 개정되지 않은 상태였고, 제15판은 1974년이 되어서야 발간되었다. 그런데 예기치 않게 새뮤얼슨이 아닌 프리드먼이 케인스 관련 항목의 개정을 맡게 된 것이었다. 프리드먼이 작성한 내용을 새뮤얼슨에게 보내 의견을 묻자 새뮤얼슨은 이렇게 답했다. "화폐에 대한 자네의 믿음에 의문을 제기하고 싶지는 않네. [하지만 그 항목은] 자네에게 어울리지 않는군. 그 주제를 잘 아는 합리적인 경제학자라면 누구나 자네가 케인스가 화폐 수량설의 대안으로 제시한 이론을 상당히 잘못된 방식으로 서술하고 있다고 느낄 걸세." 새뮤얼슨이 보기에 프리드먼은 존 힉스(케인스의 복잡한 논리 전개를 수식으로 정리한 인물)가 케인스 경제학의 '깊은 침체기'라고 부른 시대의 이론에만 집중함으로써 독자들에게 "『일반 이론』에 실린 거시 경제학 모형에 대한 잘못된 인상을 심고" 있었다.

새뮤얼슨에 따르면 프리드먼의 이론에는 경제 내 통화의 양을 측정하는 방식을 알지 못한다는 중대한 약점이 있었다. 중앙은행이 자신 있게 시장에 개입하려면, 먼저 정확히 어떤 통화를 기준으로 어떻게 통화량을 측정해야 하는지 알아야 했다. 하지만 통화주의자들조차도 그 답을 알지 못했다. 새뮤얼슨은 프리드먼이 통화량 지표 중 하나인 M1[18]의 값을 정확히 제시하지 못했다는 점을 강하게 비판했다. 그는 이렇게 말했다. "M1이 무한대 아니면 0은 아닐 것 아닌가."[19]

프리드먼은 『일반 이론』에 실린 케인스의 화폐 이론을 잘못 이해했다는 새뮤얼슨의 지적에 이렇게 답했다. "백과사전에는 물론 케인스 이론에 대해서도 실릴 걸세. 나는 그저 화폐 수량설의 발전 과정을 이해하기 위해 최소한 알아야 할 기본 지식을 설명하려 했을 뿐 케인스 이론을 전반적으로 다룰 생각은 전혀 없었어. 케인스의 생각이 현재의 화폐 수량설에 얼마나 큰 영감을 주었는지 강조하고 싶었을 뿐이야. 하지만 실패한 것 같군." 프리드먼은 "성공할지는 모르겠지만"[20] 문제의 부분을 다시 작성하겠다고 약속했다.

프리드먼은 글을 다시 작성해 새뮤얼슨에게 보냈고, "한 가지 별로 중요하지 않은 부분[만] 개선되었다"는 것이 새뮤얼슨의 평이었다. 새뮤얼슨은 프리드먼이 케인스의 사상이라고 소개한 내용을 아예 삭제해야 한다고 생각했다. 그는 "'케인스의 일부 제자'가 그런 시각을 가지고 있기는 했지만, 케인스의 제자들은 워낙 각양각색이어서 아무거나 믿는 자들도 있었다"고 말했다. 그리고 프리드먼이 최근의 "포스트케인스주의 연구"를 반영하지 않은 점을 비판했다. 새뮤얼슨은 프리드먼의 글을 솔로Solow, 모딜리아니Modigliani, 토빈Tobin 등과 함께 봤다면서 자신을 비롯한 케인스주의자들을 만족시킨다고 해서 "고맙다는 말을 듣지는 못하겠지만 객관성과 타당성"을 확보하기 위해서라도 글을 다시 고쳐 달라고 부탁했다. 과거 케인스가 제자 피에로 스라파[21]에게 하이에크의 『가격과 생산』에 "무언가 재미있는 게 있을 거라는 생각이 든다"[22]고 말했던 것처럼, 새뮤얼슨은 다음과 같은 말로 편지를 마무리 지었다. "현대의 다른 경제학자들과 마찬가지로 나도 자네의 글을 보고 얻는 게 많아."[23]

프리드먼은 기칠게 빈박했다. "자네의 자네기 의논했다는 친구들은 너무 과도하게 반발하고 있어. 너무 지나치단 말일세. 『일반 이론』의 해당 부분을 다시 읽어 본 뒤, 내가 케인스의 사상이라고 소개한 내용이 실제로 그의 사상이라고 다시 한번 믿게 되었다네." 프리드먼은 이런 의문을 품고 있었다. "어째서 …… 케인스 혁명은 화폐의 역할에 대한 이전의 믿음에 그렇게까지 파괴적인 영향을 준 것일까."[24]

새뮤얼슨이 드폴대학교에서 프리드먼이 화폐 수량설에 집착하고 있다고 비판하자, 프리드먼은 즉시 반발했다. "건설적이든 아니든, 비판은 환영하네. 하지만 내 시각을 와전하는 것까지 받아들일 순 없네."[25] 이에 새뮤얼슨은 이렇게 쏘아붙였다. "내가 드폴대학교에서 공격한 통화주의는 허수아비일세. 하지만 그 허수아비를 만든 건 내가 아니야. 자네가 1940년대 케인스주의자들이 사용한 수식을 이용해 논문을 쓴 걸 보고 나는 내심 기뻤다네. 자네가 거기서 더 발전해 모딜리아니나 [제임스] 토빈[26] 등이 이후 30년 동안 발전시킨 이론까지 따라잡을지도 모른다는 희망을 품었었거든."[27]

브리태니커는 프리드먼이 작성한 화폐 항목을 개정판에 실었지만, 얼마 뒤 프리드먼의 글은 다른 글로 대체되었다. 1986년 개정판에서 연준의 화폐 정책 전문가 앨런 멜처Allan Meltzer[28]가 화폐 항목의 개정을 맡았기 때문이었다. 멜처는 프리드먼에게 작성한 글을 보냈고, 프리드먼은 "통찰력이 돋보이고 유용하고 겸손한 글"[29]이라고 평했다. 개정된 화폐 항목에는 한동안 두 저자의 이름이 모두 실려 있었다.

프리드먼은 케인스주의자들을 설득해 화폐 수량설의 진가를 알아보게 만드는 일이 불가능에 가깝다는 사실을 알고 있었다. 훗날 살면서 한 가장 우스운 실수가 무엇이었느냐는 질문을 받자 프리드먼은 이렇게 답했다. "저의 새로운 통화 이론을 케인스학파에 전파하려고 노력한 것입니다. …… 제 아이디어를 케인스학파의 언어로 표현하면 케인스주의자들이 꿈쩍이라도 할 줄 알았습니다. 순진했던 거죠."[30]

『미국 화폐사』

프리드먼은 『소비함수론』으로 케인스 『일반 이론』의 핵심 개념에 일격을 가한 데 이어, 1963년에는 그때까지 케인스 사상이 경험한 적 없는 강력한 공격을 날렸다. 그와 안나 슈워츠는 통화량이 미국 경제에 미친 영향을 보여 주는 100년 동안의 데이터를 20년에 걸쳐 수집했다. 이들은 사람들이 은행 계좌에 예치한 금액과 예금 대 지급 준비금의 비율, 현금과 현금성 자산의 양을 조사했다. 이렇게 모은 데이터를 바탕으로 프리드먼은 연준의 이자율 인상 및 인하 결정과 경제 내에 유통되는 통화량 사이에 밀접한 관련이 있으며, 그러므로 화폐 수량설은 여전히 유효하다는 결론을 내렸다.

1963년, 프리드먼과 슈워츠는 1940년대부터 해 온 방대한 연구의 결과를『미국 화폐사』라는 책으로 출판했다.[31] 이들의 결론은 그때까지 정설로 받아들여지던 시각을 완전히 뒤집는 것이었다. 이 책이 나오기 전까지 경제학자들은 대공황이 발생한 원인으로 투자자와 소비자의 신뢰가 무너지고 이자율이 지나치게 높았던 것 등을 꼽았다. 그러나 프리드먼과 슈워츠가 밝힌 원인은 달랐다.

『미국 화폐사』의 마지막 장은 1920년부터 1940년까지의 미국 경제에 초점을 맞추고 있다. 제1차 세계 대전 이후 10년 동안 미국 경제는 호황을 누렸고 미국인들은 광란의 1920년대를 즐기며 생각 없이 사치를 누렸다. 하지만 계속된 호황 끝에 1929년 주식 시장이 붕괴하면서 충격이 전 세계로 퍼져 나갔다. 경제가 멈추고 현금이 부족해지자, 은행은 대출을 거부하기 시작했다. 많은 은행이 영원히 문을 닫았고 부는 사라져 버렸다. 파산한 투자자들이 연이어 자살했다. 1930년대 대공황은 세계를 빈곤으로 몰아넣고 수많은 사람을 실업자로 만들었다.

대체 무슨 일이 일어난 걸까? 책임은 누구에게 있을까? 케인스와 그 제자들이 제시한 설명은 간단했다. 사고팔 물건은 적은데 돈은 너무 많아서 주식과 가격에 거품이 끼었고 1929년 10월 29일 그 거품이 장렬하게 터졌다는 것이었다. 하지만 프리드먼과 슈워츠가 내놓은 결론은 전혀 달랐다. 이들은 지나치게 과열된 시장이 대공황을 초래한 것이 아니라, 연준이 달러를 충분히 공급하지 않아서 대공황이 발생했다고 주장했다. 연준이 이자율을 내려 고질적 유동성 부족 현상을 해결했더라면 기업과 은행의 부도를 막을 수 있었다는 것이었다.

프리드먼과 슈워츠에 따르면 연준은 1920년에 할인율을 높였고 주식 시장이 붕괴하고 2년 뒤인 1931년에 다시 한번 할인율을 인상했으며, 1937년에는 지급 준비율을 높였다. 이들은 이러한 연준의 조치가 다른 연방 정부 정책과 함께 1937년 '루스벨트 침체Roosevelt Recession'를 불러왔다고 주장했다. 프리드먼과 슈워츠는 이 세 번의 금리 인상이 근 100년 동안 가장 급격한 통화량 수축으로 이어졌고, 금리가 급격하게 오를 때마다 산업 생산도 급감했다고 밝혔다. 세 차례 금리 인상을 하는 동안 산업 생산은 각각 30%, 24%, 34%씩 대폭 줄어들었다. 프리드먼은 대공황의 원인이 통화량 수축에 있음을 고려하면 대공황이라는 이름보다는 대수축Great Contraction이라고 부르는 게 더 어울린다는 말을 덧붙였다.

『미국 화폐사』는 즉시 고전이 되었다. 이 책에서 프리드먼과 슈워츠가 택한 접근 방식은 매우 과학적이었다. 이들은 화폐 수량설이 옳다는 가설을 세운 뒤, 방대한 데이터를 수집해 과거 통화량이 변할 때마다 예측대로 사건이 일어났는지 관찰하는 방식으로 가설을 검증했다. 케인스처럼 직관에 의존한 것이 아니라 큰 노력을 들여 아카이브를 구축하고 경험적 증거를 해석해 도출한 결과였기에 많은 경제학자와 경제사학자들은 이들이 대공황의 진짜 원인을 밝혔다고 인정했다. 이 연구로 프리드먼은 화폐 수량설을 부활시키는 동시에 화폐 수량설이 경제의 변화를 예측하는 유효한 도구임을 입증하는 데 성공했다.

『미국 화폐사』는 프리드먼과 새뮤얼슨이 연구할 때 사용하는 접근 방식의 차이를 잘 보여 준다. 새뮤얼슨은 케인스와 마찬가지로 직관을 중시했다. 새뮤얼슨이 쓴 수많은 논문은 거의 다 자신이 추측한 바를 밝힌 뒤, 수식을 전개해 그 추측이 옳다는 것을 증명하는 형식으로 이루어져있다. 반면 프리드먼은 타당해 보이는 가설을 제시한 뒤, 장기간의 통계 데이터를 바탕으로 그 가설의 타당성을 검증하는 방식을 사용했다.

　　과학에 익숙하지 않은 사람은 실제 데이터를 사용해 주장을 검증하는 프리드먼의 방식에 더 신뢰를 느낄 수도 있지만, 새뮤얼슨과 케인스의 접근법 또한 물리학과 사회과학에서 매우 자주 사용된다. DNA의 이중 나선 구조부터 핵분열의 결과, 지동설, 중력까지 많은 중요한 발견은 실험이 아닌 추론의 산물이다. 과학에서 추론을 통해 이론을 확립한 지 한참이 지난 후에 실험을 통해 이론이 옳다는 것이 증명되는 경우는 무척 흔하다. 새뮤얼슨은 새로운 발견을 하기 위해서는 오랜 시간 데이터와 씨름하기보다는 직관을 사용해야 한다고 믿었다. 프리드먼과 슈워츠에게 통화 연구를 제안한 인물인 아서 번스Arthur Burns[32]에게 새뮤얼슨은 이렇게 말했다. 경제를 예측하는 데는 "컴퓨터가 하는 회귀분석"보다 "마음이 하는 회귀분석"이 더 뛰어납니다. 누군가 "당신을 컴퓨터로 대체하려면 얼마나 걸릴까요?"라고 묻자, 새뮤얼슨은 이렇게 답했다. "100만 년 안에는 어림도 없습니다."[33]

전미경제학회 강연

『미국 화폐사』가 일으킨 파문이 잦아들기도 전에 프리드먼은 케인스 이론을 향한 다음 공격을 시작했다. 1967년 12월 29일 그는 전미경제학회American Economic Association 회장으로 추대되어 여러 위대한 미국 경제학자[34]가 거쳐 간 워싱턴 D.C.의 연단 위에서 기조연설[35]

을 하게 되었다. 케인스의『화폐개혁론』을 자유롭게 인용한 이날의 강연「통화 정책의 역할The Role of Monetary Policy」[36]은 이후 프리드먼식 통화주의의 이론적 토대가 되었다. 이날 강연의 요지는 케인스가『화폐개혁론』에서 언급한 '통화 유통 속도'를 조절해 물가를 낮은 수준에서 꾸준히 상승하게 관리하면 경제 성장과 번영을 극대화할 수 있다는 것이었다.

전미경제학회 강연은 프리드먼을 경제 사상사에 남을 중요한 인물이라는 위치에 한 발짝 다가서게 한 중요한 사건이었다. 이 강연에서 프리드먼은 케인스의『화폐개혁론』을 인용했지만, 케인스를 칭송하기 위해서가 아니라 매장하기 위해서였다. 프리드먼은 먼저 케인스가 대공황의 주원인으로 총수요 부족을 꼽은 것을 비판했다. "케인스는 화폐 수량설을 무시했습니다. 통화 정책은 경제에 매달린 실과 같아서 당겨서 인플레이션을 멈출 수는 있지만 밀어서 불황을 끝낼 수는 없다고 했죠. 말을 물가로 끌고 갈 수는 있지만, 물을 억지로 마시게 할 수는 없다면서요." 케인스는 수요가 바닥을 친 상황에서는 아무리 이자율을 낮춰도 돈을 빌리려는 투자 수요가 없을 거라고 생각했다.

케인스에 따르면 1930년대에 경기가 끊임없이 후퇴한 이유는 "고집스러운 검약으로 인해 투자가 줄어들고 투자 기회가 사라졌기 때문으로, 통화 정책으로는 문제를 해결할 수 없었다." 프리드먼은 케인스가 통화 정책이 불황을 끝내는데 효과가 없다고 판단하고 불황을 비통화적으로 해석한『일반 이론』을 통해 불황기에 통화 정책 대신 쓸 수 있는 정책을 제시했다고 설명했다. 이 책에서 케인스는 재정 정책을 통해 불황을 해결할 것을 제안했다. 즉, 부족한 민간 투자를 보충하기 위해 정부 지출을 늘리고 고집스러운 검약 정신을 꺾기 위해 세금을 감면하라는 것이었다.

프리드먼은 화폐 수량설의 유행이 지났고, 경제학자들은 화폐 정책을 재정 정책의 대안을 논할 때나 입에 올린다는 사실을 인정했다. 그는 이렇게 말했다. 화폐 수량설을 믿는 사람은 "몇 안 되는 반항 세력"뿐이었다. "통화는 중요하지 않았고, 고작 이자율을 낮게 유지하는 정도가 통화 정책의 역할이었다." 제2차 세계 대전이 끝난 뒤 미국 정부는 전쟁 전의 공황이 다시 시작될 것을 우려해 경제 활성화를 위해 금리를 낮게 유지하는 '저금리' 정책을 폈다.

프리드먼은 정치인과 어용 경제학자들이 이자율을 인위적으로 낮게 유지한 것이 재앙을 불러왔다고 말했다. "여러 나라에서 저금리 정책이 실패하자 이들은 크게 놀랐다. 각국 중앙은행은 이자율을 영원히 낮게 유지할 수 있다는 듯 행동하는 것을 그만둘 수밖에 없었다. 많은 사람이 걱정한 전후 경기 침체는 오지 않았고 오히려 저금리 정책이 촉발한 인플레이션이 시대의 풍조로 자리 잡았다." 프리드먼은 케인스식 재정 부양책의 결과로 발생한 인플레이션이 통화량의 중요성을 보여 주었다고 주장했다. 케인스주의 경제학자들의 잘못된 통화 정책 때문에 물가가 필요 이상으로 빠르게 올랐다는 것이었다. 프리드먼은 이러한 깨달음을 계기로 "통화 정책의 효과에 대한 신뢰가 회복되기 시작했다"고 주장했다.

이어서 프리드먼은 "1929년부터 1933년까지의 기간 동안 통화량이 경제에 미친 영향을 재평가"한 연구라면서 자신과 슈워츠의 연구를 언급했다. 프리드먼은 먼저 케인스는 통화 당국이 공격적인 통화 팽창 정책을 폈음에도 불구하고 대공황이 발생했다는 결론을 내렸다고 설명했다. 하지만 프리드먼에 따르면 이는 잘못된 결론이 었다. "최근 연구[프리드먼 자신의 연구]에서 실제로는 연준이 긴축 정책을 펴서 [대공황 동안] 미국의 통화량이 오히려 3분의 1가량 줄 었다"는 사실이 밝혀졌기 때문이었다.

프리드먼은 대공황이 막을 수 있는 인재였다고 주장했다. "당 시 연준은 연방준비법에 의해 부여된 은행 시스템에 유동성을 공 급할 의무를 다하지 못하고 본원 통화를 급격히 줄이거나, 본원 통 화가 줄어드는 상황을 용인했다." 프리드먼의 결론은 이랬다. "케인 스를 비롯한 여러 경제학자의 생각과 반대로 대수축은 통화 정책의 무력함을 보여 주는 증거가 아니라 통화 정책의 엄청난 힘을 보여 준 비극이었다."

프리드먼은 침체에 빠진 경제를 되살리려면 재정 정책을 써야 만 한다는 케인스의 주장이 틀렸다고 말했다. 그는 공공사업과 프 로젝트에 지출한 돈이 경제를 부양하기까지 생각보다 오랜 시간이 걸리기 때문에 정치인들은 빠르게 경기를 살리기 위해 세금을 감면 하는 쪽을 택하고 있다고 지적했다. 그리고 학계에서도 그동안 통 화량이 경제에 미치는 영향을 과소평가했음을 인정하는 분위기라 고 하면서 이렇게 말했다. "오늘날 20년 전에 유행했던 시각을 가진 경제학자는 찾아보기 힘들다." 프리드먼은 과거 통화 정책의 주된 역할이 금에 대한 달러의 상대 가격('금본위제')과 물가를 안정적으 로 유지시키는 것이었다면, 전후 시대 통화 정책의 주목표는 완전 고용을 유지하는 것으로 바뀌었다고 말했다. 물가 안정은 "여전히 통화 정책의 목표이기는 하지만 [완전 고용에 비해] 명백히 덜 중요 한 목표"로 밀려났다는 것이 그의 주장이었다.

이 강연에서 프리드먼은 그답지 않게 통화 정책만으로 모든 걸 달성할 수 있다고 말하기에는 이르다는 단서를 붙였다. 그는 20년대와 마찬가지로 "통화 정책에 통화 정책이 달성할 수 있는 것보다 더 많은 것을 바라고 통화 정책이 할 수 있는 역할보다 더 큰 역할을 해 주기를 바라게 될 위험이 있다"는 우려를 내비쳤다.

이어서 프리드먼은 통화 정책으로 할 수 있는 일과 할 수 없는 일을 구분 지었다. 그는 "순진한 케인스주의자들의 저금리 정책이 실패하면서 부작용이 나타났듯" 통화 정책을 만병통치약으로 여기면 문제가 생길 수 있다고 말했다. 그러면서 매우 단기간이 아니라면, 통화 정책으로 이자율을 고정하거나 고용률을 계속 높게 유지하는 것은 불가능하다고 설명했다.

1940년, 미 의회는 연준에게 이자율을 조절해 실업률을 최소로 유지하라는 책무를 부여했다. (물가 상승률을 낮게 유지하고 물가를 관리할 책무는 1977년이 되어서야 부여되었다.)[37] 프리드먼은 연준이 이자율을 낮추는 과정을 이렇게 설명했다. 연준이 공개 시장에서 국채를 사들이면 국채 가격이 오르면서 국채 투자 수익률이 낮아지고 이자율이 내려간다. 하지만 이런 방식의 효과는 지속적이지 않았다. 프리드먼은 국채를 매입해 이자율을 낮추고 시중에 유통되는 돈의 양을 늘리고 나면 "끝이 아니라 이제 시작"이라고 말했다. 이자율을 내려 돈의 가치를 인위적으로 낮추면 얼마 동안은 소비와 수요가 증가하겠지만, "한 사람의 소비는 다른 사람의 소득"임을 기억해야 했다. 프리드먼은 1년도 되기 전에 소득이 늘면서 대출 수요가 늘고 물가가 오를 것이라면서, 인위적으로 낮춘 이자율은 "1, 2년 안에" "연준이 개입하지 않았을 때의 이자율"인 "자연 이자율"[38]로 돌아가거나 그보다 더 높아지게 될 것이라고 주장했다.

"통화량이 늘어나는 속도가 빨라질수록 물가 상승 속도도 빨라지고 사람들은 물가가 계속 오를 거라고 예측하게 된다. 그러면 돈을 빌려주는 사람은 더 많은 이자를 요구할 것이고 돈을 빌리는 사람은 [더 많은 이자를] 내고서라도 돈을 빌리려 할 것이다."

이날 강연에서는 이후 정부가 통화 이론을 적용할 때 부딪히게 될 문제가 잠시 언급되었다. 프리드먼은 강연에서 "통화 정책으로 이자율을 정할 수는 없다"고 말했다. 그는 "이자율은 통화 정책이 '긴축적'인지 '완화적'인지를 나타내는 지표로 부적절하다"면서, "통화 정책이 긴축적인지 완화적인지 알려 주는 더 적절한 지표는 통화량의 변화 속도[케인스가 『화폐개혁론』에서 말한 '통화 유통 속도']"라고 주장했다. 그러나 이 주장을 받아들여 정책에 적용하려던 사람들은 곧 통화 유통 속도를 측정하기가 말처럼 쉽지 않다는 사실을 깨닫게 된다. 이런 근본적인 문제 때문에 프리드먼의 통화주의는 옳든 그르든 정책에 반영하기가 어려웠다.

이어서 프리드먼은 한 가지 중요한 현실적 문제를 짚고 넘어갔다. 통화량 증가가 고용을 촉진하고 통화량 축소가 실업을 불러온다면, "왜 금융 당국은 고용률이나 실업률, 예를 들면 3% 실업률 등을 목표로 삼아 실업률이 목표보다 낮으면 긴축 정책을 펴고 목표보다 높으면 완화 정책을 펴지 않는 것일까?" 프리드먼은 이번에도 정책을 편 뒤 결과가 나타날 때까지의 시차가 문제라고 지적했다.

프리드먼은 크누트 빅셀Knut Wicksell[39]의 연구 결과도 인용했다. 빅셀은 '시장' 이자율과 다른 '자연' 이자율이 있다고 주장했는데, '자연' 이자율은 시장을 그대로 두었을 때의 이자율이고 '시장' 이자율은 통화 당국이 개입할 때의 이자율이다. 프리드먼은 통화량을 조절하는 주체는 "인플레이션을 통해서만 시장 이자율을 자연 이자율보다 더 낮출 수 있고, 디플레이션을 통해서만 시장 이자율을 자연 이자율보다 더 높일 수 있다"고 말했다.

이어서 프리드먼은 '자연' 이자율 개념을 확장한 '자연' 실업률 개념을 제시했다. 자연 실업률이란 통화 당국과 정부가 실업을 줄이기 위해 재정 정책을 써서 자유 시장을 교란하지 않았을 때의 실업률을 말한다. 프리드먼은 경제가 "자연 실업률"에 도달했을 때 "실질 임금률[임금 단가]은 평균적으로 '정상normal' 장기 임금률을 따라 증가"한다고 말했다. 이 정의에 따르면, "실업률이 자연 실업률보다 낮으면 노동에 대한 초과 수요가 존재해 실질 임금률 인상 압력이 생길 것"이고, "실업률이 자연 실업률보다 높으면 노동이 초과 공급 상태여서 실질 임금률 하락 압력이 생길 것"이다.

프리드먼은 정부가 완전 고용을 유지하기 위해 펴는 정책 때문에 '자연 실업률'조차도 완전히 '자연'스럽지 않다고 생각했다. 미국에는 고용주와 '클로즈드 숍closed shop' 합의를 맺고 회사가 조합원만을 고용할 수 있게 해 독점적 지위를 누리는 노동조합이 존재했고, 연방 최저 임금 제도도 있었다. 그는 "이 모든 요인이 자연 실업률을 높인다"고 말했다. (참고로 새뮤얼슨도 최저 임금에 대해 비슷한 말을 했다. 1970년판 『새뮤얼슨의 경제학』에서 그는 이렇게 말했다. "고용주가 한 시간에 2달러를 줘야 한다는 사실을 아는 게 흑인 청년에게 무슨 도움이 되겠는가? 바로 그 사실 때문에 일을 구할 수 없는데."[40])

문제는 '자연' 실업률과 자연 이자율을 측정하기가 불가능하다는 것이었다. 프리드먼은 이 사실을 솔직히 인정했다. "안타깝게도 우리는 자연 실업률이나 자연 이자율을 쉽고 정확하게 측정할 방법을 아직 개발하지 못했습니다. 게다가 '자연' 실업률과 이자율은 시간에 따라 변합니다." 프리드먼은 "통화 정책만이 아니라 다른 여러 가지 요인이 '시장' 실업률과 이자율에 영향을 주기"[41] 때문에 '자연' 실업률과 이자율을 기준으로 정책을 펴고자 하는 통화 당국의 시도는 언제나 실패할 수밖에 없다고 말했다.

또한 이 강연에서 프리드먼은 케인스 경제학자들이 확고한 '진리'로 여기는 고용과 물가 사이에 역의 상관관계가 존재한다는 주장을 부정했다. 이 주장에 따르면 물가가 오르면 고용주들이 비용을 절감하기 위해 일자리를 줄이면서 실업률이 높아지고 물가 상승률이 낮게 유지되면 기업 활동이 활발해지면서 새로운 일자리가 만들어지는 경향이 있으며, 정부는 이자율을 조절해 실업률을 낮출 수 있다. 이러한 일자리와 물가 사이의 상반 관계는 윌리엄 필립스 William Phillips[42]의 연구로 널리 알려졌다. 필립스는 1960년, 영국의 100년 동안의 임금 상승률과 실업률 자료를 케인스주의 방식으로 분석한 논문 「영국의 실업률과 임금 변동률의 관계, 1861~1957 The Relation between Unemployment and the Rate of Change of Money Wage Rates in the United Kingdom, 1861-1957」에서 고용과 물가 사이에 역의 상관관계가 있음을 보였다.

프리드먼은 강연에서 필립스의 이론을 부정했다. 그는 필립스의 분석이 "중요하고 독창적인 연구로 인정받을 만하나, 명목 임금과 실질 임금을 구분하지 않았다는 면에서 기본적인 오류"가 있다고 주장했다. 그는 실질 임금은 "물가 상승률을 반영해 노동자가 받은 임금을 그 임금으로 살 수 있는 재화와 서비스의 양으로 나타낸 것"이라는 친절한 "부연 설명"을 덧붙인 뒤, "물가 상승률과 실업률 사이에는 일시적 상충 관계가 있지만, 영구적 상충 관계는 없다"고 주장했다. 그렇다면 인위적으로 낮춘 실업률이 다시 자연 실업률로 돌아가기까지는 얼마나 걸릴까? 프리드먼은 "과거 자료[대공황에 대한 자신의 연구]에 근거해 내린 개인적 판단에 따르면" 인위적으로 물가 상승률을 높게 유지했을 때 나타나는 초기 효과는 대개 2~5년 정도 유지된다고 밝혔다. 하지만 실업률이 새로운 물가 상승률에 맞는 자연 실업률로 완전히 회복되려면 20년이 걸릴 수도 있었다.

프리드먼은 하이에크와 마찬가지로 시장을 속여 가짜 번영을 누리려는 시도는 모두 언젠가는 실패한다고 생각했다.

이런 명목 지표 관리 정책을 사용하면 명목 수치(환율, 물가 수준, 명목 국가 소득, 통화량 등)나 명목 수치의 변화율(물가 상승률 또는 하락률, 명목 국가 소득 증가율 또는 감소율, 통화량 증가율)을 원하는 수준에 맞출 수 있다. 하지만 명목 수치를 관리한다고 해서 실질 수치(실질 이자율, 실업률, 실질 국민 소득, 실질 통화량, 실질 국민 소득 증가율, 실질 통화량 증가율)까지 마음대로 바꿀 수는 없다.

프리드먼은 화폐가 위대한 발명품이며, 지난 200년 동안의 경제 성장에 기술 발명이나 기계만큼 크게 기여했다고 믿었다. 그런 만큼 화폐는 조심히 다뤄야 했다. 프리드먼은 "제대로 동작하지 않는 화폐는 다른 모든 장치의 동작을 엉망으로 만든다"고 경고했다.

통화 정책을 펴는 방법

프리드먼은 과거에는 금의 가격에 통화의 가격을 고정하는 금본위제가 통화의 안정성을 보장했지만, 금본위제는 빠르게 사라져가는 추세라고 말했다. "금본위제를 제대로 시행할 준비가 된 국가는 거의 없습니다. 시행하지 말아야 할 타당한 이유도 있고요." 프리드먼은 통화량을 조절하면 시장 과열을 막을 수 있다고 주장했다. 예를 들어 제2차 세계 대전 직후 유럽의 재건, 군비 지출 감소, 평화에 대한 기대가 합쳐지면서 미국의 경제 활동은 급격히 활발해졌다. 이럴 때 통화 정책을 사용하면 예상치 못한 물가 상승 압력을 억제할 수 있고 케인스식 정부 지출이 만든 문제를 수습할 수도 있다는 것이 프리드먼의 생각이었다. "연방 정부 재정이 폭발적으로 늘어나면서 재정 적자가 전례 없는 수준에 도달한 현 상황에서는 통화량 증가 속도를 평소 적정하다고 여겨지는 속도보다 더 느리게 조절해 물가 상승 위험에 대비할 수 있다."

하지만 한 가지 문제가 있었다. 프리드먼은 연준이 바로 조치에 나서더라도 연준의 조치가 효과를 내려면 몇 달 정도 시간이 걸리기 때문에 통화 정책으로 경기 변동의 진폭을 줄이려는 연준의 시도는 실패할 수밖에 없다고 말했다. 통화 당국은 "오늘의 조건을 바탕으로 조치를 하지만, 그 조치는 6개월이나 9개월 또는 12, 15개월 뒤에나 효과를 냅니다. 그래서 가속 페달이나 브레이크를 너무 세게 밟는 경우가 생길 수밖에 없습니다."

그렇다면 통화 정책은 어떻게 펴야 할까? 프리드먼은 통화량 증감의 효과를 측정하기가 매우 어렵기 때문에 정확히 말하기는 어렵다고 말하면서도 물가 상승률을 안정적으로 유지하려면 연 3~5% 정도로 조금씩 통화 공급을 늘리라고 조언했다. 어떻게 이 수치를 얻었는지에 대한 언급은 없었다.

프리드먼은 인플레이션에 대한 해법으로 연방준비이사회 이사들의 재량권을 없애고 미리 정한 준칙에 따라 통화 정책을 펼 것을 제안했다. 그는 이렇게 하면 물가가 조금씩 안정적으로 상승해 기업 환경의 확실성이 높아진다고 믿었다. "통화량이 안정적으로 증가하면 신용 환경이 좋아져 독창성, 창의성, 근면, 절약 등 기저에서 기업 활동을 촉진하는 힘들이 효과적으로 작동하게 됩니다. 지금의 지식 수준으로는 이것이 통화 정책에 기대할 수 있는 가장 큰 효과입니다."[43]

프리드먼도 알고 있었듯 필립스가 주장한 물가와 고용의 상충 관계를 부정한 것은 새뮤얼슨에게 정면으로 도전하는 행동이었다. 새뮤얼슨은 MIT 동료 교수인 솔로와 함께 필립스 곡선[44]을 만들었을 정도로 필립스의 주장을 굳게 지지했다.[45] 새뮤얼슨과 솔로는 필립스 곡선이 매우 정확해서 정책을 세울 때 물가 목표와 일자리 목표 중 하나를 선택해야 할 정도라고 주장했다. 이는 실업률을 일정 수준 이하로 유지하려면 일정 수준 이상의 물가 상승을 감내해야 한다는 의미였다. 한 기자는 필립스 곡선에 대한 새뮤얼슨과 솔로의 옹호는 "케인스학파의 자만심이 지나친 수준에 이르렀음을 나타내는 징후"라면서 "현명하고 전지전능한 정부가 경제를 미세 조정할 수 있다고 믿는" 케인스 경제학은 "소비에트 계획 경제의 서구식 형태"라고 비판하기도 했다.[46]

필립스 곡선에 따르면 물가와 실업률 사이의 상충 관계는 구간에 따라 차등적으로 나타난다. 예를 들어 새뮤얼슨과 솔로가 현실적인 완전 고용 수준으로 제시한 3%까지 실업률을 낮추려면 물가가 5% 오르는 것을 감내해야 한다.[47] 노련하게도 새뮤얼슨과 솔로는 장기에는 고용과 물가 상승률 사이의 상충관계가 나타나지 않을 수 있다는 단서를 잊지 않았다. 미래에 물가가 상승할 거라는 기대가 생기면 노동자들이 더 많은 임금을 요구하면서 실업률은 낮아지지 않은 채, 물가만 높아질 수도 있었다.

프리드먼은 새뮤얼슨과 솔로가 붙인 이 단서를 집중적으로 공격했다. 그는 제2차 세계 대전 이후 고용과 물가 상승률 데이터를 분석해 필립스와 다른 결론을 냈다. 사실 프리드먼은 물가 상승률을 안정적으로 유지하면서 낮은 실업률을 달성할 수 있다는 케인스적 사고방식, 즉 대가를 지불하지 않고 중요한 것을 얻을 수 있다는 사고방식에 본능적으로 거부감을 느꼈다. 케인스는 개의치 않았지만, 하이에크 또한 1931년에 비용과 효과의 불일치를 지적한 바 있었다. 프리드먼이 "공짜 점심은 없다."[48]라는 유명한 금언을 차용한 것도 이런 맥락에서였다.

필립스의 주장을 의심한 사람은 프리드먼만이 아니었다. 당시 런던정경대에 머물고 있던 펜실베이니아대학교 교수 에드먼드 펠프스Edmund Phelps도 독자적으로 일자리와 물가 상승률에 대한 역사적 데이터가 필립스의 주장을 뒷받침하지 못한다는 결론을 내렸다.[49] 프리드먼과 펠프스는 둘 다 빅셀이 제안한 '자연 이자율'에서 착안해 정부가 시장에 개입해 실업률을 인위적으로 낮게 유지하지 않을 때 나타나는 '자연 실업률'이 있다고 주장했다.

펠프스와 프리드먼은 각자 독립적으로 일자리와 물가 상승 사이의 상충관계가 단기에만 나타나며, 장기에는 물가 상승에 대한 기대가 커지면서 물가만 더 높아지게 된다는 결론에 이르렀다. 펠프스는 이렇게 말했다. "상품과 노동 시장 참여자들은 물가 상승을 기대하는 데 익숙해질 것이다. 이러한 합리적 예측으로 인해 필립스 곡선 자체가 이동해 물가 상승률을 이전보다 더 높은 수준으로 끌어올린 것이다. 그에 따라 물가 상승률에 대한 사람들이 기대가 더 커지면서 물가 상승률이 계속해서 올라가는 과정이 반복될 것이다." 펠프스는 정부가 필립스 곡선에 의존해 완전 고용을 유지하는 것은 위험을 부르는 행동이라고 경고했다. "임금과 물가의 악순환적 상승"이 나타나 바이마르 시절의 "하이퍼인플레이션"이 재현되리라는 것이 그의 예상이었다.

몇 년 뒤 새뮤얼슨은 프리드먼이 방송에서 필립스 곡선을 비판하는 것을 듣고 필립스 곡선의 효용성에 대한 비판은 오래된 이야기로 이미 『새뮤얼슨의 경제학』에도 반영된 내용이라고 항변했다. 그는 프리드먼에게 편지를 보내 이렇게 말했다. "자네가 지적한 내용을 포함한 많은 내용이 내 교과서의 필립스 곡선 부분에 반영되어 있다네. 단기, 장기, 자연 실업률에 반대하는 관점, 기대, 선행 변수와 후행 변수, 다차원적 관계 등을 다 언급했어."[50]

프리드먼의 전미경제학회 강연은 큰 호응을 얻었다.[51] 하지만 강연에서 프리드먼이 언급한 수많은 주의사항을 생각하면 현실에서 통화량 조절 방식의 통화 정책을 펴기는 어려워 보였다. 1960년대 이후 물가는 가파르게 올랐고, 프리드먼은 대중을 상대로 인플레이션을 설명하며 계속해서 자신의 주장을 '통화량이 중요하다'는 간단한 메시지로 단순화시켜 나갔다. 예를 들어 1962년 출간된 『자본주의와 자유』에서 그는 이렇게 말했다. "사업가와 노동자의 탐욕이 아니라, 경제 내 돈의 양이 물가와 임금 수준을 결정한다는 많은 역사적 증거가 존재한다."[52] 하지만 1970년이 되자 프리드먼은 훨씬 단호해졌다. "인플레이션은 [경제] 산출량보다 통화량이 더 빠르게 증가할 때만 나타난다. 이런 의미에서 인플레이션은 언제 어디서나 화폐적 현상이다."[53]

프리드먼은 승승장구했다. 이전까지 그의 주장은 괴짜 경제학자의 지적질로 치부되었으나, 전미경제학회 연설과 함께 그는 많은 이가 오랫동안 기다려 온 반反케인스 경제학의 선봉장이 되었다. 케인스 경제학을 공격하는 연사로서 프리드먼의 인기는 높아져만 갔다. 특히 1978년 그가 케네디 정부와 존슨 정부의 경제자문위원장을 지낸 케인스주의 경제학자 월터 W. 헬러Walter W. Heller와 토론하기 위해 TV에 출연했을 때의 열기는 엄청났다. 강연장은 인기 많은 공개 재판장처럼 붐볐고, 토론을 직접 보려는 사람이 너무 많아서 강연장 밖까지 사람이 늘어섰다.[54]

이제 통화주의 이론이 옳다는 것을 증명하기 위해 프리드먼이 해야 할 일은 정부(미국 정부가 목표였지만, 사실 어떤 정부든 상관없었다)를 설득해 케인스주의를 버리고 통화주의를 채택하게 만드는 것뿐이었다. 그에게는 기존의 질서를 전복하고 자신의 사상을 그 자리에 앉히겠다는 혁명적 야심이 있었다. 전미경제학회 연설로 대중의 관심을 끄는 데는 성공했지만, 프리드먼은 아직 사상 전쟁에서 승리하지 못한 상태였다. 통화주의의 가치를 증명하기 위해 위험한 실험에 시민을 동참시키려 하는 정치 지도자를 찾기는 어려웠다. 하지만 얼마 지나지 않아 그는 자신의 사상을 검증할 기회를 얻어

워싱턴 D.C.에 입성하게 되었다.

하이에크는 프리드먼에게 정치인들과 너무 가깝게 지내지 말라고 줄곧 경고했지만, 프리드먼은 그 경고를 듣지 않았다. 그는 자기 생각을 행동으로 옮겨 줄 권력자들에게 끌렸다. 그에게는 눈에 보이는 결과가 필요했다. 통화주의를 현실에 적용하지 않는 한, 정부는 계속해서 재정 정책을 통해 경제에 어설프게 개입힐 터였다. 프리드먼은 함께 일할 공화당 대통령을 찾아 나섰다. 새로운 시도를 두려워하지 않는 열린 마음을 가진 사람을.

당시 미국에는 당원들이 순서대로 대통령 후보로 나서는 관례가 있었다. 이 관례에 따라 정해진 공화당의 다음 대선 주자는 날카로운 지성을 지녔으나 쥐처럼 교활한 리처드 M. 닉슨Richard M. Nixon[55]이었다. 1970년 닉슨이 당선된 뒤, 프리드먼은 열의에 차서 대통령 경제 자문역을 수락했다. 미국 경제의 전세를 케인스주의에서 통화주의로 완전히 뒤집어 놓을 절호의 기회였다. 프리드먼은 성공이 눈앞에 있다고 생각했다.

하지만 얼마 지나지 않아 그는 경제학계의 다툼이 권투 경기라면, 정계의 싸움은 총칼을 들고 싸우는 결투라는 사실을 알게 된다. 이와 함께 이미지 관리에만 급급해 옳은 방법보다 편의주의적 방편을 추구하는 대통령을 상대하려면 결점에 너그러워져야 한다는 사실도 깨닫게 되었다.

8

천천히 하지만
확실하게

새뮤얼슨은 스태그플레이션의 원인을 설명할 수 없었다. 반면 프리드먼이 그럴싸하고 명료한 설명을 내놓자, 새뮤얼슨은 케네디 집권기의 미국을 〈아서왕의 전설〉에 나오는 캐멀롯(사진)에 비유하며 다음과 같이 말했다. "캐멀롯에서 오랫동안 너무나도 잘 작동했던 케인스주의는 1966년 새로운 거시 경제 사조에 왕좌를 넘겨주었다. 세간의 말에 따르면 새로운 패러다임인 일원론적 통화주의의 설명이 더 낫다고 한다. 케인스 왕은 자신감과 민심을 잃었다. 왕은 죽었다. 밀턴 왕이여 영원하라!"

새뮤얼슨은 일찍이 1960년대 초 인플레이션이 제2차 세계 대전 종전 이후 계속된 미국의 경제적 번영을 위협할 수 있다고 예견했다. 미국 노동통계국(사진)이 발표한 소비자물가지수에 따르면 1958년 초 0% 대에 머물던 미국의 물가 상승률은 1968년 말 거의 5%에 도달했다. 이를 기점으로 이후 10년 이상 미국의 모든 물가는 전례 없이 상승했다. 1970년 12월 물가 상승률은 6.6%로 최고치를 경신했고 1971년 1월 4.9%를 기록했다가 다음 달에는 11.7%까지 뛰어올랐다.

"
프리드먼의 통화주의 사상이 급부상하면서
새뮤얼슨은 냉정하고 명료한 논리로
반케인스주의 혁명을 막기 위해 노력한다.
"

새뮤얼슨은 프리드먼의 주장이 케인스의 유산에 도전하는 것임을 알면서도 프리드먼의 전미경제학회 강연에 바로 반박하지 않았다. 당시 미국 경제는 저성장과 인플레이션의 이중고를 겪고 있었다. 케인스주의자들은 이런 상황을 예측하지 못했고, 제대로 설명할 수조차 없었다.

오랫동안 케인스주의자들은 경제가 성장하면서 수요가 증가한 결과로 인플레이션이 발생한다고 믿었다. 케인스의 이론으로는 경기가 침체됐는데도 인플레이션이 계속되는 원인을 설명할 수 없었다. 경기 침체 상황에서 인플레이션이 나타나는 '스태그플레이션'1 현상을 설명하지 못하면서 케인스주의자들은 자신감을 잃었다. 한편 오랫동안 정부가 경제에 지나치게 개입하면 시장에 부자연스러운 왜곡이 발생한다고 주장해 온 비 케인스주의 경제학자들은 정부가 케인스의 처방에 따라 장기간 지나치게 경제에 개입한 결과로 시장 경제의 자연스러운 자기 규제 기능이 약해지면서 스태그플레이션이 발생했다고 믿었다.

새뮤얼슨은 왜 스태그플레이션이 발생했는지 설명할 수 없었다. 그는 "케인스 경제학에는 스태그플레이션의 원인을 설명할 이론이 없다"[2]고 인정했다. 전후 경제의 이론과 실제를 지배해 온 케인스주의가 처음으로 약점을 드러낸 순간이었다. 나중에 새뮤얼슨은 이렇게 회상했다. "스태그플레이션이라는 당대의 문제를 해결하지 못한 것이 케인스주의의 관에 대못을 박았다."[3]

새뮤얼슨은 스태그플레이션이 발생한 원인이 통화량이 지나치게 많아서가 아니라, 유권자의 상반된 요구 때문이라고 설명했다. "스태그플레이션 문제의 근본 원인은 현대의 혼합 경제 체제가 온정적이라는 데 있다." 케인스 이전에는 경기가 나빠질 때마다 자연스럽게 일자리가 줄어들었다. 과거에는 경기가 나빠지면 일자리가 줄어들고(새뮤얼슨은 이를 "고전 자본주의의 잔학 행위"[4]로 꼽았다), 일자리가 줄어 임금이 낮아지면 고용주들이 다시 사람을 뽑으면서 경제가 다시 회복되었다. 하지만 케인스 이후 과거의 시장 경제가 '혼합 경제 체제'로 바뀌면서 정부가 시장에 개입해 실업률을 최소로 관리하기 시작했다. 실업의 위협이 줄면서 노동자들이 임금 인상을 요구하자 고용주가 고객에게 임금 인상분을 전가하면서 물가가 올랐다는 것이 새뮤얼슨의 설명이었다.

이론적으로만 생각하면 일자리를 줄이는 것이 인플레이션에 대한 타당한 해결책일 수 있었지만, 1930년대의 대량 실업을 아픈 기억으로 간직하고 있던 새뮤얼슨은 대량 해고를 인플레이션(새뮤얼슨은 인플레이션을 "현대 혼합 경제 체제의 말라리아"[5]라고 불렀다)에 대한 처방으로 제시하기를 주저했다. "정부가 인플레이션과 싸우기 위해 노동 시장을 비교적 여유 있게 유지하면 [노동 시장에 여유가 있다는 것은 실업자 수가 충분해서 사람이 더 고용되어도 임금이 오르지 않는다는 말이다] 그 짐은 비주류 비숙련 노동자들이 지게 될 것이다.

대공황을 똑똑히 기억하는 사람으로서 나는 그들을 걱정할 수밖에 없다."[6]

스태그플레이션이라는 전례 없는 상황은 경제학자들에게는 현 상황의 원인을 설명하고 해결책을 제시할 기회이기도 했다. 프리드먼이 겉보기에 그럴싸하고 단순한 설명을 내놓자, 새뮤얼슨은 장난스럽게 다음과 같이 말했다. "캐멀롯[케네디 집권기이 미국을 《아서왕의 전설》에 나오는 캐멀롯에 비유할 때가 많다]에서 오랫동안 안정된 물가와 좋은 [분기 성장률] 그리고 거의 완전 고용을 달성하며 너무나도 잘 작동했던 케인스주의는 1966년 완전히 다른 새로운 거시 경제 사조에 왕좌를 넘겨주었다. 세간의 말에 따르면 새로운 패러다임인 일원론적 통화주의의 설명이 더 낫다고 한다. 케인스 왕은 자신감과 민심을 잃었다. 왕은 죽었다. 밀턴 왕이여 영원하라!"[7]

현실이 된 불길한 경고

새뮤얼슨은 일찍이 1960년대 초 인플레이션이 제2차 세계 대전 종전 이후 계속된 미국의 경제적 번영을 위협할 수 있다고 예견한 바 있다. 1961년 그는 케네디에게 실업과 물가 사이의 오래된 상충 관계가 끝날 수도 있다고 경고했다. 제2차 세계 대전 이후 미국이 지속적으로 완전 고용과 낮은 물가를 누렸지만, 결국 높은 고용률이 물가를 밀어 올릴 수 있다는 것이었다. 새뮤얼슨은 대통령에게 만일 그런 상황이 올 경우 "새로운 문제를 해결하기 위해 전통적인 재정 정책과 통화 정책이 아닌 새로운 정책을 고안해야 할 것"[8]이라고 말했다.

1960년대 말 새뮤얼슨의 불길한 경고가 사실이 되었다. 노동 조합이 급등하는 물가에 맞춰 임금 인상을 요구하면서 물가 상승률과 실업률이 동시에 높아졌다. 새뮤얼슨은 『새뮤얼슨의 경제학』에서 이렇게 말했다. "물가 상승률이 연 5% 이하로 꾸준히 유지되는 안정적인 인플레이션은 크게 걱정할 필요가 없다. [하지만] 물가 상승을 계기로 임금과 비용이 상승해 다시 물가를 밀어 올리는 악순환이 일어나면 끈질긴 악성 하이퍼인플레이션이 발생할 수 있다."[9]

미국 노동통계국이 발표한 소비자 물가 지수에 따르면 1958년 초 0% 대에 머물던 미국의 물가 상승률은 1968년 말 거의 5%에 도달했다. 이를 기점으로 이후 10년 이상 미국의 모든 물가는 전례 없이 상승했다. 1970년 12월 물가 상승률은 6.6%로 최고치를 경신했고 1971년 1월 4.9%를 기록했다가 다음 달에는 11.7%까지 뛰어올랐다.

물가 상승률은 1970년대 말 또 한 번 종전 이후 최고를 기록했다. 1978년 2월 6.2%로 그나마 낮은 수준을 기록한 후 꾸준히 상승하더니 1980년 13.6%로 뛰어올랐던 것이다.[10] 미국의 인플레이션이 심해지면서 유권자들과 전 세계 정부가 불안해하기 시작했고, 인플레이션의 원인과 해법에 관심이 쏠렸다.

통화주의와 케인스주의 사이의 논쟁은 이러한 불안한 물가 상황을 배경으로 벌어졌다. 오랫동안 지속된 이 논쟁의 핵심에는 인플레이션의 원인에 대한 상반된 이론이 자리하고 있었다.

새뮤얼슨은 《뉴스위크》 칼럼에서 하이퍼인플레이션[11]의 원인을 다음과 같이 설명했다.

1965년 베트남 전쟁이 확산되면서 전형적인 수요 견인 인플레이션 (정부가 지출한 과도한 돈이 공급이 한정된 재화를 좇으면서 노동 시장이 경색되고 주문이 밀려 시간 외 추가 생산으로도 수요를 다 만족시키지 못하는 상황)이 나타났다. 1970년에는 긴축적인 통화 정책과 재정 정책의 결과로 수요 견인 인플레이션은 약해졌지만, 노동조합이 임금을 물가 상승률과 비슷하거나 더 빠르게 상승시키고자 하면서 생산 비용이 상승해 물가가 올랐다.[12]

당대의 다른 경제학자들과 마찬가지로 새뮤얼슨은 모든 인플레이션을 비용 인상 인플레이션(노동이나 원자재 가격이 높아지면, 기업이 높아진 생산 비용을 소비자에게 전가하면서 물가가 오르는 현상)과 수요 견인 인플레이션(상품은 적은데 수요가 지나치게 많아서 발생하는 인플레이션)으로 나눌 수 있다고 믿었다. 1960년 그는 필립스 곡선의 일자리-물가 상충 관계가 깨지고 있음을 알아차리고 이렇게 말했다. "[비용 인상 인플레이션은] 고용률이 높을 때 지속적으로 물가를 밀어 올리는 압력이다. …… 그런데 최근 경제가 완전 고용에 미치지 못하고 고용률이 불만족스러운 수준임에도 불구하고 이러한 비용 인상 인플레이션이 나타날 조짐이 보인다."[13]

새뮤얼슨은 부유한 나라에서는 주로 수요 견인 인플레이션이 문제가 될 거라고 생각했다. 꾸준한 경제 발전으로 경제가 완전 고용에 다가가면서 노동력이 부족해지면 노동자들(특히 노동조합에 소속된 노동자들)이 물가 상승분만큼 임금을 올려 받기가 수월해진다. 임금이 오르면 생산자가 상품을 만드는 데 들어가는 비용이 늘어나면서 물가는 더 상승한다. 상점에서도 고객의 소득이 늘어 지불할 수 있는 돈이 더 많아졌다는 사실을 알아채고 가격을 올리고, 일부 상품은 수요가 증가해 구하기 어려워지면서 가격이 오른다. 새뮤얼슨은 만일 인플레이션이 정부가 완전 고용을 유지하기 위해 치러야 할 비용이라면 신경 쓰지 않아도 된다고 주장했다. 모든 사람에게 일자리와 편안한 생활을 보장하기 위해서라면 그 정도 비용은 치러도 된다는 것이었다.

새뮤얼슨이 보기에 인플레이션을 쉽게 해결할 방법은 없었다. 그는 이렇게 적었다. "1950년대 이후 북미와 유럽의 경제 성장을 자세히 분석해 온 사람이라면, 물가가 지속적으로 조금씩 상승하는 현상에 대한 현재 나와 있는 처방이 모두 인플레이션 자체보다 훨씬 더 나쁘다는 사실을 알고 있다."[14] 미국(더 정확히 말하면 미국의 정책 결정자들)은 어려운 결정을 앞두고 있었다. 인플레이션을 억누르기 위해 쓸 수 있는 재정 정책으로는 "세율을 올리거나 정부 지출 비율을 줄이는 두 가지"가 있었다. 물론 "두 방법을 함께"[15] 쓸 수도 있었다. 그리고 세 번째로 통화 정책도 있었다. 새뮤얼슨도 언급했듯 활황이 극에 달했을 때 연준이 이자율을 높이면 경제의 속도를 늦출 수 있었다. 물가 상승률과 고용률이 모두 높은 상태라면 이자율을 올려 기업 활동을 늦추는 것을 고려할 수 있었다.

새뮤얼슨은 급격한 인플레이션은 바람직하지 않으므로 반드시 억제해야 한다고 생각했다. 그는 인플레이션을 해결할 수 있는 이론을 몇 가지 알고 있었지만, 그중 어떤 방식이 최선인지 확신이 서지 않았다. 제1차 세계 대전 이후 바이마르공화국과 오스트리아가 겪은 하이퍼인플레이션은 잘 알려져 있었고, 하이에크의 경우에는 직접 경험하기까지 했다. 하지만 현대의 발전된 서양 경제에 하이퍼인플레이션이 나타난 적은 없었다. 새뮤얼슨은 모든 수단을 동원해도 인플레이션을 막지 못했을 때 어떤 결과가 초래될지 두려워했다. 그는 이렇게 경고했다.

노동자, 농부, 사업가가 [임금과 물가를 제한하는 데 자신의 안녕이 달려 있다는 사실을] 배우지 않는다면, 우리 경제 시스템은 **암울한** 시기를 겪을지도 모른다. 이런 경우 구매력[즉, 총수요]이 충분해져 경제가 완전 고용 상태에 가까워질수록 물가와 임금이 서로를 밀어 올리는 악순환이 벌어지는 경향이 있다. 더 두려운 사실은 경제가 완전 고용에 훨씬 못 미치는 데도 물가가 치솟을 수 있다는 것이다.[16]

인플레이션에 어떻게 대응할 것인가

새뮤얼슨은 통제를 벗어난 지속적 인플레이션을 그냥 두면 "위험한 결과"가 초래될 수 있다면서, 정부가 임금과 상품의 가격을 법으로 정해서라도 인플레이션을 막아야 한다고 경고했다. 그는 인플레이션이 물가가 오르는 만큼 소득을 늘릴 여력이 없는 빈곤층이나 연금을 받는 은퇴자 등 고정 소득 생활자에게 불공평한 부담을 지울 뿐 아니라, 미국 수출품의 상대 가격을 높여 미국의 국제 수지 적자를 키운다고 말했다.[17]

새뮤얼슨은 연준이 이자율을 올려 성장 속도를 늦추는 것보다는 정부가 세금을 늘려 인플레이션을 억제하는 방식이 더 낫다고 보았다. 이자율이 높아져 차입 비용이 늘어나면 건설 및 주택업과 낮은 이자율로 돈을 빌려 집을 산 주택 구입자들이 타격을 받기 때문이었다. 그는 이렇게 썼다. "지금까지의 경험에 따르면 인플레이션 억제를 연준에게만 맡겨 둘 경우, 그 결과로 나타나는 '신용 경색 money crunch'이 부동산 시장에 불균형적 부담을 지운다." 신용 경색은 1966년 저축주택조합 위기를 불러온 원인이기도 했다.

　　새뮤얼슨은 세금을 더 걷어 공공 지출을 높은 수준으로 유지하면 파괴적 인플레이션으로부터 빈곤층과 소외 계층을 보호할 수 있다고 생각했다. 게다가 인플레이션 상황이라고 해서 정부의 돈이 필요한 곳이 줄어들지는 않았다. "우리의 오염된 강과 공기를 정화하는 데 경제 자원을 사용하는 것이 사람들의 우선순위에 부합한다면, …… 인플레이션을 이유로 사람들이 원하는 정책을 시행하지 않을 수는 없다. 만일 사람들이 최소한의 생활 수준을 보장받고 빈곤을 줄이는 것을 가장 중요하게 생각한다면, 전쟁도 인플레이션도 이런 목표를 달성하지 못하게 막는 경제적 방해물이 될 수 없다."[18]

　　많은 정치인들은 인플레이션을 해결하기 위해 세금을 올리면 유권자들이 표를 주지 않을까 봐 불안해했다. 하지만 프리드먼의 전미경제학회 연설이 있은 지 1년 뒤인 1968년, 새뮤얼슨은 이렇게 주장했다. "오늘날 미국의 조세 역량은 전혀 한계에 달했다고 볼 수 없다. (즉, 미국의 납세자들은 세금을 더 내지 못할 정도로 많은 세금을 부담하고 있지 않다). 1968년의 미국 경제에는 시민이 원하는 필수적인 정부 프로그램을 늘릴 충분한 여유가 있다."[19] 더 나아가 그는 정부 프로그램을 줄이는 일은 불필요한 나쁜 정책일 뿐 아니라 "좋은 사회에 대한 자신의 신념"에 부합하지 않는다고 말했다.

　　꼭 정부 프로그램을 줄일 필요는 없다. 이론적으로 꼭 그래야 한다는 말은 터무니없는 주장이다. 미국이 가진 부와 공공 프로그램의 수요를 고려할 때, 다른 서양 국가 대비 오늘날 미국 정부가 쓰는 돈은 많기는커녕 너무 부족하다.[20]

새뮤얼슨은 연방 정부가 경제를 살리기 위해 그래야만 한다는 "잘못된 믿음"을 근거로 미국과 다른 나라에서 시행중인 빈곤과 불평등 저감 프로그램을 줄인다면 그것은 비극이라고 말했다.[21] 사실 새뮤얼슨은 1960년대 말 미국을 강타한 인플레이션의 원인이 의회가 더 일찍 세금을 올리지 않은 데 있다고 생각했다. "지금 우리는 오르는 물가, 생산성보다 빠르게 증가하는 임금, 국제 수지 압력 [수입한 양만큼 수출해야 한다는 압력], 치솟는 이자율로 의회가 세금을 올리는 데 실패한 비용을 치르고 있다."[22]

새뮤얼슨은 의회에서 감세안을 통과시키기 위해 사회 보장 프로그램을 줄여야 하는 상황보다는 차라리 인플레이션이 계속되는 편이 낫다고 보았다. 또, 적절한 조치를 취한다면 고물가가 현대 사회의 고질적 특징으로 자리 잡지는 않을 거라고 믿었다. 그는 이렇게 말했다. "경험에 비춰 보건대 다음 몇 년 동안의 물가 상승률은 [비용 인상 인플레이션과 수요 견인 인플레이션 모두] …… 총수요 과잉을 어디까지 허용하느냐에 따라 크게 달라질 것이다.[23]

1970년 5월 《뉴스위크》는 새뮤얼슨과 프리드먼에게 4%대로 올라선 물가 상승률에 대한 평을 부탁했다. '이 정도 인플레이션이 계속되어도 살아갈 수 있을까요?'라는 기자들의 질문에 프리드먼은 이렇게 답했다. "팔 하나만 있어도 살 수는 있지만, 양팔이 다 있는 편이 낫지요. 정부가 임금과 가격을 억누르지 않는 자유롭고 투명한 환경에서 인플레이션이 나타났다면, 물가 상승률이 어떤 수준이든 미국은 살아남을 수 있습니다. 하지만 인플레이션을 피할 수 있다면 경제뿐 아니라 사회·정치적 구조도 훨씬 건강해질 겁니다." 새뮤얼슨 또한 인플레이션과 함께 살아갈 수 있다고 답했다. "a) 다른 혼합 경제 체제 국가들이 비슷한 수준의 꾸준한 물가 상승을 경험하고 있다는 점, b) 사람들이 통제 불가능한 인플레이션은 나타나지 않을 거라고 믿을 만큼 미국의 조세 및 화폐 정책에 대한 신뢰가 크다는 점을 고려할 때, 경제가 회복 불가능한 수준으로 망가지거나 지나치게 과열되는 일 없이 이 상황을 유지할 수 있다고 봅니다."[24]

하지만 이후 10년 동안 물가 상승률은 4%는 아무렇지도 않아 보일 정도로 크게 올랐다. 1970년대 하이퍼인플레이션기에 물가 상승률은 그 세 배가량인 12%에 가까워졌다. 1975년에는 11.8%를 기록했고 1981년에는 11.81%를 달성하며 최고치를 경신했다.

행동에 나선 새뮤얼슨

새뮤얼슨은 항상 이런저런 일로 바빴기에 프리드먼의 전미경제학회 강연으로 시작된 통화주의의 도전에 교과서를 개정하는 것으로 답할 수도 있었다. 하지만 나날이 높아지는 프리드먼의 인기를 고려하면, 오래된 화폐 수량설을 재해석한 그의 이론이 더 이목을 끌기 전에 반박할 필요가 있었다.

프리드먼은 새뮤얼슨에게 화폐 수량설에 할애할 시간이 없다는 사실을 알고 있었다. 새뮤얼슨은 화폐 수량설에 관심이 없음을 여러 차례 밝혔다. 프리드먼이 『미국 화폐사』를 출판해 통화가 경제 성장을 촉진하거나 늦추는 데 핵심적인 역할을 한다고 주장하기 1년 전인 1962년에 프리드먼에게 보낸 편지에서 새뮤얼슨은 이렇게 말했다. "자네도 알다시피 나는 이론과 실증 연구 모두에서 경제 활동을 결정하는 요인 가운데 통화량을 가장 중시해야 할 근거를 찾지 못했네."[25]

그러나 1969년, 새뮤얼슨은 행동에 나서기로 했다. 그는 당시 편집하고 있던 경제학 연구 논문 요약집[26]의 방향을 프리드먼의 통화주의를 자세히 반박하는 쪽으로 잡았다. 새뮤얼슨은 책에 실린 자신의 논문에서 화폐 수량설을 성공적으로 되살려 주류 경제학계의 논쟁 주제로 다시 편입시킨 프리드먼의 공을 인정했다. 케인스주의의 영향력이 강해지면서 화폐 수량설은 오랫동안 무시당했고 고루하고 믿을 수 없는 이론으로 폄하되는 수모를 겪었다. 새뮤얼슨은 케인스주의 경제학자들, 특히 영국의 케인스주의자들이 '통화량은 중요하지 않다'는 결론을 내릴 정도로 화폐 수량설의 평판이 나빴다고 적었다.

"수백 년 동안 철학자와 경제학자들은 과도한 통화 공급과 급격한 물가 상승 사이에 관계가 있고 그 관계가 우연의 일치가 아니라는 사실을 알고 있었다. 다른 많은 기초 사상처럼 화폐 수량설 또한 너무 익숙하고 단순해 보이는 나머지 후대 경제학자들로부터 그 중요성이 폄하되었다." 새뮤얼슨은 프리드먼이 잊혀 있던 화폐 수량설을 부활시키는 데 선구적 역할을 했다고 인정했다. "1970년 이전까지 내 경제학 교과서에는 통화주의에 대한 설명이 충분히 실려 있지 않았다. 하지만 현재 논의되는 문제들은 이제 통화주의를 깊이 공부할 필요가 있음을 보여 주고 있다."[27] 그러면서 새뮤얼슨은 프리드먼이 "훌륭한 분석 및 실증 연구"[28]를 했다고 칭찬했다. 그는 1970년 출간한 논문 요약집에 프리드먼이 쓴 통화주의 이론에 대한 글[29]을 두 편 실었다.

논문 요약집에 실린 프리드먼의 글 중 첫 번째는 프리드먼이 인도 독자들을 위해 1963년에 발간한 소론[30]으로, 그가 나중에 통화량이 물가를 직접적으로 상승시키는 유일한 요인이라고 주장한 것에 비하면 덜 독단적인 어조로 쓰였다. 이 글에서 프리드먼은 "[인플레이션을 발생시키는] 주원인이 통화량이라는 …… 나의 주장은 대다수 경제학자 사이에서 유행이 지난 한물간 이론으로 받아들여지고 있다"면서 자신이 케인스주의에 맞서고 있음을 흔쾌히 인정했다. 하지만 통화주의 이론을 정립해 나가던 시기인 이때까지만 해도 프리드먼은 인플레이션에 다른 원인도 있음을 인정할 준비가 되어 있었다.

프리드먼은 인플레이션이 나타날 때마다 두 종류의 설명이 제시된다고 적었다. 하나는 경제 내 화폐의 양이 늘어서라는 설명이고, 다른 하나는 다른 물가 인상 요인이 있기 때문이라는 설명이다. 예를 들어 노동자들이 임금 인상 협상에 성공하거나 사업가들이 이윤을 늘리기 위해 가격을 올리거나 수입 상품의 공급에 차질이 생기면 물가가 오르는 원인이 된다. 프리드먼은 이렇게 말했다. "이 두 종류의 설명이 서로 모순되는 것은 아니다. 어떤 경우에는 비화폐적인 요인이 통화량 증가의 원인이 되기도 한다"[31]

하지만 그는 곧 이렇게 결론 내렸다. "다른 물가 인상 요인들은 결국 통화량이 산출량의 증가 속도보다 더 빠른 속도로 증가하도록 만들어 인플레이션을 발생시킨다. …… 내가 알기로 지금껏 상당한 수준의 물가 인상과 상당한 수준의 통화량 증가 사이에 일대일 관계가 있다는 명제의 예외는 없었다."[32] 즉, 통화와 인플레이션이 직접적으로 연관돼 있으며, 통화량을 경제의 성장 속도보다 빠르게 증가시키면 인플레이션이 발생한다는 말이었다.

새뮤얼슨은 이 1963년 소론과 함께 프리드먼이 1958년에 쓴 논문도 길게 인용했다. 이 논문 또한 인플레이션과 통화량의 연관 관계를 주장하는 내용이었지만,[33] 프리드먼이 처음으로 통화량 증가가 먼저냐 물가 인상이 먼저냐 하는 질문을 제기했다는 면에서 의의가 있었다. 프리드먼은 닭과 달걀 문제 같은 이 질문을 던지며 자신이 순서를 바꿔 생각했을 수도 있음을 인정했다. 하지만 나중에 인플레이션의 원인과 해결책을 제시하면서는 통화량이 인플레이션의 원인이라고 단호하게 주장했다.

어떤 이유로 물가가 오르내리든 간에 물가의 상승이나 하락이 통화량의 증가나 감소로 이어질 수 있다. 그렇다면 통화량 변화는 수동적으로 따라오는 결과인 셈이다. 반대로 통화량이 변하면서 물가가 같은 방향으로 변한 것일 수도 있다. 그렇다면 통화량을 조절해 물가를 관리할 수 있다.[34]

통화량을 조절해 인플레이션을 관리할 수 있다는 말은 그의 신념을 표명한 말에 지나지 않았다. 훗날 프리드먼은 통화주의적 신념을 극단적으로 단순화시켰지만, 1958년의 논문에서는 "물가 변화와 통화량 사이에는 밀접한 관계가 있지만, 물론 엄밀하거나 기계적으로 딱 들어맞는 관계가 있는 것은 아니다"[35]라고 인정했다.

(나중에 프리드먼과 프리드먼 추종자들이 지나치게 단순한 통화주의 정책을 밀어붙이면서 위 문장에 프리드먼이 경고성으로 삽입한 '물론'이라는 말은 조롱거리가 되었다.)

프리드먼은 이자율을 높여서 인플레이션을 관리하는 방법에 대해 설명했다. 그는 이것이 개인이 소득 대비 현금 보유 비율에 달린 문제라고 주장했다. 이자율이 높아지면 사람들이 국채 등에 투자할 유인이 늘어나면서 현금 보유량을 줄이고, 이에 따라 시중에 유통되는 통화의 양이 줄어들게 된다. 인플레이션과 디플레이션도 현금 보유량에 비슷한 영향을 준다.

> 물가 변화율은 물가가 연 몇 % 정도로 적게 변하는 때에는 눈에 띄는 영향을 주지 않는다. 하지만 심한 인플레이션이나 디플레이션 상황에서처럼 물가가 오랫동안 빠르게 변할 경우에는 뚜렷이 눈에 띌 정도로 큰 영향을 미친다. 급격한 인플레이션 상황에서는 소득 대비 현금 보유 성향이 크게 줄고, 급격한 디플레이션 상황에서는 [물가가 빠르게 내리면서] 현금 보유 성향이 크게 증가한다.[36]

프리드먼은 방대한 데이터 연구를 통해 다음과 같은 현상을 발견했다.

> [경기] 순환을 거치는 동안 물가와 생산량은 함께 움직이는 경향이 있다. 둘 다 경기 확장기에는 증가하고 경기 수축기에는 감소한다. 둘 다 순환 과정의 일부이며, 통화량 변화를 포함해 경제를 크게 확장시키거나 축소시키는 행위는 어떠한 것이든 물가와 생산량 모두를

크게 늘리거나 줄일 가능성이 있다.[37]

확장기든 수축기든 경기 순환(자연적으로 발생하는 경제 활동의 오르내림으로, 정상에서는 수요가 공급을 초과하고 저점에서는 공급이 수요를 초과하는 현상이 나타난다)의 극단에서는 모두 통화량이 증가하므로, 케인스가 『화폐개혁론』에서 말했듯 숫자 그대로의 통화량(특정 시점에 유통 중인 전체 통화량)이 아닌 시간에 따른 통화량의 변화에 초점을 맞추는 것이 중요했다. 프리드먼은 이렇게 결론 내렸다. "평균적으로 통화량 변화율은 전체 경기 순환과 매우 비슷한 모양으로 뚜렷하게 순환하며, 긴 시차를 두고 경기 순환에 선행한다." 이어서 통화량과 인플레이션(또는 디플레이션) 사이의 선후 관계에 대한 일종의 법칙을 제시했다.

평균적으로 통화량 변화율은 전체 경제보다 약 16개월 더 먼저 고점에 도달하고 약 12개월 더 먼저 저점을 찍는다.[38]

프리드먼은 이런 결론을 내렸다. "이 사실은 통화량 변화가 독립적 영향을 미친다는 것을 보여 주는 결정적 증거이기는 하나 …… 통화량 변화율이 경제 활동이나 물가에 반영되기까지 평균 열두 달에서 열여섯 달이 걸리므로 …… 통화량 변화의 효과가 느껴지기까지 오랜 시간이 걸린다는 뜻이기도 하다" 이 결론은 긴축 또는 완화적 통화 정책으로 통화량을 조절해 물가 상승률에 영향을 미칠 수 있다고 믿는 정책 결정자들에게 시사하는 바가 컸다. "과거 경험에 비추어 볼 때, 오늘 시행한 통화 정책은 여섯 달 안에 경제에 영향을 미칠 수도 있고 1년 반 뒤에야 영향을 미칠 수도 있다."

　게다가 예외적인 경우까지 고려하면, 여섯 달이 되기 훨씬 전이나 1년 반보다 훨씬 뒤에 효과가 나타날지도 모르는 일이었다. 이처럼 가변적인 시차 때문에 통화 정책으로 물가 상승률에 영향을 미치려는 시도는 모두 어림짐작에 불과할 수밖에 없었다. 프리드먼은 이 때문에 "통화 정책의 효과에 대한 오해와 오인이 생겨나고, 정책 실수가 발생한다"고 주장했다. 통화량이 인플레이션의 가장 중요한 원인이라고 생각하는 프리드먼 같은 통화주의자들이 보기에 특히 더 안타까운 일은 "[일부 경제학자들이] 통화량 변화의 효과가 즉시 나타나지 않는 것을 보고 통화 정책이 효과가 없다고 착각한다"는 점이었다.[39]

　프리드먼은 1958년에 쓴 논문[40]에서 안정적으로 지속되는 경미한 인플레이션이 경제 성장 속도를 높이는 효과가 있는지에 대해 다뤘다. 그의 설명에 따르면, 경미한 인플레이션은 경제에 두 가지 상반된 영향을 미쳤다. 먼저 경미한 물가 상승은 기업이 임금 인상분 중 일부를 환수할 수 있게 해 주어 '경직적' 임금 제도가 성장을 방해하는 것을 어느 정도 막아 준다. 명목 임금을 낮추기는 어렵지만, 물가가 상승하면 임금의 실질 가치가 낮아지기 때문이다. 프리드먼은 이렇게 설명했다 "물가가 서서히 상승하면 [명목] 임금이 실질 임금보다 더 느린 속도로 증가해 [생산 비용의] 상승 압력을 상쇄하는 경향이 있다." 또, 통화 당국이 인건비 등 생산 비용이 오른 뒤에야 인플레이션을 잡기 위해 금리를 인상하는 경향이 있기 때문에 명목 이자율에서 물가 상승률을 뺀 실질 이자율이 낮아지면서 "생산성 있는 기업이 차입 비용이 비교적 낮다고 판단해 평상시보다 투자를 늘릴 유인"[41]이 컸다.

하지만 "물가가 전반적으로 오르면 기업이 효율성을 높일 유인이 줄고 기업 활동보다는 투기가 활발해지며 개인이 저축할 유인도 줄어들기"[42] 때문에 인플레이션이 오히려 기업의 의욕을 꺾을 수도 있었다. 또, 인플레이션이 발생하면 상품의 상대적 가격이 바뀌기 때문에 기업은 타 상품의 가격을 고려해 계속 가격을 다시 셀정해야 하는 상황에 놓인다. 프리드먼은 인플레이션이 지속될 경우 노동조합이 기업에 물가 상승에 대한 보호를 요구하거나 이번 임금 협상과 다음번 임금 협상 사이에 물가가 오를 것을 대비해 임금을 물가 지표에 연동할 것을 요구할 수도 있다고 말했다. 이렇게 되면 인플레이션이 경제에 '고착화'되어 더 해결하기 어려운 상태가된다. 인플레이션을 관리하기 위해 이자율을 올린다면 그것도 경제 성장을 저해할 것이다.

둘 중 어느 생각이 맞을까? 인플레이션은 유용한 것인가, 해로운 것인가? 프리드먼은 즉답을 피했다. "물가 변화와 [경제 성장 사이의] 관계에 대한 역사적 증거는 둘 중 어느 쪽의 손도 들어 주지 않았다." 그렇다면 프리드먼 자신의 생각은 어떨까? "물가 변화율이 경미하고 안정적이고 충분히 예측 가능한 경우라면 물가가 오르든 내리든 경제는 빠르게 성장할 수 있다. 경제 성장의 주동력은 다른 곳에 있는 듯하다." 프리드먼에 따르면, 피해야 할 것은 "물가가 예측 불가능하고 변덕스레 변하는 상황"이었다. 그는 이런 상황이 "경제 성장뿐 아니라 경제 안정성까지 위협한다"고 경고하며, 명확한 근거 없이 "과거의 경험"에 비춰 볼 때 "물가를 장기적으로 안정시키기 위해서는 통화량을 매년 3~5% 정도 늘려야 한다"[43]고 주장했다. 하지만 이 수치를 어떻게 산출했는지는 설명하지 않았다.

어떻게 하면 물가 상승률을 연 3~5% 정도로 유지할 수 있을까? 프리드먼이 말한 것처럼 통화량을 변화시키는 정책의 효과가 언제 물가에 반영될지는 그저 어림짐작만 할 수 있을 뿐이었다. 프리드먼은 이렇게 말했다. "현재까지의 증거를 바탕으로 미루어 짐작건대 정교한 통화 정책을 통해 경제 활동을 정교하게 관리하는 것은 거의 불가능해 보인다."

프리드먼은 "재량적 통화 정책으로 할 수 있는 일은 극히 제한적인 데다 상황을 오히려 더 악화시킬 위험이 높다"고 경고했다. 그는 1951년 이후 연준의 정책이 "[연준]이 생긴 이래 그 어떤 시기의 정책보다도 훨씬 뛰어난데, 그 이유는 주로 연준이 통화량 증가율을 급격히 바꾸는 일을 삼갔기 때문"이라고 말했다. 그럼에도 프리드먼이 보기에 여전히 통화 정책에는 정치가 개입할 여지가 지나치게 많았다.

프리드먼은 "경제 상황에 맞게 통화량 증가율을 조절하는 대신, 매달 미리 정해 둔 비율만큼 통화량을 늘리되 계절 조정만 허용하는 단순한 정책"[44]을 펴길 바랐다. 그는 경제가 하이퍼인플레이션이나 심한 디플레이션에 빠졌을 때 중앙은행과 정부가 강한 정치적 압력을 받는다는 사실을 지적했다. 유권자들은 항상 '상황이 이렇게 나쁜데 정부는 도대체 뭘 하는 거야?'라고 묻는다. 프리드먼은 "정치적 압력에 굴복하는 것은 자주 상황을 악화시킨다"고 경고하며 이렇게 말했다.

경제를 안정적으로 유지하자는 목표는 물론 매우 훌륭하다. 하지만 우리의 능력에는 한계가 있다. 확실히 극단적인 경기 변동은 막을 수 있다. 하지만 자잘한 경기 변동까지 막을 만큼 경제를 잘 알지는 못한다. 능력 밖의 일을 시도하면 그 자체가 교란 요인이 되어 오히려 불안정성이 커질 수 있다.[45]

새뮤얼슨이 프리드먼을 공격하는 방법

전미경제학회 강연과 비교할 때, 프리드먼의 이전 논문에서는 그답지 않은 조심성이 드러난다. 논문에서 프리드먼은 통화주의 이론에 따라 경제를 운영하는 것의 이점을 설명하면서도 자주 의구심을 드러내고 단서를 붙였다. 그는 의문을 품었고, 통화주의 이론을 정책에 적용하는 방법을 설명하면서 선택의 여지를 남겨 두었다. 만일 새뮤얼슨이 프리드먼을 조롱하고자 했다면, 프리드먼의 깊은 고심을 보여 주는 이 논문들이 아닌 전미경제학회 강연만 비판할 수도 있었을 것이다. 그 강연에서 프리드먼이 주장한 내용은 너무 단언적이어서 쉽게 반박할 수 있었다.[46] 하지만 새뮤얼슨은 프리드먼의 복잡한 사고를 보여 주는 논문을 실음으로써 일단은 상대에게 유리한 위치를 허용했다. 프리드먼을 자승자박에 빠뜨리기 위해서였다.

1970년 논문 요약집[47]에서 새뮤얼슨은 프리드먼의 간판 이론인 통화량이 인플레이션의 유일한 원인이라는 주장을 프리드먼 자신의 말로 공격했다. 새뮤얼슨은 자신만의 스타일로 무심한 듯 재치 있게 프리드먼의 이론을 가차 없이 비판했다. 새뮤얼슨은 글 전반에 걸쳐 자신이 속한 포스트케인스주의[48]와 통화주의 사이의 대립을 종교 갈등과 유사하게 묘사했다. 이전 세대인 하이에크가 그랬던 것처럼 프리드먼은 자신을 아웃사이더로 규정하고 "미국 주류 경제학계를 지배하는 정설"[49]로 자리 잡은 케인스주의의 아성을 무너뜨리고자 했다. 케인스와 하이에크의 논쟁이 그랬던 것처럼, 이번에도 논쟁은 경제학을 넘어 두 학파 간 시각 차이의 근원인 정치와 정부의 역할에 대한 믿음을 겨루는 모양새가 되었다.

새뮤얼슨은 먼저 프리드먼이 한 일은 그저 1936년 케인스가 『일반 이론』으로 경제학계를 뒤집어 놓기 이전에 경제학계를 지배했던 화폐 수량설을 되살린 것에 불과하다며 불편함을 드러냈다. 이후 케인스가 거시 경제를 보는 관점을 완전히 바꿔 놓으면서 고전경제학자들이 중요하게 생각했던 통화량의 역할에 대한 연구는 빛을 잃었다. "케인스 혁명 이후인 1930년대 말에도 경제학 수업과 교과서에서는 여전히 통화가 언급되었다. 하지만 통화 이론은 완전히 중심에서 밀려난 상태였다. 이미 교과서의 주요 내용은 승수와 소비 성향 등 케인스 경제학의 개념을 이용해 [국민] 소득 결정 이론을 설명하는 것으로 바뀌어 있었다."[50]

새뮤얼슨은 세계 대전 이후 통화량의 역할에 대한 관심이 되살아났으며, 프리드먼은 이 부활에 기여한 여러 학자 가운데 한 명일 뿐이라고 말했다. 전후 시대에 처음으로 "화폐의 재발견"을 알린 이는 캘리포니아대학교의 하워드 S. 엘리스Howard S. Ellis[51] 등 다른 경제학자들이었다. 하지만 새뮤얼슨은 프리드먼이 "방대한 데이터, 설득력 있는 논리 전개 그리고 끊임없는 설득의 힘으로 추종자를 만들며"[52] 통화주의를 "주목해야 할 운동"으로 만들었다는 점은 인정했다. 그리고 경제학자들이 "순진한" 케인스주의에서 벗어나 "통화 정책이 중요한 경제 안정 수단이며 재정 정책과 함께 사용하기에 충분한 거시 경제 조절 장치라는 사실을 받아들이게 만들었다"⁵³는 점에서만은 화폐 수량설의 부활이 "유익한" 영향을 미쳤다고 평했다.

하지만 새뮤얼슨은 통화주의의 중요성이 과장됐다고 생각했다. "보통 주식 가격이 너무 많이 떨어지면 그 반동으로 가격이 지나치게 오르곤 한다. 통화 이론도 미친가지다. 지나치게 단순화된 통화주의는 요즘 전성기를 누리고 있다." 새뮤얼슨은 지난 몇 년 동안 통화주의 사조의 변화 과정을 "과학적이고 객관적으로 평가"⁵⁴하겠다고 약속했다.

새뮤얼슨은 통화주의 이론의 현황을 "과학적"으로 평가하겠다고 약속하면서 자신이 프리드먼의 통화주의 이론에 초점을 맞출 것임을 명확히 밝혔다. "통화주의가 지금과 같은 인기를 얻게 된 것은 시카고대학교 교수 밀턴 프리드먼의 노력에 힘입은 바가 크다." 새뮤얼슨은 프리드먼과 슈워츠의 『미국 화폐사』를 "통화주의 운동의 경전"이자 "앞으로 모든 경제학자가 데이터와 분석 방식을 참고하기 위해 살펴보게 될 고전"⁵⁵이라고 칭찬했다.

그리고 프리드먼의 주장을 다음과 같이 요약했다.

통화량 증가율은 [케인스가 경제 활동의 핵심 엔진이라고 말한] 총수요에 영향을 미치는 결정적 요인이다. 인플레이션, 실업, 경기 변동 문제를 해결하기 위해 중앙은행이 취할 수 있는 조치는 여러 통화량 지표 중 하나를 골라 그 증가율을 일정한 수준(예를 들어 4~5% 정도로 관리할 수 있다. 하지만 증가율의 절대 수치보다는 일관성이 더 중요하다)으로 관리하는 것뿐이다. 재정 정책은 독립적으로든 시스템을 통해서

든 총수요에 아무런 영향을 미치지 못한다.[56]

새뮤얼슨은 이렇게 썼다. 포스트케인스주의 경제학자들은 세율과 정부의 공공 지출이 실업률에 영향을 미친다고 생각하지만, '단순화된 통화주의'에 따르면 통화량 증가율이 일정하게 유지되는 한, 총수요를 관리해 성장을 촉진하려는 정부의 행동은 쓸데없는 짓이다. 그리고 프리드먼이 다음과 같은 생각을 가지고 있다고 지적했다. "많은 사람이 재정을 적자 운영하거나 흑자 운영하는 방식을 통해 총수요를 예상만큼 키우거나 줄일 수 있다는 잘못된 생각을 가지고 있다. 하지만 이는 완전히 오해다. 실제로 효과를 내는 것은 통화량 변화율밖에 없다. 통화량 변화의 효과를 제하고 나면 재정 정책 자체는 효과가 거의 없다."[57]

새뮤얼슨은 통화량을 엄격히 조절하고 세금을 올리면 이자율이 낮아져 인플레이션을 억제할 수 있다는 프리드먼의 생각도 요약해 소개했다.

정부 지출에 맞춰 세금을 늘리는 것은 그 자체로 총수요에 영향을 주지는 않지만, 소비를 줄이고 이자율을 낮추는 경향이 있다. 이렇게 검약이 유도되면 완전 고용 상태의 최적 산출 요소 조합Output mix은 자본 형성 속도를 높이는 쪽으로 변한다. 그렇게 되면 생산성과 실질 산출량 증가 속도가 빨라지고 실질 임금 상승률이 높아진다. 이때, 통화량 변화율을 바꾸지 않는다면 미래에 물가는 더 낮아지거나 덜 빠르게 증가할 것이다.[58]

새뮤얼슨은 통화주의가 케인스주의의 실책을 바로잡을 해결책이라고 믿는 사람들의 환상을 깨뜨리기 위해 프리드먼의 이론이 케인스의 의견을 약간 발전시킨 데 불과하다는 사실을 지적했다. 케인스 또한 『일반 이론』에서 완전 고용 상태에서는 통화량 증가율과 물가 상승 사이에 직접적 연관 관계가 나타날 수 있음을 인정한 바 있었다. 새뮤얼슨은 "케인스처럼 다작한 작가의 글에서는 다른 부분과 모순된 내용이 발견될 수밖에 없다"[59]고 말하면서, 케인스가 장기 이자율을 충분히 낮출 수 있다면 통화 정책이 불경기와 경기 침체를 해결하는 데 효과적일 수 있다고 믿었다[60]고 말했다.

연준이 국채를 공개 시장에서 매입[61]해 통화량을 증가시키는 방식의 한계에 대해서는 1960년대에 많은 연구가 이루어졌다. 연준의 개입으로 이자율이 낮아지면, 이자율이 높았다면 이루어지지 않았을 투자가 이뤄지고 "기존 자산의 시장 가치가 높아지면서"[62] "소비와 기업 투자"[63]가 촉진되는 경향이 있었다. 하지만 이렇게 통화량을 늘리는 것은 "금광에서 금을 캐거나 정부 지출 중 세수를 초과하는 부분을 메꾸기 위해 중앙은행이나 정부에서 새로운 돈을 찍어 내는 것과는 다르다."[64] 연준의 조치는 "국채의 형태로 존재하던 돈을 거두어들이고"[65] 그만큼 새로운 돈을 공급하는 제로섬 게임에 가깝다.

새뮤얼슨은 이렇게 설명했다. 자기 자산을 사들일 때, 연준은 "중고 자산 딜러처럼 한 종류의 자산을 다른 자산으로 바꿔 주고 그 과정에서 자산 사이의 교환 비율에 영향을 미칠" 뿐이다. 하지만 국가가 금광에서 새로 금을 캐거나 돈을 찍어 내면 공동체가 "소유한 화폐의 양이 영구적으로 늘어나 돈이 풍족하다는 '느낌'을 주고 '실제'로도 돈이 풍족해진다.[66] 그리고 이것[부가 증가했다는 느낌]은 물가를 높이거나 실업률을 낮추거나, 또는 두 효과를 동시에 낼 수 있다."

이어서 새뮤얼슨은 장기적 손해를 감수하더라도 단기 효용을 높이는 편이 합리적이라고 주장할 때 널리 인용되는 케인스의 유명한 명언을 신케인스주의식으로 해석해 "장기에 우리는 모두 죽는다"[67]고 말했다. 중앙은행이 국채를 사들여 정부 채무를 재조정하는 것이 상환을 알 수 없는 미래로 미루는 행동이나 다름없었기 때문이다. 이 행동의 비용은 영원히 사는 사람이나 치르게 될 터였다. 새뮤얼슨은 이렇게 말했다.

영원한 삶이라는 가정을 극단적이고 비현실적인 경우로 보고 기각한다면, 방대한 공공 부채 중 일부를 공개 시장 운영을 통해 늘린 돈으로 상쇄해도 아무 문제가 없을 것이다.[68]

새뮤얼슨은 통화량 변화율이 물가 상승률에 영향을 주는 유일한 요인이라는 프리드먼의 주장에 맞지 않는 사례에 초점을 맞췄다. 첫째, 사람들의 저축 또는 소비 성향이 변하면 재화 및 서비스의 생산량이 변하고 그에 따라 물가가 변한다. 마찬가지로 케인스가 '야성적 충동'이라고 부른 기업가 정신이 커지거나 새로운 투자 기회가 급격히 증가하는 경우에도 국민 총생산GNP이 달라지면서 물가가 변할 것이다. 또, 공공 지출이 늘거나 세금이 줄면 생산량에 영향을 미쳐 물가가 달라질 것이고 심지어는 세금을 늘리고 그만큼 공공 지출을 늘리더라도 생산량이 변하면서 물가가 움직일 것이었다.

프리드먼의 핵심 주장 중 하나는 통화량을 늘리면 시차를 두고 물가가 오른다는 것이었다. 하지만 새뮤얼슨은 프리드먼이 1958년 논문에서 말한 것과 달리, 통화량의 변화가 나타나는 시점이 경기가 하락하는 시점보다 빠르지 않고 오히려 느리다고 주장했다. 그는 데이터에 따르면 통화량 변화가 경기 침체의 시작을 알리는 지표가 된 것은 최근 몇 년의 일이라면서, 이는 "연준이 통화주의자들의 조언을 무시하고 극심한 침체가 닥치기 전에 미래 경기를 예상해 미리 손을 쓰기 때문"이라고 주장했다.[69]

이 모든 반박에도 불구하고, 프리드먼은 새뮤얼슨보다 정치인들에게 자신의 이론을 선전하는 데 훨씬 능숙했다. 프리드먼은 자신의 이론을 실험하고자 했고, 새뮤얼슨이 지적한 여러 문제점을 생각하면 이는 우려스러운 생각이었다. 프리드먼은 통화주의가 현실에서 잘 동작하는지 증명하기 위해 실제 국가에서 실제 시민과 실제 인플레이션을 대상으로 자신의 이론을 적용해 신규 통화를 일정 속도로 공급해 보고자 했다. 케인스주의자와 통화주의자 사이의 이론 다툼이 교착 상태에 빠지면서, 이제 남은 것은 이론을 실제로 적용해 결과를 관찰하는 일뿐이었다. 양 진영의 경제학자들은 프리드먼이 대통령이든 총리든 독재자든 자신의 파멸적 통화주의 이론을 검증해 줄 정치인을 찾아다니는 모습을 흥미로운 눈으로 지켜보았다.

9 교활한 대통령

프리드먼은 리처드 닉슨 대선 캠프의 경제 자문단을 이끌게 되며 경제 정책 결정에 참여할 기회를 얻었다. 닉슨의 대통령 당선과 함께 프리드먼은 닉슨의 경제 자문이 되었다. 드디어 케인스주의의 물결을 되돌리고 엄격한 통화 정책을 도입할 기회가 온 것이었다. 하지만 프리드먼은 곧 닉슨이 원칙을 지키지 않는 충동적이고 교활한 인물임을 알게 된다.

1689

EXHIBIT No. 48

August 16, 1971

CONFIDENTIAL

MEMORANDUM

SUBJECT: Dealing with our Political Enemies

This memorandum addresses the matter of how we can maximize
the fact of our incumbency in dealing with persons known to be
active in their opposition to our Administration. Stated a bit
more bluntly -- how we can use the available federal machinery
to screw our political enemies.

After reviewing this matter with a number of persons possessed
of expertise in the field, I have concluded that we do not need an
elaborate mechanism or game plan, rather we need a good project
coordinator and full support for the project. In brief, the system
would work as follows:

    -- Key members of the staff (e.g., Colson, Dent Flanigan,
       Buchanan) should be requested to inform us as to who
       they feel we should be giving a hard time.

    -- The project coordinator should then determine what
       sorts of dealings these individuals have with the
       federal government and how we can best screw them
       (e.g., grant availability, federal contracts, litigation,
       prosecution, etc.).

    -- The project coordinator then should have access to
       and the full support of the top officials of the agency
       or department in proceeding to deal with the individual.

(99)

닉슨 대통령은 반대파에 대해 과할 정도로 적대감을 느끼는 성격으로, 자신의 정적 리스트
까지 만들어 관리했다. 새뮤얼슨은 자신이 이 블랙리스트(사진)에 이름을 올렸다는 사실을
자랑스럽게 여겼다.

"프리드먼은 리처드 닉슨에게서
인플레이션에 대한 자신의 통화주의식 해법을
현실에 적용해 줄 현명한 대통령의
자질을 보았다. 그러나 닉슨의 관심은 온통
재선에만 쏠려 있었다."

케네디 행정부로부터 경제자문위원장 자리를 제안받았을 때, 폴 새뮤얼슨은 정중히 거절했다. 그는 정부와 거리를 둔 채 미국에서 가장 저명한 경제학자라는 자리를 지키고자 했다. 하지만 밀턴 프리드먼은 다른 야망을 품고 있었다. 그는 자신의 급진적인 생각을 현실에 적용하기 위해 공화당 정치인들과 돈독한 관계를 쌓았다. 그는 정치인을 등에 업고 연방 정부의 경제 정책을 움직일 수 있기를 바랐다.

학계와 사회의 아웃사이더였던 프리드먼은 뉴욕의 건설 재벌 넬슨 록펠러 등 동부 기업가를 중심으로 한 주류 온건파 공화당 지도부가 자신에게 관심이 없다는 사실을 받아들였다. 이들이 보기에 프리드먼은 지나치게 독단적이고 지나치게 극단적이고 지나치게 위험한 인물이었다. 이들은 프리드먼의 자유 지상주의 사상이 전통적으로 선거의 승패를 좌우한다고 알려진 중도층 유권자들을 겁먹게 할까 봐 걱정했다.

하지만 프리드먼은 기성 동부 공화당 지도부의 눈치를 보지 않는 비주류 공화당 대통령 후보 배리 골드워터를 찾아냈다. 애리조나주지사 골드워터는 1964년 공화당 경선에서 주류 공화당 지도부가 순수한 보수 정책을 대변하고 적용하는 데 실패했다고 비판하며 반란을 일으켰다.

프리드먼은 골드워터가 대통령이 되어 연방 정부의 운영 방식을 대대적으로 바꿔 놓기를 바랐다. 그는 이렇게 말했다. "나는 골드워터의 원칙에 충실한 강직한 성정과 인기 없는 의견을 밀어붙이는 용기, 신념을 지키기 위해 정치적 편의주의를 기꺼이 버릴 줄 아는 태도에 감명받았다."[1]

골드워터의 선거 운동에서 프리드먼에게 주어진 역할은 원래 "보고서를 작성하고 다양한 정치적 이슈가 생길 때마다 전화로 대화를 나누는 것"[2] 정도였다. 전통 공화주의 사상가들로부터 배척당한 골드워터에게는 자신의 남다른 생각을 뒷받침해 줄 조언자가 절실히 필요했고, 프리드먼은 기쁘게 그 역할을 맡았다. 프리드먼과 골드워터는 서로 편지를 주고받으며 경제에 대한 시각을 교환했지만, 사실 골드워터는 경제학은커녕 정치 철학조차 잘 몰랐다. 그저 중앙 정부가 지나치게 크고 간섭이 심하다고 생각할 뿐이었다. 골드워터의 단순한 정부에 대한 반감을 그의 책 『보수주의자의 양심 The Conscience of a Conservative』에 담긴 정치 철학으로 발전시킨 이는 L. 브렌트 보젤 주니어L. Brent Bozell Jr.[3]로, 골드워터의 사상은 대부분 그의 영향을 받아 형성된 것이었다. 마찬가지로 골드워터는 경제 정책에 대해서도 자기 생각이랄 게 없었다. 프리드먼은 골드워터를 여러 번 만나지는 않았지만, 자주 편지를 주고받으면서 기쁘게도 그가 경제학을 잘 모른다는 사실을 발견했고, 골드워터의 경제 정책을 자신의 입맛에 맞게 만들 수 있었다.

그러던 중 『뉴욕타임스 매거진New York Times magazine』으로부터 골드워터의 경제 운영 방침에 대해 자세히 알려달라는 요청을 받자, 프리드먼은 경제를 어떻게 운영해야 하는지에 대한 자신의 견해를 밝히는 것으로 답했다. 그는 유창하고 이해하기 쉽고 지적 도전 정신을 자극하는 긴 글⁴로 아귀가 잘 안 맞는 골드워터의 말에 통일성을 부여했다. 프리드먼은 골드워터가 민주당 후보 린든 존슨 대통령이나 진보 언론에서 말하는 것처럼 신경질적이고 생각 없는 극우 인사가 아니라는 점을 알리고자 했다. 골드워터는 큰 정부를 좋아하지는 않지만 정부가 아예 경제에 개입하지 않기를 바라는 건 아니며, 연방 정부가 매년 균형 재정을 달성해야 한다고 생각하지도 않았다. 다만 골드워터가 대통령이 되면 재정 정책에는 큰 변화가 생길 것이었다. 경기 변동을 줄이기 위해 도입된 케인스주의식 자동 안정장치들은 엄격한 통화주의 원칙으로 대체될 것이었다.

프리드먼은 대공황의 원인에 관한 자신의 연구 결과를 근거로 이렇게 말했다. "지금까지 민간 부문은 변덕스러운 통화 정책으로 인해 발생한 경제 불안을 빈번히 감내해야 했다. 재정 정책을 쓰면 경제가 안정된다고들 말하지만, 정부의 수입과 지출은 국가 경제를 가장 불안하게 만드는 요소 중 하나로, 경제 불안을 해소하기보다는 키우는 경향이 있다."

"골드워터가 대통령이 된다면 [정부의 우선순위를 바꿔] 더 빠르고 안정적으로 시행할 수 있는 통화 정책을 우선적으로 펼 것이다. 과거에는 불황기에 수축적 통화 정책을 펴는 경우가 많았지만, 이는 오히려 불황을 더 깊어지게 했다. 사실 불황기에는 돈과 신용을 상당 속도로 늘려야 한다." 프리드먼은 통화 이론을 실제로 적용할 때 '안정 통화stable money' 원칙을 지켜 통화량을 느린 속도로 예측가능하게 늘리겠다고 말했다. 이렇게 하면 물가 상승률이 예측가능하고 안정적인 수준으로 유지된다는 것이 프리드먼의 주장이었다.

1964년 11월 대선에서 골드워터는 존슨에게 사상 최대의 표차로 대패했다(일반 투표에서 존슨이 60%의 표를 가져갔다). 하지만 프리드먼은 공화당의 경제 정책을 바꾸려는 시도를 그만두지 않았다. 다음번 공화당 대선 후보가 누구든 프리드먼은 그에게 통화주의 정책의 장점을 설파할 생각이었다. 골드워터는 졌지만, 프리드먼의 통화주의는 선거 운동 기간에 사람들에게 알려진 것을 계기로 영향력이 커지기 시작했다.

점점 더 많은 보수 지식인과 '건전 화폐sound money(통화 가치가 안정적이어서 가까운 미래에 구매력 저하가 나타나지 않는 화폐를 말한다—옮긴이)'를 중시하는 공화당 정치인들이 통화주의 정책을 받아들이기 시작했다. 그러면서 프리드먼이 골드워터의 선거 운동을 하며 설파한 다른 아이디어들(복지 개혁, 징병제 폐지, 주의 정치 권력 회복)도 지지를 얻었다.

얼마 뒤 프리드먼은 경제 정책 결정에 참여할 두 번째 기회를 얻었다. 1968년, 리처드 닉슨 대선 캠프의 경제 자문단을 이끌게 된 것이었다.

닉슨의 비공식 경제 자문

하이에크는 항상 프리드먼에게 정치인을 너무 가까이하지 말라고 충고했지만, 프리드먼은 눈에 보이는 결과를 원했다. 그가 옳다는 걸 증명해 보이지 않는 한, 정부는 계속 재정 정책을 통해 경제에 개입할 터였다. 그는 함께 일할 공화당 대통령을 찾아야 했다.

1969년 닉슨이 대통령에 당선되면서 프리드먼은 닉슨의 경제 자문이 되었다. 드디어 케인스주의의 물결을 되돌리고 엄격한 통화 정책을 도입할 기회가 온 것이었다. 하지만 프리드먼은 곧 닉슨이 원칙을 지키지 않는 충동적이고 교활한 인물임을 알게 되었다.

지능을 기준으로 사람을 판단했던 프리드먼은 닉슨의 총명함에 깊은 인상을 받았다. 훗날 그는 이렇게 말했다. "나와 가까이 지낸 정치인 가운데서는 [오하이오주 상원 의원 로버트 A. 태프트Senator Robert A. Taft와] 닉슨이 가장 지적 능력이 뛰어났다."[5] 하지만 닉슨은 교활하기로 악명 높았다. 프리드먼이 처음으로 닉슨의 기만 행위를 목격한 것은 대통령 선거 유세 때였다. 당시 닉슨은 면화 농장이 많은 일부 남부 주의 일반 투표에서 이기기 위해 수입 면직물에 관세를 매기겠다고 약속했다. 경제 우파의 원칙 중 하나인 자유 무역을 단번에 저버리는 닉슨의 모습에 프리드먼은 큰 충격을 받았다.

그럼에도 프리드먼은 닉슨 곁에 붙어 있어야 했다. 닉슨은 공화당 후보였고, 대통령이 되어 경제 정책을 바꿀 수 있는 사람은 그 밖에 없었다. 1968년 민주당의 내분과 민주당 표를 갈라치기한 남부의 인종차별주의 후보 조지 월러스George Wallace 덕분에 닉슨은 일반 투표에서 고작 50만 표 가량을 얻고도 선거인단 투표에서 민주당의 휴버트 험프리Hubert Humphrey를 손쉽게 이길 수 있었다. 프리드먼의 팀은 승리했고, 눈앞에는 4년의 임기가 온전히 펼쳐져 있었다.

1969년 1월 닉슨의 취임식 직전에 열린 회의에서 프리드먼은 대통령 당선인에게 조언할 기회를 얻었다. 이 자리에서 그는 통화주의 이론을 미뤄 둔 채, 그가 자주 문제 삼아 온 또 다른 케인스의 유산 브레턴우즈 협정을 폐지하라고 조언했다. 브레턴우즈 협정은 1944년 케인스의 참석하에 금본위제를 명목 화폐 위주의 체제로 바꾸기 위해 맺어진 협정으로, 1930년대에 경제 위기를 초래했던 통화 가치의 급격한 변동을 막기 위해 각국 통화의 가치를 달러에 연동한 고정 환율 체제였다. 브레턴우즈 협정이 각국 통화의 교환 비율을 일정한 범위 내로 제한했기에, 당시 한 나라의 경제는 다른 나라 경제의 영향을 크게 받을 수밖에 없었고, 수출품의 가격 경쟁력을 높여 단기적 이익을 얻기 위해 통화 가치를 절하할 수도 없었다.

프리드먼은 닉슨에게 "취임 후 첫 몇 주 동안이 …… 달러를 자유롭게 만들어 미국 경제 정책의 발을 묶고 있는 무역 수지 균형이라는 족쇄를 풀어 버릴 유일한 기회"라고 말했다.[6] 프리드먼은 통화 정책의 민감성을 고려할 때, 취임하자마자 변동 환율제를 채택하지 않는다면 "그렇게 중요한 결정을 자유롭게 밀어붙일 기회가 다시 오지 않을 것"[7]이라고 말했다. 한편, 새뮤얼슨 또한 1978년 《뉴스위크》 칼럼에서 더 실용적인 이유를 들어 변동 환율제를 채택할 필요가 있다고 주장했다. "정부가 외환 시장에 절대 개입하지 말아야 한다고는 생각하지 않는다. 하지만 현실적으로 외환 시장에 개입하는 행동은 대개 지킬 수 없는 것을 지키려는 어리석은 시도일 뿐이다[중앙은행은 대개 뒤늦게 개입해 방어할 수 없는 환율을 지키려는 헛된 노력을 한다]."[8]

닉슨의 최측근 경제 자문이었던 프리드먼의 친구 아서 번스가 변동 환율제에 강하게 반대하자, 닉슨은 프리드먼의 조언을 무시한 채 기존 체제를 유지하기로 했다. 하지만 얼마 지나지 않아 다른 브레턴우즈 협정국들이 미국에 의존적인 통화 체제에 불만을 표하기 시작했다.

닉슨은 달러 가치가 자유롭게 변하도록 브레턴우즈 체제를 폐지하라는 프리드먼의 제안을 무시했고, 프리드먼이 두 번째로 제안한 부의 소득세negative income tax(세금 추징과 복지를 결합해 소득이 없거나 적은 가구에 부의 세금을 매겨 돈을 오히려 지급해 주는 제도)를 도입하는 데도 관심이 없었다.

처음부터 자신의 의견이 묵살당했음에도 프리드먼은 닉슨이 대통령이 된 것을 진심으로 반겼고 닉슨이 백악관에 가면 자신의 목적을 이룰 수 있을 거라는 희망을 품었다. 하지만 곧 "언제든 정치적 이익을 공익에 앞세울 준비가 된"[9] 닉슨이 일관성 있는 보수 정책을 펴기를 바라는 것은 헛된 희망임을 알게 되었다.

닉슨은 프리드먼에게 공식 직함을 주지 않았지만, 프리드먼의 시각은 닉슨 주변의 여러 인물을 통해 닉슨 정부에 반영되었다. 새 행정부의 힘 있는 인사 중에는 프리드먼의 이론에 익숙하고 호의적일 뿐 아니라, 사적으로 프리드먼과 친분이 있는 사람이 많았다. 심지어 언론에서 프리드먼의 생각을 얼마나 지지하는지를 닉슨이 임명한 사람의 사상적 위치를 판단하는 기준으로 삼았을 정도였다.

실제로 폴 W. 매크래컨Paul W. McCracken[10]이 닉슨 행정부 경제자문위원회CEA 의장으로 임명되었을 때, 기자들은 그에게 프리드먼파Friedmanite냐는 질문을 던졌다. 매크래컨은 조심스럽게 자신은 프리드먼파는 아니지만, "프리드먼적Friedmanesque"이라고 답하며, 자신과 프리드먼의 의견에 약간의 차이가 있음을 드러냈다. 아마 통화량이 인플레이션의 원인이라는 프리드먼의 기본 논리에는 동의하지만, 인플레이션을 일으키는 수많은 요인 가운데 통화량 증가만이 근본 원인이라는 주장에는 동의하지 않는다는 뜻이었을 것이다.

1970년 2월 아서 번스가 연준 의장이 되면서 프리드먼은 경제 정책에 더 큰 영향을 미칠 수 있으리란 기대를 품었을 것이다. 그와 번스는 럿거스대학교 시절부터 인연을 맺은 사이로, 1937년 프리드먼을 전미경제연구소로 불러 통화량이 경기에 미치는 영향을 연구하도록 한 사람이 바로 번스였다. 당시 프리드먼에게 번스는 그냥 직장 상사가 아닌 가장 중요한 멘토였다. 번스는 화폐 수량설을 파고드는 프리드먼에게 옳은 길을 가고 있다는 격려를 아끼지 않았다. 그뿐만 아니라 번스의 거시 경제 연구는 프리드먼과 슈워츠가 『미국 화폐사』의 이론적 기틀을 만드는 데 큰 영향을 주었다. 1967년 전미경제학회 강연을 준비할 때도 프리드먼은 번스에게 조언을 구했다.[11]

하지만 두 사람이 닉슨 행정부의 자문으로 일하던 무렵 번스는 프리드먼의 지나치게 단순한 통화주의에 회의적이었다. 프리드먼의 추천으로 대통령 경제자문위원회에 합류해 1972년부터 1974년까지 위원장을 지낸 허버트 스타인Herbert Stein[12]은 이렇게 말했다. "번스는 인플레이션 걱정 없이 경제를 성장시키는 데 통화 정책이 가장 중요하다는 주장에 동의하지 않았다."[13] 프리드먼의 "가까운 친구이자 추종자 겸 제자"[14]를 자청한 신임 관리예산처Office of Management and Budget장 조지 슐츠와 대다수의 경제자문위원회 위원이[15] 통화주의를 지지하는 와중에도 번스는 통화량은 인플레이션에 영향을 미치는 한 요소일 뿐이라는 의견을 바꾸지 않았다. 그는 여전히 공공 지출을 줄이는 등의 재정 정책이 인플레이션 관리에 더 효과적이라고 보았다.

번스는 프리드먼의 이론에 흥미를 느끼기는 했지만, 실제 정책을 펼 때 통화주의 이론을 어떻게 적용해야 할지 알 수 없었다. 통화량이나 경제 내 통화 유통 속도 같은 단순한 개념조차도 그것이 정확히 무엇이라고 답하기가 어려웠다. 프리드먼이 말하는 통화량은 정확히 무엇을 의미할까? 어떻게 측정할 수 있을까? 통화량을 정밀하게 늘리거나 줄일 방법이 있을까? 의회 진술에서 번스는 통화량은 측정 방식에 따라 큰 차이가 난다면서, 자신이 겪고 있는 딜레마를 이렇게 설명했다. "2월에 우리는 (통화량 증가율을) 6.5%로 발표했습니다. 하지만 다른 계절 조정 방식을 적용하면 0이 될 수도 있고, 10.6%가 될 수도 있습니다. 여기서 끝이 아닙니다. 이 수치들은 현재 수정되었습니다."[16]

닉슨은 경제 이론뿐 아니라 경제 자체에도 큰 관심이 없었지만 경제가 나빠지면 재선되기 어렵다는 사실은 알고 있었다. 그는 이 사실을 쓰디쓴 경험을 통해 터득했다. 닉슨은 자신이 1960년 대선에서 존 F. 케네디에게 진 이유가 전임 공화당 대통령 드와이트 아이젠하워Dwight Eisenhower 때문이라고 생각했다. 아이젠하워가 임기 말에 세금을 감면해 대선 전 경기를 활황으로 만들었다면 부통령이었던 닉슨이 이기는 데 도움이 되었을 터였다. 하지만 아이젠하워는 책임을 다해야 한다면서 재정 균형을 맞추는 쪽을 택했다. 그 해 닉슨은 케네디와 접전을 벌인 끝에 일반 투표에서 더 많은 표를 얻고도 선거인단 투표에서 패했다. 닉슨은 아이젠하워가 정부 부채를 줄이지 않고 경기 확장 정책을 썼더라면 자신이 이겼을 거라는 말을 자주 했다.

소외된 프리드먼

대통령이 된 닉슨의 앞에는 수많은 경제적 난관이 기다리고 있었다. 존슨 정부로부터 물려받은 베트남 전쟁과 빈곤 저감 프로그램 '위대한 사회Great Society'에 들어가는 막대한 정부 지출 때문에 연방 정부 재정은 큰 적자를 기록했다. 여기에 인플레이션이 심해지고 달러 가치가 떨어지면서 브레턴우즈 협정에 따라 달러를 정해진 값에 금과 바꿔 줘야 하는 미국의 국제 수지 적자 또한 심각하게 증가하고 있었다.

닉슨은 인플레이션보다는 실업을 더 걱정하는 편이었다. 그가 존슨 대통령으로부터 자리를 물려받았을 때 미국 경제는 물가 상승률 5.3%, 이자율 4.25%의 완전 고용(실업률 3.3%) 상태였다. 닉슨은 경제 지표 가운데 실업률을 낮게 관리하는 것을 가장 중요하게 여겼다. 그는 국제경제문제 보좌관 피트 피터슨Pete Peterson[17]에게 이렇게 말하기도 했다. "미국에서 인플레이션 때문에 선거에서 진 사람은 한 번도 본 적이 없다네. 실업률 때문에 진 사람은 많이 봤지만."[18]

하지만 닉슨의 첫 임기 3, 4년 동안 물가 상승률이 계속 오르면서 인플레이션은 정치적 문제로 급부상했다. 노동조합은 물가 연동 임금 계약을 요구하기 시작했고, 1971년 9월, 제너럴모터스 소속 전미자동차노조원 150만 명이 파업에 나섰다. 67일 동안 이어진 파업 끝에 노사는 인플레이션으로 인한 '생활비' 증가를 고려해 다음 3년 동안 임금을 30% 인상하기로 합의를 맺었다. 1970년 11월 중간 선거에서 민주당이 하원 의석수를 늘리고 상원에서 다수당 자리를 지키자 닉슨은 불안해졌다. 지지율이 50% 아래로 떨어지면서 닉슨은 유권자들에게 물가 상승에 대응하는 모습을 보이기 위해 일종의 쇼를 벌이기로 했다. 프리드먼에게 통화주의 이론을 실험할 절호의 기회가 온 것이다. 하지만 한 백악관 내부 인사의 말에 따르면 당시 "케인스의 경제 운영 원칙이 힘을 잃고 화폐의 중요성을 강조하는 이론이 떠오르고"[19] 있었음에도 불구하고 닉슨의 머릿속에는 프리드먼의 통화주의가 들어 있지 않았다.

이 사실은 1971년 1월 초 닉슨이 연례정책연설에서 경제가 최상의 상태에 도달했을 때를 재정 균형으로 보는 "완전 고용 재정"[20]을 펴겠다고 발표하면서 확실해졌다. 닉슨은 이렇게 말했다. "우리는 완전 고용 상태에 있는 것처럼 지출함으로써 완전 고용에 더 가까이 다가갈 수 있습니다."[21]

정부는 경기 부양책과 완전 고용 재정 정책을 펴고, 연준은 경제 성장에 필요한 돈을 충분히 공급하고, 노동계와 재계는 사익 외에 국익까지 고려해 임금과 물가를 결정한다면, 노동자, 농부, 소비자 등 모든 미국인이 함께 새로운 번영이라는 목표를 달성할 수 있습니다. 일자리, 소득, 이윤은 늘고 인플레이션과의 전쟁은 사라질 것입니다.[22]

정책 결정에서 배제되어 낙심해 있던 프리드먼은 이날 연설을 마친 닉슨이 "이제 저는 케인스주의자입니다"라고 선언하는 것을 듣고 깜짝 놀랐다. (프리드먼은 갤브레이스에게 편지를 보내 이렇게 말했다. "자네의 제자임을 자처하는 닉슨을 보며 분명 나만큼이나 분개했을 거라고 믿네."[23]) 닉슨은 이론적으로는 시장주의를 지지하지만, 자유 기업이 더는 제 일을 못 하는 것 같다고 말했다. 한번은 고위급 경제

자문 두 명에게 이렇게 말하기도 했다. "우리는 이제 시장이 제대로 동작하는 세상에 살고 있지 않습니다."[24] 보좌관들은 케인스를 언급하다니 대통령이 사상적 진영이 바뀐 것이 아니냐고 의심하는 공화당원들을 달래기 위해 불황기에는 재정 적자가 발생하기 마련이니 증세로 상황을 악화시켜서는 안 된다는 사실을 언급한 것일 뿐, 불황을 '바로잡기' 위해 총력을 기울여 경제에 개입하겠다는 뜻은 아니라고 둘러댔다. 하지만 한 가지 분명한 사실은 닉슨이 백악관에 남기 위해서라면 무슨 원칙이든 저버릴 위인이라는 것이었다.

1971년 6월, 닉슨은 연례정책연설에서 말한 대로 연준을 압박해 "경제 성장에 필요한 돈을 충분히 공급"하게 하기 위해 여전히 비공식 자문에 불과했던 프리드먼을 불러 번스가 이자율을 내려 통화량을 늘리고 경기를 부양하도록 설득해 달라고 부탁했다. 프리드먼은 이 생각에 강하게 반대하며 통화량을 늘리면 분명 인플레이션이 더 심해질 거라고 냉정히 말했다. 프리드먼은 당시 상황을 이렇게 설명했다. "닉슨도 내 말에 동의했다. 하지만 어찌 되든 초기에는 경제가 성장할 테니 1972년 대선 전까지는 경기 상황이 좋아지지 않겠느냐고 했다." 프리드먼이 "심각한 인플레이션"을 대가로 치르면서까지 선거에서 이겨야 할 필요가 있는지 묻자, 닉슨은 "그건 그때 가서 걱정할 문제"라고 답했다.[25]

여기서 끝이 아니었다. 1971년 8월, 닉슨은 연준 의장 번스와 신임 재무부 장관 존 코널리John Connally,[26] 당시 재무부 차관이자 차기 연준 의장 폴 볼커Paul Volcker를 캠프 데이비드Camp David(미국 대통령 별장)로 불러 고위 경제 자문 회의[27]를 열었다. 표면적으로는 인플레이션의 해법을 찾기 위해 열린 이 회의에서 닉슨은 나중에 '닉슨 쇼크The Nixon Shock'라고 불리게 될 광범위한 경제 개혁 계획을 논의했다. 이번에도 프리드먼은 완전히 소외됐다.

당시 미국 경제는 베트남 전쟁과 무역 적자의 증가, 노동 문제, 10%나 증가한 통화량 등으로 인해 달러 가치가 크게 낮아지면서 긴박한 상황에 놓여 있었다. 달러가 약해지면서 강한 달러를 기반으로 한 브레턴우즈 체제에 금이 가기 시작한 것이었다. 브레턴우즈 협정에 따르면 미국은 다른 나라에 온스당 35달러라는 고정된 가격에 금을 팔아야 했다. 달러 가치가 계속 떨어지면서 미국의 금 보유량은 걱정스러운 속도로 줄어들었다. 다른 나라들이 점차 가치가 떨어지는 달러 보유량을 줄이고 미국으로부터 헐값에 사들인 금으로 국고를 채우면서 포트 녹스Fort Knox[28]에 비축된 막대한 양의 금괴가 곧 바닥날 것이라는 소문이 돌았다.[29] 1971년 5월, 서독은 브레턴우즈 협정을 지키기 위해 마르크를 평가 절하해야 하는 상황에 놓이자, 브레턴우즈 체제를 탈퇴해 버렸다. 같은 해 7월, 스위스가 5000만 달러를 금으로 바꾼 데 이어, 8월 초에는 프랑스가 뉴욕항으로 전함을 보내 뉴욕 연방준비은행으로부터 구매한 1억 9100만 달러어치의 금을 싣고 떠났다. 결국 닉슨도 케인스의 유산인 브레턴우즈 협정을 시급히 끝내야 한다는 프리드먼의 의견에 동의할 수밖에 없었다.

프리드먼을 비롯한 시장 경제학자들은 원래부터 행정부가 아닌 시장이 통화의 가격을 결정하는 자유변동환율제를 선호했다. 1971년 8월, 닉슨이 달러의 금 태환을 중단하겠다고 선언하면서 브레턴우즈 체제는 사실상 막을 내렸다. 1973년 3월, 닉슨은 정식으로 브레턴우즈 체제를 종결하고 공개 시장에서 달러 가치가 자유롭게 정해지도록 했다. 그리고 1971년 8월에는 수입이 수출을 초과하며 생긴 국제 수지 적자를 줄이기 위해 수입품에 10% 관세를 도입했다.

닉슨은 브레턴우즈 체제를 종료하고 달러를 변동 환율제에 노출시키면 달러 가치가 내려갈까 봐 걱정했다. 국수주의 미국인들에게 달러 가치 하락은 곧 국력의 하락을 의미했기 때문이다. 닉슨은 유권자의 주의를 돌릴 심산으로, 많은 사람의 걱정거리가 된 치솟는 물가를 잡을 정책을 추가하기로 했다. 프리드먼은 닉슨이 인플레이션을 잡기 위해 통화주의 이론을 적용할지도 모른다는 기대를 걸었지만, 1971년 캠프 데이비드에서 통화주의는 논의되지 않았으며 통화량에 대한 언급조차 없었다. 재선에만 관심이 있었던 닉슨은 더 눈에 잘 띄고 직접적인 정책을 원했다.

닉슨이 선택한 정책은 즉시 90일 동안 임금과 가격을 동결하고 이후 연방 정부가 지속적으로 모든 임금과 가격을 통제하는 것이었다. 법으로 물가와 가격을 동결하는 정책은 인플레이션으로 고통 받던 다른 나라들[30] 또한 사용했던 방법이기는 하나, 인플레이션을 해결하기 위해서라기보다는 유권자들에게 정부가 임금과 물가 상승의 악순환을 막기 위해 강력한 정책을 펴고 있다는 것을 보여 주기 위한 정책에 더 가까웠다. 민주당이 다수당이었던 미국 의회는 정부가 이 방법을 쓰기를 바라며 이미 1970년에 관련법을 통과시킨 상태였으나, 그때까지 닉슨은 가격 통제에 회의적이었다. 1942년 전시에 물가관리청Office of Price Administration에서 근무했던 닉슨은 법으로 가격을 통제하는 일을 직접 해 본 적이 있었고, 이번 가격 통제 정책이 성공할 거라고 생각하지 않았다. 그는 슐츠에게 이렇게 말했다. "당신도 잘 알겠지만, 임금과 가격을 통제하는 것의 문제는 그 빌어먹을 짓이 통하지 않는다는 거요. 제2차 세계 대전 때도 못 했는데 평화로운 시절에 될 리가 없지."[31]

닉슨은 가격 통제가 "미국의 자유 경제를 질식시킬까 봐"[32] 두려워했고 이 정책이 "미국을 사회주의화하려는 여러 책략"[33]과 별다를 바 없다고 생각했다. 겉으로는 번스와 코널리, 블거[34]가 임금과 가격을 통제하라고 압박해 어쩔 수 없었다고 둘러댔지만, 사실 이 정책이 표를 얻기에 좋은 묘책이라고 생각해서 실패할 걸 알고도 밀어붙인 것이었다. 프리드먼은 이렇게 말했다. "원칙적으로 [닉슨은] 임금과 가격 통제에 강하게 반대하는 입장이다. 하지만 모두 알다시피, 닉슨에게는 정치적으로 필요하다면 원칙 따위는 쉽게 무시하는 재주가 있다."[35]

프리드먼은 눈앞의 광경에 말을 잇지 못했다. 자유무역주의자로서 그는 무역을 제한하는 모든 관세와 조치에 반대했다. 또한 그가 조사한 바에 따르면 당시 미국의 물가 상승률은 1967년 이래 그 어느 때보다 더 낮은 수준이었으므로 물가 상승 압력에 대응할 필요는 전혀 없었다.[36] 프리드먼은 닉슨이 달러를 변동 환율에 노출시킨다는 결정을 감추기 위해 실패할 줄 알면서도 정치적 목적으로 임금 및 가격 통제 정책을 도입했다고 생각했다. 그는 이렇게 말했다. "나는 가이드라인과 통제 모두에 강하게 반대한다. 이러한 조치는 여러 번 시도되었으나 한 번도 효과를 낸 적이 없다. 실패하는 과정에서 경제를 왜곡시키고 인플레이션의 원인에 대한 잘못된 생각을 퍼뜨리기만 할 뿐이다. 인플레이션을 만드는 곳은 워싱턴이지 다른 곳이 아니다"[37] 훗날 프리드먼은 닉슨의 가격과 임금 통제에 대해 이렇게 평했다. "[닉슨이] 사임할 때까지 도입한 다른 어떤 정책보다 더 큰 악영향을 미쳤다."[38] 한편 새뮤얼슨은 가격 통제의 효과에는 회의적이었지만, 가끔 유용할 때도 있다고 생각했다.

닉슨이 가격 통제를 발표했을 때,《뉴스위크》[39] 칼럼에서 닉슨의 자유 시장 교란 행위를 거세게 비판한 이는 새뮤얼슨이 아닌 프리드먼이었다. 프리드먼은 「가격 동결이 실수인 이유Why the Freeze is a Mistake」라는 칼럼에서 닉슨의 가격 및 임금 통제 정책이 "무척 그럴싸한 속임수"에 불과하다면서 에드먼드 버크Edmund Burke를 인용해 "시작은 창대하나, 그 끝은 대개 민망하고 처참하다"고 말했다. 프리드먼은 물가 상승률을 낮추기 위해 가격과 임금을 동결하는 것은 배의 방향 조종키를 묶어 놓는 것과 마찬가지라고 주장했다. "이 조치는 어떻게 끝날까? 아마도 지금껏 시도된 다른 가격 및 임금 동결 조치와 마찬가지로 조만간 막을 내릴 것이다. 빠를수록 좋다. 로마의 디오클레티아누스 황제 시절부터 오늘날까지 시도된 모든 가격 통제 정책은 억눌려 있던 인플레이션이 다시 튀어 오르며 완전한 실패로 끝났다."[40] 이어서 프리드먼은 닉슨의 요청에 따라 통화량을 6개월 동안 10%나 늘려 인플레이션에 불을 붙였다면서 번스를 비판했다.

언제나 자신감이 넘쳤던 프리드먼은 세계 최고의 권력자 앞에서 그의 잘못을 지적하는 것도 두려워하지 않았다. 캠프 데이비드 긴급회의에서 가격 통제를 결정한 지 한 달 뒤인 1971년 9월, 닉슨은 프리드먼을 대통령 집무실로 불러 가격 및 임금 동결이 나쁜 정책이라는 사실은 자신도 알고 있으며, 가능한 한 이른 시일 내에 이 정책을 끝낼 것이라고 말했다. 그리고 실무자인 조지 슐츠를 가리키며 "이 흉측한 정책 때문에 조지를 비난하지는 말게나"라고 덧붙였다. 프리드먼은 날카롭게 되받아쳤다. "제가 비난하는 사람은 조지가 아니라 당신입니다. 대통령님."[41]

프리드먼은 10월 18일 자 칼럼에서 불길한 예측을 이어나갔다. "가격 통제의 수면 아래에서 물가 상승 압력이 축적될 것이다. 둑이 무너지면서 1973년 즈음 인플레이션이 다시 폭발할 것이다. 그리고 이 인플레이션을 막으려는 노력은 심각한 불황으로 이어질 것이다." 프리드먼은 사람들이 가격 동결 기간에 올리지 못한 가격을 따라잡느라 더 높은 임금과 가격을 줄줄이 요구하고 나서면 하이퍼인플레이션이 고착화될 가능성이 높다고 주장했다.

프리드먼은 닉슨이 수요와 공급이 만나는 지점에서 시장 '청산'이 이뤄지며 '자연스럽게' 가격이 결정되는 가격 기구의 자유로운 작동에 개입한 것에 분개했다. "가격을 시장 청산 가격보다 훨씬 낮게 통제해 인플레이션을 억누르는 것보다는 차라리 하이퍼인플레이션을 그냥 겪는 편이 생산량에 타격을 적게 준다"는 것은 이미 15년 전부터 그가 주장해 온 바였다.

10월 18일자 칼럼에서 프리드먼은 하이퍼인플레이션이 왔을 때 해결하는 방법은 두 가지밖에 없으며 둘 중 어느 쪽도 마음에 들지 않는다고 말했다. "더 광범위하고 꼼꼼하고 정확한 가격 통제 정책을 다시 시행하거나, 매우 디플레이션적인 통화 및 재정 정책을 쓰는 수밖에 없다. 첫 번째 방법은 잘해 봤자 일시적으로 고통을 경감시킬 뿐, 경제와 사회 구조를 심하게 왜곡할 것이다. 두 번째 방법은 경기 침체로 이어질 것이다."[42] 10년 뒤 닉슨에게서 정부를 물려받은 지미 카터Jimmy Carter가 극심한 인플레이션과 싸우는 과정에서 겪게 될 골치 아픈 딜레마를 정확히 예견한 대목이었다.

한편 닉슨의 블랙리스트[43]에 이름을 올린 것을 자랑으로 여겼던 새뮤얼슨은 가격 및 임금 통제 정책이 잘 풀리길 바라는 사람들의 마음은 이해했지만, 이 정책이 성공할 거라고는 생각하지 않았다. 1970년 12월, 가격 통제 정책을 도입해야 한다고 생각하느냐는 질문을 받자, 새뮤얼슨은 이렇게 답했다. "저라면 직접적인 임금 및 가격 통제 정책은 더 큰 위기 상황을 위해 남겨 둘 겁니다. 현재로서는 가격 통제를 해야 한다고 생각하지 않습니다."[44] 이듬해 닉슨이 가격 통제를 시행했을 때도 새뮤얼슨은 가격 통제를 할 만큼 상황이 크게 변하지 않았다고 생각했고, 가격 통제가 효과가 없거나, 있더라도 단기간에 불과하다는 다른 나라 사례가 많은데도 가격 통제 정책을 지지하는 갤브레이스 같은 진보 경제학자를 비웃었다.

이전 장에서 말한 것처럼 새뮤얼슨은 당시 미국을 비롯한 선진국을 서서히 압박해 오던 스태그플레이션(고물가, 저성장, 고실업)의 원인에 대해 프리드먼과 의견이 달랐다. 새뮤얼슨은 전 세계의 흉작과 경기 '과열'로 고물가에 시달리는 일부 국가 등 '외부 요인'으로 인해 '비용 인상' 하이퍼인플레이션이 나타났다는 진단을 내렸다. 그가 보기에 프리드먼은 인플레이션을 지나치게 단순하게 해석해 쉬운 해결책만 제시하는 독단론자에 불과했다. 새뮤얼슨은 이렇게 말했다. "하이에크주의자들은 자유 시장과 통화량 관리의 결합이 스태그플레이션에 대응하는 유일한 방법이라고 [말한다]. 하지만 현대 세계를 똑바로 보는 대다수 경제학자는 이런 방식이 이들의 주장보다 비용은 더 많이 들고 효과는 더 안 좋다는 사실을 알고 있다."[45]

청문회에서 맞붙다

1971년 9월, 프리드먼과 새뮤얼슨은 양원합동경제위원회the Joint Economic Committee of Congress 청문회에 참석해 닉슨의 새로운 경제 정책에 대한 의견을 밝혔다. 웅장한 국회의사당 건물에서 열린 이 청문회에서 오랜 친구이자 라이벌인 새뮤얼슨과 프리드먼은 텔레비전 카메라를 앞에 두고 보기 드문 논쟁을 벌였다. 케인스와 하이에크 때와 마찬가지로 논쟁은 명확한 결론 없이 끝났지만, 프리드먼과 새뮤얼슨의 경제, 철학, 성격적 차이만은 극명히 드러났다.

이날, 물가 상승의 책임을 노동조합에 돌리며, 노동조합이 노동 시장에서 독점력을 행사해 임금을 올리기 때문에 물가가 따라 오르는 것이라고 주장하던 보수 정치인들은 실망을 맛보았다. 자신들에게 동의할 줄 알았던 프리드먼이 다른 것은 몰라도 물가가 오르는 것은 노동조합 탓이 아니라고 말했기 때문이었다. "노동조합 편을 드는 게 익숙하지는 않군요. 제 생각에 그들은 배타적인 조건을 걸어 저소득층의 기회를 빼앗는 등 여러 악영향을 미칩니다. 하지만 인플레이션은 그들 탓이 아닙니다." 프리드먼은 얼마 전 타결된 제너럴모터스 임금 협상을 예로 들며, 노동조합이 제시한 높은 임금이 받아들여지는 이유는 "원 계약이 물가 인상률이 훨씬 낮을 것이라는 기대하에 맺어졌기 때문"이라고 설명했다. 임금이 오르는 물가를 따라잡는 것은 피할 수 없는 현상이며 조합원들의 임금을 물가에 맞춰 올리는 것은 노동조합의 임무였다. 새뮤얼슨은 프리드먼의 설명에 동의했지만, 임금 인상이 이어질 때 나타날 결과에 대해서는 주의를 당부했다. "모든 사람이 물가를 따라잡기를 바란다면, 닭이 먼저냐 달걀이 먼저냐 하는 상황이 되어 인플레이션이 영원히 지속될 것입니다."[46]

프리드먼은 대통령이 민주당이 다수인 의회가 지출 감축안을 통과시키도록 밀어붙이지는 못할 것 같다고 말하면서도, 건강, 교육, 도시 재생 사업에 대한 공공 지출을 줄이겠다는 닉슨의 제안에 찬사를 보냈으며, 연방 정부가 노동 시장과 소비자 물가에 개입하는 것에는 단호한 반대 의사를 밝혔다. "임금 및 물가 동결은 물론이고 동결 이후 따라올 것이 틀림없는 더 가벼운 임금 및 물가 통제 정책도 강력히 반대하는 바입니다. 이러한 정책은 허울뿐인 조치로, 인플레이션의 근본 원인에는 아무런 영향을 미치지 못합니다. 여기서 말하는 근본 원인이란 정부의 통화 및 재정 정책입니다."

임금 및 가격 통제 정책에 효과가 있다면, 경제 구조를 왜곡하고 나쁜 영향을 미치는 것뿐입니다. 사람들이 임금 및 가격 통제를 회피할 방법을 찾아낸다면, 경제에 미치는 악영향은 적겠지만, 현재 다양한 사회 문제의 원인이 되고 있는 약한 준법정신이 더 약해질 것입니다.[47]

새뮤얼슨은 닉슨의 가격 통제에 대한 프리드먼의 비관론에 동의하지 않는다고 말했다. "전반적 상황을 감안할 때 …… 올해와 내년의 물가와 임금 상승폭을 낮추는 효과는 있을 겁니다."[48] 또, 가격 통제가 단기적 해결책에 불과하다는 사실이 다른 나라 사례에서 드러나기는 했지만, 그가 보기엔 어차피 "미국 사회와 경제가 영구적인 소득 정책incomes policy [서유럽의 일부 국가들처럼 연방 정부와 노동자가 매년 인위적으로 임금 인상률을 정하는 것]을 허용하지 않을 것"이라면서 어차피 "물가와 임금이 오르는 것은 크누트 왕의 칙령으로도 막을 수 없다"[49]고 덧붙였다. 새뮤얼슨은 1971년 8월의 응급조치가 경제 성장에 어느 정도 도움이 될 수 있으며, 임금 인상과 물가 상승 사이의 순환을 느리게 만들어 임금 및 가격 인플레이션을 낮추는 효과도 기대할 수 있다고 주장했다. "목표나 가격을 정한다고 해서 물가와 임금을 이전 수준으로 되돌리거나 물가를 잡아들 수는 없지만, 물가와 임금의 오름폭을 줄이는 정도의 효과는 기대할 만합니다."[50]

새뮤얼슨은 정부의 통제가 임금이나 물가를 낮추리라고 확신할 수 없다는 프리드먼의 의견에 동의하면서도, 가격 통제는 어떠한 상황에서도 하면 안 된다고 잘라 말하는 프리드먼의 코를 납작하게 해 주고 싶은 충동을 느꼈다. 그는 이런 우스갯소리를 했다. "저는 잠이 안 올 때 양을 세는 대신 사고 실험을 합니다. 내가 프리드먼 교수라면 어떨까? 하고 생각하는 거죠. 정부가 개입하지 않은 상황에서 인플레이션이 7%라면 소득 정책을 펴도 될까요? 첫 번째 질문에 대한 제 답은 언제나 '아니요'입니다. 그런 다음 8%로 넘어가죠. 이번에도 답은 '아니요'입니다. 여기까지 하면 어느새 잠이 듭니다."[51]

프리드먼은 가격 통제가 비효율적이고 인플레이션을 해결하기는커녕, 기름을 붓는 행위라고 믿었다. 통제가 있는 동안 의회와 정치인들이 이제 오르는 물가에 신경 쓸 필요가 없다고 믿게 되는데다, 통제가 끝나면 기업과 노동조합이 그동안의 물가 인상분을 '따라잡으려' 할 것이라는 이유에서였다. 그는 다른 나라에서 그랬던 것처럼 시간이 흐르면 결국에는 정책이 효과를 발휘하지 못하게 될 거라고 예상했다. "한동안 표면적으로는 가격을 낮게 유지할 수 있겠지만, 물가 인상 압력이 계속 쌓이면 분명 통제가 불가능해질 것이다." 그때 "인플레이션을 억제하려면 확장적 통화 및 재정 정책에 급격한 제동을 거는 것을 고려할 수밖에 없다."[52]

새뮤얼슨은 프리드먼이 이론이 아닌 이념에 기초해 공공 지출과 세금을 늘리는 데 반대한다면서 강하게 비판했다. 닉슨 정부의 8월 발표에 따르면 정부는 앞으로 지출과 세금을 둘 다 줄일 계획이었는데, 새뮤얼슨은 프리드먼이 공공 지출 감축을 옹호하는 것은 경제학적으로 근거가 있어서가 아니라 정치적 이념 때문이라면서 이렇게 말했다. "프리드먼 교수는 상황이 어떻든 항상 지출과 세금을 줄일 적기라고 말합니다. 거시 경제적 근거가 있어서가 아니라, 개인적 철학 같은 다른 이유에서요. 저는 그의 판단에 동의하지 않습니다. 저는 정부 지출이 필요한 곳이 아주 많고, 그 자금을 대기 위해 세금을 걷어야 한다고 생각합니다."[53]

프리드먼은 새뮤얼슨의 비판을 더 큰 논쟁으로 발전시키지 않고 재치 있게 받아넘겼다. 그는 자신의 예측이 언제나 지나치게 비관적이라는 새뮤얼슨의 말을 걸고넘어지며 이렇게 말했다. "저로서는 폴 새뮤얼슨의 피학적 견해를 이해하거나 받아들일 수가 없습니다. 그렇지만 제 예측이 비관적이라는 그의 말은 정정하고 싶습니다. 그건 틀린 말이니까요."

프리드먼은 자신이 공공 지출과 세금을 줄이는 쪽을 선호하는 이유를 이렇게 설명했다.

저는 감세가 친기업적인지 아닌지 따지는 것이 정치적 선동이라고 생각합니다. 기업은 세금을 내지 않습니다. 세금을 낼 수 없으니까요. 세금을 내는 건 사람입니다. 기업의 이름으로 내는 그 세금을 실제로는 누가 낼까요? 그 기업의 고용인이나 그 기업의 고객, 또는 그 기업의 주주입니다. 세금은 사람이 내는 겁니다. 기업 자체는 세금을 낼 능력이 없습니다.[54]

청문회 막바지에 새뮤얼슨과 프리드먼은 거의 일대일로 말을 주고받았다. 더 정확히 말하자면, 프리드먼이 민간 기업에 세금을 얼마나 부과해야 하는지에 대한 질문에 답하는 와중에 새뮤얼슨이 참지 못하고 끼어들어 화를 낸 것이다. 새뮤얼슨은 이윤은 노동조합이 임금을 낮추는 데 합의해서 기업이 얻은 몫이므로 "그 합의의 대가로서" 법으로 관리할 필요가 있다고 믿었다. 그는 법으로 이윤을 정하는 것은 현실적으로 매우 어렵고 거의 불가능하므로 대신 법인세를 대폭 인상해서 이윤을 줄여야 한다고 주장했다.

프리드먼은 이 생각에 전혀 동의하지 않았다. "저는 현재 법인세율이 너무 높다고 생각합니다. 법인세율을 내려야 합니다. 아무튼 제가 보기에 법인세율은……."

프리드먼은 말을 끝맺을 수 없었다. 새뮤얼슨이 끼어들었기 때문이다. "자네도 알다시피 나는 그렇게 생각하지 않아. 노동조합도 그렇게 생각하지 않아. 저소득층도 대부분 그렇게 생각하지 않아."[55]

기대가 크면 실망도 크다

닉슨의 정책은 프리드먼의 목표에 얼마나 부합했을까? 닉슨은 프리드먼의 통화량과 인플레이션 이론을 무시했고 가격 및 임금 통제에 대한 프리드먼의 반대 의견에도 신경 쓰지 않았다. 그럼에도 프리드먼은 적어도 두 가지 부분에서 닉슨 행정부에 뚜렷한 영향을 미쳤다. 하나는 변동 환율제를 도입해 달러가 제 가격을 찾도록 한 것이고, 다른 하나는 프리드먼의 숙원대로 미국이 1973년 1월 징병제를 폐지한 것이다.

닉슨과 그의 내각은 프리드먼의 통화주의 이론에 우호적이기는 했지만, 임금 및 가격 통제 정책을 도입하고 관세를 부과한 것을 보면 알 수 있듯 언제든 자유 시장을 포기할 준비가 되어 있었다. 훗날 스타인은 이렇게 말했다. "'프리드먼적'이었던 [닉슨의] 경제학자들은 통화량이 인플레이션의 원인이라는 쪽에 훨씬 더 무게를 실었다. 하지만 기존 공화당이 펴던 케인스주의 정책을 저버릴 만큼 확신을 가지고 있지는 않았다."[56]

스타인은 프리드먼이 닉슨 정부에 미친 영향력을 평가하면서, 프리드먼의 이론을 현실에 적용할 때 부딪히게 되는 한 가지 문제를 지적했다. 통화를 가변적으로 공급하던 경제에서 연 2% 내외의 예측 가능한 수준으로 꾸준히 공급하는 경제로 전환하기가 생각보다 어렵다는 것이었다.

'프리드먼식'으로 안정적인 통화량 증가 정책을 펴려면 어려운 점이 많았다. 프리드먼의 정책은 이미 안정적인 경제를 유지하는 데는 적절한 정책일 수 있었다. 하지만 1969년은 경제를 안정적으로 유지해야 하는 시기가 아니었다. 당시는 증가하는 물가 상승률을 낮춰야 하는 시기였다. 그러려면 통화량 증가 속도를 줄여야 했는데, 프리드먼

의 '안정 통화' 수칙에는 통화량 증가 속도를 어떻게 줄여야 하는지에 대한 가이드라인이 없었다.[57]

결과적으로 닉슨은 프리드먼에게 실망을 안겼다. 프리드먼은 이렇게 말했다. "1968년에 나는 닉슨을 강력히 지지했다. 지금 와서 되돌아보면 솔직히 그 행동이 옳았는지 모르겠다." 그런 다음 프리드먼은 닉슨에게 실망했던 사례를 나열했다.

닉슨만큼 나와 철학이 비슷한 대통령은 거의 보지 못했다. 그보다 더 머리가 좋은 대통령도 거의, 아니 아예 보지 못했다. 하지만 그의 성과는 말솜씨나 능력에 부합하지 못했다. 이를 가장 극적으로 보여 주는 사례는 임금 및 가격 통제 정책이지만, 이게 다는 아니다.

닉슨은 더 작고 덜 개입하는 정부를 만들어야 했지만, 그가 임기를 마칠 무렵 국민 소득 대비 연방 정부 지출의 비중은 그가 처음 집권했을 때와 거의 같았다.

나는 자료를 재검토하다가, 닉슨이 집권한 이후 연방 규제가 폭발적으로 늘어난 것에 큰 충격을 받았다. …… 정부 규제를 총망라한 연방 관보Federal Register의 페이지 수는 1968년에는 2만 쪽이었으나, 닉슨이 사임한 1974년까지 4만 6000쪽으로 늘어났다.[58]

프리드먼은 닉슨이 신설한 정부 부처인 환경보호국EPA, 직업안전건강관리청OSHA, 소비자제품안전위원회CPSC, 법률서비스위원회LSC, 에너지부DOE, 경제고용기회위원회EEOC의 이름을 나열했다. 기업이 규제나 규칙으로부터 자유로울 때만 경제가 발전한다는 신념을 가졌던 프리드먼은 규제 자체를 싫어했다. 프리드먼의 다른 여러 주장과 마찬가지로 오늘날 규제 완화는 보수주의자들이 (프리드먼이 지나친 규율로 돈을 낭비하고 시장을 옴짝달싹 못하게 묶어 놓는 사람들이라고 깎아내린) 개입주의자들에게 맞설 때 쓰는 대표 논리가 되었다. 사실 규제가 경제 성장을 저해한다는 것은 새뮤얼슨도 동의하는 바였다. "흔히들 하는 말처럼 안전 규제와 환경 오염 규제는 생산성을 낮춘다. 하지만 부유한 사회에 사는 사람들이라면 더 오래 살고 맑은 공기를 마시기를 바라는 게 당연하다."[59] 새뮤얼슨은 시장이 환경 오염이나 위험한 작업으로 인해 발생하는 사회적 비용을 그 책임자에게 다 물리지 못한다고 믿었고, 이런 시장 실패를 바로잡기 위해 규제가 있어야 한다고 생각했다.

2002년, 닉슨 정부와 함께 일했던 경험을 되돌아본 프리드먼은 닉슨이 "20세기 미국 대통령 가운데 가장 사회주의적인 대통령"이었다는 왜곡된 평가를 내렸다. 그는 "제2차 세계 대전 이후 집권한 대통령 가운데 닉슨이 정부 규제와 산업 제한을 가장 많이 늘렸다"[60]는 것을 이유로 들었다.

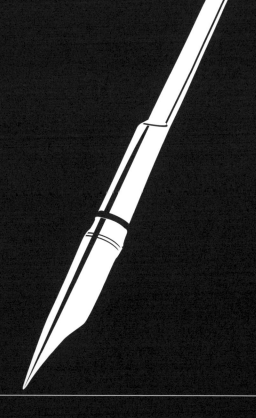

10   시카고 보이즈

1973년 9월, 칠레에서는 미국 CIA의 지원을 받은 아우구스토 피노체트(사진)가 군사 쿠데
타를 일으켜 마르크스주의자인 살바도르 아옌데 대통령을 몰아냈다. 통화주의 사상을 실현
할 기회를 찾고 있던 프리드먼의 눈에 물가 상승률이 월 10~20%를 오가던 칠레는 자신의
도움이 절실한 곳이었다.

1976년 프리드먼은 노벨 경제학상을 수상했다(사진). 새뮤얼슨이 노벨 경제학상을 받고 6년 뒤의 일이었다. 프리드먼이 노벨상을 받기 위해 스톡홀름으로 온다는 소식을 들은 사람들은 스웨덴에서 거리 시위를 벌였다. 그가 군사 정권을 자문했다는 이유에서였다.

프리드먼은 노벨상을 받기 위해
스웨덴으로 향한다. 그러나 그가
칠레 사회주의 정부를 전복한 군사 정권에
경제 자문을 한 일이 밝혀지면서
프리드먼의 명예는 실추되었다.

프리드먼은 닉슨 정부에서 통화주의 사상을 실현할 기회를 놓쳤다. 하지만 얼마 지나지 않아 인플레이션을 해결할 방법을 급히 찾고 있던 또 다른 국가 지도자가 그의 눈에 들어왔다. 1955년부터 1964년까지 시카고대학교는 미국국제개발국U.S. Agency for International Development의 지원을 받아 칠레가톨릭대학교Catholic University of Chile와 결연을 맺고 칠레의 경제학과 대학원생들을 받아들였다. 이 학생들은 칠레로 돌아간 뒤 '시카고 보이즈The Chicago Boys'라는 세력을 형성했는데, 그중 일부는 프리드먼의 「통화와 금융 워크숍Workshop in Money and Banking」을 수강한 적이 있었다.

1970년, 닉슨과 CIA[1]의 은밀한 방해 공작에도 불구하고 칠레는 마르크스주의자 살바도르 아옌데Salvador Allende[2]를 대통령으로 선출했다. 1972년, 닉슨이 "칠레 경제가 비명을 지르게 하겠다"[3]면서 내린 징벌적 통상 금지령과 칠레 정부의 잘못된 경제 운영으로 칠레의 연간 물가 상승률은 200%까지 치솟았고 재정 적자는 GDP의 13%에 달했으며 실질 임금은 25% 떨어졌다. 음식을 비롯한 필수품마저 부족한 상황이었다. 1973년 9월, 미국 CIA[4]의 지원을 받은 칠레의 장군 아우구스토 피노체트General Augusto Pinochet[5]가 군사 쿠데타를 일으켜 아옌데를 몰아냈다. 아옌데와 지지자 4000명은 숙청되었고 이 중 1500명은 즉결 처형되거나 고문으로 사망했다. 칠레 경제는 나락으로 떨어졌다. 1974년 4월, 칠레의 물가 상승률은 월 10~20% 사이를 오갔다. 시카고 보이즈는 프리드먼과 다른 시카고학파 경제학자들로부터 배운 지식을 활용해 경기 회복 계획을 세워 피노체트에게 보고했다.

프리드먼은 한 치의 의심도 없이 자신이 칠레 사람들을 돕는 것이 옳은 일이라고 믿었다. 그는 언론인 시드니 블루멘털Sidney Blumenthal과의 인터뷰에서 이렇게 말했다.

쿠데타는 아옌데가 자초한 일입니다. 하지만 인플레이션을 초래했기 때문만은 아닙니다. 그보다는 칠레를 전형적인 전체주의 공산 국가로 만들려고 했기 때문이지요. 그도 쿠데타가 일어날 수 있음을 알았을 겁니다. 하지만 자신의 계획을 밀어붙일 수 있다고 생각했겠지요. …… 제가 칠레에 가는 일에 왜 거리낌을 느껴야 하는 건가요? 저는 군사 정부를 돕기 위해 가는 게 아닙니다. 제가 믿는 걸 말해 주기 위해 가는 겁니다. 그들이 저를 원한다면 그것으로 충분합니다. 칠레 군이 몰아낸 것은 민주 정부가 아닙니다. 공산주의 독재 정부로 향하는 정권을 타도한 것뿐입니다. 두 개의 악 중에서 선택해야 한다면, 군사 정권이 더 낫다는 데 한 치의 의심도 없습니다.[6]

1974년 3월 프리드먼은 시카고대학교와 칠레가톨릭대학교의 교류를 주선한 아널드 C. 하버거Arnold C. Harberger[7]와 함께 산티아고를 방문해 제자들의 힘을 북돋고 여러 차례의 세미나와 공공 강연을 열었다. 강연에는 군과 군사 정부 관계자들도 참석했다. 프리드먼은 당시 상황에 대해 이렇게 말했다. "칠레에서 아옌데 정권에 비호의적이고 그들과 함께 일한 적도 없는 경제학자는 우리 학생들이 유일했다. 그들이 받은 교육 덕분이었다."[8] 프리드먼은 대통령궁에서 따로 피노체트를 만나 통화량 증가 속도를 제한하는 "충격 요법"[9]을 제안했다. 피노체트는 프리드먼이 생각을 마음에 들어 하면서도 "일시적으로 실업자가 늘어날 수 있다는 말에 큰 부담을 느꼈다."[10]

피노체트는 프리드먼에게 칠레 경제를 바로잡기 위한 대책을 정리해서 보내 달라고 부탁했고, 프리드먼은 시카고로 돌아가는 길에 피노체트에게 보낼 글을 작성했다. 프리드먼은 먼저 피노체트의 "따뜻한 환대"에 고마움을 표한 다음 "경제 기적"을 이루기 위한 계획을 여덟 가지 항목으로 나누어 제안했는데, 그중에는 통화 공급을 즉각적으로 대폭 줄이는 조치도 있었다. 그 외에 공공 지출을 6개월 내로 25% 감축하라는 제안도 있었는데, 프리드먼은 이 조치를 취하면 공무원 수천 명을 해고해야 하는 등 "과도기 동안 극심한 어려움"이 따를 수 있다고 덧붙였다.[11] 훗날 프리드먼은 이렇게 말했다. "교수로서 의무를 다하기 위해 6일 동안 칠레를 방문한 일은 [나와 칠레 정부가] 예상하지 못했던 결과로 이어졌다. 우리는 이후 10년 동안 그 일을 수습해야 했다."[12]

1970년 노벨 경제학상 수상자

1970년의 어느 날 아침, 새뮤얼슨은 동이 트기 전 울린 전화벨 소리에 잠을 깼다. 수화기 너머에서 이런 질문이 들려왔다. "노벨상을 받게 되신 소감이 어떻습니까?" 그는 이렇게 답했다. "열심히 일한 보상을 받으니 좋군요." 새뮤얼슨은 나중에 이렇게 말했다. "딸이 너무 건방지게 말한 건 아니냐고 하기에, 저는 아니라고, 사실을 말한 것뿐이라고 했죠."[13]

새뮤얼슨과 프리드먼은 둘 다 노벨상 앞에서 겸손 떨지 않았다. 하지만 의심할 나위 없는 천재였던 이들에게도 노벨상은 특별한 의미가 있었다. 어느 모로 보나 새뮤얼슨은 상을 받을 자격이 있었다. 그는 미국 최고의 경제학자였고 수많은 중요한 연구 논문을 발표했으며, 전 세계 대학교 학부 과정에서 가장 많이 쓰이는 거시경제학 교과서의 저자이기도 했다. 당시 노벨 경제학상은 생긴지 1년밖에 안 된 상태로, 이전 수상자는 1969년에 상을 공동 수상한 노르웨이와 네덜란드 경제학자뿐이었다. 새뮤얼슨이 두 번째 노벨 경제학상을 받아야 할 이유는 차고 넘쳤지만, 노벨 위원회는 "그가 수학을 사용한 경제학 연구 방식을 확립"했다는 데 초점을 맞추며, "새뮤얼슨의 연구는 사실상 모든 현대 경제학 연구에 영향을 미쳤다"고 평했다.[14]

로즈 프리드먼은 첫 번째 노벨 경제학상에 대한 소문이 돌던 무렵을 이렇게 회상했다. "노벨 경제학상에 대한 모든 기사와 대화에서 폴 새뮤얼슨과 밀턴 프리드먼의 이름이 거론되었다." 누가 두 번째 노벨 경제학상의 주인공이 될 것인지 추측이 나돌 때도 "가장 많이 언급된 사람은 변함없이 그 둘이었다."[15] 그럼에도 새뮤얼슨은 노벨상 수상자로 선정되었다는 소식을 듣고 놀랐다. "솔직히 두 번째로 노벨 경제학상을 받게 되리라고는 기대하지 않았습니다." 더욱이 노벨 위원회가 그의 하버드 박사 졸업 논문 「경제 분석의 기초」를 선정 이유로 꼽은 것은 하버드 교수진의 반유대주의 정서로 인해 합당한 자리를 제안받지 못했던 새뮤얼슨에게는 특히 더 기쁜 일이었다.

프리드먼은 자신의 오랜 친구이자 라이벌인 새뮤얼슨에게 보내는 찬사로 1970년 11월 《뉴스위크》 칼럼을 시작했다. "이 칼럼의 독자라면 폴 새뮤얼슨을 재치 있고 박식한 신랄한 시사 비평가이자 케네디와 존슨 행정부의 '진보' 지지자, 그리고 닉슨 정부 경제 정책의 비평가로 알고 있을 것이다." 사실 새뮤얼슨은 "독창적이고 뛰어난 수리 경제학자로, 경제학의 이론적 기초를 새롭게 다듬고 발전시키는 데 기여했다. 그리고 지극히 평범했던 MIT 경제학과를 세계 최고의 경제학 연구 기관으로 만드는 데 주도적 역할을 했다."

새뮤얼슨은 프리드먼에게 따로 편지를 보내 이렇게 말했다. "따뜻하고 친절한 칼럼을 써 줘서 고맙네. 자네 차례가 오면 오랜 친구들의 말이 가장 크게 와닿는다는 걸 알게 될 걸세." 그런 다음 노벨상 상금에 붙는 세금에 대해 언급하며 이렇게 말했다. "이 상을 받을 게 분명한 사람들 가운데 소득 수준이 상위 70%를 넘는 사람이라면 상을 늦게 받는 편이 더 낫다고 생각하네."[16] [당시 노벨상 수상자에게는 2020년 달러 기준으로 110만 달러의 상금과 1만 달러 가치의 금메달이 수여되었다.]

그로부터 한 달 전, 시카고대학교 동문회가 새뮤얼슨에게 '공로상professional achievement award'을 수여하는 것을 고려하고 있다면서 프리드먼의 의사를 물었을 때도 프리드먼은 애정을 담아 이렇게 말했다. "새뮤얼슨은 분명 세계 최고의 경제학자 중 한 명입니다. 그는 경제학에 중요한 학문적 기여를 했습니다. 그의 연구는 현대 경제 사상에 깊은 영향을 미쳤습니다."[17]

1970년 새뮤얼슨은 부인 매리언과 함께 스톡홀름으로 날아가 관례대로 노벨상 만찬 자리에서 감사 연설을 했다. 스웨덴의 고위 공직자들 앞에서 그는 이렇게 말했다. "이 상은 제게 모든 학자가 꿈꾸는 순간을 맞게 해주었습니다." 새뮤얼슨은 자신에게 영향을 준 여러 스승과 동료, 제자들의 이름을 언급하며[18], 자신을 노벨상에로 이끌어 준 많은 사람이 있었고 자신은 전체의 한 부분에 불과하다는 취지로 연설했다. "학문의 멋진 점 중 하나는 선대 학자들의 어깨 위에 올라 천국을 향해 오를 수 있다는 것입니다."[19] "한림원은 제게 상을 수여했지만, 실제로는 저와 같은 포도밭을 일구며 함께 땀을 흘린 모든 동 세대 학자들을 격려한 것이라고 생각합니다."

새뮤얼슨은 그해 노벨 문학상 수상자로 선정되었으나, 스웨덴에 방문했다가 위험 인물로 낙인찍혀 사랑하는 조국 러시아로 돌아가지 못하게 될 것을 우려해 그 자리에 참석하지 못한 소련의 반체제주의 작가 알렉상드르 솔제니친Alexander Solzhenitsyn에게 찬사를 보냈다. "알렉상드르 솔제니친이 이 자리에 서서 마음으로부터, 마음으로부터 우러나는 연설을 해주었더라면 우리에게, 모든 인류에게, 그리고 감히 말하자면 태양 아래 모든 나라에 더 좋았을 것입니다. 오늘 밤 그의 영혼은 우리 곁에 있습니다."

다음 날, 새뮤얼슨은 「분석 경제학의 극대 원칙Maximum Principles in Analytical Economics」[20]이라는 제목으로 강연했다. 경제학과 수학을 잘 모르는 사람은 이해 할 수 없는, 복잡한 수식으로 점철된 강의였다. 그는 자신의 '현시 선호' 이론을 언급하며 소비자가 어떤 상품을 왜 사게 되는지 설명하면서, 충동을 이기지 못하고 (뉴욕대학교 교수로 자리를 옮겨 막 아흔 살을 넘긴) 폰 미제스와 하이에크가 이끄는 오스트리아학파를 비판했다.

오스트리아학파 경제학자들은 사람들이 효용을 극대화하기 위해 움직인다고 주장합니다. 하지만 그게 무슨 뜻이냐는 질문을 받으면 사람들이 어떤 행동을 하든, 그 행동이 자신을 가장 만족시키는 행동이 아니라면 그런 행동을 하지 않을 것이라면서 같은 말을 반복할 뿐입니다. 분모와 분자가 모두 짝수인 분수를 약분해 2를 제거하듯, 오컴의 면도날로 그들의 주장에서 효용을 잘라내면, '사람들은 자신이 하는 일을 한다'라는 당연한 말만 남습니다.

마지막으로 새뮤얼슨의 주로 미국을 염두에 둔 발언을 했다. 그는 경제학의 미래를 걸고 프리드먼과 평생 경쟁해 온 자신의 삶을 돌아보며, 자본주의를 비평한 미국의 경제학자 소스타인 베블런Thorstein Veblen[21]을 인용했다. "'극우반동주의자reactionaries들이 이론 경제학을 독점하지 못할 이유는 없다.' "저는 평생 이 경고를 가슴에 새기려 노력했습니다. 그리고 감히 여러분께도 이 경고에 귀 기울여 주시기를 부탁드리는 바입니다."

새뮤얼슨이 1970년 노벨 경제학상을 받은 데 이어, 4년 뒤에는 프리드리히 하이에크가 일곱 번째 노벨 경제학상을 수상했다. 하지만 하이에크가 후보에 오르자 큰 논란이 일었고, 결국 그는 미국의 인종 문제를 폭로한 스웨덴의 사회주의 좌파 경제학자 군나르 뮈르달Gunnar Myrdal과 상을 나눠야 했다. 새뮤얼슨은 하이에크의 수상을 환영했다. "내가 보기에 그는 상을 받을 만했다. 하지만 1974년까지 하버드와 MIT의 교수 휴게실을 들락거린 사람 가운데 하이에 크의 이름을 들어 본 사람은 거의 없었을 것이다."[22]

1976년 노벨 경제학상 수상자

프리드먼은 새뮤얼슨이 노벨상을 받고 6년이 지난 뒤에야 노벨 경제학상을 수상했다. 로즈 프리드먼은 거기에 석연치 않은 이유가 있다고 생각했다. "남편은 그 후 5년 동안 상을 받지 못했습니다. 저는 경제학에 대한 공헌 외에 다른 요소가 평가에 반영되는 게 분명하다고 생각했어요. 다른 동료 중에도 그렇게 생각하는 사람이 많았습니다."[23] 《뉴스위크》도 프리드먼의 편을 들었다. "동료 경제학자들이 투표했다면, 프리드먼은 이미 오래전에 노벨상을 받았을 것이다. 스웨덴 한림원이 시상을 미루는 이유는 그저 프리드먼이 논쟁과 우파 정치 활동을 즐기기 때문이라는 것이 모두의 생각이다."[24]

새뮤얼슨이 자신이 노벨상을 받을 자격이 있다고 느낀 것처럼, 프리드먼도 수상 사실이 결정되었을 때 겸손한 모습을 보이지 않았다. 1976년 10월 14일 아침, 디트로이트의 어느 주차장에서 방송국 기자가 프리드먼에게 다가가 이렇게 물었다. "지금 커리어의 정점에 서 있다고 생각하십니까?" 프리드먼은 이렇게 답했다. "내겐 어쩌다 노벨 위원회 일을 맡게 된 일곱 명이 나를 어떻게 평가하는지보다 50년 뒤 후손들이 내 업적을 어떻게 평가할지가 더 중요합니다." 미국 언론은 프리드먼의 말실수에 양념을 치며 즐겼다. 이 대답이 프리드먼 "특유의 뻔뻔함"을 보여 준다거나 "천박하리만치 솔직한" 이런 반응이야말로 "많은 이들이 겸손해하는 자리에서도 끝까지 오만한, 그야말로 프리드먼다운"²⁵ 반응이라면서.

로즈 프리드먼은 남편의 명예를 지키기 위해 서둘러 나섰다. "내 남편이 겸손하다 할 사람은 없겠지만, 그에게 '오만'하다거나 '특유의 뻔뻔함'이 있다고 말하는 사람은 그를 모르거나 일부러 음해하려는 사람일 것이다."²⁶ 로즈 프리드먼은 남편만큼이나 쉽게 발끈했다. 남편이 노벨상을 받은 것을 자랑스럽게 생각하느냐는 질문을 받자, 로즈는 이렇게 답했다. "저는 언제나 제 남편을 자랑스럽게 생각해 왔습니다. 노벨상을 받는다고 달라질 것은 없습니다."

수상자 선정 이유에 따르면 프리드먼은 "소비 분석, 통화의 역사, 통화 이론 분야에서의 업적과 안정화 정책의 어려움을 증명한 데 대한 공로"로 노벨상을 받았다. 공식 발표문의 나머지 내용은 다음과 같았다.

밀턴 프리드먼은 주로 통화가 인플레이션에 미치는 영향을 밝히고 통화 정책에 대한 새로운 해석을 제시한 인물로 알려져 있다. 시카고 학파의 통화주의 부흥을 이끈 그는 "화폐는 중요하다" 또는 심지어 "화폐만이 중요하다"고 말했다. 그가 통화의 역할을 이토록 강조한 것은 협의의 케인스 이론을 옹호하는 대다수 경제학자들이 오랫동안 인플레이션 연구에서 통화 및 통화 정책의 중요성을 무시해 왔다는 사실과 대비해 이해할 필요가 있다. 프리드먼은 일찍이 1950년대 초부터 포스트케인스주의 일변도의 경제학계에 맞서 체계적 저항을 주도했다. 그는 독자적 사고와 특출한 재능에 힘입어 이후 10년 넘게 지속될 활발하고 유용한 과학적 논쟁을 이끌었다.

…… 프리드먼의 이론이 촉발한 논쟁이 번져 나가면서 미국 중앙

은행은 통화 정책을 처음부터 다시 검토하기에 이르렀다. 프리드먼은 학술 연구의 방향뿐 아니라 실제 정책에도 직간접적 영향을 미친, 매우 보기 드문 경제학자다.

그러나 프리드먼의 업적에 대한 찬사 이면에는 노벨 위원회 내부의 치열한 갈등이 감춰져 있었다. 사실 노벨 위원회는 프리드먼의《뉴스위크》칼럼니스트 활동과 배리 골드워터의 경제 자문 역할이 학자로서 부적절한 행동이 아니었는지를 두고 치열한 논쟁을 벌였다. 하지만 그런 논리대로라면 새뮤얼슨이 케네디 정부 자문을 맡은 것도 문제가 됐어야 했다.

위원회의 의견이 갈린다는 소식이 새어나가자, 로즈 프리드먼은 자유주의에 대한 반감과 프리드먼의 수상을 지지하지 않는 일반 노벨 위원회의 경제학에 대한 무지를 탓했다. 로즈는 이렇게 썼다. "보통 일반 위원회의 승인은 형식에 불과한 절차지만 이번에는 그렇지 않은 게 분명하다." 로즈는 "극우부터 극좌까지" 정치 성향을 막론하고 모든 경제학자가 프리드먼의 학문적 업적을 높이 평가한다면서 이렇게 말했다. "위원회 소속 비경제학자들은 그를 대중에게 노출된 모습인 정치 비평가로만 알고 있다. 하지만 정치 비평은 그가 사회주의 철학이 지배하고 있는 세태를 걱정해 부수적으로 하는 일일 뿐이다." 로즈는 하이에크 때도 그랬듯, 스웨덴 학회가 좌측으로 편향되어 있어서 진보적인 후보보다 보수적인 후보에게 더 엄격한 잣대를 들이대고 있다고 생각했다.

새뮤얼슨은 프리드먼의 수상 소식을 듣자마자 축하 전보를 띄우고,《뉴스위크》칼럼에서 "프리드먼은 자신의 과학적 공헌과 학문적 리더십에 걸맞은 인정"을 받았다면서 그의 천재성을 극찬했다. 그는 프리드먼을 "전통 보수 경제학의 단순한 해설자가 아닌 최고의 이론가"로 칭한 뒤, 프리드먼의 인성에 찬사를 보냈다. "밀턴 프리드먼의 활력과 유쾌함, 번득이는 지성, 항상 겸손하게 논쟁에 임하는 태도를 다 나타내기에는 내 표현력에 한계가 있다. 세상 사람들은 7의 업적을 존경하지만, 가까운 사람들은 프리드먼 자체를 사랑한다."[27] 프리드먼은 즉시 새뮤얼슨에게 편지를 보냈다. "자네가 보내 준 전보와 칼럼이야말로 이 상의 가장 가치 있는 부상이야."[28]

《파이낸셜타임스Financial Times》는 프리드먼의 노벨상 수상을 축하하며 프리드먼을 "의심의 여지없이 우리 시대의 가장 영향력 있는 경제학자"라고 칭했다. 그리고 뜻밖에도 진보 언론《뉴욕타임스》에서 프리드먼의 도덕적 강직함을 증언하고 나섰다.《뉴욕타임스》경제부 기자 스티브 라트너Steve Rattner[29]는 이렇게 썼다. "그는 오랫동안 자유방임 원칙과 통화주의 경제학을 옹호했다. 프리드먼이 어떤 상황에서도 자신의 학문적 신념을 포기하지 않는다는 사실은 그를 비판하는 사람조차 인정할 수밖에 없다. 그는 자신의 원칙을 지킬 수 없을 것 같다는 이유로 여러 공직을 거절했다."[30]

훗날 프리드먼은 노벨상 수상 소식을 들었을 때 자신이 너무 날카로운 반응을 보였다면서 말을 하기 전에 더 주의를 기울였어야 했다고 인정했다. "노벨 위원회를 폄하할 생각은 없었습니다. 전반적으로 그들은 매우 양심적으로 맡은 일을 잘 수행하고 있습니다. 하지만 학자에게는 자신의 연구가 장기적으로 자신이 몸담은 학문에 어떤 영향을 미칠지가 더 중요합니다."[31] 프리드먼은 NBC〈밋더프레스Meet the Press〉에 출연해 왜 자신을 뽑아 준 노벨 위원들을 폄하하는 것처럼 들리는 발언을 했는지 설명했다. "제가 저의 연구를 평가해 줬으면 하는 사람들은 오늘날의 경제학자들이 아닙니다. 주로 25년이나 50년쯤 뒤의 경제학자들이지요. 그리고 저는 제가 한 연구를 한 갈래로 통합하는 때가 진짜 정점이라고 생각합니다."[32]

이듬해 1월 후버연구소Hoover Institution 강연에서 프리드먼은 노벨상을 비롯한 모든 상을 비판했다. "노벨상이라는 제도는 전체적으로 보면 좋은 영향보다 나쁜 영향을 더 많이 미칠지도 모릅니다."

"노벨상은 대중이 상을 받은 특정인의 의견을 더 중요하게 받아들이게 합니다. 이는 매우 불공평한 일입니다." 그는 자신을 심사한 노벨 위원회 위원들은 "저명하고 능력 있는 학자들로, 최선을 다하고 있다"면서도 다음과 같이 말을 이었다.

분야를 막론하고 어떤 학문에 족적을 남긴 소수의 학자 집단이 그 분야에서 어떤 연구가 중요한지 결정하고, 다른 학자들은 자신이 하는 연구의 중요성을 인정받기 위해 그들이 정한 연구를 하는 것이 과연 바람직할까요? 기초 학문이 나아갈 길과 연구의 방향에 큰 영향력을 행사하는 그런 중앙 집권적 권력이 존재하는 것이 정말 바람직할까요? 이는 경제학만의 문제가 아닙니다. 물리, 화학, 그리고 다른 학문 분야의 문제이기도 합니다.[33]

논란의 중심에 서다

1976년 12월 노벨상을 받기 위해 스톡홀름으로 가는 비행기에 오른 프리드먼은 그가 온다는 소식을 들은 사람들이 스웨덴에서 거리 시위를 벌이고 있다는 소식을 들었다. 그가 칠레 피노체트 군사 정권을 자문했다는 이유에서였다. 시위대의 위협이 극심해서 프리드먼은 어디를 가든 경호원을 대동해야 했다.

시위대는 프리드먼의 1975년 칠레 방문과 당시 피노체트와 나눈 대화를 엄격히 조사하라고 요구했다. 프리드먼과 함께 산티아고를 방문했던 아널드 하버거는 오해를 바로잡기 위해 노벨재단 이사장에게 편지를 보냈다. "저희는 칠레 정부의 자문 자격으로 칠레에 간 것이 아닙니다. 저희 두 사람은 칠레의 현 정부와 공식적으로 아무런 관련이 없습니다. 저희가 칠레를 방문한 것은 현 칠레 정부를 인정한다는 의미가 아니었으며, 열린 토론을 할 자유를 억압하는 그들의 행위를 인정한다는 의미는 더더욱 아니었습니다." 사실 프리드먼은 "칠레 정부의 지원을 받는 대학으로부터 명예 학위를 받는 것은 칠레 군부의 정당성을 인정한 것으로 비칠 수 있다는 이유로" 칠레 대학에서 명예 학위를 주겠다는 것을 두 차례나 거절한 바 있었다. 하버거는 프리드먼이 강의에서 쿠데타로 인한 정치적 자유 침해를 지탄했으며 "가까운 시일 내에 칠레 사람들이 다시 정치적 학문적 자유를 마음껏 누릴 수 있기를 바란다고 말했다"고 주장했다.[34]

프리드먼이 노벨상 수상자로 결정되었다는 소식이 알려지자, 《뉴욕타임스》에 날 선 서신이 날아들었다. 1954년 노벨 화학상 수상자 라이너스 폴링Linus Pauling과 각각 1967년, 1975년, 1969년에 노벨 물리학상과 의학상을 수상한 조지 월드George Wald, 데이비드 볼티모어David Baltimore, S. E. 루리아S. E. Luria가 프리드먼이 칠레 정부에 자문했다는 이유로 그의 수상에 반대하는 성명서를 보내온 것이었다. 프리드먼은 이에 강하게 반발했다. 피노체트에게 경제 정책을 자문하는 편지를 썼음에도 불구하고 그는 자신이 "칠레 군사 정권의 경제 자문이 아니며, 한 번도 그런 역할을 한 적이 없다"고 잡아떼면서, 자신이 공산 국가인 소련이나 유고슬라비아에서 한 강의는 왜 문제 삼지 않느냐고 물었다. 성명서를 보낸 노벨상 수상자들이 "개인적 이유"로 이중 잣대를 적용해 자신을 "부당하게 취급"하고 있다는 것이었다. 이에 처음 성명서를 보낸 노벨상 수상자 중 두 명이 다시 프리드먼을 비판하는 서신을 보냈다. "당신이 칠레에 방문해 제안한 충격 요법은 당신이 칠레 군사 정권과 불가분적 관계인 칠레의 경제 정책과 억압 행위에 연루되어 있다는 증거다."

프리드먼은 다시 편지를 보내 경제학에 대한 전문 지식이 없는 이들이 노벨상 수상자라는 이유로 자신이 제안한 경제 정책을 비평하는 것은 가당치 않다고 말했다. 그는 자신의 조언에 따라 칠레 정부가 편 정책들이 효과가 있었다고 주장했다. 칠레의 인플레이션은 잡혔고 경제는 전반적으로 나아지고 있으며[35] 일자리가 생기고 성장의 신호가 보이기 시작했다. "내가 제안한 경제 정책은 정치와 분리해서 생각할 수 있다. 나는 칠레의 정치 상황에 개탄한다. 학문적 업적을 평가하는 자리에서 정치적 검증을 하라는 당신들의 주장은 학계가 수 세기 동안 지키려고 노력해 온 표현의 자유, 사상의 자유, 학문의 자유에 결정타를 날리는 행동이다."[36]

1976년 12월 10일, 스톡홀름의 만찬장 밖에서 시위대의 고함이 울려 퍼지는 가운데, 프리드먼은 수상 수락 연설을 했다. 프리드먼은 분위기를 가볍게 만들기 위해 자신의 수상과 관련해 '이해 충돌'이 있었다면서 우스갯소리를 했다.

제 통화 연구의 결론은 통화량을 일정한 속도로 늘리는 역할을 하는 컴퓨터로 중앙은행을 대체할 수 있다는 것입니다. 이 연구는 현실에 아무런 영향을 미치지 못했습니다. 저와 일부 경제학자에게는 다행인 일이지요. …… 안 그랬더라면 오늘 제가 받은 이 상을 만든 스웨덴 중앙은행은 없었을 테니까요. '때로는 지는 것이 이기는 것이다' 라는 교훈을 배웠다고나 할까요?

프리드먼은 노벨상이 벌써 자신의 삶에 영향을 미치고 있다고 말했다. "세상에는 공짜 점심만 없는 게 아니라 공짜 상도 없더군요. 수상자로 발표되는 순간, 그 사람은 갑자기 온갖 잡다한 분야의 전문가가 됩니다. 전 세계 신문과 방송국에서 굶주린 기자와 사진가가 들러붙죠. 저의 경우 감기 치료법부터 존 F. 케네디가 서명한 편지의 시장 가격까지 온갖 주제에 관해 의견을 달라는 요청을 받았습니다."[37] 사실 프리드먼은 갑작스러운 주목을 즐겼을 뿐 아니라, 너무 늦게 상을 받았다는 생각에 아쉬워하기까지 했다. 훗날 그는 이렇게 말했다. "저는 노벨상의 영향력으로 뭘 하기에는 너무 늦은 나이에 상을 받았습니다."[38]

프리드먼은 그가 피노체트에게 제안한 인플레이션 해결책을 비판하는 사람들에게 저항이라도 하듯 노벨상 기념 강연의 주제를 「인플레이션과 실업Inflation and Unemployment」[39]으로 정했다. 이 강연에서 프리드먼은 다소 부자연스러워 보이는 흰 넥타이와 턱시도를 차려입고 또 한 번 필립스 곡선을 비판하고 "자연 실업률" 개념을 제시했다. 프리드먼은 이렇게 말했다. 제2차 세계 대전 이후 30년 동안 "실업률을 낮추기 위해 필요한 물가 상승률은 점점 더 높아져만 갔다. 스태그플레이션이 끔찍한 얼굴을 드러낸 것이다." 그는 "현재의 자연 실업률 가설로는 스태그플레이션에서 슬럼플레이션 slumpflation [고물가와 경기 후퇴가 함께 나타나는 보기 드문 상황]으로 이동하고 있는 최근 상황을 충분히 설명할 수 없다"고 인정했다.

사람들은 당연히 프리드먼이 전 세계의 주목을 받는 이 강연에서 하이퍼인플레이션의 원인을 설명하고 "인플레이션은 통화량이 산출량보다 더 빠르게 증가할 때만 나타난다. 이런 면에서 인플레이션은 언제 어디서나 화폐적 현상이다."라는 자신의 대표 이론을 설파하리라고 기대했다.[40] 하지만 그는 폭넓은 청중을 대상으로 하는 이 강연에서 더 단순한 메시지를 전달하기로 했다. 프리드먼은 이렇게 말했다. "나는 그날 강연에서 경제학이 물리학이나 화학과 마찬가지로 실증 과학이라는 사실, 또는 실증 과학이 될 수 있다는 사실을 주로 전달하고자 했다. ['실증 과학'이란 철학이 아닌 자료와 데이터에 기반한 학문을 말한다]."[41]

비주류가 남긴 뚜렷한 족적

노벨상을 받을 무렵 프리드먼은 경제 사상사에 뚜렷한 족적을 남긴 인물이 되어 있었다. 시카고대학교의 동료 경제학자 조지 J. 스티글러는 이렇게 말했다. "프리드먼은 케인스주의에 적대적인 비주류 학자였음에도 불구하고 1960년부터 1975년까지 거시 경제학계를 지배했다. …… 나는 종종 그가 케임브리지와 예일대학교를 조종하고 있다고 말했다. 그들은 프리드먼이 주장한 내용을 반박하는 데 대부분의 힘을 쏟았다."[42] 프리드먼의 통화주의가 경제학 논쟁을 지배하면서, 새뮤얼슨은 케인스가 죽었다고 생각하느냐는 단도직입적인 질문을 받기도 했다. 그는 이렇게 답했다. "물론입니다. 뉴턴과 아인슈타인도 죽었죠."[43]

사실『새뮤얼슨의 경제학』만큼 당시 경제학계에서 프리드먼의 영향력이 계속 커졌음을 뚜렷이 보여 주는 자료는 거의 없다. 프리드먼의 영향으로 고전 경제학에 대한 관심이 되살아나면서 새뮤얼슨은 교과서를 계속 고쳐야 했다. 1955년까지만 해도 새뮤얼슨은 교과서에 이렇게 썼다. "오늘날 연준의 통화 정책을 경기 순환을 조절하는 만병통치약이라고 생각하는 경제학자는 거의 없다."[44]

새뮤얼슨은 10년 이상 프리드먼의 이름을 교과서에 싣지 않다가 1961년 다섯 번째 개정판을 내면서 프리드먼의 이름을 두 번 언급했다. "화폐 수량설과 물가The Quantity Theory of Money and Prices"[45]라는 섹션에서 새뮤얼슨은 물가가 통화 유통 속도에 직접 영향을 받는다는 개념은 "지나치게 단순"하지만 "하이퍼인플레이션 시기를 이해하는 데는 유용"하다고 설명했다. 새뮤얼슨은 "단순한 화폐 수량설을 추종하는 사람 중 살아 있는 사람은 얼마 되지 않지만 최근 들어 몇몇 경쟁력 있는 미국 경제학자들에 의해 화폐 수량설에 대한 관심이 되살아나고 있으므로" 설명할 가치가 있다고 생각한다고 말하면서, 그 "경쟁력" 있는 미국 학자 중 한 명으로 프리드먼의 이름을 언급했다.

1973년이 되자 새뮤얼슨은 통화주의를 여전히 "극단적 시각"으로 치부하면서도 "재정 정책과 통화 정책이 모두 중요하다"고 인정했다.[46] 1985년에는 한발 더 나아가 프리드먼의 경제학에 "시카고 자유 지상주의Chicago Libertarianism"[47]라는 이름을 붙여 처음으로 교과서에 소개했고, 오스트리아학파인 폰 미제스와 하이에크도 같은 부류로 엮었다. 그리고 1995년에는 이렇게 썼다. "미국에서 재정 정책은 더는 주요 안정화 정책이 아니다. 가까운 미래에는 연준이 통화 정책으로 안정화 정책을 펴게 될 것이다."[48]

새뮤얼슨은 화폐 수량설이 가진 장점도 일부 인정했다. "급격한 인플레이션은 민주 사회에 견디기 힘든 압박을 준다. 인플레이션이 심할 때든 아니든 화폐 수량설을 가르칠 필요는 있다. 인플레이션이라는 혼란한 상황이 닥치면 화폐 수량설이 전달하고자 하는 메시지가 시급히 필요해지기 때문이다."

> 현대 경제학자들은 대개 정부가 통화량이나 투자 자금 대출 조건을 바꾸면, 수요+투자+정부 지출을 합한 값이 바뀌고 그에 따라 물가와 임금 수준도 변한다는 주장에 동의한다.[49]

2005년이 되자 프리드먼과 하이에크는 "경제 자유의 수호자들"이라는 독립된 섹션을 할당받았고, 프리드먼은 "통화주의 혁명"을 일으킨 인물로 소개되었다. 새뮤얼슨은 오랜 친구인 프리드먼에게 아낌없는 찬사를 보내며 전 세계에서 자유 시장주의로의 전환이 일어나고 있다고 적었다.

> 이러한 전환을 만들어 내는 데 밀턴 프리드먼보다 더 중요한 역할을 한 경제학자는 없다. 그는 이제는 고전이 된 저서 『자본주의와 자유』에서 세계 자유 무역과 극단적 규제 완화를 옹호하는 동시에 최저 임금제와 의사 면허를 폐지하고 헤로인과 코카인 같은 마약을 합법화

하는 것이 합리적일 수 있음을 보였다. 진지한 경제학자라면 모두 프리드먼의 주장을 주의 깊게 들여다볼 필요가 있다.[50]

새뮤얼슨은 교과서에 프리드먼의 다른 연구도 소개했다. 그중에는 프리드먼이 좋아하는 주제인 복지의 무력함도 있었다. 프리드먼은 복지 제도가 실패할 것이 분명함에도 좋은 의도만 내세워 만들어진 비효율적 제도라고 생각했다. 1970년까지만 해도 새뮤얼슨은 교과서에서 "현대 복지 국가는 인간적이고 재정적으로도 건전하다"[51]고 말했다. 하지만 10년 뒤, 그는 많은 빈곤 저감 프로그램이 잘못 계획되었고 오히려 역효과를 낳는다는 프리드먼의 의견을 반영해 일부 복지 프로그램은 "실제로 비용이 많이 들고 비효율적인 경우가 많다"[52]고 인정했고, 프리드먼이 복지 정책의 대안으로 제시한 부의 소득세를 설명하는 데 지면을 할애했다.[53] 1995년에는 프리드먼이 10년 전에 했던 질문과 같은 질문을 던지기도 했다. "빈곤 저감 프로그램은 효과가 있었는가 …… [아니면] 역효과를 낳았는가?"[54] 그리고 2004년, 새뮤얼슨은 "복지 국가의 쇠퇴"[55]를 설명하는 섹션을 마련해 프리드먼의 시각을 그대로 요약해 소개했다.

정부를 비판하는 사람들은 국가가 지나치게 침해적이라고 말한다. 정부가 독점을 만든다. 정부 실패가 시장 실패만큼이나 만연하다. 높은 세율은 자원 분배를 왜곡한다. 사회 보장 제도는 미래 노동자들에게 과한 부담을 지운다. 환경 규제는 기업 정신을 무디게 만든다. 경제를 안정시키려는 정부의 노력은 최선의 경우에도 실패할 수밖에 없으며, 최악의 경우에는 인플레이션을 심화시킨다. 즉, 이들에게 정

부는 문제를 해결하는 주체가 아니라 문제 그 자체다.[56]

새뮤얼슨은 프리드먼을 외톨이 비주류 경제학자로 그리고 싶어 했지만, 프리드먼의 주장이 경제학을 바꾸고 정부가 침체기에 경기 부양을 위해 지출을 늘리는 것을 주저하게 만들었다는 사실은 부정할 수 없었다. 새뮤얼슨은 이렇게 말했다. "지금은 전 세계 경제학자들이 밀턴이 틀렸다는 것을 증명하려 노력하고 있지만(나는 그들의 위치를 지도 위에 점으로 표시할 수도 있다), 어느 시점이 되면 누군가는 밀턴이 옳다는 것을 증명하려 할 것이다. 나는 그것을 영향력이라고 부른다."[57] 새뮤얼슨의 말대로 프리드먼의 통화주의는 현실에서 실패했지만, 프리드먼의 반정부적 주장은 시간이 흐를수록 점점 더 힘을 얻었다. 경기 부양을 위해 공공 프로그램에 돈을 지출하면 안 된다는 생각이 널리 퍼지면서, 감세가 정부 지출의 정치적 대안으로 자리 잡았다.

11

연준의
통화주의 실험

1970년대 중반 미국 경제의 가장 큰 이슈는 높은 실업률과 물가 상승률이었다. 1979년 8월 6일, 물가 상승률이 11.09%에 달하고 스태그플레이션에 대한 걱정이 만연한 가운데 폴 볼커(사진)가 새로운 연준 의장으로 부임한다. 프리드먼은 볼커가 연준 의장이 되자 통화량과 인플레이션 사이에 직접적 상관관계가 있다는 자신의 이론을 시험할 좋은 기회가 왔다고 생각했다.

1980년 9월, 카터 대통령(사진)이 산업 생산성을 높이기 위해 인센티브 정책을 펴겠다고
발표하자,《뉴스위크》는 새뮤얼슨과 프리드먼을 인터뷰해 '생산성' 특집호를 발간했다. 새
뮤얼슨은 카터의 정책이 "선거를 앞두고 플라시보 효과를 노린 것이기는 하지만 자본가들
의 의욕을 고취하려는 새로운 시도로 볼 수도 있다"면서 호의적인 평가를 내놓았다. 반면 프
리드먼은 이 정책이 "생산성과 고용률을 높이겠다는 주장하에 행해진 과거 정부 정책에서
잘못된것들만 모은 집합체"라고 혹평했다.

"신임 대통령 지미 카터가 연준에
인플레이션 해결을 맡기면서
프리드먼의 통화주의는 두 번째 기회를 얻는다."

1976년 11월 미국 대선에서 조지아의 땅콩 농장주이자, 잠수함 부대 출신의 전임 엘리트 장교 지미 카터Jimmy Carter는 닉슨의 퇴임으로 갑자기 대통령이 된 제럴드 포드Gerald Ford와 맞붙었다. 전임 대통령 닉슨이 워터게이트 스캔들[1]로 불명예스럽게 퇴임했음에도 불구하고, 당시 유권자들의 가장 큰 관심사는 스캔들이 아닌 높은 실업률과 인플레이션이었다. 1975년 물가는 한 해에 6.9%씩 뛰었고 실업률은 8.2%로 제2차 세계 대전 이후 최고를 기록했다. 선거가 치러진 1976년에는 실업률 7.8%, 물가 상승률 4.9%로 상황이 조금 나아졌으나 포드가 이기기에는 역부족이었다.

선거에서 이긴 카터는 자신을 대통령 자리에 앉힌 고장 난 경제를 바로잡는 작업에 착수했다. 하지만 몇 차례의 실패 끝에 1978년 카터가 이끄는 미국은 물가 상승률 9%, 실업률 6%의 심각한 경제 위기에 빠졌다. 외환 시장에서 달러 가치가 낮아지면서 연준이 개입해 달러 가치를 유지해야만 했고 인플레이션은 고질적인 문제로 자리 잡았다. 물가 상승률이 계속 높은 수준으로 유지되리라는 기대가 커지면서 노동자들은 임금 인상을 요구했고 임금이 오르면서 물가는 더 높아지는 악순환이 나타났다.

카터의 지지율은 계속 내려갔다.[2] 새뮤얼슨은 카터가 일부러 경제를 나빠지게 만들까 봐 걱정했다. 재선 확률을 높이려면 물가 상승의 악순환을 끊기 위해 과감한 조치를 해야 했는데, 카터가 인플레이션을 끝내기 위해 일부러 경제를 침체에 빠뜨릴지도 모른다는 것이 새뮤얼슨의 생각이었다. 새뮤얼슨은 《뉴스위크》 칼럼에서 이렇게 말했다. "가장 걱정되는 것은 인플레이션에 대한 공포다. 그 공포가 '막을 수 있는 침체'를 일부러 만드는 쪽으로 우리를 움직일까 봐 걱정된다."[3] 이러한 우려는 그대로 현실이 되었다. 1978년 11월 1일, 카터는 기자 회견을 열어 달러 가격을 방어하기 위해 이자율을 9.5%로 높이겠다고 발표했다. 새뮤얼슨을 비롯한 여러 경제학자는 이 조치가 경기 침체를 불러올 것으로 예상했고,[4] 1년 뒤 예상대로 미국 경제는 극심한 침체에 빠졌다. 새뮤얼슨은 《뉴스위크》 칼럼에서 카터의 급격한 금리 인상을 경기 침체의 원인으로 지목했다. "1978년 11월 1일, 카터는 전 세계에 미국의 불황을 약속했다."[5]

그로부터 3개월 전인 1979년 6월, 미국의 물가 상승률은 무려 13%에 달했다. 1979년 7월 15일, 카터는 전국에 송출된 연설에서 미국이 처한 상황을 솔직히 알렸는데, 이는 정치적 참사로 이어졌다. 카터는 희망찬 연설을 하는 대신, 만연한 "신뢰의 위기"가 "미국 민주주의에 근본적 위협"이 되어 "미국의 정치·사회 기반을 무너뜨리고" 있다고 선언했고,[6] 이 말은 온 나라를 절망에 빠뜨렸다. 카터는 미국 경제가 혼란에 빠진 이유가 1978년 12월 원유 가격이 18% 오른 데 이어 1979년에 14.5% 추가로 14.5%나 올랐기 때문이라고 진단한 뒤, 이를 해결하기 위해 이른 시일 내에 에너지 독립을 이뤄야 한다고 강조했다.

이성적이고 정확하기는 했지만, 이 연설은 처참한 결과를 낳았다. 미국인들은 대통령으로부터 치장되지 않은 진실을 듣는 데 익숙하지 않았다. 사람들은 힘내서 전진하자는 말이나 미국의 위대함을 찬양하는 말을 듣고 싶어 했다. 연설에서 카터는 국민에게 "기회가 될 때마다 미국에 대해 좋은 말을 하라"고 당부했지만, 자신이 한 행동은 정반대였다. 1976년 11월 치러진 대선에서 카터는 50.1%를 득표해 48%를 득표한 게리 포드Gerry Ford를 가까스로 이겼다. 1979년 7월 말, 대통령 지지율은 30% 선 아래로 추락해 28%를 기록했다.[7] 워터게이트 사건으로 한창 시끄러울 무렵 닉슨의 지지율(24%)과 겨우 4% 차이밖에 안 나는 수치였다.

'불안 조장malaise' 연설이라는 별명이 붙은 이 연설을 한 다음 날, 카터는 모든 각료와 백악관 고위 관리들에게 사임을 권했다. 그는 자신이 번스를 해임하고 연준 의장으로 앉힌 G. 윌리엄 밀러G. William Miller[8]도 교체할 생각이었다. 폴 볼커[9]가 연준의 사고방식을 바꿀 적임자라고 판단한 그는 7월 24일 볼커를 대통령 집무실로 불러 면담했다. 당시 연준 이사였던 볼커는 전형적인 정부 관료는 아니었다. 2미터가 넘는 큰 키에 벗어진 머리, 싸구려 시가를 입에 물고 부드러운 말투로 말하는 쉰일곱 살의 이 은행가는 민간과 정부 영역을 넘나들며 일했다. 잠시 뉴욕 연방준비은행장을 맡기도 했는데, 당시 그는 프리드먼과 마찬가지로 케인스의 유산인 달러를 금과 연동하는 브레턴우즈 체제를 폐지해야 한다고 주장한 바 있었다.

대통령 집무실에서 진행된 면접 분위기는 그리 좋지 않았다. 곧 자리에서 물러날 밀러도 함께 있었기 때문에 볼커는 카터의 질문에 솔직히 답하지 못했다. 볼커는 그날 저녁 친구들을 만나 이렇게 말했다. "대통령은 안락의자에 앉고 나는 그 옆에 앉았어. 난 연준의 독립성을 중요하게 생각하고, 더 긴축적인 통화 정책을 선호한다고 말했다네. 그리고 옆에 앉은 밀러를 가리키며 그보다는 더 긴축적인 정책을 쓰길 원한다고 덧붙였지."[10] 하지만 카터는 아무 말도 하지 않았다. 면접은 한 시간이 채 안 되어 끝났다. 볼커는 대통령이 다른 사람을 임명하리라고 생각했다.

다음 날 아침 일곱 시 반, 볼커는 전화로 연준 의장 자리를 제안받았다. 어쩌면 볼커가 강력한 민주당 지지자라는 사실이 대통령의 마음을 움직였는지도 모른다. 경제 이론에 관심이 없었던 카터가 통화량이 인플레이션에 결정적 영향을 미친다고 생각해 볼커를 그 자리에 앉혔다고 보기는 어렵다. 하지만 그가 볼커를 임명한 것은 연준의 방향을 바꿔 새로운 방식으로 인플레이션에 대응하겠다는 의지를 보여 주는 행동이었다. 《뉴욕타임스》는 이런 기사를 실었다. "능력 있는 시장 분석가이자 …… 금융 관료인 …… 볼커는 …… 전임 의장인 밀러보다 …… 전통 통화 정책을 더 적극적으로 적용할 것으로 보인다."[11]

이렇게 해서 볼커는 국회가 연준에 부과한 이중 책무(완전 고용을 유지해 경제를 최선의 상태로 유지하고, 물가 상승률을 적절히 관리하는 것)를 동시에 달성하는 불가능한 임무를 맡게 되었다. 물가 상승률이 치솟는 가운데 실업률마저 높아지면서, 실업과 물가 상승률 사이에 예측 가능한 상충 관계가 존재한다는 필립스 곡선의 주장은 틀린 것으로 밝혀졌다. 이 상황에서 인플레이션을 잡기 위해 이자율을 높이면 경기가 침체되면서 실업률이 더 높아질 것이었다. 과연 볼커는 이자율을 높이는 등 경기를 침체에 빠뜨리는 정책을 쓰지 않으면서 인플레이션을 해결할 수 있을까? 그때까지 연준이 내린 결정을 관심 있게 들여다본 사람이라면 볼커가 통화주의에 따라 과감한 결정을 내릴 준비가 되어 있다는 사실을 모를 수 없었다. 1979년 3월과 4월 열린 연준 이사회에서 볼커는 두 번 다 하이퍼인플레이션을 잡기 위해 이자율을 올려야 한다고 주장하는 소수파에 섰었다.

새로운 연준 의장에 대한 프리드먼의 기대

프리드먼은 볼커가 연준 의장이 되자 통화량과 인플레이션 사이에 직접적 상관관계가 있다는 자신의 이론을 시험할 좋은 기회가 왔다고 생각했다. 한 가지 걸리는 사실은 프린스턴, 하버드, 런던정경대에서 공부한 경제학자인 볼커가 화폐 수량설에 호의적이기는 해도 통화량만 중요하다는 주장에는 동의하지 않는다는 것이었다.

　프리드먼이 처음 볼커를 만난 것은 1957년 통화주의 이론을 설명하기 위해 뉴욕 연방준비은행에 방문했을 때였다. 당시 프리드먼은 잘못된 통화량 관리가 대공황으로 이어졌다는 자신의 연구 결과가 지닌 의의에 대해 자세히 설명했다. 하지만 20년이 흐른 뒤에도 볼커는 통화량이 인플레이션의 유일한 원인이라는 프리드먼의 주장에 여전히 회의적이었다. 볼커는 이렇게 말했다. "밀턴은 자신이 진리를 찾아냈다고 믿습니다. 저는 시카고 출신이든 케임브리지 출신이든 지나친 자신감을 보이는 사람에게 회의적인 편입니다."[12]

　그럼에도 불구하고 프리드먼은 통화주의 이론을 잘 알고 있는 볼커가 미국 경제에 가장 큰 영향력을 행사할 수 있는 자리에 올랐으니 자신에게 도움이 될 거라고 믿었다. 프리드먼은 소식을 듣자마자 축하 편지를 보내 금욕적 통화 정책을 펴 줄 것을 당부했다.

자네의 '승진'에 애도를 표하며 …… 1930~1933년과 1920~1921년을 제외하면 아마 지금이 [연준이] 국가를 위해 용기 있게 나서서 통화량을 지속적으로 제한하는 정책을 펼 필요가 가장 큰 시기일 걸세. 어떻게 보면 기회일수도 있겠지만, 알다시피 나는 경제 운영 방식을 근본적으로 바꾸지 않고서는 작금의 문제를 해결할 수 없다고 생각해. 부디 자네가 변화를 만드는 데 성공해 좋은 결과를 거둘 수 있기를 바라.¹³

볼커는 이렇게 답했다.

어쩌면 나는 어려운 시기에 희생양으로 선정된 것인지도 몰라. 하지만 어떤 방향으로 변화를 이끌어야 할지에 대해 어느 정도 확신이 선 상태야. …… 앞으로 내가 하는 일에 비판할 점이 많을 거라고 생각하네. 그래도 자네가 통화 정책의 원칙을 일깨워 줄 때마다 내가 기쁜 마음으로 받아들일 거라는 사실은 알아주게 …… 나는 곧 시험대에 서겠지. 언제나 그랬듯 자네의 조언을 귀 기울여 듣겠네.¹⁴

볼커는 "인플레이션은 언제 어디서나 화폐적 현상이다"라는 프리드먼의 주장에 동의할 수 없었다. 그는 새뮤얼슨이나 다른 경제학자들과 마찬가지로 다른 요인도 영향을 미친다고 믿었다. 볼커는 프린스턴대학교에 다니던 1945년부터 1949년까지 저명한 독일 경제학자 오스카 모르겐슈테른Oskar Morgenstern[15]과 프리드리히 A. 루츠Friedrich A. Lutz[16] 등으로부터 화폐 수량설을 배웠고, 이 경험은 그가 생각하는 최적의 인플레이션 해결책에 영향을 주었다. 졸업 논문에서 그는 이렇게 말했다. "늘어난 통화량은 경제에 심각한 인플레이션 위협을 가한다. 급격한 물가 상승으로 인한 재앙을 막으려면 통화량을 억제할 필요가 있다."[17] 또, 그는 인플레이션 자체만이 아니라 소비자와 기업의 미래 인플레이션에 대한 기대 또한 문제임을 이해하고 있었다.

불필요한 가짜 논쟁이 벌어지다

볼커는 통화주의 외에 당시 유행했던 다른 경제 이론과도 씨름해야 했다. 예를 들어 당시 시카고학파는 시장이 언제나 거래에 참여하는 사람들의 '합리적 기대'를 정확히 반영한다고 주장했는데, 볼커는 이 '합리적 기대' 가설을 그대로 받아들이지 않았다. 그는 통화 정책을 펼 때 비합리적인 시장 심리를 고려해야 한다고 믿었다. 연준 의장으로 선임된 후 첫 이사회에서 그는 이렇게 말했다. "저는 …… 인플레이션 관련 심리가 크게 변한 것을 알고 놀랐습니다. …… 전에도 그런 경향이 보이기는 했습니다만, 인플레이션이 계속될 거라는 사람들의 기대 심리가 훨씬 더 강해져서 …… 사람들이 그에 따라 행동하는 듯합니다. …… 외부적으로는 약한 달러가 이 어려운 문제를 더 어렵게 만들고 있습니다. …… 달러 가치가 앞으로 어떻게 변할 지는 아무도 모르지만, 심리가 매우 약해진 것만은 확실해 보입니다."[18]

당시 영국 재무장관이었던 데니스 힐리Denis Healey[19]의 말처럼 당시 외환 및 금융 시장은 유행에 민감하고 경제학 교육을 받지 않은 젊은 급진주의자들을 주축으로 움직였다. 힐리는 이렇게 말했다. "금융 시장의 조언자들은 대개 학문적 유행에 민감한 젊은이들로, 대부분 밀턴 프리드먼이 유행시킨 통화주의를 지지했다. 인플레이션이 통화량의 영향만 받는다는 믿음을 가진 이 젊은이들은 통화량 지표에 관심을 가졌다."[20] 힐리는 이들 때문에 당시 금융 기관과 금융 관련 부처에서 완고한 케인스주의자와 통화주의를 믿지 않는 통화주의 옹호자 사이에 불필요한 가짜 논쟁이 벌어졌다고 주장했다. "민간 은행에서든 중앙은행에서든 통화주의의 허튼소리를 믿는 은행가는 한 번도 만나 보지 못했다. 하지만 시장이 통화주의를 진지하게 받아들이는 상황에서 통화주의를 무시할 수 있는 은행가는 없었다. 이런 이유로 [영국 재무부] 내에서 전향할 의향이 없는 케인스주의자와 믿음이 없는 통화주의자들 사이에 갈등이 자라났다."[21]

월스트리트의 젊은 이코노미스트와 트레이더들이 인플레이션의 원인이 통화량뿐이라는 프리드먼의 이론에 열광하는 데다, 이들이 볼커가 프리드먼의 처방에 따라 행동할 거라는 '합리적 기대'하에 금융 상품을 사고 팔았기 때문에 볼커는 프리드먼의 이론을 진지하게 받아들일 수밖에 없었다.

볼커는 3년 전 1976년 9월에 있었던 전미경제학회 회장 연설[22]에서 인플레이션의 원인이 통화량뿐이라는 프리드먼파의 논리를 비판한 바 있었다. 그는 연준의 이자율 결정 위원회인 연방공개시장위원회FOMC 위원으로 활동한 경험에 비추어 이자율 결정의 현실을 설명했다.

볼커는 이렇게 말했다. "과도한 통화량이 장기에 실질 임금이나 부를 늘리지 않고 단지 물가 상승률만 높인다는 것은 경제학사에서 가장 오래된 가설 중 하나다."[23] 프리드먼파 통화주의자들의 주장이 힘을 얻으면서 연방공개시장위원회는 "현실적 통화주의"를 수용하기로 하고 의회의 명령에 따라 통화 목표를 정기적으로 발표하기 시작했다. 볼커는 통화 목표를 발표하는 것이 "유용하다"고 생각했는데, "시장과 정치 관료들에게 연준의 의도를 알리는 데 도움이 되기 때문이었다." 매달 열리는 연방공개시장위원회에서는 "이자율과 통화량의 상관관계에 대한 지식을 기초로 차기 주요 통화량 지표의 '허용' 범위"를 정하고 연방기금금리에 대해서도 비슷한 목표 범위를 정했다.

볼커는 "유행하는 주장과 진실하고 타당한 주장을 구분하기는 쉽지 않다"면서 자신에게 "지적 보수주의"가 있다고 털어놓았다. 볼커는 통화주의 덕분에 "이전과 확연히 다른 방식으로 다양한 거시경제 정책을 결정하고 분석"할 수 있게 되었다고 인정했다. 그리고 통화주의적 사고방식이 "재정 정책과 통화 정책을 적절히 조합해 달성할 수 있는 성과에는 한계가 존재한다"는 사실을 일깨워 "단기 조치를 통해 경제를 '미세 조정'할 수 있다는 믿음"을 깨뜨리는 데 기여했다고 평했다.

볼커는 연준에게 "상황에 맞게 목표를 수정할 권한"이 주어지는 한, 연준이 통화 목표를 발표하게 한 의회의 결정은 환영할 만하다고 말했다. 하지만 통화주의자들조차도 "어떤 통화량 지표가 가장 유의미한 지표인지" 모른다는 것은 큰 문제였다. 또, "장기 통화 목표를 설정하는 것이 적절하고 바람직하다고 해도, 이 목표를 달성할 방법을 모른다는 중요한 현실적 문제가 남아 있었다." 볼커는 "어떤 방법을 사용하든 [경제 내 통화량을 추정할 때 발생하는] 추정 오차가 무척 크고, 특히 1~3개월 정도의" 단기간을 대상으로 하는 경우 추정하기가 매우 어렵다고 말했다.

다시 말해 볼커는 모두가 통화가 중요하다고 인정하고 합의 하에 통화 목표를 정한다고 해도 미래 통화량 증가율을 바꾸는 방법을 모르기 때문에 통화 목표를 정하는 의미가 없다고 주장했다. 그는 이런 결론을 내렸다. "이러한 불확실성 때문에 어떤 방법을 쓰든 통화량을 정확히 조절하기는 힘들다." 볼커는 통화량을 변화시키는 것은 겉보기와 달리 매우 위험하다면서, "빠르게 경기에 대응하기 위해 지급 준비율을 바꾸거나, 단기 금융 시장 금리가 갑자기 오르거나 내리도록 허용할 경우 …… 시장에 엄청난 타격을 줄 것"이라고 덧붙였다.

볼커는 프리드먼을 제외하면 통화주의자들조차 단기 통화량 조절에 회의적이라고 지적하며 이렇게 말했다. "이제 통화량 증가율을 매달 추적하는 것이 현실적으로 가능하다거나 꼭 필요하다고 진지하게 말하는 사람은 거의 없습니다." 그는 통화량 증가율을 조절하는 조치의 필요성과 중요성을 따지는 데만 몰입하지 말고 그 조치가 현실적으로 가능한지도 따져 봐야 한다고 주장했다. "통화량 증가율 목표치를 달성하는 것에만 집중해 이 방식의 한계를 무시해서는 안 됩니다." 볼커는 당시의 주요 금융 위기 사례 ("저축 은행 사태와 모기지 시장 위기, 철도 회사인 펜 센트럴Penn Central 파산과 기업 어음 위기, 에르스타트Herstatt 은행 파산과 유로달러 시장 위기, 뉴욕시 파산 위기와 지방채 시장 위기, 시중 은행 대출 손실 증가")를 조사해 연준이 풀어야 할 경제 문제의 근본 원인을 통화량으로 설명할 수 없다는 결론을 내렸다. "원인을 파고들다 보면 최종적으로는 화폐적 문제임이 밝혀질지도 모릅니다만, 저는 그럴 가능성이 작다고 생각합니다." 그는 확실히 통화주의가 만병통치약이라는 환상에 빠져 있지 않았다.

이어서 볼커는 "인플레이션은 언제 어디서나 순전히 화폐적 현상"이라는 프리드먼의 단정적 주장에 이의를 제기했다. 일단 통화량과 인플레이션 사이에 관계가 있다는 데는 그도 동의했다. 볼커는 "단기 목표를 이루기 위해 통화량을 늘리는 것은 인플레이션 압력이 형성되는 기본 요인"이며 "과도한 통화 팽창은 인플레이션의 충분조건"이고 "통화량 증가 속도가 실질 임금[물가 상승률을 반영한 임금] 증가 속도보다 충분히 더 빠르지 않으면 심각한 인플레이션이 지속될 수 없다"고 생각했다. 그럼에도 "이론상으로야 언제든 물가를 안정적으로 유지하려면 통화 증가율(0일 수도 있다)을 얼마로 설정해야 하는지 계산할 수 있지만, 여전히 이 이론이 우리가 어디쯤 있고 앞으로 어떻게 해야 하는지 완벽히 알려 준다고 믿고 마음을 놓기는 어렵다고 생각한다"고 말했다.

이 말을 뒷받침하기 위해 볼커는 1960년대부터 가속화된 미국의 인플레이션을 예시로 들었다. 볼커는 1970년대에 물가가 뛴 이유를 "석유 파동과 일부 작물의 흉작이 이어지는 와중에 노동조합이 새로운 산업으로 확대되고, 일부 산업의 생산 능력이 경제가 완전 고용에 도달하기 전에 한계에 달했기" 때문이라고 설명했다. 인플레이션이 지속되는 원인을 통화량 변화로만 설명하려 하는 대신 "완전 고용과 물가 안정을 동시 달성하는 것을 어렵게 만드는 경제·

사회·정치적 동력이 무엇인지 질문해 봐야 한다"는 것이 볼커의 주장이었다.

이어서 볼커는 중앙은행이 프리드먼의 말대로 기계적인 공식에 따라 통화량을 엄격히 제한한다면, 그것은 민주주의를 훼손하는 일이 될 거라고 경고했다. 중앙은행은 언제든 돈을 충분히 공급하지 않음으로써 인플레이션 압력을 줄일 수 있었다. 하지만 그러한 조치는 경제 성장과 완전 고용이라는 중요한 국가 목표와 충돌할 수밖에 없었다. 볼커는 말했다. "민주주의 국가에서 그런 정책을 펼 경우 특정 정권의 정치 생명이 문제가 아니라, 정부의 민주적 절차 자체가 위험해질 수 있습니다."

볼커는 통화량 변화만이 지속적 인플레이션의 원인이 될 수 있다는 프리드먼의 이론이 부적절할 뿐 아니라, 인플레이션의 진짜 해결책을 찾는 데 방해가 된다고 말했다. 인플레이션에는 통화뿐 아니라 다른 많은 요인이 영향을 미치기 때문이었다. 그가 보기에 통화만 영향을 미친다는 프리드먼의 단순한 주장은 너무 단순해서 쓸모가 없었다. 물론 그런 단순한 이론이 인기를 끄는 이유는 이해하기 어렵지 않았다. 경제 정책에 대한 단순하고 통일된 시각은 "불확실한 세상에서 마치 애착 담요 같은 편안함"을 주니까. 하지만 현실은 복잡하고 혼란해서 단순한 설명은 좀처럼 맞는 법이 없었다. 볼커는 단순한 독트린은 결국 복잡하고 냉혹한 현실에 부닥칠 수밖에 없다고 주장했다.

통화 정책을 쓸 수밖에 없는 이유

2년 뒤인 1980년, 볼커는 《통화경제학저널Journal of Monetary Economics》
에 실린 논문 「인플레이션 시대 통화 목표의 역할The Role of Monetary
Targets in an Age of Inflation」[24]에서 프리드먼의 단순화된 통화주의에 대
한 의구심을 또 한번 드러냈다. 이 논문은 통화 목표를 정책에 활용
한 경험을 바탕으로 작성한 것으로 볼커의 생각이 프리드먼과 차이
가 있음을 확실히 보여 준다. 볼커는 "통화량이 충분히 빨리 늘어나
지 않는 한, 인플레이션이 오랫동안 지속될 수 없으며, 오랜 기간 이
어진 인플레이션은 과도한 통화를 줄이지 않는 한 해결할 수 없다"
는 점은 인정하지만,[25] 통화량이 인플레이션에 영향을 주는 유일한
요인이라는 데는 동의하지 않는다고 말했다. "나는 통화 외에 다양
한 …… 요인이 물가 상승률에 단기 또는 더 오랜 기간 …… 영향을
미칠 수 있다고 믿는다. …… 통화 '목표'를 발표하는 것은 지지하지
만, 나는 '통화주의자'가 아니다."

　볼커는 통화량과 인플레이션 사이에 직접적 인과 관계가 있다
는 프리드먼의 주장을 부인했고, 프리드먼처럼 통화량이 모든 문제
의 해결책이라고 믿는 사람들이 잘못된 생각을 하고 있다고 믿었
다. 물론 "장기적으로 통화량과 물가 추세가 비슷하게 움직이는 것
만은 분명"하지만, 최근 미국의 통화 지표를 보면[26], 한 경제의 통화
량이나 통화 유통 속도를 정확히 측정하기가 현실적으로 쉽지 않을
뿐더러, 어떤 지표가 인플레이션을 정확히 예측할 수 있는지 파악
하기도 힘들다는 것이었다. 볼커는 "통화량의 정의 자체가 모호하
며" 통화 유통 속도의 변화는 아예 "측정조차 불가능해 보이는" 경

우가 많다고 적었다.

연준이 통화 목표를 발표하기로 한 것은 통화 당국이 통화주의를 말장난으로 보는 새뮤얼슨 같은 주류 경제학자와 강경한 통화주의자 사이에서 "중도를 걷기로" 했다는 의미였다. 하지만 볼커는 중도를 취하는 것이 "언제나 현명한 태도는 아니라고" 말했다. 그는 통화량 조절만으로는 인플레이션을 해결할 수 없다고 확신했다.

볼커가 보기에 인플레이션을 없애기 어려운 이유는 미국의 국가 경제 구조와 사회 정책, 정치 생활의 기저에 존재하는 압력 때문이었다. 1971년, 닉슨이 1944년부터 이어진 브레턴우즈 협정을 깨고 금과 달러의 연동을 폐지하기로 했을 때, 볼커는 이 결정을 강력히 지지했다. 볼커는 연준이 발표하는 통화 목표가 브레턴우즈 체제의 역할을 대신해 케인스가 브레턴우즈 체제를 통해 확보하고자 했던 통화 시장의 안정성을 어느 정도 보장해 주기를 바랐다. 이전에는 금본위제와 균형 재정, 고정 환율이 미래 물가에 대한 기대치를 안정화하는 역할을 했지만, 브레턴우즈 체제를 폐지한 이후에는 그런 안정화 장치가 존재하지 않았다. 볼커는 통화 목표를 발표하면, 연준이 인플레이션을 책임지고 해결하기 위해 진지하게 노력하고 있다는 신호를 줌으로써 시장 안정에 도움이 될 거라고 믿었다.

볼커는 훗날 회고록에서 이렇게 말했다. "확실한 건 인플레이션으로 인한 고통을 조금이라도 줄이려면 통화 정책을 쓰는 수밖에 없다는 것이었다. 정치적 마비 상태 등을 이유로 다른 정책[재정 정책 등]을 쓸 수 없어서가 아니라. 대중에게 통화 긴축을 유지할 거라는 믿음을 주지 않는 한, 다른 접근 방식이 효과를 낼 수 없었기 때문이다."[27]

인플레이션 파이터, 폴 볼커

연준은 미국 경제의 분위기를 조성한다. 연준 의장의 말에 숨겨진 작은 힌트나 미세한 정책 변화만으로도 시장이 출렁일 수 있다. 1979년 8월 6일, 많은 유권자들이 11.09%에 달한 물가 상승률과 스태그플레이션을 걱정하는 가운데 연준 의장으로 부임한 볼커는 첫 번째로 어떤 조치를 취할지 고심했다. 그는 통화량이 인플레이션의 유일한 원인이라고 믿지는 않았지만, 그래도 통화량을 중시하는 편이었고, 그 사실은 이미 알려져 있었다. 하지만 그가 실제로 급진적 통화 정책을 시행할지는 미지수였다. 시장에서는 볼커가 빠르게 통화주의로 전환하면서 이자율이 급등하고 경제에 공급되는 돈이 줄어들 것으로 기대했다.

물가 상승률이 11.3%까지 오르자, 볼커는 통화주의의 보루로 불리는 세인트루이스 연방준비은행 총재 로런스 루스Lawrence Roos를 중심으로 한 연준 내 통화주의 세력의 지지를 받아 통화 긴축 중심의 인플레이션 정책 개편안을 내놓았고, 이 안은 9월 19일 열린 두 번째 연준 이사회에서 통과되었다. 시장과 경제학자, 경제 해설가들은 모두 볼커의 첫 번째 행보에 촉각을 곤두세웠다.

볼커는 시중 은행들이 서로 지급 준비금을 빌려줄 때 적용하는 일일 금리인 '연방 기금 금리federal funds rate'를 올리고 연방준비은행이 시중 은행에 대출할 때 적용하는 할인율을 기존 5.75%에서 11%로 두 배 가까이 올리라고 지시했다. 연방 기금 금리가 오르자 시중 은행들은 최우대 고객에게 적용하는 대출 금리인 프라임레이트 prime rate를 크게 올렸고 이로 인해 많은 기업과 소비자가 타격을 받았다. 문제는 여기서 끝나지 않았다. 보통 연준은 이자율이 달러 가치와 기업 활동에 미치는 막대한 영향을 고려해 이자율을 올리거나 내릴 때 최대한 만장일치로 결정을 내리는 편이다. 하지만 볼커가 급격한 이자율 인상안을 제시하자 연준 이사회는 찬성 여덟 표, 반대 네 표로 나뉘었다. 연준이 빠르게 돈줄을 조일 거라고 예상했던 경제 기자들은 이 결과를 보고 볼커가 더는 이자율을 올리지 못할 거라고 판단했다. 언론은 볼커에게 긴축 정책을 시행할 능력이 있는지 의구심을 제기했고, 일부 전문가들은 이사 중 3분의 1이 볼커의 방식에 반대한 것은 이자율을 11%로 갑자기 인상한 이번 조치가 새로운 통화 정책을 알리는 시작이 되기보다는, 처음이자 마지막이 될 짧은 통화주의 실험으로 막을 내릴 가능성이 높다는 해석을 내놓았다.

《뉴욕타임스》는 이런 기사를 실었다. "투표 결과를 보면 폴 A. 볼커가 …… 앞으로 고이자율 정책을 유지할 만큼 다수의 지지를 얻을 수 있을지 의심스럽다. 투표 결과가 둘로 나뉘었다는 사실은 이사회 내에 인플레이션이 불황보다 더 시급한 문제인가를 둘러싼 근본적 시각 차이가 존재한다는 뜻이다."[28] 볼커가 이사회를 장악하지 못했다는 사실이 알려지자 금값은 크게 올랐다. 볼커는 이렇게 말했다. "둘로 나뉜 투표 결과는 연준의 망설임을 내보였고 이번이 마지막 통화 긴축 조치가 될 것이라는 인상을 주었다. 모든 조치가 연준이 인플레이션을 강하게 잡지 않을 것이며 잡을 수도 없다는 메시지로 해석되어 역효과를 낳았다."[29] 볼커가 조심스럽게 내놓은 첫 정책은 참담한 실패로 끝났다. 볼커가 말했듯 "미국의 신뢰 문제는 그가 생각했던 것보다 훨씬 심각했다."[30]

전주에 약한 모습을 보여 당황한 볼커는 더 강력한 정책을 지체 없이 발표해야겠다고 결심했다. 다음 날, 그는 직원 스티븐 액실로드Stephen Axilrod와 피터 스턴라이트Peter Sternlight를 불러 연준 이사들의 관심을 실업률이 아닌 인플레이션으로 돌릴 방안을 찾아오라고 지시했다. 한 주 뒤 액실로드와 스턴라인은 이런 내용을 담은 기밀 보고서를 제출했다. "연방공개시장위원회는   이런 조치가 단기 시중 금리[이자율]의 변동성을 키운다는 사실을 알기 때문에 통화량을 목표 수준으로 유지하기 위해 본원 통화 및 다른 통화량의 증가를 제한하고 신용 증가를 막으려 할 것이다."

이들이 제안한 새로운 방식은 경기를 부양하거나 과열 방지가 필요할 때 이전처럼 이자율을 조절하는 것이 아니라, 통화량을 조절하는 것이었다. 새로운 정책이 도입되면 연준은 이자율을 정해 발표하는 대신 통화 목표를 달성하는 데 초점을 맞추게 될 것이었다. '목표'로 삼기에 지나치게 부정확하고 부적절함에도 불구하고 연준이 법에 따라 발표하고 있는 통화량 목표는 이제 진짜 목표가 될 것이었다.[31]

10월 물가 상승률이 12.83%를 기록한 가운데, 볼커는 10월 6일 긴급 기자회견을 열어 이자율 목표에서 통화 목표로 완전히 방향을 바꾸겠다고 선언했다. 볼커는 이렇게 말했다. "지급 준비금 중심의 방식으로 전환해 지급 준비금의 공급량과 통화 공급 속도 관리에 초점을 맞춘다면 단기 통화량 증가 속도를 더 엄격히 통제할 수 있을 것입니다. 다만 이런 방식으로 지급 준비금을 공급할 경우 일일 시중 금리[단기 금리]가 …… 최근 몇 년 동안에 비해 더 큰 진폭으로 출렁일 가능성이 높습니다."[32] 금리에서 지급 준비금으로 관리의 초점을 옮기는 과정에서 연준은 할인율(연준이 은행에 돈을 빌려줄 때 적용하는 이자율)을 1% 높여 은행이 돈을 덜 빌리도록 하고 지급 준비금을 더 많이 보유하도록 강제해, 은행이 차입자들에게 돈을 빌려주기 어렵게 만들었다. 대신 은행은 자신들이 적정하다고 생각하는 이자율을 자유롭게 정할 수 있었다.

이것이 도박이라는 사실은 볼커도 알고 있었다.

변동 환율제를 채택하면 외부 제약에서 벗어날 수 있다는 주장에 회의적이었던 것처럼, 나는 안정적으로 통화량을 늘리면 극적인 효과가 나타난다는 [프리드먼 통화주의 이론의] 주장에도 회의적이었다. 하지만 일부 극단적인 주장을 제외하면, [화폐 수량설의] 접근 방식을 …… 다시 들여다볼 가치가 있다는 생각이 들었다.[33]

볼커는 통화 목표에 집중하는 새로운 방식이 당시 널리 퍼져 있던 물가가 무조건 오를 것이라는 믿음을 무너뜨릴 것으로 기대했다. 이런 믿음 때문에 사람들은 더 높은 임금을 요구하거나 소비를 늘려 인플레이션을 심화시키고 있었다.

통화량을 중점적으로 관리하면 …… 사람들과 기업에 신호를 보낼 수 있을 것이다. 돈이 너무 많이 풀리면 인플레이션이 일어난다는 것은 경제학 강의를 듣지 않아도 아는 사실이다. 돈의 양을 제한한다는 말은 인플레이션을 관리하겠다는 뜻으로 받아들여질 테고, 그러면 사람들의 행동에도 영향을 미칠 수 있을 것이다.[34]

볼커는 대중이 상품은 부족한데 돈이 너무 많을 때 인플레이션이 나타난다는 정도의 상식은 가지고 있다고 생각했다. 그러므로 사람들은 이자율을 높여 돈을 희소하게 만들면 인플레이션을 멈출 수 있다는 설명을 잘 받아들였다.[35] 하지만 볼커는 통화주의를 적용하면서도 프리드먼과 프리드먼이 제시한 원칙이 "지나치게 단순하다"는 비판을 덧붙이는 것만은 포기하지 못했다.

순식간에 연준은 실업률, 물가 상승률, 경제 전반의 건전성을 관리하는 기관에서 모호한 통화 목표를 달성하기 위해 노력하는 기관으로 바뀌었다. 새로운 방식에는 두 가지 큰 문제가 있었다. 먼저 연준이 어떤 통화량 지표를 기준으로 삼아야 하는지, 그리고 과연 그 지표를 관리하면 통화량 증가 속도를 적절한 수준으로 낮출 수 있는지가 확실하지 않았다. M1(시중에 풀린 현금에 언제든 현금화할 수 있는 요구불 예금을 더한 것)을 기준으로 삼아야 할까? 아니면 M1 통화에 저축성 예금과 다른 유동성 자산을 더한 M2나 M3를 기준으로 삼아야 할까? 아니면 셋 다 관리해야 할까? 어떤 지표가 목표로 삼기에 적합한지에 대해서는 프리드먼조차 명확한 답을 내놓지 못했다. 그는 다만 이렇게 말했다. "장기적으로 제로 인플레이션에 해당하는 수준(M1의 경우 연 0~2%, M2의 경우 연 3~5%)이 되도록 서서히 통화량 증가율을 낮춰야 한다."[36]

두 번째 문제는 이자율 변동성이 커지면서 기업과 모기지 대출을 받은 가계의 부담이 늘어난다는 것이었다. 프리드먼의 의견에 반대하는 여러 사람이 지적했듯, 통화주의 방식을 통해 물가 상승률을 낮추는 것은 이론적으로는 쉽지만 현실에서는 그렇지 않았다. 통화량을 일정하게 유지하려고 시도하다 보니 연준이 발표하는 단기 금리의 변동성이 커져서 어떨 때는 금리가 마구 낮아지고 어떨 때는 마구 치솟았다. 갈팡질팡하는 이자율은 연준이 자신들도 잘 모르는 일을 벌이고 있다는 인상을 주었다. 힐리는 이렇게 말했다. "볼커는 자주 핸들과 브레이크를 책임지지 못할 존재에게 내맡긴 채, 가속 페달만으로 자동차를 몰고 있는 느낌이라고 불평했다."[37] 얼마 지나지 않아 볼커의 새로운 준∦통화주의적 접근법은 이자율의 불확실성을 키워 시장에 혼란을 가져왔다. 볼커는 이렇게 말했다.

이론적으로도 그렇고 실제로도 뚜렷이 드러났듯, 지급 준비금과 통화량을 직접 관리하는 방식은 이자율의 변동성을 훨씬 더 키웠다. 물가 상승률이 관리할 수 있는 수준으로 낮아지고 신뢰가 회복되기 전까지 단기적으로는 이자율이 전반적으로 높아질 것이었다.[38]

하지만 언제까지 높은 이자율을 견뎌야 할까? 통화량을 줄이기 위해 이자율을 높게 유지하면 신용의 자유로운 공급이 저해되어 경제를 망칠 수도 있지 않을까? 볼커는 다음과 같이 괴로움을 토로했다.

세계 최고의 직원과 가장 성능 좋은 컴퓨터를 동원해도 통화량을 안정시키고 경제 활동을 적정 궤도로 돌려놓기 위해 연방기금금리를 어느 수준으로 유지해야 하는지 확실히 알 수 없다. 중앙은행의 일은 대개 경험을 통해 얻은 직관과 거듭된 추측으로 맞는 답을 찾아 나가는 것이다. 하지만 심리적으로 이자율을 낮출 때보다 올릴 때의 위험이 언제나 더 크게 느껴지는 것 또한 사실이다. 불황을 감수하면서까지 이자율을 높이고 싶어 하는 사람은 없다. 그래서 보통 이자율을 높일 때 정치적 반대에 부딪히게 된다.[39]

볼커가 불가피한 정치적 싸움에서 살아남아 새로운 정책을 밀어붙이기 위해서는 카터의 지지를 얻어야 했다. 카터는 볼커의 통화주의 정책이 성공할 거라고 확신하지 못하고 있었다. 대통령 경제자문위원회 또한 볼커의 정책에 회의적이었다. 이들은 인플레이션을 잡겠다는 의지를 보여 주기 위해 필요하다면 이자율을 2% 올려도 좋으니 이전의 이자율 관리 방식으로 돌아가라고 조언했다. 한편 새뮤얼슨은 카터가 연준이 강경한 정책을 펴는 것을 바란다고 생각했다. 그는 《뉴스위크》 칼럼에서 이렇게 말했다. "1978년 11월 1일 카터는 미국의 불황을 전 세계에 약속했다." "[1979년] 10월 6일, 폴 볼커의 '한밤중 대학살[볼커가 긴급 기자회견을 소집해 이자율 관리 정책을 지급준비율 관리 정책으로 바꾸겠다고 선언한 것을 말한다-옮긴이]'을 기점으로 대통령이 맺은 양해각서가 약속 이행을 요구하고 나섰다."[40] 이자율이 높고 불안정한 상황이 계속되면 시민들이 견디기 힘든 고통을 감내해야 할 것이 분명했다. 하지만 카터는 볼커에게 정책을 바꾸라고 강요하지 않았다.

볼커는 이렇게 말했다. "대통령이 나를 보자고 하지 않는 것이 내게는 무척 중요한 의미로 다가왔다. 내가 보기에 대통령은 우리가 제안한 방향으로 움직여 상황을 불안하게 만들기를 원치 않았다. 단지 자신이 새로 임명한 연준 의장에 맞서 잘 모르는 분야에 대한 자신의 의견을 밀어붙일 생각이 없는 것 같았다."[41] "대통령은 [반대하기는커녕] 질문을 받을 때마다 우리가 하는 일을 지지하는

발언을 했다."⁴²

　1980년 3월이 되자 볼커가 이자율 관리에서 지급 준비율 관리로 정책을 바꾸면서 경제가 입은 타격이 눈에 보이기 시작했다. 이자율이 15.28%로 믿을 수 없이 치솟은 가운데 경제는 급격히 불황에 빠졌다. 만들어진 불황이 시작될 거라던 새뮤얼슨의 예측이 현실이 된 것이다. 볼커는 어째서 상황이 그렇게 빠르게 나빠진 것인지 이해할 수 없었다. 그는 이렇게 말했다 "지난 여섯 달 동안 이자율이 계속 오르기는 했지만, 경제는 꾸준히 성장했다. 단 며칠 만에 경기가 급격히 나빠졌다."⁴³

　1980년 3월 14일 백악관에서 열린 기념행사에서 카터와 볼커는 개인이 빌릴 수 있는 돈의 양을 제한하는 소비자 신용 관리 정책을 발표했다. (이 정책은 취지와 달리 전체 신용 증가분 중 대다수를 차지하는 사업체의 차입을 어렵게 했고, 사업체들이 규제를 피해 사채나 어음에 의존하면서 오히려 감시만 어려워지는 결과를 낳았다.) 처음에 이 정책은 효과가 있는 것 같았다. 4월에 16.32%로 최고점을 찍은 물가 상승률은 5월에 14.26%를 기록한 뒤 6월 12.71%, 7월 12.19%로 점점 내려갔다. 통화량 또한 볼커의 예상을 벗어나는 속도로 빠르게 줄어들었다. 계속 통화 목표 중심의 정책을 펴는 동안 연방기금 금리는 3개월 만에 20%에서 8%로 내려갔다. 그러나 통화량이 다시 빠르게 늘면서 금리가 다시 오르기 시작했다.

　1980년 11월, 카터의 운명을 가를 대통령 선거가 다가오고 있었다. 볼커는 불확실하고 휘청거리는 경제를 더 망치면 안 된다는 압박을 느꼈다. 이자율이 계속 올라 높은 수준에 머물면서 기업 활동은 둔화되었고 사람들은 소비를 줄이거나 감당할 수 없는 빚을

졌다. 하지만 볼커는 다시 이자율을 올릴 수밖에 없는 상황에 처했다. 통화량이 연준의 목표치를 훨씬 밑돌아서 원칙대로라면 이자율을 내려야 하는 상황인데도 물가 상승률이 떨어지지 않았던 것이다. 총선이 임박한 상황에서 물가 상승률은 14.21%로 끈질기게 두 자릿수를 유지했다.

새뮤얼슨은 연준의 새로운 정책의 기저에 깔린 논리를 오랫동안 비판해 온 터였다. 그는 이미 10년 전 이렇게 말한 적이 있었다. "인플레이션은 악이다. 하지만 더 큰 악은 인플레이션을 해결하기 위해 실질 성장률을 낮추고 실업률을 인위적으로 높이는 것이다 …… 경기가 전반적으로 침체되어 빈민가 청년층의 실업률이 높아지면 폭동과 폭력 사건이 크게 늘어날 것이다."[44] 새뮤얼슨이 보기에 연준이 불필요하게 만든 불황에 딱 한 가지 장점이 있었다. 1972년 12월, 볼커의 조치로 인한 경기 침체가 시작되자 새뮤얼슨은 《뉴스위크》 칼럼에서 이렇게 말했다. "그래도 눈먼 대자연이 만든 불황보다는 연준 의장 폴 볼커와 카터 대통령이 만든 불황이 훨씬 낫다. 사람이 한 일은 사람이 되돌릴 수 있지만, 신의 뜻으로 벌어진 자연재해를 진단하고 되돌리기는 어렵다."[45] 그는 볼커의 정책이 효과를 내리라고 믿지 않았다. 다른 칼럼에서 그는 이렇게 말했다. "매우 우려되는 점은 경제가 약한 불황을 겪고 있음에도 불구하고 물가 상승률이 낮아질 기미가 보이지 않는다는 것이다."[46]

연준의 정치적 방패막이

프리드먼은 이 모든 아수라장을 한발 물러서서 지켜보았다. 드디어 그의 통화주의 이론이 현실에 적용되었지만, 볼커의 통화 목표 정책은 금리를 높이고 경제를 재앙으로 몰아넣고 있을 뿐이었다. 프리드먼은 볼커가 자신의 통화주의를 그대로 받아들이지 않고 통화주의의 아류를 채택했다면서 분개했고, 볼커가 통화주의의 이름을 달고 경제를 불황으로 몰아넣는 것에는 더더욱 분개했다. 프리드먼은 연준의 재량권을 모두 없애고 연준 의장의 변덕이나 예상치 못한 사건, 여론 등에 흔들리지 않는 컴퓨터 알고리즘에 신규 통화 발행을 모두 맡기는 것만이 진정한 통화주의라고 생각했다.

훗날 프리드먼은 당시 볼커가 인기 없는 인플레이션 통제 방식인 이자율을 급격히 올리는 방식을 밀어붙일 핑계를 대기 위해 겉으로만 통화주의를 표방했다고 말했다. "[볼커가] 진짜로 하고 싶어 했던 일은 이자율을 물가 상승률에 상응하는 수준으로 급격히 올리는 것이었다. 하지만 [대놓고 이자율을 높이는 것보다는] 이자율이 아닌 통화량을 조절하고 있다고 둘러대며 통화 목표를 맞추려면 통화량 증가 속도를 늦춰야 하니 이자율을 올릴 수밖에 없다고 주장하는 편이 더 쉬웠을 것이다."[47] 다시 말해, 볼커가 겉으로만 화폐 수량설을 지지하는 척했다는 것이었다. 프리드먼은 이렇게 말했다. "연준은 립 서비스만 했을 뿐, 실제로 방식을 바꾸지는 않았다."[48]

한편 '보수 경제학자'들은 급격히 뛰는 물가를 잡기 위해서라면 "실업 정도의 작은 출혈"[49]은 감내할 수밖에 없다고 말하며 볼커가 인플레이션을 잡기 위해 일부러 경제를 망가뜨리는 것을 응원했다. 새뮤얼슨은 이렇게 말했다.

이전에도 언급했다시피 저번에 워싱턴에서 열린 회의에서 한 보수 경제학자는 이렇게 말했다. "자그마한 불황을 만들 생각이라면 개의치 말고 하세요. 그런다고 물가가 잡히지는 않을 겁니다. 하지만 정부가 물가를 잡으려는 의지가 강력하다는 걸 보여 줄 필요는 있습니다. 단기적으로 실업률이 높아지거나 생산량이 줄어들거나 이윤이 감소하면 정치적 타격을 입겠지만, 물가만 안정적으로 되돌릴 수 있다면 그런 것 정도는 개의치 않는다는 자세를 보여 줘야 합니다.[50]

새뮤얼슨은 볼커의 방식이 기적을 일으킬 거라고 보지 않았다. "경기가 둔화되면 인플레이션이 더 심해지는 것을 막고 물가 상승률을 낮추는 데 어느 정도 도움이 되기는 할 것이다. 하지만 불황으로 인플레이션을 치료할 수는 없다."

그런데 볼커는 통화주의를 믿지도 않으면서 왜 통화주의를 표방해 고의로 경제 위기를 만든 것일까? 프린스턴대학교 경제학과 교수 앨런 S. 블라인더Alan S. Blinder[51]는 이렇게 설명했다.

볼커는 인플레이션을 끝내기로 결심했고 그러려면 이자율을 극단적으로 높여야 한다는 사실을 알고 있었다. 하지만 국회 의원들 앞에서 시가를 입에 물고 프라임레이트를 21%까지 올려야 한다고 주장하는 것은 상상할 수 없는 일이었다. 통화주의는 연준에게 정치적 방패막이 되어 주었다. 사람들이 이자율이 높다고 불평할 때마다 연준은 통화주의 원칙 뒤에 숨을 수 있었다(그리고 실제로 그렇게 했다) ……연준은 통화주의에 헌신한 것이 아니라, 편의를 위해 통화주의를 이용했다.[52]

프리드먼은 볼커의 술책에 너무 짜증이 난 나머지 공개적으로 연준의 정책을 비판하기로 결심했다. 1980년 6월, 프리드먼은 볼커와 함께 미국은행협회American Bankers Association 주재로 뉴올리언스에서 열린 통화주의자 학회에 연설자로 초빙되었다. 연단에 오른 프리드먼은 기다란 몸을 의자에 구겨 넣은 채 객석에 앉아 있는 볼커 앞에서 그와 연준을 향한 맹렬한 공격을 퍼부었다.

프리드먼은 이렇게 말했다. 연준의 통화 목표는 "전형적으로 말과 행동이 다른 사례"에 해당한다. 볼커가 통화량 증가율을 일정하게 통제하겠다고 "립 서비스"를 하는 가운데, 연준 이사들은 진정한 통화주의 이론에 전혀 맞지 않는 방식으로 "이자율을 조작"했다. 연준은 지나치게 긴축적인 통화 정책으로 대공황을 악화시켰던 1931년의 실수를 반복하고 있다. 1979년에 프리드먼은 통화 공급을 늘려 경제가 회복할 시간을 확보해야 한다고 생각했지만 볼커가 이끄는 연준은 "믿을 수 없을 정도로 긴축적인" 통화 정책으로 경제가 돈에 굶주리게 만들어 불황을 심화시켰다.[53]

고위 은행가와 경제학자로 가득 찬 강연장에서 온화한 성격의 볼커가 어색한 표정을 짓고 있는 가운데 프리드먼은 연준의 동료와 친구들을 향해 치밀하게 계획된 공격을 인정사정없이 퍼부었다. 그는 자신의 심한 말이 사람들에게 줄 상처를 그리 걱정하지 않는 것처럼 보였다. 언제나와 마찬가지로 그는 자신의 위대한 사상에 충성을 다할 뿐이었다. 프리드먼은 자신의 사상이 비판이 아닌 무시를 당했다고 생각했고, 무시는 비판보다 더 나쁜 것이었다.

볼커는 프리드먼의 공개 비판에 어떻게 반응했을까? 기자들은 금융계의 두 거인(연준 의장 볼커와 통화주의의 대사제 프리드먼)이 얼굴을 붉히며 싸우는 모습을 기대하며 볼커에게 소감을 물었지만, 볼커는 프리드먼과 공개적인 입씨름을 하는 대신 커다란 몸으로 충격을 흡수하는 쪽을 택했다. 그는 그저 "오, 밀턴!"[54]이라고 중얼거렸고, 그것으로 사건은 마무리됐다. 새뮤얼슨은 프리드먼이 볼커를 공격했다는 소식을 듣고 재미있어하며 농담을 던졌다. "연준을 비판할 때 주저하지 않는 건 나도 마찬가지다. 그것만큼 경제학자의 전문성과 자부심을 높여 주는 일이 어디 있겠는가."[55]

1980년 7월, 프리드먼은 실업률이 급격히 상승한 이유가 연준이 통화량 증가율을 너무 빠르게 줄였기 때문이라고 주장하며 다시 볼커를 공격했다. 프리드먼은 이렇게 말했다. "연준의 통화량 증가율 목표는 타당했지만, 문제는 이 목표를 달성하지 못했다는 것이다. 민간 기업의 실제 생산량이 이 정도로 빈번하게 계획된 생산량에 크게 미치지 못한다면 일자리가 날아갈 수밖에 없다. 연준은 엄격한 기준에 따라 정책을 펴야 한다." 그리고 이런 결론을 내렸다. "연준의 실패는 우리를 더 심각한 불황에 빠뜨려 불필요한 고통을 겪게 했다."[56]

1980년 9월, 카터 대통령이 산업 생산성을 높이기 위해 인센티브 정책을 펴겠다고 발표하자, 《뉴스위크》는 새뮤얼슨과 프리드먼을 인터뷰해 '생산성' 특집호를 발간했다. 새뮤얼슨은 카터의 정책이 "선거를 앞두고 플라시보 효과를 노린 것이기는 하지만 자본가들의 의욕을 고취하려는 새로운 시도로 볼 수도 있다"면서 호의적인 평가를 내놓았다. 하지만 프리드먼은 이 정책이 "생산성과 고용률을 높이겠다는 주장하에 행해진 과거 정부 정책에서 잘못된 것들만 모은 집합체"라고 혹평했다.

이처럼 재정 정책에 관한 프리드먼과 새뮤얼슨의 의견 차이는 명확했다. 프리드먼은 "오래전부터 재정의 미세 조정은 불안정성과 불확실성을 늘려 성장을 방해하는 역효과"를 내 왔다고 말했다. 프리드먼이 보기에 "정부 적자는 민간 투자에 쓰였어야 할 자금을 빼앗아 생산성을 낮추고, 세금은 기업이 생산성을 높이기 위해 써야 할 노력과 시간을 절세 수단을 찾는 데 쓰게 할" 뿐이었다.

반면 새뮤얼슨은 "정치적 분열"이 "고소비 저투자 사회"를 만들고 있다면서 그 과정을 다음과 같이 설명했다.

1) 실업과 불황을 해결하기 위해 재정을 적자 운영한다.
2) 그다음 인플레이션을 해결하기 위해 긴축적 이자율 정책을 쓴다.
3) 결과: 소비는 촉진되고, 자본 형성은 저해된다.[57]

프리드먼, 대중을 사로잡다

볼커로부터 무시당한 건 자존심 상하는 일이었지만, 프리드먼과 그의 사상은 착실히 명성을 쌓아 나갔다. 1980년, 프리드먼은 텔레비전에 출연해 스타가 되었다. 이 일은 필라델피아 공영 방송국WQLN 국장이 케인스주의 경제학자 J. K. 갤브레이스가 진행하는 〈불확실성의 시대The Age of Uncertainty〉에 대응하는 보수 경제학 프로그램을 만들라고 지시하면서부터 시작됐다. 대다수 공영 방송국 직원들은 프리드먼을 "극우 파시스트"[58]로 생각하는 진보주의자였지만, 시청자들에게 균형 잡힌 시각을 전달해야 한다는 주장에 마지못해 뜻을 굽혔다. 1977년, 프리드먼이 방송 출연에 흔쾌히 동의하면서 강의, 대중과의 대화, 세계 순회 강연, 도서 출간을 포함한 대형 프로젝트가 시작되었다. 이때 발간된 프리드먼의 책 『선택할 자유Free to Choose』는 100만 부 이상 팔리며 베스트셀러가 되었다.

『선택할 자유』는 『자본주의와 자유』보다 더 대중적 시각에서 쓰인 책으로, "화제의 베스트셀러"라는 문구가 표지를 장식하고 있었다. 이 책에는 프리드먼의 반정부 자유 지상주의와 '인플레이션 해결책', 학부모에게 교육 바우처를 제공해야 한다는 주장 등이 담겨 있었다. 1967년 전미경제학회 강연에서와 달리. 프리드먼은 이 책에서 자신의 인플레이션 이론 및 해결책에 달린 모든 단서를 빼고 주장을 단순화해 이렇게 말했다. "심각한 인플레이션은 언제 어디서나 화폐적 현상이다."[59] "인플레이션의 유일한 원인은 지나치게 늘어난 통화량이다. 그러니 통화량 증가율을 낮추는 것만이 인플레이션을 해결하는 유일한 방법이다."[60]

1980년, 텔레비전 시리즈가 방영되고 책이 발간되면서 프리드먼의 영향력은 정점에 달했다. 책의 마지막 장인 "조류는 변하고 있다"에서 프리드먼은 "서구 정부가 약속한 목표들을 달성하는 데 실패하면서, 큰 정부에 대한 광범위한 저항"[61]이 일고 있으며, "페이비언 사회주의Fabian socialism와 뉴딜 진보주의에 대항하는 물결이 그 어느 때보다 거세졌다"[62]고 주장하면서도, 자신의 반혁명이 성공을 거두리라고 생각하지는 않았다. 인기가 최고조에 달한 순간에조차 그는 대중이 보수적 해결책을 끝까지 지지하리라고는 생각하지 않았다. 프리드먼은 이렇게 말했다. "잠시 멈춰 있던 큰 정부로 돌아가려는 경향이 다시 돌아오면서 저항은 곧 막을 내릴지도 모른다."[63]

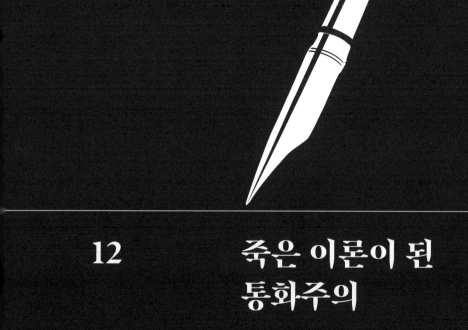

12

죽은 이론이 된
통화주의

프리드먼은 로널드 레이건(사진)이 캘리포니아주지사로 있던 1967년부터 1975년까지
그와 함께 일했다. 프리드먼은 레이건이 대통령이 되면 자신이 새 정부의 경제 정책을 주도
하거나, 적어도 큰 영향을 미칠 수 있을 거라고 기대했다.

1989년 베를린 장벽이 붕괴하면서 시장을 없애려던 마르크스–레닌주의 실험의 실패를 알렸다. 프리드먼은 이 과정을 주도한 자본주의를 사랑하는 반혁명주의자들의 영웅이었다. 1980년대 중반, 『선택할 자유』의 개정 여부를 결정하기 위해 떠난 체코, 헝가리, 폴란드 방문에서 프리드먼은 선지자로 환영받았다. 공산주의의 압제에 갇힌 사람들이 자신의 사상을 고맙게 받아들이는 것을 본 경험은 프리드먼이 경제학자로서 맛본 최고의 순간 중 하나였다.

1980년 11월 치러진 대선에서 지미 카터는 큰 표 차로 패했다. 당대의 정치 비평가들은 카터가 테헤란에서 이슬람 혁명군의 인질로 붙잡힌 미국인들을 구조하지 못한 것이 재선 실패에 영향을 미쳤다고 평했지만, 사실 폴 볼커가 이자율을 높인 것도 그만큼 큰 영향을 미쳤다. 하이에크는 이런 말을 한 적이 있다. "케인스의 말처럼 장기에 나는 어차피 자리에 없다는 생각으로 일하는 정치인이라면, 현재의 실업률 감소 정책이 미래에 오히려 더 많은 실업자를 만들어 낼 거라는 것 따위는 신경 쓰지 않을 것이다. 비난을 받는 정치인은 인플레이션을 만든 사람이 아니라, 인플레이션을 끝낸 사람이다."[1]

그러나 쇠약해진 미국 경제는 유권자들이 새로운 인물을 원하게 만든 여러 요인 중 하나에 불과했다. 미국인들이 대통령으로 선택한 인물은 캘리포니아주지사를 지낸 왕년의 영화배우 로널드 레이건이었다. 레이건은 케인스 이전의 경제학만 배우기는 했지만, 그래도 경제학 수업을 들은 적은 있었다. 미국 경제가 대공황에 빠져 있던 시절, 그는 일리노이주 유레카컬리지Eureka College에서 고전 경제학과 사회학 과목을 수강해 C 학점을 받았다. 레이건은 프리드먼과 마찬가지로 1964년 대선에서 공화당 후보 골드워터의 선거 운동을 도우면서 보수주의자로 이름을 알렸다. 당시 그는 「선택의 시간A Time for Choosing」[2]이라는 제목의 텔레비전 연설에서 지극히 보수적인 시각을 능숙하게 설파하며 골드워터의 후계자로 자리매김했다. 레이건은 1980년 선거에서 이기자마자 로스앤젤레스에서 경제정책조정위원회를 소집했다. 프리드먼과 조지 슐츠, 아서 번스, 앨런 그린스펀 등이 참석한 이 회의에서 훗날 레이거노믹스로 불리게 될 경제 계획의 윤곽이 그려졌다.

번스는 회의 참석 후 워싱턴으로 돌아오는 길에 불안한 목소리로 볼커에게 전화를 걸어 지금 바로 볼커의 사무실에 들러도 되겠냐고 물었다. 볼커는 그날 "대화를 마칠 때쯤에 [번스의] 얼굴이 너무 붉어져서 뇌졸중을 일으키는 건 아닐까 걱정했다"고 말했다.

이날 번스가 볼커에게 전한 말은 이랬다. "밀턴이 연준을 없애려고 해. 자네를 컴퓨터로 대체하고 싶대."

볼커는 이렇게 답했다. "그건 비유적으로 하는 말이야, 아서. 연준의 독립성을 두고 논쟁을 벌이는 게 하루 이틀 일도 아니잖나."[3]

볼커가 자신의 통화주의 원칙을 따르지 않은 데 화가 난 프리드먼은 레이건이 주재한 정책 회의에서 통화량 조절에서 인간 요소를 제거하는 일의 중요성을 역설했다. 인간은 너무 쉽게 주변 사건에 휘말려 계획에서 벗어난다는 것이 그의 주장이었다. 프리드먼은 반농담조로 이 인적 오류를 해결하기 위해 연준(물론 연준 의장도 포함해서)을 없애고 아무런 재량 없이 새로운 돈을 자동으로 경제에 공급하는 컴퓨터 알고리즘으로 대체하자고 제안했다. 이 말을 들은 새뮤얼슨은 이렇게 말했다. "프리드먼은 M0 본원 통화[통화량 지표 중 하나[4]]를 실질 경제 성장률과 똑같은 속도로 뱉어 내는 기계를 만들기를 원한다. 그리고 그 기계만 있으면 경제가 안정될 거라고 믿는다."[5]

번스로부터 프리드먼이 한 말을 전해 들은 볼커는 레이건이 백악관에 있는 동안 삶이 녹록치 않으리라는 것을 알아차렸다. 친구이면서 적인 프리드먼이 레이건을 설득해 그를 공격하고 있었다. 프리드먼이 계획대로 레이건 행정부에서 요직을 맡게 된다면 볼커의 정책은 곧 프리드먼의 사상과 맞붙게 될 터였다.

프리드먼 없는 통화주의

프리드먼은 레이건이 캘리포니아주지사로 있던 1967년부터 1975년까지 그와 함께 일했다. 당시 레이건은 프리드먼의 부추김을 받아 캘리포니아주 정부가 1년에 지출할 수 있는 금액을 제한하기 위해 주 헌법을 개정하기도 했다. 프리드먼은 레이건이 대통령이 되면 자신이 새 정부의 경제 정책을 주도하거나, 적어도 큰 영향을 미칠 수 있을 거라고 기대했다. 프리드먼은 선거 운동 기간에 레이건이 크라이슬러 자동차[6]와 뉴욕시 긴급 구제안에 찬성하고, 자동차와 철강 산업 수입 쿼터제를 용인한 것을 비판한 적이 있었다.[7] 그럼에도 그는 슐츠의 추천으로 레이건의 당선 전 경제정책조정위원회 Economic Policy Coordinating Committee 위원 13명 중 한 명으로 선정되었으며, 당선 후에는 대통령경제자문위원회PEPAB[8]에 소속 되었다.

하지만 프리드먼의 기대와 달리 대통령경제자문위원회는 레이건이 친구들과 함께 어떤 보수 경제 정책을 펴는 게 좋을지 친근한 담소를 나누는 실속 없는 자리에 불과했다. 이 회의에서 나온 안건이 구체적인 정책으로 이어지는 적은 거의 없었다. 레이건의 보좌관 마틴 앤더슨은 이렇게 말했다.

> [대통령경제자문위원회에 소속된 오랜 친구들이 레이건을 위해] 한 일은 무엇보다도 대통령이 맞는 길로 가고 있다고 안심시키는 것이었다. 그들은 어떠한 세금 인상도 용납해선 안 된다며 대통령을 압박했고, 연방 정부 지출을 더 줄이라고 강경하게 밀어붙였으며, 규제를 더 풀라고 강하게 주장했다.[9]

프리드먼은 볼커가 이끄는 연준까지 설득하지는 못했지만, 레이건을 설득해 통화주의를 새 정부의 공식 경제 신조로 만들었다. 프리드먼은 이렇게 말했다.

> 레이건은 통화 정책에 조예가 깊었다. 그는 통화량 증가 속도의 중요성을 인식하고 있었으며, 물가 하락 정책이 초기에는 꽤 심각한 수준의 불황을 초래할 수 있고, 실제로 그런 적이 있다는 사실을 잘 알고 있었다. 인플레이션 없는 경제라는 장기 이익을 얻기 위해 비난을 감수할 준비도 되어 있었다.[10]

이후 2년 동안 레이건은 스태그플레이션을 해결하기 위해 이자율을 급격히 올리는 볼커의 정책을 굳건히 지지했고, 미국은 1981년과 1982년에 인위적으로 조성된 불황을 겪었다. 인플레이션을 해결하기 위한 볼커의 도박은 결국 성과를 냈다. 물가 상승률은 빠르게 떨어졌고 하이퍼인플레이션은 잠잠해졌다. 하지만 프리드먼은 이 과정에 거의 관여하지 않았다. 그는 연준의 결정에서 배제된 채, 볼커가 진정한 통화주의 원칙을 따르지 않는다며 분개했을 뿐이었다. 프리드먼은 "단기간에 통화량 변화율을 크게 변화시키는 변덕스러운 연준의 조치에 매우 비판적"[11]이라는 의견을 밝혔다. 프리드먼은 볼커의 배신을 단순한 학문적 차이로 받아들이지 않았고, 볼커에 대한 인신공격성 비난도 서슴지 않았다.

프리드먼은 볼커가 통화량 증가율을 일정하게 유지하지 않고 이자율에 초점을 맞춰 통화량이 널뛰도록 허용한 것에 특히 큰 불만을 품고 있었다. 연준이 통화량을 조절하는 방식이 부적절하다고 판단한 그는 통화량을 더 정확히 조절할 방안들을 내놓았다. 프리드먼은 변동성이 큰 볼커의 통화량 관리 정책을 이렇게 비유했다. "[볼커는] 조향 장치가 고장 난 차를 몰고 있다. 지금 그는 양옆에 벽이 있는 도로를 내려가고 있는데, 한쪽 벽에 부딪혀 튕긴 뒤 다른 쪽 벽에 다시 부딪혀 튕기는 방식으로 차를 운전하는 중이다. 차에도, 승객에게도, 구경꾼에게도 별로 좋지 않은 방식이지만, 어쨌든 길을 내려가는 방법이기는 하다."[12] "[1979년부터 1982년까지] 미국의 통화량은 역사상 가장 종잡을 수 없이 오르내렸다. 이자율 또한 가장 변화무쌍하게 오르내렸으며, 경기도 상승과 하강을 반복하며 가장 급격히 변했다. 이들 현상은 모두 연관되어 있다."[13]

프리드먼은 하이퍼인플레이션이 다시 시작될 수도 있다고 경고했다. 1983년 4월 볼커가 "인플레이션 전망이 내 생각만큼 좋다면 현재의 장기 이자율은 너무 높다"는 말을 하자, 프리드먼은《뉴스위크》칼럼에서 볼커가 염치없다고 비난했다. 그는 레오 로스텐 Leo Rosten[14]의 표현을 빌려 볼커가 "부모를 죽인 뒤, 고아가 됐다는 이유로 동정을 호소하는 자와 같은 행동을 하고 있다"[15]고 말했다. 프리드먼은 연준이 의지만 있었다면 통화량 급증을 막을 수 있었다고 주장하면서 통화량이 급증한 것이 연준의 잘못이라고 말했다. 그리고 계속 비슷한 속도로 통화량을 늘릴 경우 물가 상승률이 빠르게 이전 수준으로 되돌아가, 1984년이나 1985년 즈음에는 최근의 장기 이자율과 같거나 더 높은 수준을 기록할 것이라고 예견했다. 여느 때와 마찬가지로 프리드먼의 비난은 볼커를 향했다. "과거 경험을 돌아보건대 [연준 의장의] 판단을 믿어야 할 이유를 찾기 어렵다."

프리드먼은 자신이 옹호하는 엄격하고 순수한 통화주의를 무시하고 입으로만 통화주의를 내세우는 볼커의 가짜 통화주의가 진정한 통화주의의 명예를 훼손할까 봐 불안해했다. 1979년부터 1982년까지 연준의 물가 관리 목표를 통화량 기준으로 바꾼 볼커의 '통화주의 실험'에 대해 프리드먼은 이렇게 평했다. "연준은 입으로만 '통화주의'를 내세우고 실제 정책은 반反통화주의를 따랐다." 즉, 볼커의 통화주의는 제대로 된 통화주의가 아니라는 뜻이었다. 프리드먼은 이렇게 썼다. "통화주의 정책은 통화 목표를 정하는 데서 끝나는 것이 아니다. 어떤 통화량을 기준으로 잡든 안정적이고 예측할 수 있게 통화량을 증가시켜야 한다는 것이 통화주의의 핵심이다. 통화량 증가율은 심하게 오르내렸고 …… 연준이 예측 가능하게 안정적으로 통화를 공급하리라는 순진한 믿음은 빠르게 무너져 내렸다."[16]

오랜 시간이 흐른 뒤, 프리드먼은 볼커의 통화주의가 왜 진짜 통화주의가 아니라고 생각하는지 밝혔다.

1979년, 볼커는 이자율이 아닌 통화량을 목표로 삼겠다고 발표하며 소위 통화주의 실험을 시작했다. 하지만 그가 실험한 것은 통화주의가 아니었다. 통화량 지표를 살펴보면, 볼커가 연준을 이끄는 동안 통화량은 이전의 어느 때보다 더 심하게 변했다. 즉, 볼커는 통화주의자의 길을 밟지 않았다.[17]

볼커의 통화주의가 진짜든 가짜든, 결국 볼커는 꽤 성공적으로 미국 경제의 인플레이션을 해결했다. 그리고 그 공은 모두 프리드먼이 아닌 볼커에게 돌아갔다.

레이건 행정부에 부는 공급주의 경제학 바람

한편, 프리드먼과는 별로 상관없는 공급주의 경제학supply-side economics[18]이라는 또 다른 경제 이론이 레이건 행정부를 휩쓸기 시작했다. 보수 경제학자와 경제평론가 사이에서 1975년부터 인기를 끌기 시작한 공급주의 경제학은 1978년 주드 워니스키Jude Wanniski가 공급 경제학 입문서 『세상이 움직이는 방식The Way the World Works』을 펴내면서 전성기를 맞았다. 프리드먼의 통화주의는 어느새 낡은 이론이 되어 있었다. 새뮤얼슨은 유행에 민감한 경제학자들을 보며 이런 농담을 했다. "경제학자들은 서로에게 동의하지 않기로 유명하지만, 어떻게 보면 다들 굉장히 비슷하다. 경제학자 여덟 명이 같은 침대에서 잠이 든다면, 에스키모처럼 모두 동시에 몸을 뒤척일 것이다."[19]

'공급주의 경제학'이라는 이름이 말해 주듯, 공급주의자들은 총수요를 인위적으로 늘려 침체된 경제를 되살리는 케인스식 해결책에 반대했다. 사실 케인스는 1936년 『일반 이론』에서 공급주의 경제학의 핵심이 되는 진리를 언급한 바 있었다. "모든 산출량 및 고용 수준에서 총수요가 총공급과 일치하는 가격이 존재한다는 의미에서 공급은 스스로 수요를 창출한다." 공급주의 경제학자들은 재화와 서비스의 공급만 늘리면 인플레이션 걱정 없이 경기를 부양할 수 있다고 주장했다. 일찍이 케인스는 수요를 늘리는 방법의 하나로 감세를 통해 소비를 촉진하는 방법을 제시한 바 있는데, 공급 중심 경제학의 기반이 되는 논리는 많은 면에서 케인스의 감세 조치와 비슷하다. 이는 곧, 공급주의 경제학이 단순히 세의 법칙Say's Law[20]을 변형한 것에 지나지 않는다는 의미이기도 하다. 세의 법칙이란 "상품은 생산되는 즉시 다른 상품 시장에서 그 가치만큼의 수요가 된다"는 주장으로, 다른 말로 하면 생산은 같은 양의 수요를 창출하므로 상품을 생산하는 행위 자체가 그 상품에 대한 수요를 만들어낸다는 것이다.[21] 공급주의자들은 경제 성장을 위해 재화와 서비스의 공급을 늘릴 수 있는 환경을 조성해야 한다고 주장하며 규제를 없애고 세금을 줄이기 시작했다. 이들은 이렇게 하면 인플레이션 걱정 없이 더 생산적인 경제를 만들 수 있다고 믿었다. 공급주의 이론을 지지하는 사람들에게 개인 소득세를 대폭 감면했을 때 생기는 마법적 효과를 설명하는 일만큼 신나는 건 없었다. 공급주의 경제학이 터무니없다고 생각한 새뮤얼슨은 《뉴스위크》 칼럼에서 이렇게 말했다. "냉정한 공화당 지지자라면 이런 기적[제품을 만들면 수요는 당연히 따라오는 기적]을 믿고 사업을 운영하지는 않을 것이다."[22] "실제로 일어나도 믿기 힘든 판에, 아직 일어나지도 않은 기적을 믿는 일은 없어야 한다."[23]

공급주의 경제학자 아서 래퍼Arthur Laffer[24]는 한때 보수 진영의 영웅이었다. 1974년 래퍼는 워니스키, 도널드 럼즈펠드Donald Rumsfeld(제럴드 포드Gerald Ford 대통령의 비서실장), 딕 체니(포드 대통령의 비서실 차장)와의 점심식사 자리에서 세율이 높아지면 납세자의 행동도 달라지기 때문에 세율을 높인다고 해서 무조건 조세 수입이 늘어나는 건 아니라고 설명하며 냅킨에 종 모양 곡선을 그려 보였다.[25] 조세 수입을 늘리기 위해 세율을 꼭 높일 필요는 없으며, 세율은 낮지만, 총 조세 수입은 더 많은 곡선상의 '최적점'을 찾으면 된다는 것이 래퍼의 주장이었다.

'공급주의 경제학'이라는 용어를 처음으로 사용한 허버트 스타인은 이들의 논리를 이렇게 설명했다.

> 공급주의 경제학에 따르면 소득세율을 전 구간에 걸쳐 크게 낮추면 세수가 줄지 않고 늘어나 재정 적자가 오히려 줄어든다고 한다. 과세소득이 세율 감소분을 상쇄하고도 남을 만큼 크게 증가해 이런 환상적인 결과가 나타난다는 것이다. 과세소득이 이처럼 크게 늘어나는 이유는 세율이 낮아져 근로 및 저축의 세후 수입이 늘어나면 노동과 자본 공급이 늘면서 국내총생산과 총소득이 크게 증가하기 때문이라고 한다.[26]

스타인은 래퍼가 "정부 지출을 줄여야 한다는 오래된 종교적" 교리 대신 감세 정책을 제안했을 뿐이라고 말했다.

[공화당 지지자들은] 정부 지출을 대폭 줄이거나 재정 적자를 늘리는 일 없이 대규모 감세를 할 수 있다고 주장하고 싶어 했다. 공급주의 경제학의 논리는 이들에게 좋은 근거가 되어 주었다.[27]

『새뮤얼슨의 경제학』 제7판에서 새뮤얼슨은 세율을 낮추면 오히려 세수가 늘어날 수도 있다는 래퍼의 주장에 일리가 있을지도 모른다고 말했다. "세금 감면이 기업 활동을 촉진한다면, 누진적 세금 체계에 의해 고소득층으로부터 걷어 들이는 세수가 더 늘어날 것이다. 그러므로 장기적으로 감세로 인해 세수가 줄어드는 효과는 그리 크지 않을 수 있으며(심지어 아예 없을 수도 있다), 그에 따라 장기 공공 부채도 생각보다 많이 늘어나지 않을 수 있다."[28] 하지만 1992년 제14판에서 새뮤얼슨은 이 의견을 수정했다. "감세가 세수 증가로 이어진다는 래퍼 곡선의 예측은 틀린 것으로 판명되었다."[29]

새뮤얼슨은 래퍼 곡선을 둘러싼 논쟁에서 짧지만 강렬한 인상을 남겼다. 1971년, 그는 시카고에서 열린 학회에서 「왜 그들은 래퍼를 비웃는가Why They are Laughing at Laffer」라는 강연을 했다. 그는 이렇게 말했다. "한번은 그를 아서 래퍼 박사라고 쓴 적이 있습니다. 당연히 스탠퍼드에서 박사 학위를 받았을 거라고 생각했거든요. 그러자 워싱턴에서 누군가가(정확히 기억나지는 않지만 아마 조지프 펙먼 Joseph Pechman[30]이었을 겁니다) 박사가 아닌 사람을 박사로 부르는 것도 모욕이 아니겠냐고 하는 겁니다. 저는 잘못을 인정하고 바로잡았습니다. '전에 말한 사람은 래퍼 씨'였다고요. 그러고 나니 또 여러 곳에서 그가 박사라고 하는 겁니다. 그래서 다시 제 말을 정정했습니다." 그로부터 두 시간 뒤, 새뮤얼슨은 스탠퍼드대학교 경제학과 교수 에밀 데스프레스Emile Despres[31]로부터 연락을 받았다. "아서 래퍼를 그만 좀 괴롭히세요. 정식 박사 학위는 없지만 착한 아이랍니다."[32]

시카고대학교 경제학과는 보수 경제학계의 떠오르는 스타를 다른 대학에 빼앗기지 않으려는 마음에 급급해 스탠퍼드에서 경제학 박사 학위를 빌었다는 래퍼의 말만 믿고 그에게 종신 교수직을 주었다. 하지만 래퍼가 졸업 논문을 제출하지 못한 것으로 밝혀지면서,[33] 래퍼의 명예가 실추되었음은 물론 공급주의 경제학과 시카고학파의 학문적 진정성마저 의심받게 되었다. 결국 래퍼는 불명예를 쓰고 시카고대학 교수직에서 물러났다. 훗날 래퍼는 이렇게 말했다. "끔찍한 경험이었습니다. 사실 저는 무슨 수를 써도 경제학 교수가 될 수 없을 거란 사실을 알고 있었습니다. 그래서 언론, 정치, 컨설팅 같은 다른 길을 통해 그 자리를 얻으려고 했던 겁니다."[34]

새뮤얼슨은 개인적으로 래퍼에게 호감을 느꼈고, 래퍼가 한때 스탠퍼드에서 그의 딸 제인을 가르쳤다는 사실도 알고 있었다. 그는 래퍼의 이론을 비판하기 전에 망설였다고 고백했다. "한 가지 마음에 걸렸던 것은 나 정도 입지를 가진 사람이 서른 살짜리 젊은 경제학자의 이론을 강하게 비판하면 그의 평판에 돌이킬 수 없는 손상을 입힐 수 있다는 사실이었다. 하지만 국가의 정책이 걸려 있다는 생각에 마음을 다잡았다. 래퍼의 이론이 맞을 경우(가능성은 적다고 생각했지만, 그런 경우를 배제할 수는 없었다) 비웃음을 사게 될 터였지만, 그 정도는 책임감 있는 비평가라면 감수해야 할 위험이었다."[35]

통화주의에 대한 관심이 사그라들다

보수 경제학자들이 공급주의 경제학으로 전향하면서 프리드먼과 통화주의에 쏟아지던 관심은 사그라졌다. 레이건 집권기에 국회의원, 사회 비평가, 경제학자의 관심은 온통 레이건의 파격적인 감세 정책(미국의 소득세 최고 세율은 1981년 70%에서 50%로, 1986년에는 50%에서 38.5%로 낮아졌다[36])이 경제를 성장시키는 데 성공할 것인지에 모아졌다. 프리드먼이 통화주의 이론을 발전시켰고 통화주의가 스태그플레이션을 끝내는 데 기여했다는 사실은 주목받지 못했다.

프리드먼은 공급주의 경제학의 기저에 깔린 가정을 믿지는 않았지만, 소득세율을 낮추는 것에는 찬성했다. 래퍼처럼 프리드먼도 소득세율을 낮추면 연방 정부 세수가 오히려 늘어나리라고 믿었다. "납세자들이 소득세 때문에 지는 부담은 정부가 세수로 얻을 수 있는 소득보다 더 크다. …… 최고 소득세율을 25%로 낮추면, 13%라는 산술적 손실을 충분히 상쇄할 수 있을 만큼 과세소득이 늘어날 것이다."[37]

프리드먼이 보기에 공급주의 경제학의 감세 정책에는 또 다른 장점이 있었다. 그는 실제로 세수가 늘지 않는다고 해도, 감세한 만큼 공공 지출을 줄이면 물가 상승률이 높아지지는 않을 거라고 주장했다. 감세와 함께 정부 지출을 줄이는 것은 큰 정부를 주장한 케인스의 관에 못 하나를 더 박는 일이었다. 프리드먼은 이렇게 말했다.

세수와 지출을 같은 양만큼 줄이면 단순히 정부 지출을 민간 지출로 전환하는 것이므로 단기적 영향은 중립적이다. 하지만 장기에는 경기 부양적이면서도 물가 상승률은 높아지지 않고 산출량만 늘어날 것이다. 민간 지출로 투자가 늘어나면 생산 능력이 개선되면서 미래 상품 공급이 늘어나고 물가 상승률이 낮아지는 효과가 있을 것이기 때문이다.

새뮤얼슨은 오랫동안 프리드먼이 정부 지출과 인플레이션의 관계를 잘못 파악하고 있다고 생각했다. 1973년 새뮤얼슨은 이렇게 적었다. "현재 연방 정부와 주 정부를 막론하고 정부가 소비하는 재화 및 서비스의 실질 가치는 인플레이션이 시작되었던 5년 전보다 줄어들었다." 지난 몇 년 동안 공공 지출이 끊임없이 늘어났다는 보수주의자들의 말과 달리, 실질 가치로 따지면 미국의 정부 지출은 오히려 줄어들었다는 것이었다. "GNP 대비 공공 지출 비율로 따졌을 때뿐만 아니라, 절대적 지출 규모 자체도 공공 재화 및 서비스의 오른 물가를 따라잡지 못했다."[38] 새뮤얼슨은 이런 상황에서도 정부 지출을 줄이기 위해 감세를 주장하는 뻔뻔한 국회 의원들을 날카롭게 비판했다. "이건 보수주의자들이 무조건 이기는 게임이다. 정말로 생산성이 높아지고 자본 형성이 더 잘 되면 좋은 일이지만, 아니라도 정부의 규모를 줄일 수 있다. 가난한 사람들이 고통받을 거라고? 원래 인생은 불공평한 것 아닌가?"[39]

래퍼 곡선을 믿는 이들은 감세를 경제에 과도한 고통을 주지 않으면서 조세 수입과 정부 지출의 불일치를 해결할 마법의 수단처럼 생각했다. 그런 사람들에게 프리드먼은 진정으로 경제를 성장시키는 것은 감세가 아니라 정부 지출을 줄이는 것이라고 경고했다.

그는 감세를 하면 세수가 늘어난다고들 하지만, 궁극적 목적은 세수를 늘리는 것이 아니라 세수와 공공 지출을 둘 다 줄이는 것이라고 주장했다. 그가 보기에 감세를 했는데 세수가 늘어난다면, 그것은 세율을 충분히 낮추지 않았다는 의미였다.[40]

항상 인플레이션은 언제 어디서나 화폐적 현상이라는 주장을 설파하는 데 열심이었던 프리드먼은 레이건의 감세 정책으로 인해 중요한 문제가 생길 수 있다고 주장했다. 그는 공급주의자들의 생각과 달리 연방 정부가 조세 수입이 줄어도 지출을 줄일 가능성이 작다고 보았다. 프리드먼은 만일 정부가 감세로 인한 세수 감소분만큼 공공 지출을 줄이지 않고 정부 부채를 늘려서 충당한다면 물가가 상승할 수 있다고 지적했다.

> 정부가 새로 통화를 공급해 적자를 메울 경우 정부 적자는 물가를 상승시킨다. 정부 지출 중 세수로 충당되지 못한 부분만큼 민간 소비가 줄어들지 않아 균형이 깨지기 때문이다. 이때 인플레이션은 재정 정책이 아니라, 통화 정책이 실패한 결과이다.[41]

현실에서 레이건은 소득세를 1920년대 이후 최저 수준으로 낮추었으면서도 줄어든 세수만큼 지출을 줄이기는커녕 오히려 늘렸다. 무엇보다도 소련보다 국방비를 더 많이 지출해 냉전을 종식시키겠다는 생각이 균형 재정을 불가능하게 했다. 부자들이 아낀 세금의 효과가 경제적 먹이 사슬의 아랫단까지 전달될 것이라는 '낙수 효과'와 래퍼 곡선의 약속에도 불구하고, 레이건의 감세 정책은 세수를 늘리기는커녕 연방 정부 적자를 부풀리기만 했으며, 늘어난 적자는 차입 또는 통화 발행으로 메워졌다. 오래 지나지 않아, 연방 정부의 실질 조세 수입이 6%나 줄어들면서(2012년 달러로 적어도 2000억 달러가 줄어들었다), 레이건은 티 나지 않게 세금을 올려야 한다는 의견을 받아들였다. 엄청난 관심을 끌었던 1981년의 감세 이후 레이건은 1982, 1983, 1984년에 연달아 세율을 올렸다. 1986년에 잠시 세율을 낮췄지만, 1987년에는 다시 높였다.[42]

정부 적자에 대한 프리드먼의 통화주의적 해석은 정부 지출 중에서도 특히 납세자의 돈을 쓰는 정부 활동에 대한 그의 반감을 잘 설명해 주었다.

> 정부 적자의 가장 큰 문제는 과도한 정부 지출을 유도한다는 것이다. 나는 정부 지출이 인플레이션을 만들고 경제 성장률을 낮추는 장본인이라고 생각한다. 정부 지출로 인해 발생한 적자를 통화를 발행해서 메운다면, 정부 지출은 물가 상승률에 직접적 영향을 미칠 것이다. 돈을 빌리거나 세금을 걷어 지출 재원을 조달하더라도 간접적으로 영향을 미칠 것이다. 정부 부채와 과세는 민간 소비에 쓰였어야 할 돈을 정부가 쓰게 하고, 민간의 소비나 생산 자본 투자에 쓰였어야 할 자원을 정부가 삼켜 버리게 하기 때문이다.[43]

이런 비판을 보면 프리드먼은 이후 집권할 보수 대통령들이 연이어 세율을 낮추고 국회가 그만큼 예산을 줄이지 않는 상황이 이어지면서 정부 적자가 불어나는 상황을 예상이라도 한 것 같다. 오늘날 세수와 지출의 엇박자로 인해 치솟은 재정 적자는 보수 경제학자들이 주로 지적하는 문제가 되었다. 특히 2008년 금융 위기 이후 재정 적자가 늘어나자, 공화당은 값비싼 공공 프로그램에 들어가는 돈을 줄어든 세수에 맞춰 줄이지 않은 것이 원인이라면서 민주당을 비난했다.[44] 의회는 정부에게 조세 수입만큼만 지출하라고 요구하기 시작했고,[45] '균형 재정balanced budget'은 보수주의의 신념으로 자리 잡았다. 하지만 사실 연방 정부의 균형 재정이 달성된 적은 단 한 번뿐으로, 민주당 정부인 빌 클린턴Bill Clinton 시절이었다.[46]

프리드먼은 여느 때와 마찬가지로 적자와 '균형 재정'이 둘 다 문제라는 독특한 시각을 밝혔다.

'균형 재정'을 달성하라는 정치적 호소는 대부분 비생산적이다. 지출을 많이 하는 정치인은 공공 프로그램을 밀어붙여 적자를 늘린다. 그러면 싸움에서 진 재정적 보수주의자가 집권해 적자를 줄이기 위해 세금을 늘린다. 재정적 보수주의자는 증세를 밀어붙이는 용기를 발휘했다는 이유로 정권에서 물러난다. 지출을 많이 하는 정치인은 무책임하게 지출을 늘렸다는 이유로 재선된다. 이들이 지출 파티를 시작하면 더 많은 지출, 더 큰 적자, 더 높은 세율의 악순환이 다시 시작된다.

프리드먼은 이것이 자신이 오래전부터 감세를 지지해 온 이유라고 말했다. 세율이 낮아져서 재정 적자가 늘어날 것이 예상될 때, 정치인들은 세금을 더 걷기 보다는 정부 지출을 줄여 재정 균형을 달성하는 편을 선호하므로 정부 지출이 줄어들 가능성이 높다는 것이었다.[47]

엇나간 프리드먼의 예측

통화주의에서 감세와 균형 재정으로 논의의 초점이 옮겨간 것은 프리드먼에게 다행스런 일이었다. 볼커가 이끄는 연준의 통화주의는 프리드먼의 예상과 달리 경제적 번영을 가져올 기미가 보이지 않았다. 심지어 어떤 통화량 지표를 관리해야 하는지조차 여전히 논쟁거리였다. 프리드먼은 자신이 선호하는 지표인 M1, 즉 현금과 요구불 예금, 여행자 수표, 기타 수표를 발행할 수 있는 예금, 당좌 예금을 합친 값을 기준으로 삼아야 한다는 생각을 고집했다. 하지만 M1은 미래 성장률과 별 관련이 없는 것으로 밝혀졌다.[48]

볼커가 통화주의를 채택한 지 3년 만에, 미국 경제는 깊은 불황에 빠졌다. 실업률이 10%를 넘어섰지만, 통화주의식 해결책에 따르면 통화량을 늘리는 것이 아니라 더 옥죄어야만 했다. 이자율이 급격히 올랐다가 떨어지는 상황을 견디다 못한 볼커는 1982년 연준의 준통화주의 실험을 중단하고 이자율 관리 체제로 돌아가, 인플레이션 관리를 위해 통화량 증가 속도를 조절하는 대신 경제에 미치는 영향을 고려해 이자율을 조정하겠다는 결정을 내렸다.

볼커는 1985년 10월 5일 열린 연방공개시장위원회 비상대책회의에서 정식으로 통화주의의 종료를 알렸다. 그는 강경한 통화주의자인 연방공개시장위원회 위원 세 명의 반대를 무릅쓰고 프리드먼의 통화주의가 제안하는 것과 정반대로 할인율을 내려 돈의 가치를 떨어뜨리기로 했다. 훗날 볼커는 이렇게 말했다. "기대와 달리 통화 증가율과 경제 지표 사이에는 연관성이 없는 것 같았다."[49]

볼커는 연준이 인플레이션 관리를 포기했다는 인상을 주지 않기 위해 겉으로는 그저 M1 지표의 측정 방식에 기술적 변화를 주기로 한 것처럼 말했다. 하지만 그 말에 숨은 의도는 명확했다. 이제 연준은 더는 통화주의 정책을 쓰지 않을 것이었다. 그때까지 경제 정책을 놓고 연준과 대립하던 레이건 정부도 볼커의 결정에 아무런 이의를 제기하지 않았다. 레이건 정부 또한 통화주의를 의도는 좋았으나 실패한 실험으로 보고 포기한 것이었다.

그때까지 연준의 통화주의가 아류라고 비판하던 프리드먼은 막상 연준이 통화주의를 그만두기로 하자 크게 화를 냈다. 하지만 얼마 지나지 않아 통화주의자들마저 프리드먼의 이론에 의문을 제기하기 시작했다. 연준이 통화주의 포기를 선언하면서 주가가 크게 오르자, 프리드먼은 곧 통화주의를 저버린 대가를 치를 것이라고 경고했다. 이자율을 대폭 내려 통화량을 늘렸으니 머지않아 물가 상승률이 두 자릿수로 오르리라는 것이었다. 또한, 1983년에는 M3 통화량(시중에 유통 중인 통화의 양을 재는 가장 광의의 지표로, 현금, 당좌 예금, 여행자 수표, 양도성 예금 증서 등의 '유동' 금융 상품을 포함한다.[50])의 증가 속도가 느려졌다면서 1984년에 불황이 닥칠 거라는 예고를 하기도 했다.

그러나 프리드먼의 예측은 둘 다 엇나가고 말았다. 물가 상승률은 계속 더 낮아졌고 1984년에 불황은 오지 않았다. 프리드먼은 할 말을 잃었다. "나는 틀렸다. 완전히 틀렸다. 그리고 내가 왜 틀렸는지조차 잘 모른다."[51] 심지어 통화주의의 보루라 불리는 세인트루이스 연방준비은행 총재를 지낸 윌리엄 풀William Poole[52]마저 이렇게 말했다. "강력한 이론을 만든 경제학자들은 세상에 이론을 맞추지 않고 이론에 세상을 맞추려 든다."[53]

볼커의 통화주의가 공개적으로 실패했음에도 불구하고 프리드먼은 자신의 통화주의는 여전히 옳다고 우겼다. 그는 통화량 조절이 인플레이션 관리의 핵심이라는 자신의 이론을 계속 밀고 나갔다. "이 이론이 틀렸다고 생각하지 않습니다. 틀렸다면 고쳐야겠지요."[54] 하지만 보수 경제학자 및 정치가들 사이에서 프리드먼의 신뢰도는 크게 떨어졌다. 연준 이사 J. 찰스 파티J. Charles Partee[55]는 통화주의가 막을 내린 것을 경제 이론의 실패보다는 인간적 비극의 측면에서 바라보았다. "프리드먼에게 연민을 느낍니다. 이제 그는 늙었고, 그가 평생을 바친 이론은 무너졌습니다."[56]

하이에크는 프리드먼의 통화주의가 실패했다는 데 전혀 놀라지 않았다. 원래 그는 프리드먼의 잘못을 지적하는 것을 불편해했다. "저는 밀턴 프리드먼을 비판하는 걸 좋아하지 않습니다. 제 오랜 친구기도 하고, 무엇보다도 통화주의 이론만 제외하면 그의 주장에 완전히 동의하거든요."[57] 하지만 1983년, 연준이 미국 경제의 통화량을 정확히 측정하거나 관리할 방법이 없다고 불평하자 하이에크는 이렇게 말했다. "통화주의 정책이 도움이 된 적이 있던가요? 저는 없다고 봅니다. 그저 해만 끼쳤을 뿐이지요." 그는 이렇게 말을 이었다.

통화량이 물가를 결정하는 것은 맞습니다. 하지만 우리는 여기서 말하는 통화량을 절대 알 수 없습니다. 제 생각에는 통화를 공급하는 사람이 물가를 보고 물가가 안정적으로 유지되도록 통화량을 조절하는 수밖에 없습니다. 측정 가능한 통화량이 있어서 그것을 기준으로 통화량을 일정하게 유지하면 좋은 성과가 난다는 건 완전히 잘못된

생각입니다.[58]

하이에크는 통화주의의 치명적 결함에 대해 이미 알고 있었다. 만일 프리드먼의 주장이 사실이라고 하더라도 어떤 통화 지표를 어떻게 조절해야 할지 알기는 거의 불가능했다. 1980년, 하이에크는 이렇게 말했다.

> 문제는 단순화된 형태의 [통화주의]가 통화량을 제대로 측정할 수 있는 지표나 그 통화량의 값을 변화시킬 방법을 제시하지 못한다는 데 있다. 물론 그렇다 해도 통화량을 관리할 수 있고, 현 체제에서는 중앙은행이 본원 통화 공급을 제한하는 방식으로만 제대로 관리할 수 있다는 사실은 변하지 않는다.
>   중앙은행은 정부 기구이므로 모든 인플레이션은 정부가 만든 것이며 다른 사람이 할 수 있는 일은 아무것도 없다. 하지만 법으로 통화량 증가율을 정해 놓자는 프리드먼의 계획은 실현 불가능하다. 그런 정책은 역사상 가장 심각한 금융 혼란을 야기할 수 있다.[59]

미국 밖에서는 다르다

프리드먼의 통화주의는 현실에 적용하기에는 부족한 것으로 판명이 났다. 그러나 프리드먼은 인플레이션의 유일한 원인이 통화량이라는 자신의 이론은 옳지만, 볼커가 이론을 실현할 기회를 주지 않았다는 불만을 평생 간직했다.

비록 연준이 다른 형태의 통화주의를 펴야 한다는 그의 주장은 받아들여지지 않았지만, 프리드먼은 닉슨에게 실망한 것만큼 레이건에게 실망하지는 않았다. 그의 말대로 "작은 정부를 향한 중대한 전환점이 될 것이라고 믿었던 1980년의 부푼 희망은 좌절"되었지만, 그래도 레이건은 프리드먼의 통화주의를 받아들이지 않았을 뿐 볼커가 인플레이션을 해결할 수 있도록 지지해 주었다. 이에 더해 프리드먼은 레이건이 군비 경쟁에서 소련을 잃질러 마르크스-레닌주의의 몰락에 일조했다는 것을 특히 높게 평가했다.[60]

1989년부터 1991년까지 러시아와 동유럽 공산 정권이 연달아 붕괴하면서 자유 시장주의는 확실한 승리를 굳혔다. 1962년 로즈와 함께 소련을 방문한 적이 있는 프리드먼은 소련의 독재가 막을 내리고 자유 시장과 자본주의가 전체주의 독재 국가에 승리했다는 사실에 고무되었다. 소련의 반혁명세력은 프리드먼과 하이에크 등 자유 지상주의자들의 사상에 오랫동안 영향을 받았고, 이들이 쓴 책을 열정적으로 소비했다. 한 전문가는 이런 글을 남겼다. "지금 중부와 동부 유럽에서 가장 많이 언급되는 인물은 프리드리히 하이에크다. 『노예의 길』은 구하기 힘든 영어 원서는 물론이고 해적판으로도 널리 읽히고 있다."[61]

국가 권력의 오만함에 관한 프리드먼의 글은 폴란드 자유 연대 노동자 투쟁을 이끈 레흐 바웬사Lech Wałęsa[62]에 의해 알려지며 공산주의 붕괴에 중요한 역할을 했다. 사상의 자유를 억압하는 공산주의 정부는 프리드먼의 대표작들을 반체제적 금서로 분류했으나, 정부의 금지 조치는 책에 담긴 자유 기업에 관한 메시지를 더 매력적으로 들리게 할 뿐이었다. 철의 장막 뒤에서 프리드먼의 독자층은 폭발적으로 늘어났고, 프리드먼의 인기는 레닌을 앞질렀다.

1989년 베를린 장벽이 붕괴하면서 시장을 없애려던 마르크스-레닌주의 실험의 실패를 알렸다. 프리드먼은 이 과정을 주도한 자본주의를 사랑하는 반혁명주의자들의 영웅이었다. 1980년대 중반,『선택할 자유』의 개정 여부를 결정하기 위해 떠난 체코, 헝가리, 폴란드 방문에서 프리드먼은 선지자로 환영받았다. 프리드먼은《크리스천 사이언스 모니터Christian Science Monitor》에 "역사적 순간: 폴란드에서 그자[레닌]의 동상 대신 밀턴 프리드먼의 동상이 세워지다"라는 제목의 카툰이 실린 것을 보고 즐거워했다. 공산주의의 압제에 갇힌 사람들이 자신의 사상을 고맙게 받아들이는 것을 본 경험은 프리드먼이 경제학자로서 맛본 최고의 순간 중 하나였다.

프리드먼의 대표작『자본주의와 자유』의 '주제'는 '경쟁 자본주의competitive capitalism'가 단순히 "자유로운 경제 체제의 한 형태가 아니라 정치적 자유의 필요조건"[63]이라는 것이었다. 이 책에서 그는 이렇게 주장했다. "나는 자유 시장이라는 방대한 경제 활동을 조직하는 체계 없이 상당한 수준의 정치적 자유를 누린 사회를 어느 시대 어느 장소에서도 찾아내지 못했다."[64] 훗날 그는 레이건이 공산주의 독재에 강경하게 반대한 것은 "당대의 유명 지식인 존 케네스 갤브레이스와 폴 새뮤얼슨이 소련에게 호의적 평을 한 것과 뚜렷이 대조된다"[65]고 말했으며,『자본주의와 자유』에는 이런 말을 하기도 했다. "정부 부문을 키우려는 시도를 비롯해 중앙 집중화를 추진하는 모든 운동의 가장 큰 비극은 그 운동을 이끄는 사람이 대개 선의를 가지고 있다는 것이다. 그렇다면 그 사람은 자신이 벌인 운동의 결과에 가장 먼저 실망하는 사람이 될 것이다."[66]

1982년이 되자 미국에서 통화주의는 죽은 이론이 되었고, 경

제 사조의 역사적 흐름에서 벗어난 곁다리로 분류된 채 몇몇 추종
자를 제외한 모든 사람의 머리에서 지워졌다. 하지만 대서양 너머
영국에서는 보수당 대표 마거릿 대처가 프리드먼을 높이 평가하고
있었다. 1975년부터 영국 보수당을 이끈 대처는 레이건과 마찬가
지로 제2차 세계 대전 이후 보수주의자들이 추구해 온 합의의 정치
consensus politics를 거부했다. 대치는 실업보다 인플레이션이 훨씬 시
급한 문제라고 믿었고, 총리로서 영국 경제를 인플레이션에서 구해
내기로 마음먹었다. 한편, 레이건과 달리 자신이 관장하는 모든 기
관을 움직일 권한을 쥐고 있었던 대처는 재무장관과 영국의 중앙은
행인 영국은행에 통화주의를 받아들이라고 강요할 수 있었다. 대처
는 프리드먼과 친구가 되었고, 그에게 통화주의로 인플레이션을 치
료할 수 있다는 것을 보일 또 한 번의 기회를 주었다.

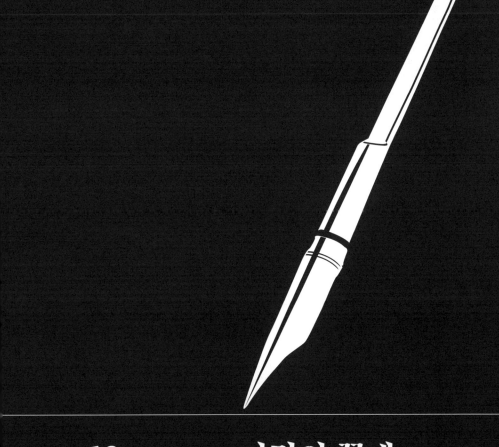

13 여정의 끝에
다다르다

"굴뚝의 연기는 소비에트 러시아의 숨이다"라는 문구의 소련 공업화 포스터(사진). 새뮤얼
슨은 1948년 『새뮤얼슨의 경제학』 초판을 쓸 때부터 줄곧 소비에트 계획 경제를 설명하는
데 어려움을 겪었다. 그럼에도 새뮤얼슨은 공식적으로 일상의 모든 곳에서 자유 시장을 없
애고 국민의 물질적 욕구를 무시한 채 철저히 계획된 하향식 명령 경제를 도입한 사회에서
어떤 일이 일어날지 짐작해 보려 했다.

———

프리드먼은 모스크바를 대표하는 백화점 굼(사진)의 텅 빈 진열장을 보고 바로 소련 경제가
시민을 제대로 먹여 살리지 못한다고 확신했다. 프리드먼이 보기에 소련 사람들은 기술을
가지고 자본주의 국가로 이민하지 않는 한 자국에 감금된 신세였다.

자유 시장 자본주의 체제에서만 정치적 자유가 보장된다고 믿는 자유 지상주의자 프리드먼에게 '사회주의'는 혐오스러운 개념이었다. 새뮤얼슨은 "어떤 사람들은 사회 보장 제도, 누진세, 예금 보험 등 사회를 개선하는 제도를 신뢰하는 사람들, 즉, 사랑이 공짜라고 믿는 사람들을 비난하기 위해 폄하의 의미로 '사회주의자'라는 단어를 사용한다"[1]고 썼다. 프리드먼은 바로 그런 사람이었다. 그는 제2차 세계 대전 이후 케인스의 경제 처방을 받아들여 정부 부문을 키우면서부터 미국 경제가 망가졌으며, 시장을 있는 그대로 자유롭게 두어야만 미국이 번영을 누릴 수 있다고 믿었다. 프리드먼은 이렇게 말했다. "최근 몇 년간의 경향을 고려할 때 …… 우리가 지금처럼 정부에게 계속 더 많은 힘을 쥐어 준다면 정부의 숨 막히는 통제 아래서 개인의 독창성이 살아남을 수 있을지 의심스럽다."[2]

한편, 새뮤얼슨은 자본주의의 이론적 작동 방식을 설명하는 것을 넘어 현실은 어떤지 보여 주기 위해 교과서를 개정하기로 했다. 이번 개정판에서는 통제 없는 자본주의의 대안으로 영국 등 많은 국가가 채택한 '사회 민주주의'를 소개할 생각이었다. 프리드먼 같은 자유 지상주의자들은 사회주의가 현실에서 제대로 작동할 수 있는지 논의하는 것조차 사회주의를 용인하는 것으로 보고 비판했지만, 새뮤얼슨은 조심스럽게 주장했다. "이론 경제학에서는 양극단의 이상 사회를 달성하기 위한 최선의 방법을 연구한다. 하지만 현실에서 양극단 자체를 해결책으로 제시할 수는 없다."[3] 그리고 "자신이 과학을 하는 사람이라고 믿지만, 자기 생각보다 훨씬 더 열정에 차 있다"[4]는 것이 프리드먼의 문제라고 꼬집었다.

새뮤얼슨은 미국의 자본주의 체제가 불완전하고 개선의 여지가 있다고 보았다. 그는 "[민주주의는] 최악의 정부 형태다. 단, 지금껏 시도된 다른 정부 형태를 제외한다면."[5]이라는 윈스턴 처칠Winston Churchill의 말에 동의했다. 새뮤얼슨은 이런 말을 하기도 했다. "자유 시장이 내놓은 결과를 신성시할 이유는 전혀 없다. 전혀. 심지어 아무런 마찰 없이, 생각할 수 있는 가장 완전한 경쟁하에서 생겨난 결과라 해도." 이 말을 들은 프리드먼과 일부 사람들은 미국 체제에 대한 그의 믿음을 의심했다.

새뮤얼슨은 1948년 『새뮤얼슨의 경제학』 초판을 쓸 때부터 줄곧 소비에트 계획 경제를 설명하는 데 어려움을 겪었다. 한 가지 큰 문제는 소비에트 체제가 외부에 자료를 공개하지 않는다는 것이었다. 소비에트 정부가 발표하는 데이터는 순전한 거짓이거나 신뢰도가 낮았다.[6] 그럼에도 새뮤얼슨은 공식적으로 일상의 모든 곳에서 자유 시장을 없애고 국민의 물질적 욕구를 무시한 채 철저히 계획된 하향식 명령 경제를 도입한 사회에서 어떤 일이 일어날지 짐작해 보려 했다. 반면 프리드먼은 모스크바를 대표하는 백화점 굼GUM의 텅 빈 진열장을 보고 바로 소련 경제가 시민을 제대로 먹여 살리지 못한다고 확신했다. 프리드먼이 보기에 소련 사람들은 기술을 가지고 자본주의 국가로 이민하지 않는 한 자국에 감금된 신세였다.

　새뮤얼슨이 보기에 소련이 시민을 위한 경제를 만드는 데 실패한 것은 소비에트 사회주의 체제 자체의 문제이기도 했지만, 지도부의 문제이기도 했다. 그는 명령 경제가 민주 사회로 이어질 수 있다고까지 주장하지는 않았지만, 다른 상황에서 명령 경제가 제대로 작동할 가능성을 완전히 배제하지 않았다. 이런 시가과 함께 교과서에서 러시아 부유층이 부족한 물자를 구하기 위해 불법으로 재화와 서비스를 거래했던 '암시장'의 중요성을 짚고 넘어가지 않았다는 점은 사람들이 그를 의심하게 했다. 적색 공포가 1950년대 미국의 정치 논쟁을 장악했다는 사실을 고려하면, 공산주의의 현실을 설명하려는 새뮤얼슨의 시도가 소련을 향한 부적절한 동경으로 비춰진 것은 어쩌면 당연한 일인지도 모른다. 프리드먼이 새뮤얼슨을 갤브레이스와 함께 사회주의를 암묵적으로 지지하는 "유명 지식인"으로 꼽은 것은 이 때문이었다.[7]

　프리드먼은 진보 지식인들이 너무 멍청해서 복잡한 시장을 제대로 이해하지 못한다고 생각했다. 그는 1974년 《리즌Reason》과의 인터뷰에서 이렇게 말했다. "제 생각에 지식인들이 집산주의에 끌리는 까닭은 집산주의식 해법이 단순하기 때문입니다."

무언가 잘못될 경우, 어떤 나쁜 자식, 악마, 사악하고 악의적인 사람 탓으로 돌리면 상황이 단순해집니다. 누군가를 탓하는 논리를 펴거나 그 논리를 받아들이는 일은 그리 똑똑하지 않아도 할 수 있습니다. 반면, 개인주의나 자유 지상주의의 주장은 어렵고 모호합니다. 사람이 아닌 사회에 무언가 문제가 있고 진정한 사회악이 존재한다면, 사람들이 자율적으로 그 악을 몰아내도록 하는 편이 더 좋을 것입니다. 이런 이유에서 저는 지식인들이 집산주의 사상을 퍼뜨리는 데 끌리는 이유가 본능적으로 단순함을 추구하는 성향 때문이라고 봅니다.[8]

공산주의 경제에 대한 시각

새뮤얼슨은 공산주의에 여지를 주는 일종의 동조자라는 비난을 피하고자 노력했다. 1961년 『새뮤얼슨의 경제학』 제5판에서 새뮤얼슨은 자유 시장에 접근하지 못하는 소련 시민들이 겪어야 하는 불편에 대해 언급했다. 중앙 계획 경제 사회에서는 가격을 보고 사람들이 무엇을 원하는지 파악할 수 없기에 많은 비효율이 발생한다. 새뮤얼슨은 계획 경제의 비효율성에 대해 말하면서 소련 시민들에게 물건을 고를 자유가 없다는 점을 강조하기 위해 미국 사람이라면 누구나 얼굴을 찌푸릴 만한 사례를 들었다. "지역 상점에 사이즈가 딱 맞는 신발이 없다면, 신발이 없는 채로 살기보다는 조금 큰 신발이라도 고마워하며 받아 신는 편이 더 낫다."

공산주의 경제는 서구처럼 소비자의 요구에 따라 끊임없는 혁신을 하기가 불가능하고 매력적인 신제품을 만들어 낼 기업가도 없었기 때문에 대중이 무엇을 원하는지 알기 위해 미국을 참고할 수밖에 없었다. 새뮤얼슨은 이렇게 썼다. "차를 가진 몇 안 되는 (실제로 극소수만 차를 몰 수 있다) 소련 사람은 옛날에 나온 미국 차와 닮은 차를 몰고 다닌다." 정부가 정한 생산량 목표를 "달성하면 당근이, 달성하지 못하면 징역형이나 발로 차이는 벌칙이" 따르기 때문에, 공장 관리자들은 목표를 달성하지 못할 때마다 데이터를 조작했다. "예를 들어 한 운송 회사는 지나치게 높게 설정된 물동량 목표를 달성했다고 보고하기 위해 차에 물을 싣고 계속 왔다 갔다 했다고 한다."

그럼에도 새뮤얼슨은 이렇게 덧붙였다. "모든 [소련] 사람이 비참하다는 건 잘못된 생각이다. 서구 시민 중에도 자신의 경제적 안락함과 정치적 자유를 포기하고 소비에트에서 살아가기를 원하는 사람이 소수 있을 수 있다. 또, 소련 사람들이 공산주의 중국에 사는 사람들에 비하면 자신들은 천국에 살고 있다고 생각하는 것도 사실이다." 새뮤얼슨은 경솔하게도 특정 시나리오하에서는 90년대 중반이 되면 소비에트 공산주의 경제가 미국 경제를 앞설 수도 있다고 예측하는 그래프를 실었다. 터무니없는 예측이었다. 하지만 이내 그는 자신이 옳다고 믿는 쪽을 확실히 밝히며 곤란한 상황을 피했다. "혼합 자유 기업 체제가 지닌 역동적인 활력은 얕잡아 보기 쉽다. 하지만 많은 문제가 있음에도 불구하고 이 체제 덕분에 우리는 지난 세기 동안 [소비에트 사회주의 경제가] 넘볼 수 없는 수준의 진보를 이루었다."9

1980년 출판된 『새뮤얼슨의 경제학』 제11판에서 새뮤얼슨은 유고슬라비아, 폴란드, 헝가리, 체코슬로바키아 등지의 진보 공산주의 정부가 공산주의 체제의 문제를 해결하기 위해 자유 시장을 받아들이고 있는 점을 반영해 교과서의 내용을 수정했다. 1990년대 중반이면 소련이 미국을 따라잡을지도 모른다고 주장해 논쟁을 불러일으켰던 경제 성장 그래프도 바로잡았다. 수정된 그래프에 따르면, 최선의 경우에도 소련은 최소 2010년은 되어야 미국 경제를 따라잡을 수 있었다.

『새뮤얼슨의 경제학』제11판의 마지막 장을 끝맺으며 새뮤얼슨은 완벽한 경제적 자유가 보장되어야만 정치적 자유를 누릴 수 있다는 프리드먼의 주장을 검토했다. 먼저 그는 미국 시민들이 경제적 자유의 수준에 걸맞은 정치적 자유를 누리고 있는지 질문했다. 새뮤얼슨은 미국의 "젊은 세대"가 시장 경제에서 부유하지 않은 사람들이 진정한 자유를 누리고 있는지 의문을 품는 게 당연하다고 말했다.

미국 경제에는 여전히 독점이 성행하고 있으며, 1945년 이후로는 크게 줄어들지도 않았다. 이런 상황에서 1900년에 비해 1980년에 독점이 덜하다는 사실이 젊은이들이 보기에 무슨 의미가 있겠는가?

1945년 이래 미국의 소득 불평등은 거의 개선되지 않았고, 기회의 불평등은 고착화되었다. 이런 상황에서 빈곤층의 수가 줄었고 삶도 더 나아졌다는 사실이 젊은이들이 보기에 무슨 의미가 있겠는가?

이들의 눈에 여전히 인종, 성별, 종교, 민족에 따른 차별을 용인하는 것처럼 보이는 이 체제가 어떻게 만족스러울 수 있겠는가?

새뮤얼슨은 이러한 주장과 정치적 자유와 경제적 자유가 불가분의 관계라고 믿는 프리드먼 등의 주장을 대비시키기 위해 "꿈같은 자유방임 세상"을 갈망하는 하이에크와 프리드먼 같은 자유 지상주의자들이 불평등을 바로잡기 위한 정부 정책을 비판할 때 쓰는 논리를 이렇게 요약했다.

더 큰 파이 조각을 차지하려고 애쓰는 과정에서 왜곡으로 인한 비효율이 발생해 전체 파이의 크기가 줄어들 수 있다. 하지만 더 중요한 사실은 재산권의 자유로운 행사와 개인의 자유가 불가분의 관계에 있다는 것이다. 우리는 냉혹한 허버트 스펜서Herbert Spencer[10]식 자유 방임 사회에서만 생각을 자유롭게 말하고 지도자를 자유롭게 뽑을 수 있다.

이어서 새뮤얼슨은 『노예의 길』의 주제인 정부의 은밀한 개입으로 인해 결국 자유가 침해받고야 말 것이라는 주장을 반박하는 자료를 실었다. 그는 1850년부터 현대까지 영국을 포함한 여러 나라에서 정치적 자유(법치주의, 재산을 가진 모든 남성에게 주어진 투표권, 발언의 자유, 출판의 자유)와 경제적 자유가 어떤 추세로 변했는지 그래프로 정리했다. 이 자료에 따르면 히틀러 전체주의 정권하의 독일(1931~1945)과 군사 독재 시절 칠레(1973~1990)는 정치적 자유를 누리지 못했음에도 경제적으로는 높은 수준의 자유를 누렸으며, 노르웨이 같은 사회민주주의 국가들은 전쟁 이후부터 정치적 자유와 경제의 자유를 동시에 누렸다. 새뮤얼슨은 이렇게 결론 내렸다. "두 세계의 장점만 취하는 것은 가능하다. 적절한 계획으로 시장 경제를 바로잡는 동시에, 국민 소득에 반영되지 않는 삶의 가장 중요한 가치들, 즉 비판할 자유, 변화할 자유, 간섭받지 않을 자유를 지킬 수 있다."

프리드먼은 국가가 가진 많은 권한을 개인에게 돌려줘야 한다고 보기는 했지만, 미국 경제가 여러모로 자유 시장보다는 거대한 공공 부문을 지닌 혼합 경제 체제에 가까우며 미래에도 계속 그럴 거라는 사실을 부인하지는 않았다. 연방 정부와 주 정부는 매년 엄청난 예산을 들여 경제를 관리했고, 특히 케인스주의가 각광받던 시절에는 더 그랬다. 연금, 의료보험, 사회 안전망 등 빈곤층을 위한 사회복지 프로그램의 규모를 줄이려면 엄청난 정치적 저항을 감수해야 했다. 미국 정부는 정교한 규제, 부담금, 보조금, 관세 체제를 갖추고 있었으며, 자유 시장주의자들의 주장과 달리 오히려 민간 기업이 정부의 개입을 요청할 때도 많았다.

이처럼 미국의 민간 부문은 고삐 풀린 자본주의와는 거리가 멀었다. 미국에는 자유 시장에서의 가격보다 더 높은 가격을 매기는 법적 독점 기업이 존재했고, 기업이 법을 개정해 수익률을 높이기 위해 의회에 로비하는 것도 허용됐다.[11] 어떻게 보면 프리드먼이 주장한 대표적인 정책(연준이 물가 상승률을 낮고 예측 가능하게 유지하기 위해 통화량을 일정한 속도로 느리게 올리는 것)은 경제를 안정적으로 유지하는 역할을 비선출직 정부 기관에 맡기는 일이었다.

편집진과의 충돌

1981년 즈음부터 새뮤얼슨은 《뉴스위크》 칼럼을 쓰는 일에 싫증을 느끼기 시작했다. 원래 그가 칼럼을 쓰는 모험을 하기로 했던 이유는 《뉴스위크》가 전 세계에 보유한 수백만 명의 구독자 때문이었다. 《뉴스위크》는 그에게 충분한 보수를 주었다. 1968년 연재를 시작할 때, 그는 칼럼당 750달러(2020년 기준으로 5756달러)를 받았다. 1974년 12월, 엘리엇은 새뮤얼슨에게 편지로 "뉴스위크 임금·물가 관리 위원회의 톱니바퀴는 느리게 돌아갑니다"라고 적어 보냈지만, 이듬해 그의 원고료는 연 2만 3000달러(2020년 기준으로 17만

383달러)로 15%나 인상되었다. 게다가 1976년부터 새뮤얼슨과 프리드먼은《뉴스위크》홍보 행사에 참여할 때마다 1000달러를 추가로 받았다. 하지만 14년이 지난 지금의 새뮤얼슨에게는 언론의 주목도, 돈도(그는 이미 경제학 교과서로 백만장자가 된 지 오래였다), 자신의 관점을 알릴 지면도 필요하지 않았다. 그의 명성과 평판이면 원한다면 어떤 유명 언론에든 글을 실을 수 있었다.

그러던 차에 불쾌한 사건이 벌어지면서 그는《뉴스위크》칼럼을 더 써야 하는지 의구심을 품게 되었다. 1974년, 새뮤얼슨은《뉴스위크》편집장 오즈 엘리엇에게 칼럼을 쓸 때 지켜야 할 규정이 있다면 명확히 알려 달라고 요청하는 편지를 보냈다. "지금까지는 내 이름을 달고 나가는 칼럼인 만큼 (신성 모독이나 반역적 내용을 제외하면) 내가 콘텐츠에 대한 전권을 가지고 있다고 믿었습니다." 이렇게 운을 뗀 새뮤얼슨은 자신이 경제학자 로버트 포겔과 스탠리 L. 엥거먼Stanley L. Engerman의 책『십자가의 시간: 미국 흑인 노예제의 경제학Time on the Cross: The Economics of American Negro Slavery』에 대해 쓴 칼럼이 반려됐던 일을 언급했다. 편집자 두 명이 3주 전 다른 코너에서 같은 책을 리뷰했다는 이유로 게재를 반대하면서, 그에게 다른 칼럼을 써 달라고 요청했던 일이었다. 편지에서 새뮤얼슨은 이렇게 말했다. "저는 그 요청에 더할 나위 없이 친절히 응했습니다. 토요일 아침부터 시작해 완전히 새로운 칼럼을 하나 더 써서 보냈죠." 하지만 그는 편집진의 결정에 동의하지는 않았다.

새뮤얼슨은 편지에서 이렇게 말했다. 그 칼럼은 "이전에 실린 평범한 소개 글과는 다른 내용이었습니다. 수백 페이지에 달하는 포겔과 엥거먼의 데이터 분석을 읽고 제가 생각한 내용이 담겨 있었죠."　"아주 세세한 사항까지 알려주실 필요는 없지만, 무언가 가이드라인을 주시길 바랍니다. 가볍게 쓴 편지이니 작은 호들갑으로 여기시고, 미래에 쓸 주제나 이전에 쓴 글에 대한 제안을 부담 없이 말해 주시길 바라는 바입니다." 그러자 새뮤얼슨의 칼럼을 반려한 편집자가 "아시아에 있는" 엘리엇 대신 편지를 받아 이런 답장을 보냈다. "이전에 생각하셨던 것처럼 칼럼 콘텐츠에 대한 권한은 전부 선생님께 있습니다. 저는 선생님과 우리 회사에 좋은 성과를 가져다준 현재의 방식을 바꾸고 싶은 생각이 없습니다."[12] 하지만 그는 새뮤얼슨이 처음에 보내준 칼럼이 게재에 적합하지 않았다는 입장을 번복하지는 않았다.

　　안타깝게도 언론사는 쉽게 말을 바꾸는 데다 최신 사건을 보도하느라 바빠서 과거에 있었던 일을 후임자에게 들려주는 데 소홀하다. 7년 뒤인 1981년, 새뮤얼슨은 오랜 친구이자 라이벌 J. K. 갤브레이스의 회고록『우리 시대의 삶A Life in Our Times』을 리뷰해《뉴스위크》에 보냈다. 새뮤얼슨이 갤브레이스에 관한 글을 쓰다니. 시사 잡지에 이만큼 어울리는 주제가 없었다. 독자들은 분명 새뮤얼슨에게 딱 맞는 주제라고 생각할 터였다. 하지만《뉴스위크》의 새 편집장 레스터 번스타인Lester Bernstein의 생각은 달랐다. "미처 알려드리지는 못했지만, 이번 주에 보내 주신 갤브레이스 회고록에 대한 선생님의 글은 싣지 않았음을 알려드립니다. 3주 전에 같은 책을 자세히 리뷰했기 때문입니다. …… 저로서는 다시 그 책을 다뤄야 할 이유를 찾을 수 없었습니다." 새뮤얼슨은 격노했다. 그는 번스타인에게 편지를 보내 이렇게 말했다. "제 이름으로 나가는 칼럼은 제 소관이라고 생각했습니다.《뉴스위크》와의 인연은 여기서 끝내야 할 것

같군요." 새뮤얼슨은 마음을 바꾸지 않았다.

새뮤얼슨이 떠난다는 말에 그의 친구이자 《뉴스위크》 사주인 캐서린 그레이엄은 괴로움이 묻어나는 편지를 보냈다. "《뉴스위크》에 당신의 칼럼을 더 실을 수 없다니 너무나 아쉽습니다. 게다가 이런 말도 안 되는 실수 때문이라니요. 당신의 칼럼은 《뉴스위크》의 가치를 헤아리기 힘들 만큼 높여 주었고 기다란 지적 만족감을 주었습니다. 《뉴스위크》와 《뉴스위크》 독자들은 당신의 칼럼을 그리워할 것입니다." 번스타인은 다음 해 《뉴스위크》를 떠났다.

《뉴스위크》 칼럼 연재가 종료되다

1983년, 프리드먼도 《뉴스위크》의 처사에 불만을 표하며 편집장 윌리엄 브로일즈 주니어William Broyles Jr.[13]에게 항의 편지를 보냈다. 과거에도 가끔 지면이 부족하면 칼럼이 다음 호에 실리는 경우가 있었지만, 점점 일정이 밀리는 경우가 잦아지기 시작했다. 프리드먼은 이렇게 말했다. "칼럼이 제때 실리는 것보다 밀리는 때가 더 많습니다. 전 언제나 가능한 한 시의성이 큰 칼럼을 쓰려 노력합니다. 칼럼이 다음 주에 실릴지, 2주 뒤에 실릴지, 3주 뒤에 실릴지 모른다면 시의성 있는 칼럼을 쓰기란 불가능합니다. 전 냉동 창고에 넣을 칼럼을 쓰는 게 아닙니다. 칼럼 연재를 그만두고 싶지는 않지만, 솔직히 말해 우리 둘 다 만족할 만한 조건을 찾지 못한다면 계속할 가치가 없다고 느낍니다."[14]

칼럼 연재는 프리드먼에게 잘 맞았다. 타고난 트집쟁이인 그에게 짧고 날카로운 칼럼은 완벽한 글 형식이었다. 그는 칼럼 쓰는 일을 즐겼고 그만두면서 편집자들에게 "대중과 효과적으로 소통할 수 있는 토론장을 제공"해 주어 고맙다는 말을 남겼다.

> 도전 정신을 자극하는 매우 보람 있는 일이었다. ······ 독자들은 끊임없이 반응해 주었다. 때로는 환영받았고 때로는 욕설을 듣기도 했지만 모두 유익한 반응이었다. 그 과정에서 나는 얼마나 오해를 사기가 쉬운지, 뒤집어 말해, 투명하고 명확하게 말하기가 얼마나 어려운지 알게 되었다. 그리고 한 문제를 보는 시각이 얼마나 다양한지도 배웠다. 순수한 경제 문제 같은 것은 없다.[15]

1984년 초, 새뮤얼슨의 자리를 이어받은 레스터 서로Lester Thurow[16]가 MIT 슬론경영대학원 학과장으로 임명되면서,《뉴스위크》편집장 리처드 M. 스미스Richard M. Smith는 프리드먼과 서로의 칼럼을 연재 종료하기로 했다. 프리드먼은 이 결정이 "좋으면서도 싫었다"고 고백했다. 그는 스미스에게 편지를 보내 이렇게 말했다. "솔직히 말하자면 칼럼을 끝내게 되어 아쉽습니다."[17] 보수 일간지《월스트리트저널Wall Street Journal》과 루퍼트 머독Rupert Murdoch 소유의 영미 보수 언론이 바로 칼럼 연재를 제안해 왔지만, 프리드먼은 마감이 정해진 글은 당분간 쓰지 않기로 결정했다. 이후 프리드먼은 새뮤얼슨과 마찬가지로 원할 때 칼럼[18]을 썼다.

14

영국에서
다시 찾은 기회

영국에서 프리드먼은 독특한 경제적 시각을 지닌 신기한 미국 교수로 널리 알려져 있었다. 그는 영국 방송계에서 논쟁을 몰고 다니는 인물로 유명했다. 1983년 왕실 요트 브리타니아 호(사진)를 타고 미국 산타바버라에 정박한 엘리자베스 여왕은 레이건 내각을 초청해 요트 위에서 만찬을 열었다. 여왕은 프리드먼을 보자 반가워하며 이렇게 말했다. "아는 얼굴이군요. 필립[남편]이 보는 방송에 항상 나오시던데요."

1975년 선거에서 마거릿 대처(사진)가 보수당 당대표로 선출되었다. 프리드먼을 신뢰했던 그 덕분에 영국 내 프리드먼의 영향력은 더욱 커졌다. 대처가 총리 자리에 앉는 것은 시간문제였는데, 연준의 독립성을 보장하는 미국과 달리 영국 총리는 중앙은행인 영국은행에 대한 절대적 권한을 가지고 있었다.

> 미국에서 프리드먼의 통화주의 실험은
> 눈물로 막을 내렸다. 하지만 영국에서는
> 대처가 그에게 다시 기회를 주었다. 볼커와 달리
> 대처는 진지한 프리드먼의 추종자였다.

영국의 통화주의를 시작한 인물은 마거릿 대처가 아니었다. 1979년 대처가 집권하기 전까지 영국을 이끌었던 제임스 캘러헌James Callaghan 의 노동당 정부는 임기 내내 빚과 인플레이션에 시달렸다. 1975년, 영국의 물가 상승률은 26%에 달했고 시간당 기본 임금은 연 32% 씩 올랐다. 캘러헌 정부의 재무장관 데니스 힐리Denis Healey 는 기존 의 케인스주의 해결책이 예전만큼 효과가 없다는 사실을 깨닫고 다 음과 같이 말했다.

> 수요 관리라는 개념을 근본적으로 신뢰할 수 없게 되었다. 케인스는 정부가 상품에 대한 수요를 줄이거나 세금 또는 정부 지출을 조절해 인플레이션 없이 완전 고용과 최대 생산 능력을 유지할 수 있다고 보 았다. 하지만 이제는 정부가 완전 고용을 유지하기 위해 어느 정도의 추가 수요를 만들어야 하는지 정확히 알기가 불가능하다.

> 마찬가지로 정부가 세금을 감면하거나 공공 지출을 늘려 경제 에 돈을 공급했을 때, 그중 얼마가 제대로 쓰일 지도 알 수 없었다. 정부가 공급한 돈은 일자리를 만들기보다는 노동자의 임금이나 기

업의 이윤만 늘려 물가 상승률만 높일 수도 있었다. 어쩌면 영국 제품이 아닌 수입품을 사는 데 쓰여 영국의 일자리를 늘리는 대신 국제 수지만 악화시킬지도 모르는 일이었다. 또, 어쩌면 소비보다는 저축하는 데 사용될 수도 있었다.[1]

미국의 리처드 닉슨을 비롯한 각국 지도자들과 마찬가지로, 캘러헌과 힐리는 임금이 상승하는 것을 막기 위해 소득 정책incomes policy(물가 상승을 막기 위해 정부가 임금을 관리하는 것을 말한다-옮긴이)을 도입했다. 노동계에서 가진 영향력 덕분에 이들은 노조를 설득해 임금 인상을 요구하지 못하게 할 수 있었다. 힐리에게 소득 정책을 도입할지 말지는 고민거리가 아니었다. "겉으로 무슨 말을 하든, 모든 정부는 일종의 소득 정책을 가지고 있다. 적어도 정부에 고용된 수백만 명의 임금은 정부 소관이다." 이처럼 공공 분야가 큰 영국 같은 나라에서 소득 정책을 도입하는 것은 당연한 일로 여겨졌다. 1년이 지나자 소득 정책은 효과를 보이는 듯했다. 1975년 8월 26.9%를 기록했던 영국의 물가 상승률은 1976년 12.9%로 반 토막이 났다. 하지만 힐리는 곧 문제가 닥치리란 것을 알고 있었다. "소득 정책을 쓰는 것은 마치 2층 창문으로 뛰어내리는 것과 같다. 정신이 멀쩡한 사람이라면 계단이 불타고 있지 않은 한 창문으로 뛰어내리지 않을 것이다. 하지만 전쟁 이후 영국의 계단은 언제나 불타고 있었다."[2]

런던《타임스The Times》경제부 편집자였던 캘러헌의 사위 피터 제이Peter Jay[3]는 당시 금융계와 언론계에 종사했던 많은 젊은이들이 들처럼 발 빠르게 통화주의를 받아들였다. 그는 경제학자들을 상대로 강연을 열어 통화주의를 설파했으며,[4] 언제나 미국의 최신 보수주의 사상을 퍼뜨리는 데 열심이었던《타임스》동료 편집자 윌리엄 리스 모그William Rees-Mogg에게도 통화주의를 전파했다. 리스 모그는 프리드먼의 말을 곧이곧대로 믿었고 통화주의를 자명한 이치로 받아들여 통화량과 물가 상승 사이에 일대일 상관관계가 있다는 말을 퍼뜨렸다. 이 사실은 그가 쓴 기사의 제목만 봐도 알 수 있다.「영국의 9.4% 통화량 과잉은 이렇게 9.4% 물가 상승으로 이어졌는가Huw a 9.4% Excess Money Supply Gave Britain 9.4% inflation」[5]

《타임스》의 지지는 프리드먼에게 큰 힘을 실어 주었다. 하지만 미국에서 신비주의로 치부되며 흔들리기 시작한 통화주의가 영국에서 케인스주의를 누르는 데 더 큰 영향을 준 것은 제이가 캘러헌과 시골길을 산책하며 나눈 대화였다. 제이는 캘러헌에게 영국 정부가 외국으로부터 돈을 빌려 국정을 운영하는 것이 인플레이션이 악화되는 원인이라면서 재정을 다시 금욕적으로 관리해야 한다고 말했다.

제이의 말을 진지하게 받아들인 캘러헌은 1976년 9월 블랙풀에서 열린 노동당 전당 대회 연설에서 영국의 경제 정책을 이끄는 지침이었던 케인스주의를 포기하겠다는 뜻을 밝혔다. 제이 자신이 요약한 이날 연설의 주제는 다음과 같았다.

영국은 지나치게 오랫동안 빌린 시간, 빌린 돈, 빌린 아이디어에 의존했다. …… 너무 오랫동안 이 나라는 산업의 근본적인 문제를 해결하려 애쓰는 대신 외국으로부터 돈을 빌려 생활 수준을 유지하는 데 안주했다. …… 우리는 안락한 세상이 영원할 것이며, 총리가 펜만 움직이면 완전 고용을 유지하고, 세금을 낮추고, 적자 지출을 할 수 있다는 말을 들었다. 그 안락한 세계는 이제 끝났다.

지금껏 우리는 소비를 늘리면 불황에서 빠져나올 수 있고 세금을 낮추고 정부 지출을 늘리면 고용을 늘릴 수 있다고 생각했다. 진심으로 말하건대, 그 선택지는 이제 더는 존재하지 않는다. 아니, 처음부터 존재하지 않았다. 전쟁 이래 이런 정책을 펼 때마다 영국 경제의 인플레이션은 악화되었으며, 곧이어 실업률이 높아졌다.[6]

캘러헌의 냉정한 메시지는 주목받지 못했다. 노조 지도부는 임금 인상을 요구하는 노조원들의 압력을 더는 견딜 수 없었다. 노조 지도부가 노동당 정부의 요청을 무시하기 시작하면서 소득 정책은 흔들리기 시작했고 인플레이션이 다시 고개를 들었다. 경제 비평가와 재무 분석가들은 프리드먼의 해결책을 시도하라면서 힐리를 압박하기 시작했다.

영국의 공식 경제 정책

영국에서 프리드먼은 독특한 경제적 시각을 지닌 신기한 미국 교수로 널리 알려져 있었다. 그는 영국 방송계에서 논쟁을 몰고 다니는 인물로 유명했다. 똑똑한 버전의 아치 벙커Archie Bunker(미국 텔레비전 시트콤 등장인물-옮긴이)랄까. 1983년 왕실 요트 브리타니아Britannia호를 타고 미국 샌타바버라에 정박한 엘리자베스 여왕은 레이건 내각을 초청해 요트 위에서 만찬을 열었다. 여왕은 프리드먼을 보자 반가워하며 이렇게 말했다. "아는 얼굴이군요. 필립[에든버러 공작, 여왕의 남편]이 보는 방송에 항상 나오시던데요."[7]

BBC가 방송한 TV 인터뷰에서 프리드먼은 자유 시장주의를 역설하며 이렇게 말했다. "영국이 스스로 입은 구속복을 벗어 던지고 사람들에게 자유를 준다면, 훗날 그 결과에 놀랄 것입니다." 그는 영국이 복지 국가를 포기하지 않으면 "민주주의와 자유가 무너지고, 자유 경제가 아닌 전체주의 명령 경제"로 향하게 될 것이라고 경고했다. 갤러헌의 블랙풀 연설을 듣고 그가 통화주의도 진향했다는 사실을 알아차린 프리드먼은 총리가 생각을 바꾼 것을 환영했다. "그저 말뿐인 연설이 아니었다면, 영국의 정책 방향이 근본적으로 바뀌었다는 것을 뜻합니다. 그렇다면 저의 예측을 수정해야 할지도 모르겠군요."

얼마 지나지 않아 프리드먼의 통화주의는 영국의 공식 경제 정책이 되었다. 하지만 영국의 케인스주의 경제학자들은 대부분 패배를 인지조차 못하고 있었다. 일부에서 지나치게 안일한 케인스주의 학자들의 모습을 이해할 수 없다는 목소리가 터져 나왔다. 예를 들어 1979년 대처 내각의 일원이 되었지만, 통화주의 정책에는 줄곧 반대했던 이언 길모어Ian Gilmour는 주류 케인스주의 경제학자들이 프리드먼의 이론에 대적할 만한 이론을 제시하는 데 실패했다고 비판했다. "대학의 경제학자들은 대부분 아무도 주목하지 않는 연구를 방해받지 않고 하는 데 만족한다. 그로 인해 발생한 공백으로 인해 마치 개신교가 잠잠해진 틈을 타고 퍼지는 여호와의 증인처럼 통화주의가 융성하고 있다."[8]

온갖 곳으로부터 통화주의를 도입하라는 압박을 받은 재무장관 힐리는 통화주의를 현실에 적용할 때의 문제점을 곧 깨달았다. 그는 이렇게 말했다. "아직까지 통화량의 제대로 된 정의조차 내려진 적이 없을뿐더러, 통화량을 조절하는 방법을 아는 사람도 없다. 통화량이 인플레이션의 유일한 원인이라고 주장하는 프리드먼 본인을 제외하면 통화량을 조절하는 것이 물가 상승률에 영향을 미친다고 확신하는 사람도 없다."[9] 하지만 힐리는 영국 금융의 중심인 시티오브런던City of London을 뒤덮은 통화주의에 대한 열광에 대응할 필요가 있다고 생각했다. 그가 내린 결정은 미국의 볼커와 마찬가지로 립 서비스 차원에서 통화량을 관리하는 척하는 것이었다.

볼커와 마찬가지로 힐리도 이전까지는 의미 없는 수치로 분류되어 공개되지 않던 통화량 전망을 발표하는 일부터 시작했다. 힐리는 이렇게 주장했다. "5년의 임기 동안 나는 £M3(당시 영국의 주요 통화 지표) 증가율을 평균 10%로 유지하며, 시장을 혼란 없이 관리했다." 하지만 프리드먼은 힐리의 성과를 인정하지 않았다. 1976년 10월 방송된 NBC 〈밋 더 프레스Meet the Press〉에서 프리드먼은 이렇게 말했다. "영국은 붕괴 직전이다."[10] 한 주 뒤, 신문에서도 "우리가 알고 있는 영국의 자유와 민주주의가 앞으로 5년 이내에 망가질 가능성이 절반 이상으로 보여 걱정된다"[11]고 말했다.

사람들의 이목은 집권당인 노동당의 새로운 경제 정책에 쏠려 있었지만, 길모어는 보수당에서도 변화가 시작되고 있음을 감지했다. 통화주의는 당파를 넘어 세력을 키우고 있었다. 서양에서 가장 성공한 민주 정당으로 손꼽히는 영국 보수당의 성공 비결은 관념이나 이념을 잘 믿지 않고 무시하는 데 있었다. 이러한 회의주의는 대다수 영국인들의 성향과 잘 맞아떨어졌다. 길모어는 이렇게 말했다. "핼리팩스Halifax, 흄Hume, 버크Burke, 콜리지Coleridge, 디즈레일리Disraeli, 솔즈베리Salisbury로 이어지는 보수당의 지적 전통에서 돋보이는 특징은 회의주의, 인간 사유의 한계를 아는 감각, 추상적 개념이나 독트린에 대한 거부, 시스템에 대한 불신, 경험과 '상황'이 중요하다는 믿음이다. 보수당이 통화주의를 받아들인 것은 이 모든 전통에 반하는 일이었다."¹²

정통 토리당원들에게는 모욕적인 일이었지만, 영국 보수당을 오랫동안 성공으로 이끈 전통적 회의수의는 사상에 내한 질대직 민음에 자리를 내주고 있었다. 1974년 2월 총선에서 중도 토리당원 에드워드 히스Edward Heath가 비슷한 중도 성향의 전임 총리 겸 노동당 대표 해럴드 윌슨Harold Wilson에게 패하고 1974년 10월 재실시된 총선에서는 더 큰 표 차로 지면서 보수당은 새 인물을 찾기 시작했다. 일부 보수당원들은 윈스턴 처칠부터 앤서니 이든Anthony Eden, 해럴드 맥밀런Harold Macmillan, 알렉 더글러스 홈Alec Douglas-Home, 그리고 히스까지 전쟁 이후 보수당 총리들이 암묵적으로 따라 온 합의의 정치에 의문을 제기했다. 1945년 선거에서 클레멘트 애틀리Clement Attlee가 이끄는 노동당에게 대패한 이후, 영국 보수당은 유권자들의 의사를 존중해 정부 의료 보험 정책 등 복지 정책에 반대하는 일을 삼가고 합의를 지향해 온 터였다.

전후 시대 노동당과 보수당의 합의는 보수당에게 큰 이득이 되었다. 유권자들은 정부와 의회가 적절히 관여해 삶을 더 안정적으로 만들어 주기를 바랐고, 노동당보다는 보수당을 더 신뢰했다. 1951년 애틀리가 선거에서 패한 뒤부터 노동당은 신뢰를 회복하지 못하고 1955년과 1959년 선거에서 연이어 대패했다. 반면 보수당은 빅토리아 시대 총리를 지낸 디즈레일리의 사상을 계승해 중상류층뿐 아니라 모든 계층을 수용하는 '하나의 국가one nation' 보수주의를 내세워 엄청난 인기를 끌었다. 1959년 총선에서 이긴 보수당 후보 맥밀런이 내세운 구호가 "이보다 더 좋은 시절은 없었다"였을 만큼, 보수당과 영국 유권자들은 영국의 혼합 경제 체제에 자신감을 가지고 있었다.

1964년부터 1970년까지 보수당은 성 추문과 지도부 문제로 잠시 여당 자리에서 물러났다. 1970년 선거에서는 다시 히스가 이끄는 보수당이 승리를 거뒀지만, 곧 벽에 부딪히고 말았다. 히스는 호황과 불황이 반복되는 경기 순환에 저항하기 위해 무모할 정도로 과감한 고속 성장 정책을 폈다. 그 결과 물가가 걷잡을 수 없이 올랐고, 노동조합의 임금 인상 요구가 이어졌다.

닉슨, 카터, 캘러헌과 마찬가지로 히스도 소득 정책을 도입했지만, 노동조합은 히스의 말을 들을 생각이 없었다. 1973년 영국광산노조National Union of Mineworkers가 35% 임금 인상을 요구하며 초과 근로를 거부하면서 영국 경제는 갑자기 멈춰 섰다. 공장과 발전소에서 쓸 석탄이 부족해지자, 필수 산업을 제외한 모든 산업에 주 3일제 근무가 도입되었고 텔레비전 방송국은 전기를 아끼기 위해 10시 30분에 방송을 종료했다. 히스가 물러나는 것은 시간문제였다.

히스의 경제 정책에 비판적이었던 일부 보수당 하원 의원들은 히스의 임기가 끝나기도 전부터 전임 사회복지부 장관 키스 조지프 Keith Joseph[13]와 전임 교육부 장관 마거릿 대처가 만든 정책연구센터 CPS: Centre for Policy Studies를 중심으로 세력을 형성했다. CPS는 스페인 내전 당시 반파시스트 공화파 편에서 싸운 적이 있는 괴짜 독단론자 앨프리드 셔먼Alfred Sherman[14]이 소장으로 있는 자유 지상주의 싱크탱크였다.

1974년 총선에서 패한 히스가 재선거를 기다리던 6개월 사이에 조지프는 프레스턴에서 자신의 과오를 고백하며 통화주의로의 전향을 선언하는 연설을 했다. 앨프리드 셔먼과 《파이낸셜타임스》 경제 비평가 샘 브리턴Sam Brittan, 그리고 CPS의 또 다른 유망주 앨런 월터스Alan Walters[15]가 작성한 연설문에는 프리드먼의 생각이 그대로 반영돼 있었다. 이들은 인플레이션의 원인을 노동조합에 돌리던 전후 보수주의에 의문을 표하며 연설문에 「정부가 인플레이션의 원인이다Inflation is Caused by Governments」[16] 라는 제목을 붙였다.

　　조지프는 이렇게 말했다. "공동 책임 가운데 제가 책임져야 할 부분을 모두 인정하는 것에서부터 시작하겠습니다." 그는 히스의 실패한 소득 정책을 비판하며 이렇게 말했다. "마치 수도꼭지를 잠그지 않은 채 호스에서 새는 물을 막으려 하는 꼴입니다. 구멍 하나를 막으면 구멍 두 개가 새로 생길 것입니다."

　　이어서 조지프는 과장된 표현으로 자신이 프리드먼식 통화주의의 진실한 신봉자임을 알렸다. 어찌나 엄숙했던지 마치 개종 선언처럼 들릴 정도였다. "한때 저는 영국이 겪고 있는 인플레이션, 최근 들어 특히 심해진 이 인플레이션이 치솟는 국제 물가의 산물이라고 믿었습니다." 그러나 그는 줄곧 사악한 케인스주의자들에게 속아 틀린 것을 믿고 있었음을 깨달았다. "경제학 용어로 더 정확히 말하자면 우리의 인플레이션은 새로운 돈을 만들어 낸 결과, 즉, 능력보다 많은 재화와 서비스를 누리기 위해 적자 재정을 운영한 결과입니다." 히스는 조지프의 변절에 시큰둥한 반응을 보였다. "착한 사람이 통화주의자들의 꼬드김에 넘어갔군요. 그들이 조지프의 판단력을 다 앗아간 것 같습니다. 물론 애초에 판단력이 얼마나 있었는지는 의문이지만."[17]

조지프가 찾은 새로운 이념은 순수 프리드먼주의였다. 그는 "통화량이 지나치게 빠르게 증가하면 인플레이션이 생긴다"는 말을 입에 달고 다니며 이렇게 주장했다. 처음에는 통화주의적 처방의 진가를 다 알 수 없을 것이다. 처음에는 오히려 기대했던 것과 반대로 경기가 나빠지겠지만, 시간이 지나면 경제가 자연스럽게 건강을 회복할 것이다. 프리드먼과 마찬가지로 그 또한 하루아침에 성과가 나타나지는 않겠지만, "일이 년 지나면" 모든 것이 좋아지리라고 약속했다.

조지프는 전후 합의 정치의 오랜 믿음, 즉, 영국의 1930년대를 실업의 시대로 만든 고질적 실업을 해결하려면 케인스 경제학이 필요하다는 믿음을 깨뜨렸다. 1920년대에 활황을 누린 미국과 달리 영국은 제1차 세계 대전이 끝난 1918년부터 대량 실업에 시달렸다. 보수당 정부가 '건전 화폐sound money'를 주장하며 파운드화 가격을 너무 높게 책정했기 때문이었다. 영국산 제품은 국제 시장에서 경쟁력을 잃었고 수백만 명이 일자리를 잃었다. 보수당이 이 비극을 제대로 수습하지 못한 것은 족히 50년 동안 영국 정치에 영향을 미쳤다. 윈스턴 처칠은 제2차 세계 대전을 승리로 이끈 주역임에도 불구하고 전쟁 직후 실시된 1945년 선거에서 노동당의 클레멘트 애틀리에게 대패했다. '요람에서 무덤까지'를 내세운 애틀리의 복지 정책은 너무 인기가 많아서 보수당조차도 받아들일 수밖에 없었다. 통화 가치 유지에 중점을 두는 '건전 화폐' 정책은 잊혔다. 조지프는 이렇게 말했다. "다른 나라와 마찬가지로 전후 영국에서 '건전 화폐' 개념은 구식이 되어 버렸다. 우리는 실업의 공포에 사로잡혀 있었다. 대량 실업과 실업 급여를 받으려고 길게 늘어선 줄, 황폐해진 마을에 대한 두려움이 마음에 그림자를 드리웠다."

아이러니하게도 조지프는 프리드먼의 통화주의를 받아들인 것을 정당화하기 위해 케인스를 들먹였다.

케인스가 쓴 글을 보면 케인스의 처방으로 일려진 정책 가운데 큰 문제가 된 것들은 거의 다 그의 주장이 아니라는 사실을 알 수 있다. 케인스의 논지는 중장기적으로 대규모 실업이 발생하더라도 이를 해결하기 위해 반드시 통화량이나 수요를 늘릴 필요가 없다는 것이었다. [사실은 그 반대다. 전통적으로 중시하던 통화량을 신경 쓰지 말고 정부가 의도적으로 총수요를 늘려야 한다는 것이 『일반 이론』의 핵심 주장이었다.]

조지프는 통화량 증가율만 조절하고 자유 시장이 번영을 위한 최적 균형을 찾게 두면 실업을 해결할 수 있다고 주장했다. "재정 적자를 줄이고 서서히 통화량 증가율을 낮추기 시작하면 국제 수지 적자가 줄어들고 이어서 인플레이션도 잠잠해질 것이다. 어떠한 인위적 경기 부양책이나 통화 팽창 정책을 쓰지 않아도 적당한 시간만 지나면 자발적인 시정 효과가 나타날 것이다."[18] 프리드먼의 이름이 직접적으로 언급되지는 않았지만, 이 연설을 시작으로 영국 보수당은 프리드먼식 통화주의로 가는 길에 올랐다.

잡화점 집 딸이 내민 손

워싱턴 D.C.의 볼커가 프리드먼과 그의 통화주의 사상에서 멀어지고 있을 무렵, 런던에서 프리드먼의 주가는 오르기 시작했다. 소득정책의 실패로 히스가 총리 자리에서 물러나고 1975년 선거에서 마거릿 대처가 보수당 당대표가 되면서 영국에서 프리드먼의 영향력은 더욱 커졌다. 야당 대표인 대처가 총리 자리에 앉는 것은 시간 문제였다. 게다가 연준의 독립성을 보장하는 미국과 달리 영국 총리는 중앙은행인 영국은행에 대한 절대적 권한을 가지고 있었다(이는 많은 미국 대통령이 부러워하는 점이기도 했다).

영국 보수당은 당시의 관례대로 현대의 정당보다는 세인트제임스 신사 클럽에 더 어울릴 법한 절차에 따라 히스의 뒤를 이을 당대표를 선출했다. 맹목적 남성 우월주의 사상을 굳건히 지켰던 보수당은 사실 여성을 당대표로 앉힐 생각이 없었다. 대처에 앞서 고위급 남성 의원 몇 명이 차례로 히스에게 맞섰지만, 히스가 끄떡없이 자리를 지키면서 선두 주자들이 떨어져 나가 결국 대처에게까지 기회가 온 것이었다.

첫 번째로 나선 주자는 반란의 주동자인 조지프였다. 그는 확연히 긴장한 모습으로 안절부절못하며 셔먼이 써 준 연설문을 읽었는데, 빈곤층이 역경을 자초했다는 말로 기회를 날렸다.[19] 이후 하원 평의원 모임을 이끄는 에드워드 뒤 칸Sir Edward du Cann[20]경이 물망에 올랐으나, 구설수에 오를 만한 재정적 문제를 가지고 있다는 이유로 제외되었다. 히스는 그제야 물러나겠다는 의사를 밝히며 무능력한 자신의 오른팔 윌리 화이트로Willie Whitelaw[21]를 대처의 상대로 내세웠다. 하지만 이미 분위기는 대처 쪽으로 기운 상태였다. 영국의 풍자 잡지《프라이빗 아이Private Eye》는 표지에 설거지하는 화이트로의 모습을 싣기도 했다. 앞치마를 두르고 거품이 인 개수대에 손을 담근 화이트로에게 이런 말풍선이 달려 있었다. "여자를 뽑고자 하는 분이라면 저 같은 남자를 원하시겠죠."

하지만 대처로 기울어진 분위기를 뇌돌리기에는 이미 늦은 시점이었다. 결국 최종 투표에서 대처가 이기자, 대다수 보수당원은 여성을 대표로 뽑았다는 데 흥분해 자신들이 전후 암묵적으로 지켜온 합의의 정치를 저버리고 제2차 세계 대전 이후 잠들어 있던 오래된 신념 체계로 되돌아가는 결정을 내렸다는 사실을 인지하지 못했다. 길모어는 이렇게 말했다. "대다수 보수주의자는 혼합 경제 체제를 마음에 들어 한 적이 없었다. 이들은 혼합 경제를 그저 사회주의 국가로 향하는 중간 단계로 여겼다. 정부 개입은 무엇이든 자멸적이라는 프리드먼의 주장은 이들의 편견과 잘 맞아떨어졌다."[22]

한편 케인스주의를 옹호했던 히스는 통화주의에 더 비판적이었다.

보수당은 사회주의자들이 교조적이고 비현실적인 사상을 숭배한다고 비판해 왔다. 이는 옳은 말이다. 정치의 목적은 조국을 이롭게 하는 것이지, 이론을 실험하는 것이 아니다.

인플레이션이 순전히 통화적 현상이며, 단순히 통화량이 늘어나서 발생한다고 주장하는 통화주의는 모든 경제학 이론 가운데 가장 단순하고 가장 현혹되기 쉬운 이론일 것이다. 이런 이론은 특히 경제학을 잘 모르는 사람의 마음을 끄는 경향이 있다.[23]

대처는 논리보다는 본능에 의존해 프리드먼의 통화주의가 옳다고 믿었다. 링컨셔주Lincolnshire 그랜섬Grantham에서 잡화점 집 딸로 자란 대처는 이렇게 말했다. "상점에서 일하는 것보다 자유 시장 경제를 더 잘 배울 수 있는 방법은 없습니다. 그때의 경험이 예방주사가 되어 준 덕분에 전후 영국을 지배한 경제적 통념에 맞서 싸울 수 있었죠."

> 대개는 케인스의 영향을 받은 것이겠지만, 일정 부분 사회주의의 영향으로 요즘 사람들은 정부가 직접적이고 지속적인 개입을 통해 경제 환경을 개선하는 것이 중요하다고 생각한다. …… 가정은 소득보다 더 많이 지출하면 파산하지만, (신경제학에 따르면) 국가는 소득보다 더 많이 지출함으로써 번영과 완전 고용으로 향하는 길에 오를 수 있다. …… 밀턴 프리드먼의 글을 접하기 전에도 …… 나는 이런 주장이 사실일 리 없음을 알고 있었다. 절약은 미덕이고 낭비는 죄악이다.[24]

대처는 조지프의 권유로 하이에크의 『노예의 길』과 프리드먼의 『선택할 자유』를 읽었다. 대처가 일찍부터 이녹 파월Enoch Powell[25]을 영웅으로 여기며 그의 사상에 젖어 있었다는 사실을 고려할 때, 그녀가 프리드먼의 통화주의에 끌린 것은 자연스러운 일이었다. 파월은 지적으로 뛰어나고 명망 있는 보수당 하원 의원이었지만, 1968년 버밍엄에서 비백인 이민자들이 영국 거리를 피로 물들일 것이라는 충격적인 발언을 하면서 짧은 정치 인생을 마감했다. 그는 베르길리우스의 『아이네이스』[26]를 인용해(파월은 고전 문학 교수였다) 이렇게 말했다. "저는 불길한 예감에 사로잡혀 있습니다. 지금

제 눈에는 로마인의 눈에 비친 '피로 물들어 거품이 이는 티베르 강'
이 보입니다."[27] 보수당의 주류 정치인들은 파월과 거리를 두었지
만, 일부 극우주의 의원들은 그에게서 영감을 받았다.

1956년 11월, 파월은 건전 화폐 기조를 지키기 위해 재무부 금
융차관financial secretary직을 내려놓으면서 자유 시장주의자라는 평
판을 굳혔다. 그는 재무장관 피터 소니크로프트Peter Thorncycroft,[28] 재
정부 장관Treasury minister 나이절 버치Nigel Birch[29]와 함께 정부가 세금
을 더 걷지 않고 지출을 늘리는 데 반대하며 옷을 벗었다. 이들은 단
순한 옛날식 통화주의에 기초해 정부의 조치가 인플레이션을 초래
할 거라고 주장했다.

대처는 파월의 파격적 연설문을 모은 책『자유와 현실Freedom
and Reality』[30]을 '바이블'로 여겼고, 파월의 건전 화폐 사상을 계승할
계획이었지만, 총리가 될 때까지 이 사실을 철저히 숨겼다. 이 전략
이 성공하면서 대처는 보수당 대표로 선출되었고, 자신이 소중히
여기는 독트린을 영국의 정책 기조로 삼을 기회를 얻었다.

1976년, 대처는 CPS가 발간한 조지프의 스톡턴 강의 모음집
서문에서 정치적 스승인 조지프의 생각을 극찬했다.『통화주의만으
로는 부족하다Monetarism is Not Enough』[31]라는 제목을 단 이 강의집은
통화주의를 찬양하는 내용으로 가득 차 있었다. 조지프는 이렇게
말했다. "안정적인 성장과 높은 고용률을 뒷받침할 통화 체제를 구
축하기 위해서는 완전 고용을 달성하기 위해 수요를 인위적으로 창
출해 급하게 경제를 성장시키는 것을 삼가고 통화를 안정적으로 공
급하는 방법 외에 다른 대안이 없다."

조지프는 인플레이션을 끝내고 경제를 복구하기 위해서는 건

전 화폐 정책을 펴야 한다고 호소하면서 모든 것이 완벽한 균형을 이루어 번영이 지속되는 이상적 자유 시장의 모습을 그려 보였다. 그는 자신의 1974년 강의를 인용해, 경제 발전은 올바른 통화 공급 이라는 토대 위에서만 가능하다고 주장했다. 통화주의는 억눌려 있 던 자유 시장의 힘을 풀어 경제를 자유롭게 하고 효율성을 높일 것 이었다.

조지프는 말했다. "통화량 관리는 우리가 해야 하고 하기를 원 하는 모든 일에 앞서 필수적으로 행해져야 한다. 진짜 문제(한 분야 에서는 인력난이 벌어지는데 다른 한 분야에서는 실업이 발생하는 문제, 과 도한 기대, 비효율, 마찰과 왜곡, 고질적 실업, 안정적이고 만족할 만한 직업 을 갖기 위해 훈련이나 재훈련 또는 설득이 필요한 수백, 수천만 명의 사람 들, 불안정한 국제 물가)를 해결할 기회는 그 뒤에만 얻을 수 있다."

잠시 화학 연구자로 일하기도 했던 대처는 조지프의 생각에 완 전히 동의했다. 로널드 레이건과 마찬가지로 대처는 사상 자체에 관심이 있어서 책을 읽는 흔치 않은 보수 정치가였다. 대처는 정치 이론을 좋아했고 이론에서 영감을 얻었다. 논쟁을 무엇보다도 더 즐겼으며 끈질기고 공격적으로 목표를 좇았다. 인플레이션이 오로 지 통화량의 영향만 받는다는 프리드먼의 주장을 들었을 때, 대처 는 그 단순함에 매료되었다. 그 즉시 대처는 통화주의로 인플레이 션을 끝내는 것을 대표 경제 정책으로 삼기로 했다.

전임자들과 달리 대처는 자신이 이끄는 보수당이 확고한 신념 을 따를 것임을 명확히 밝혔다. 신념이 너무나도 확고했기에, 반대 의견은 용납되지 않았다. 심지어 반대 목소리를 없애기 위해 예비 내각에 셔먼과 조지프가 선정한 권장 도서 목록을 배부하기도 했는

데, 목록에는 하이에크, 프리드먼 등 자유 지상주의 보수 영웅들의
저서가 포함돼 있었다.

통화주의를 실현할 두 번째 기회

1977년, 총선이 다가오자 대처는 조지프에게 히스 정부의 경제 정
책과 전혀 다른 새로운 경제 정책을 만들어 달라고 요청했다. 이에
조지프는 '통화량 증가율의 엄격한 관리'를 주장하는 「경제에 대한
옳은 접근법The Right Approach to the Economy」이라는 팸플릿을 발간했다.

1979년 5월 선거에서 보수당이 하원 다수석을 차지하면서 대
처는 영국 총리 자리에 올랐다. 대처는 유능하고 고분고분한 법정
변호사barrister 제프리 하우Geoffrey Howe[32]를 재무장관으로 임명해 재
무부의 물가 관리 정책을 개혁하는 일을 맡기고 서둘러 예산안을
마련하게 했다. 이 예산안에는 직접세를 줄이기 위해 개인 소득세
세율을 낮추고 상품과 서비스에 부과되는 부가가치세율을 높이는
등 통화주의 도입의 기반이 될 여러 개혁적 조치가 담겨 있었다.

프리드먼은 대처의 당선 소식을 듣고 크게 기뻐했다. 통화주
의를 실현할 두 번째 기회가 온 것이었다. 대처는 통화주의에 진심
인 데다 의회 다수당의 당수였으며, 모든 정부 기관을 완전히 통제
할 권한을 가지고 있었다. 게다가 영국이 정부 규모를 줄이고 통화
주의를 도입해 성공을 거둘 경우, 연준이 생각을 바꿀지도 모르는
일이었다. 자리에서 물러난 히스는 대처 정권에 대해 이렇게 말했
다. "이 정권은 시장이 마치 모욕해서는 안 될 신이라도 되는 것처럼
말한다."[33] 대처가 막 통화주의 실험을 시작한 1980년 초 영국을 방

문한 새뮤얼슨은 《뉴스위크》 칼럼에서 이렇게 말했다. "통화주의의 순진한 주장에 대한 지독한 충성에도 불구하고 영국의 인플레이션은 여전히 잡힐 기미가 없다."[34]

1980년 6월 대처는 자신의 정책에 반대하는 관료들에게 경고를 날릴 요량으로 프리드먼을 초청해 고위 경제 관료[35]들을 지도해 달라고 부탁했다. 심지어 대처는 프리드먼이 생각을 솔직히 말할 수 있도록 자리를 피해 주기까지 했다. 프리드먼은 당시 상황을 이렇게 회상했다. "대처 총리가 일부 '습파wets(대처 정부 내 케인스주의 세력을 말한다-옮긴이)'[36] 관료를 신경 써서 지도해 달라는 부탁을 남기고 자리를 뜬 뒤부터 더 흥미롭고 열띤 토론이 벌어졌다." 그는 런던에 머무는 동안 하원의 주요 경제 관련 위원회에도 초청받아 통화주의를 설파했다. 그 자리에서 프리드먼은 영국이 통화주의의 진가를 알아봐 준 것이 미국의 경제 정책에 "중대한 영향"을 미칠 것으로 기대한다면서, 영국 국회 의원들에게 통화주의를 설명할 기회를 얻게 되어 기쁘다고 말했다.

영국 정부가 세운 통화주의 정책은 전반적으로 매우 훌륭합니다. 영국은 통화량 증가율을 주된 중간 목표로 설정했고, 수년 치 목표를 미리 정하도록 하였으며, 통화량 증가율을 안정적으로 줄여 나갈 수 있도록 적절한 수치를 정했습니다. 특히 이 목표를 지키려는 정부의 강한 의지가 돋보입니다.[37]

프리드먼은 영국이 3월에 세운 £M3 통화 증가율 목표가 "적절한 감소폭과 적절한 속도로 통화량 증가율을 낮추도록 정해졌다"고

호평했다. 그가 보기에 영국의 방식은 원칙을 지키지 않고 립 서비스만 했던 미국 연준의 '형편없는 사례'와는 완전히 달랐다. 프리드먼은 미국에는 마땅히 지켜야 할 건전 화폐 신념을 지키는 사람이 드물다고 말했다. "관료주의적 관성" 탓에 대다수 관료가 겉으로만 통화량, 이자율, 환율을 관리하려 했고, "그 과정에서 모든 수치의 변동성이 불필요하게 커졌다"는 것이 그의 신난이있다.

하지만 프리드먼은 영국이 1981년 예산안에서 통화량 증가를 억제하기 위해 정부 차입[PSBR]을 크게 줄인 것은 부적절하다고 평했다. "정부 차입의 규모와 통화량 증가율 사이에는 직접적 관계가 없기" 때문이었다. 중요한 것은 정부 차입이 아닌 정부 지출이므로, 정부 지출을 줄이는 데 집중해야 한다는 것이 그의 주장이었다.

프리드먼이 보기에 통화량을 관리하는 가장 좋은 방법은 영국 은행이 은행 거래를 청산하기 위해 사고파는 국채를 이용해 '본원 통화'를 조절하는 것이었다. 그는 이렇게 말했다. "본원 통화의 관리는 주로 단기 부채를 대상으로 한 공개 시장 개입을 통해 이루어져야 한다. 한 가지 준비 자산만 관리해서는 본원 통화를 제대로 관리한다고 보기 어렵다. 영국 은행은 매주 국채를 얼마에 사고팔지가 아니라, 얼마나 사고팔지를 결정해야 한다. 이자율은 전적으로 시장에서 정해지도록 둬야 한다." 물론 파운드화의 가격도 정부 개입 없이 자유 시장에서 정해지도록 해야 했다.

프리드먼은 통화량 증가 속도를 늦출 때 따라오는 경제 불황에 대해 이렇게 말했다. "실업과 유휴 생산 설비는 인플레이션이 해결되는 과정에서 발생하는 부작용이다. 맹장염 수술을 받고 나면 침대에 누워 쉬는 기간이 필요한 것과 마찬가지다." 그렇다면 경제 불황은 왜 발생하는 걸까? 프리드먼은 "통화량 증가 속도가 느려짐에 따라 [공공] 지출의 속도도 느려지는데, 이 효과가 임금과 가격에 반영될 때까지 시간이 걸리기 때문"이라고 설명했다.[38]

하지만 이는 어디까지나 이론적 이야기였다. 현실에서 영국의 통화주의 실험은 무참히 실패했다. 일전에 조지프는 "비쩍 마른 노동자들이 옷을 잔뜩 껴입고 입을 굳게 다문 채 실업 급여를 받기 위해 줄 서 있었던 1930년대의 풍경을 우리가 만든 것이라는 느낌을 지울 수가 없다"[39]고 고백하며 대량 실업을 진보 경제 정책 탓으로 돌린 바 있었다. 그런데 통화주의와 함께 이 풍경이 재현되었다.

100만 명 수준이던 영국의 실업자 수는 대처 집권 2년 만에 230만 명으로 증가해, 실업률이 5.5%에서 11%로 뛰어올랐다. 이후 1980년대에 영국의 실업자 수는 300만 명 수준에 머물렀다. 1981년 여름이 되자 영국 전역이 소요 사태에 휩싸였고, 런던, 맨체스터, 리버풀 등지에서 폭력 시위가 잇따랐다.

실패로 막을 내린 영국 통화주의

통화주의가 영국 경제에 미친 폐해는 극명했다. 영국은행의 한 관료는 이렇게 말했다. "1980년 여름에는 창밖을 내다보기만 해도 통화 정책이 지나치게 긴축적이라는 사실을 알 수 있었다."[40]

영국의 산업 생산은 6% 하락해 1921년 이래 가장 큰 하락폭을 기록했다. 힐리 시절 12%였던 이자율은 하우가 재무장관 자리를 넘겨받은 뒤 큰 폭으로 올라 1979년 11월 17%를 기록했으며 이후 8개월 동안 이 수준에 머물렀다. 이자율이 오르자 파운드화 가치가 폭등해 수출품의 가격 경쟁력이 떨어지고 수입품의 가격 경쟁력이 올라가면서 국제 수지 적자가 위태로운 수준까지 증가했다.

사실 통화주의를 도입하면 얼마간 고통스러운 시기를 거쳐야 한다는 것은 프리드먼도 경고한 바였다. 그는 이렇게 말했다. "통화량 증가율을 낮추면 얼마간 실업과 저성장의 고통이 따른다. 하지만 시간이 지나면 인플레이션 없는 고속 성장기에 돌입하게 된다."[41]

하지만 히스는 통화주의 도입에 따르는 대가가 지나치게 클지도 모른다고 경고했다. "계속 통화주의를 밀어붙인다면 많은 사람이 빈곤으로 내몰리고 보수당의 인기는 추락할 것이다. 상식적으로 볼 때 더 혼합 경제에 가까운 정책을 써야 한다."[42]

대처 정부의 주요 인사 가운데 이렇게 갑자기 상황이 나빠질 거라고 예상한 사람은 거의 없었다. 연일 거리 시위가 일고 시위 경찰대를 동원해 시위대를 진압해야 하는 일이 잦아지자, 대처 정부의 내무장관 화이트로마저 나라를 혼돈과 무정부 상태에 빠뜨렸다면서 정부를 공개 비판하고 나섰다. 더 황당한 사실은 새로운 경제 정책이 통화 목표조차 전혀 달성하지 못하고 있다는 것이었다.

상황을 지켜보던 히스는 정부를 강력히 비판했다.

정부가 실패한 주원인은 통화주의가 자멸적이라는 데 있다. 1979년 이후 긴축 통화 정책을 성급하게 적용한 결과 실업이 생겨났고, 실업 수당을 지급해야 했기에 공공 지출을 줄이기 어려워졌다. 원래대로라면 세금을 납부했을 많은 사람이 실업자가 되어 국가의 도움을 받아야 하는 신세가 되었다. 원래대로라면 법인세를 냈을 회사들도 파산했다. ……[43]

제조업이 무너지면서 1979년 2분기부터 1981년 1분기 사이에 생산 능력이 6분의 1 넘게 하락했다. 나중에 회복기가 온다 해도 국제 수지가 위태로워질 수밖에 없을 것이다. …… 1981년 예산은 …… 1930년대의 불황 이후 최악의 경제 불황 상황에서 수요를 더욱 감소시켰다.[44]

통화주의의 폐해가 심해지자 대처는 베를린대학교의 통화주의 경제학자 위르그 니한스Jürg Niehans[45]에게 영국 재무부의 문제를 진단해 달라고 비밀리에 요청했다. 니한스는 영국을 방문해 회계장부를 열람하고 해결책을 제안하는 보고서를 작성했다. 보고서에서 그는 영국 정부가 통화주의를 지나치게 경직적으로 적용했다고 비판했지만, 영국 정부는 이 보고서를 대중에게 공개하지 않았다. 니한스가 재무부가 아닌 사립 기관 CPS로부터 자금을 지원받았기 때문에 보고서 공개 의무를 피할 수 있었던 것이다. 보고서에서 니한스는 영국이 "가장 급진적인 통화주의자가 주장하는 것보다도 더 극단적인 통화주의를 도입한 것으로 보인다"[46]면서, 통화 정책이 지나치게 긴축적이므로 지체 없이 통화량을 늘리라고 제안했다.

1981년 3월, 물가 상승률이 13%를 기록한 상황에서 하우는 통화 목표를 무시한 채 정부 차입을 30억 파운드 줄이고 소득세 공제를 한시적으로 폐지하는 예산을 짰다. 물가가 기록적으로 오르는 상황에서 소득세 공제를 폐지해 사실상 소득세를 40억 파운드 늘리는 정책을 쓴 것이다. 불황이 한창일 때 세금을 올리는 것은 어떻게 봐도 경제학적 상식에 반하는 행동이었다.

훗날 대처는 이런 선택을 내린 이유를 다음과 같이 설명했다.

[우리를 비판하는 사람들처럼] 정부 차입을 늘려야 불황에서 빠져나올 수 있다고 믿는 사람들은 이 조치를 이해할 수 없을 것이다. 하지만 일단 이자율을 내려야 산업을 다시 움직일 수 있다고 생각하는 사람이라면 정부 차입을 줄일 수밖에 없다. …… 이 때만큼 경제 운영에 대한 사고방식 차이가 극명하게 드러난 적은 또 없었다.[47]

하우가 하원 의회에서 예산안 세부 내역을 발표하자, 원래 정부를 지지했던 하원 의원들조차도 넌더리를 내며 의사당을 떠났다. 노벨 경제학상 수상자 두 명과 차기 영국은행 총재를 포함한 경제학자 364명은 《타임스》에 이 예산안이 "사회 및 정치 안정"[48]을 위협하고 "경제 이론에 맞지 않으며, 실증적 근거도 없다"고 반발하는 성명문을 실었다. 하지만 대처는 꿈쩍하지 않았다.

프리드먼은 대처를 설득해 영국의 £M3 통화 목표를 폐지하고 매달 발행하는 신규 국채의 증가량을 제한하는 '본원 통화 통제' 방식으로 바꾸려 했지만, 영국은행과 재무부는 미국 사례처럼 이자율이 급변해 경제를 망가뜨릴 수 있다면서 거절 의사를 밝혔다. 1981년 여름, 영국의 통화주의는 사실상 막을 내렸다.

그럼에도 그해 9월, 대처는 통화주의 정책에 반대하는 장관들을 모두 해임했다. 이때 해임된 길모어는 이런 말을 남겼다. "대개는 선원 몇 명을 해고해도 배가 잘 움직인다. 하지만 암초를 향해 전속력으로 다가가고 있는 상황에서 그런 행동을 한다면 결과가 그리 좋지 않을 것이다."[49]

대처가 '습파'를 숙청한 것은 단순한 보복에 불과했다. 길모어를 비롯한 통화주의 반대파 관료들은 검증되지 않은 프리드먼의 도

그마를 경제에 적용하면 나라가 혼란에 빠질 거라면서 줄곧 통화주의를 반대했었고, 이들의 경고는 정확히 맞아떨어졌다. 심지어 하우는 자신이 세운 통화 목표 중 어떤 것도 달성하지 못했다. 1981년 예산안에서 영국 정부는 통화주의를 포기했다. 이후 영국의 통화 정책은 통화량이 아닌 이자율과 파운드화 환율을 관리하는 방식으로 되돌아갔다.

그럼에도 여전히 통화주의가 제대로 된 기회를 얻지 못했을 뿐이라고 믿는 일부 통화주의자들이 남아 있었기에, 영국 정부는 명목상 통화 목표를 계속 발표했다. 그러나 1981년부터 1985년까지 재무부는 통화 목표를 마찬가지로 큰 의미 없이 발표하는 통화량 추정치에 맞추기 위해 계속해서 더 큰 값으로 수정해야 했다. 결국 항상 통화 목표에 회의적이었던 영국은행 이사 존 포드John Fforde 가 공식적으로 다음과 같이 선언하기에 이르렀다. "일부 심각한 위기 상황이나 새로운 정책의 도입 초기를 제외하면, 인간의 판단 없이 단순하고 경직적인 수치 목표에 따라 통화량을 바꾸는 방식은 좋은 결과를 낼 수 없다."[50]

1983년 6월, 하우에 이어 재무장관이 된 나이절 로슨Nigel Lawson[51] 은 통화주의에서 한발 더 멀어졌다. 그는 인플레이션을 없애겠다는 목표를 포기하고 낮은 물가 상승률(5% 이하), 안정적인 환율, GDP 증가를 목표로 삼았다.

1983년 10월, 로슨은 시티오브런던에 위치한 시장 관저the Mansion House 에서 재무장관 연례 연설을 했다. 그는 이날 모인 금융계 주요 인사들에게 이렇게 말했다. "우리는 통화 목표를 맹목적으로 따르지 않았습니다. 통화 목표는 맹목적으로 따르기 위해 정해진 것이 아닙니다. 지난 몇 년 동안 우리는 통화 목표를 수정해 왔습니다. 언제나 통화 수요의 변화를 반영하려고 노력했습니다."[52]

1985년 10월, 로슨은 남은 한 해 동안 £M3 목표를 발표하지 않겠다고 선언했다. 그리고 1986년에는 처음 하우가 £M3 목표를 세웠을 때처럼 3, 4년 후의 목표까지 설정하지 않고 1년 치 목표만을 설정했다. 영국 하원 재무 및 공무 특별 위원회The Treasury and Civil Service Select Committee 는 1986년 예산안 보고서에서 이렇게 말했다. "M3를 통제하는 것이 사실상 불가능하다는 인식이 생기면서 £M3를 계속 목표로 유지하는 것에 대한 회의론이 일고 있다."[53]

1986년 10월, 영국은행 총재 로빈 리 펨버턴Robin Leigh-Pemberton 은 로버러대학교Loughborough University 강연에서 이렇게 말했다. "경험에 비춰 볼 때, 우리가 통화주의 정책을 적용하기 위해 선택한 방식은 만족스러운 성과를 냈다고 말하기 어렵습니다." 펨버턴은 영국이 £M3 목표를 비롯한 통화량 목표를 계속 유지하는 것에 회의적이었다.[54] 결국 1987~1988 회계 연도에 £M3 통화 목표는 영구 폐지되었다.

워싱턴 D.C.에서 밀려난 프리드먼의 통화주의는 이제 런던에서도 막을 내렸다. 영국에서의 실패는 프리드먼에게 치명타를 날렸다. 미국과 영국이라는 경제 강국을 통화주의로 전환시킬 기회는 다시 오지 않을 것이었다. 통화량을 안정적으로 늘리는 방식으로 인플레이션을 해결해 세상에 길이 남을 업적을 남길 기회는 이제 사라졌다.

이번에는 추진력 부족이나 사람 탓을 하기도 어려웠다. 영국 총리인 대처는 미국 대통령과 달리 통화 정책에 대한 전적인 권한을 쥐고 있었다. 심지어 대처는 장관들을 설득하기 위해 통화주의 학자 앨런 월터스Alan Walters와 브라이언 그리피스Brian Griffiths[55]를 개인 고문으로 임명하기까지 했다. 대처는 통화주의가 성공하기를 바랐지만, 실패한 뒤에 애도 기간을 가지지는 않았다. 그녀는 프리드 먼을 버리고 제 갈 길을 갔다.[56]

그럼에도 영국 보수당 지도부는 짧게 막을 내린 영국의 통화주의가 실패가 아닌 성공이라고 주장하고 싶어 했다. 대처는 자신이 틀렸다는 사실을 인정하지 못했고, 보좌관들은 1981년에 통화주의를 그만둔 것을 제외하면 그동안 대처가 잘못한 일은 하나도 없다고 이야기를 지어내야 했다.

예를 들어 보수당 후보들끼리 입을 맞추기 위해 제작된 「1987년 선거 운동 가이드The Campaign Guide for 1987」는 1980년 영국 정부가 발행한 통화주의 '녹서green paper(영국의 의회 심의용 정책 제안서)'를 언급하며 다음과 같이 말하고 있다. "통화 상황을 제대로 파악하기 위해서는 통화와 관련된 모든 변수를 고려해야 한다는 내용이 [녹서에] 분명히 언급돼 있다. 정부가 다른 모든 지표를 배제하고 단일한 통화 지표나 목표만으로 미래 인플레이션을 완벽히 예측할 수 있다고 생각한 적은 한 번도 없다."

이 가이드에는 보수당 정부가 "일찍이 1980년 여름부터" 과거 통화 목표로 선정했던 협의 통화 지표 £M3가 "명목 GDP와 인플레이션을 반영하는 지표로서의 수명을 다한"[57] 것을 알아채고 다른 지표로 교체할 준비를 했다는 주장도 담겨 있었다. 이후 M1을 목표로 삼기 위해 시도했지만 문제가 있었고, 1984년부터는 "더 협의의 통화량 지표인 M0로 바꾸려 했지만," M0도 한계가 있는 것으로 판명되어, "1987년부터는 통화량 지표를 고려하되, 공식 통화량 목표는 설정하지 않기로 결정했다"는 것이었다.

여기서 끝이 아니었다. 대처가 당 지도부에 의해 대표직에서 물러나기 1년 전인 1989년에 발행된 선거 운동 가이드[58]에는 통화주의가 대처가 이룬 "경제 기적"의 기초가 되었다는 내용이 담겨 있었다.

처음에 정부가 핵심 통화량 지표로 선정한 것은 £M3였다. 1970년 대에 M3와 물가 상승률 사이에는 상당히 밀접한 연관이 존재해서, M3가 증가하면 2년의 시차를 두고 물가 상승률이 크게 올랐다. [하지만 이후 M3는] 인플레이션 지표로서 신뢰를 잃었다. 이에 정부는 1987년부터 변동의 덜한 광의적 지표인 M4[M3에 모기지 대출을 합한 지표]에 더 큰 비중을 두기 시작했다.[59]

하지만 가이드에는 "계속해서 M4의 동향을 고려하겠지만, M4 목표를 정하지는 않았다"는 내용과 통화량에 미치는 영향을 고려해 파운드 환율을 관리하겠다는 말도 쓰여 있었다.

이렇게 해서 여러 금융인, 언론인, 시장 분석가, 보수당 정치인을 사로잡으며 1970년대 중반을 휩쓴 프리드먼의 통화주의는 10년 동안 불필요한 대량 실업을 야기하고 시간을 낭비하게 만든 데 대한 변명만을 남긴 채 영국에서 막을 내렸다.

15 다시 오지 않을 기회

2001년 9월 11일, 알카에다가 뉴욕 세계무역센터와 워싱턴 D.C. 펜타곤을 공격했다. 미국 금융과 정치의 심장부가 그렇게 쉽게 테러를 당할 수 있다는 사실에 전 세계 경제가 충격에 빠졌고, 번영이 지속될 거라는 신뢰가 무너지면서 금융 시스템이 흔들렸다. 경제학자들은 혼란을 잠재울 방법을 찾기 위해 고군분투했다.

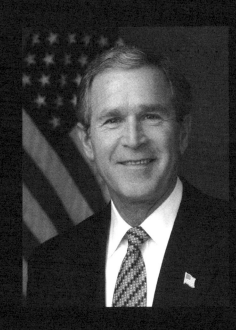

2002년 말이 되자, 1년 만에 미국의 재정 적자는 1580억 달러로 크게 늘었다. 게다가 부시 (사진)는 9/11 테러 공격에 대한 보복으로 전쟁을 두 개나 선포했다. 그는 알카에다를 소탕 하겠다면서 아프가니스탄을 공격했고, 사담 후세인 에게 '대량 살상 무기'가 있다고 주장하 며 이라크와도 전쟁을 시작했다.

" 2001년 9월 11일 서구 경제를
무너뜨리기 위한 테러 공격이 자행되었다.
하지만 연준 의장 그린스펀은
자본주의를 지킬 방안을 찾아냈다. "

프리드먼은 텍사스 사람인 척하지만 실제로는 뉴잉글랜드 상류층 출신인 전형적인 와스프WASP(백인 앵글로색슨계 개신교도의 줄임말로, 미국의 주류 지배 계급을 말한다-옮긴이) 조지 H. W. 부시George H. W. Bush(아버지 부시-옮긴이)를 좋아하지 않았다. 큰 키부터 어마어마한 가족 배경, 느릿한 귀족적 말투, 메인주 케넌벙크포트Kennebunkport에 요새를 가지고 있다는 사실까지, 이 전임 CIA 국장의 모든 것이 지능과 능력주의를 중시하는 프리드먼을 불편하게 했다. 하지만 프리드먼이 가장 불쾌하게 여긴 사실은 부시가 레이건의 다른 측근들과 달리, 통화주의, 낙수 효과, 공급주의 경제학으로 대표되는 레이거노믹스를 지지하지 않는다는 점이었다.

프리드먼은 부시를 가차 없이 깎아내렸다. "레이건이 부시를 부통령 후보로 지목한 것은 실수였다. 나는 그것이 선거 운동 기간과 대통령 재임 기간을 통틀어 그가 내린 모든 결정 가운데 가장 잘못된 결정이었다고 생각한다."[1] "조지 부시는 부통령으로서 레이건이 참석하는 회의는 거의 다 따라다녔지만, 중요한 발언을 한 적은 한 번도 없다."[2]

부시는 프리드먼식 경제 정책에 대한 의구심을 감추지 않았다.

1980년 4월 10일, 대통령 예비 선거 기간(이 예비 선거에서 부시는 레이건에게 패했다)에 카네기멜런대학교에서 열린 강연에서 부시는 레이거노믹스를 전면 비판했다. "제 말은 이 정책이 성공할 리 없다는 겁니다. 매우 재미있는 사실은 이런 미신 경제학voodoo economics을 만든 사람이 캘리포니아의 경제학자 아서 래퍼라는 사실입니다."[3] 프리드먼 같은 괴짜 경제학자가 주장하는 검증되지 않은 비주류 경제학에 대한 의구심을 명쾌하게 포착한 '미신 경제학'이라는 표현은 곧 널리 쓰이기 시작했다.

연설문을 작성한 부시의 언론 담당 비서 피트 틸리Pete Teeley는 한 신문사 기자가 레이건 경제팀은 원기를 모아 엉터리 해결책을 내놓는 주술사와 다를 바 없다고 쓴 것을 보고 '미신 경제학'이라는 말을 생각해 냈다. 부시가 이 말을 한 뒤로 프리드먼은 평생 부시를 경멸했다. 부시가 부통령을 거쳐 제41대 미국 대통령이 되어 통화주의 실험을 다시 시작할 권한을 쥐게 된 이후에도 마음을 바꾸지 않았다.

프리드먼은 부시의 부족한 경제 지식과 비도덕성을 조롱했다. 프리드먼은 이렇게 말했다. "부시는 외교 정책 같은 일부 분야에서는 확고한 원칙을 가졌는지 몰라도 경제 정책에 대해서는 전혀 원칙이 없다." 예비 선거 기간 동안 레이거노믹스를 '미신 경제학'이라고 폄하했던 부시가 "레이건의 부통령이 되자 말을 바꾸어 레이거노믹스를 번영으로 가는 길이라고 칭송했다"는 이유에서였다. 이어서 프리드먼은 이렇게 말했다.

부시는 1988년 선거 때도 계속 말을 바꿨다. 당시 그는 "제 입을 똑똑히 보세요. 새로운 세금은 없습니다"라면서 세금을 인상하지 않겠다고 약속했다. 하지만 일단 당선이 되자, 민주당 의회의 협조와 격려, 그리고 일부 백악관 임명직들의 지지 속에서 정책 방향을 바꾸어 레이거노믹스와 정반대의 경제 정책을 폈다.[4]

프리드먼은 부시의 경제 정책이 실패하는 것을 보며 환호했다. 민주당이 다수당인 의회와 함께 일해야 했던 부시는 재임 동안 정부 지출과 연방 정부 적자를 크게 늘렸다. 복지 지출도 늘었으며, 기업 규제도 더 많아졌다[프리드먼은 대기오염방지법Clean Air Act과 미국장애인법Americans with Disabilities Act을 정부의 권력 남용 사례로 꼽았다]. 프리드먼이 보기에 칭찬할 만한 점은 북미자유무역협정NAFTA: North American Free Trade Agreement을 비준해 자유 무역 확대에 기여했다는 것 정도였다.

프리드먼은 부시가 레이거노믹스와 반대되는 정책을 쓰고 있다고 생각했다. 프리드먼은 이렇게 말했다. "레이거노믹스가 경제에 활력을 불어넣어 호황을 조성한 것을 고려하면, 반反레이거노믹스가 침체를 초래한 것이 놀랄 일은 아니지 않을까?" "레이건 시절에도 민주당이 계속 하원을 장악하고 있었기 때문에 정부 지출과 과세를 계획보다 훨씬 덜 줄일 수밖에 없었다. 그럼에도 정부 지출과 과세는 줄어들었다. 부시가 레이거노믹스를 부정하지만 않았어도 냉전 이후 이러한 추세에 속도가 붙었을 것이다."[5]

클린턴과 프리드먼

1992년 선거에서 빌 클린턴Bill Clinton에게 패하면서 41대 대통령 부시의 임기는 한 번으로 끝났다. 클린턴은 미국 정치의 다변화를 약속하며 전통적인 좌우 대립 구조를 탈피해 '제3의 길'을 찾겠다고 선언했다. 놀랍게도 민주당 정부가 정권을 잡으면서 프리드먼의 영향력은 오히려 커졌다. 클린턴은 이렇게 말했다. "큰 정부가 모든 문제의 답은 아닙니다. 큰 정부의 시대는 끝났습니다."[6] 프리드먼의 사상이 정부 지출을 늘리는 편을 선호하는 민주당의 성향까지 바꾼 것이었다. 하지만 클린턴의 중립적 태도는 승리가 아닌 패배로 이어졌고, 클린턴은 이후 더 프리드먼의 사상에 가까운 정책을 펴게 되었다. 임기 초 2년 동안 아내 힐러리 로댐 클린턴Hillary Rodham Clinton과 함께 결국 실패로 끝난 보편 의료 보험 도입에 집중했던 클린턴은 1994년 중간 선거에서 완패했다. 민주당은 1952년 이후 처음으로 하원 다수당 자리를 빼앗겼고, 새로운 하원 의장 뉴트 깅리치Newt Gingrich는 연방 정부를 셧다운시키겠다고 위협하며 자신이 '공화당 혁명Republican Revolution'이라고 이름 붙인 극보수주의 어젠다를 밀어붙이기 시작했다.

　그 결과 클린턴 정부는 새뮤얼슨보다는 프리드먼 쪽에 더 가까운 경제 정책을 펴게 되었다. 깅리치는 더 작은 정부, 더 적은 세금, 공급주의 정책을 통한 기업가 정신 고취, 복지 개혁 등을 담은 '미국과의 계약Contract with America'을 제안했다. 이 개혁안에 통화주의에 대한 내용은 없었지만, 깅리치가 제안한 항목들은 전부 다는 아니어도 대부분 프리드먼이 바꿔 놓은 사고방식을 기초로 작성된 것이었다.

클린턴과 깅리치의 기이하고 불편한 협력 아래 GDP 대비 연방 정부 적자는 1993년 47.8%에서 2001년 31.4%로 줄어들었고 GDP 대비 정부 지출은 1993년 20.7%에서 2000년 17.6%로 줄어들었다. 또, 갑작스러운 소련의 붕괴로 발생한 '평화 배당peace dividend' 효과도, 예산의 큰 부분을 차지하던 냉전 지출이 사라지면서 국방비 지출이 감소해 2900억 달러에 달하던 재정 적자가 1280억 달러 흑자로 돌아섰다. 이외에도 클린턴과 깅리치는 복지 개혁, NAFTA를 비롯한 자유 무역 협정, 연료·고소득자·사회보장 연금 세금 인상, 금융업 규제 완화 등을 함께 추진했으며, 그러면서도 교육과 복지에 대한 정부 지출은 높은 수준으로 유지했다.

프리드먼은 언제나 세금을 줄이는 것과 정부의 크기를 줄이는 것 사이에 관계가 있다고 생각했다. 그는 세수가 줄면 정부 지출을 늘리고자 하는 국회 의원들에게 압박을 줄 수 있다고 생각했기 때문에 언제나 감세를 환영했다.

나는 상황이나 근거, 이유가 어떻든 가능하기만 하다면 세금을 줄이는 것에 찬성하는 편이다. 사실 진짜 큰 문제는 세금이 아니라 지출이다. 나는 항상 '어떻게 정부 지출을 줄일 것인지' 묻는다.…… 내가 보기에 유일하게 효과적인 방법은 정부의 수입을 줄이는 것이고, 정부의 수입을 줄이려면 세금을 낮춰야 한다.[7]

하원 다수당이 된 공화당은 클린턴 행정부에 자유 시장주의적 정책에 더 무게를 실으라고 압박했다. 중간 선거에서 공화당을 승리로 이끈 반정부주의를 프리드먼만큼 용감하고 명쾌하게 주장할 수 있는 사람은 거의 없었다. 정부에 강경한 태도를 보이겠다는 결정은 깅리치가 내린 것이었지만, 작은 정부 운동이 수십 년에 걸쳐 세를 불리게 된 것은 확실히 프리드먼의 노력 덕분이었다. 프리드먼은 이렇게 말했다. "1990년대의 민주당 정부와 공화당 의회 조합은 정부 지출을 줄이는 최적의 조합이었다. 이 조합 덕분에 클린턴은 임기 후반에 [연방 재정] 흑자를 달성했다. 그 기간 동안 정부 지출은 꾸준히 줄어들었다."[8]

하지만 깅리치의 '공화당 혁명'은 한 편의 촌극과 함께 끝이 났다. 깅리치에 이어 하원 의장이 된 톰 들레이Tom DeLay가 "큰 정부가 너무 오랫동안 대중의 여물통을 채워 주었다"[9]고 외치는 가운데 깅리치는 정부 규모를 줄이겠다는 굳건한 의지를 보이기 위해 예산안에 합의하지 않음으로써 연방 정부를 셧다운시켰다. 하지만 승리는 오래가지 않았다. 우연한 기회에 깅리치의 거만함과 자만심이 드러났기 때문이었다. 정부 셧다운 기간에 이스라엘 총리 이츠하크 라빈Yitzak Rabin의 장례식에 참석하기 위해 다른 정치인들과 함께 전용기를 탄 깅리치는 뒷좌석을 배정받자 자기 지위에 안 맞는 자리라면서 항의했다. 이 일이 알려지면서 개인적 욕심 없이 오로지 미국의 개혁에만 관심 있는 사람이라는 그의 평판은 크게 손상됐다. 들레이는 이렇게 말했다. "한심한 행동이었습니다. 그런 말을 내뱉다니 조심성이 없는 거지요. 그때부터 셧다운의 도덕적 정당성은 사라졌습니다. 재정 건전성을 지키기 위한 숭고한 싸움이었던 셧다운이 버릇없는 아이의 생떼처럼 보이기 시작했습니다."[10] 프리드먼은 깅리치의 이기주의가 큰 정부를 작은 정부로 되돌릴 절호의 기회를 날려 버리는 모습을 그저 지켜볼 수밖에 없었다.

프리드먼은 '공화당 혁명'에 미친 영향을 인정받지는 못했지만, 작은 정부를 위한 자신의 노력이 점점 결실을 맺고 있다고 느꼈다. 세계 각지에서 국회 의원들이 정부의 크기를 줄이려고 노력하고 있었고, 특히 구공산권 국가에서 그런 추세가 두드러졌다. 프리드먼은 이렇게 말했다. "느리게 퍼져 나가는 사회주의가 …… 급격히 퍼져 나가는 사회주의보다는 훨씬 낫다. 이것만으로도 매우 큰 변화다."[11] 프리드먼은 이런 추세가 계속되리라고 믿었다. "나는 앞으로 정부 부문이 국민 소득에서 차지하는 비중이 줄어들 것으로 예상한다. 국민 소득은 증가하지만, 정부의 크기는 거의 그대로 유지될 것이기 때문이다."[12]

62년 혹은 63년

1995년 12월 8일, 새뮤얼슨은 프리드먼에게 갑자기 편지를 보냈다. 두 사람의 차이보다 공통점에 더 초점을 맞춘 매우 감상적이고 애정 어린 편지였다. "우리가 만난 지 …… 이제 겨우 62년이 되었군. 나는 고작 대학교 2학년생이었는데 자네는 이미 학자가 될 운명을 타고난 사람처럼 보였어." "우리가 서로 의견이 갈리는 때가 많기는 했지만, 논리적·실증적 차이가 벌어지기 시작하는 근본적인 지점에서는 서로를 이해했다는 사실을 나중에 사람들이 알게 됐으면 좋겠어. 그동안 서로를 향한 애정과 우정, 존경심을 꽤나 잘 감춰 왔다는 걸 말이야."[13]

편지를 받은 프리드먼은 자신과 로즈가 새뮤얼슨의 편지에 "무척 감동받았다"고 말하면서 새뮤얼슨이 말한 대로 시카고대학교에서 함께 보낸 학창 시절은 "멋진 나날"이었다고 답했다. 그리고 이렇게 덧붙였다. "그런데 한 가지는 짚고 넘어가야겠네. 우리가 처음 만난 건 분명 61년 아니면 63년 전이야. 내 생각에는 63년이 맞는 것 같아."[14]

9/11이 만든 변화

구소련과 동유럽의 소비에트 위성 국가에서는 프리드먼을 선지자로 여겼지만, 미국의 상황은 그조차 예측하기 힘들게 흘러갔다. 많은 논란을 불러일으킨 2000년 대선에서 조지 W. 부시George W. Bush가 대통령이 되었다. 아버지 조지 H. W. 부시가 정부가 시민의 생활을 책임져야 한다는 귀족주의 사상을 지닌 구식 엘리트였다면, 아들 부시는 정치적 야망은 있지만 여유롭고 능글맞은 텍사스 플레이보이였다. 그는 두 코네티컷 공화당 명문가(워커스와 부시)가 결합해 만들어진 부시 가문을 현대 공화당에 더 어울리는 텍사스 석유 재벌로 바꿔 놓는 데 성공했다. 아버지와 달리 아들 부시는 선거 운동에서 세금을 낮추겠다고 선언했고 실제로도 세금을 낮췄다. 부시가 첫 예산을 집행하면서 환급한 4000억 달러를 포함해 2000년대 동안 미국 정부는 세금을 1조 3500억 달러 줄였다. 그러나 이런 과감한 감세에는 대가가 따랐다. 2001년 7월, 주가가 폭락하면서 세수가 크게 줄어들었던 것이다. 연준 의장 앨런 그린스펀Alan Greenspan[15]은 경기 침체를 막기 위해 이자율을 대폭 내렸다.

  부시 정권의 경제 문제는 얼마 지나지 않아 충격적인 사건에 묻혀 잊혔다. 2001년 9월 11일, 알카에다Al Qaeda가 뉴욕 세계무역 센터와 워싱턴 D.C. 펜타곤을 테러한 것이다. 미국 금융과 정치의 심장부가 그렇게 쉽게 테러를 당할 수 있다는 사실에 전 세계 경제가 충격에 빠졌고, 번영이 지속될 거라는 신뢰가 무너지면서 금융 시스템이 흔들렸다. 경제학자들은 혼란을 잠재울 방법을 찾기 위해 고군분투했다. 그린스펀은 이렇게 밀했다. "2001년 9월 11일 이후 1년 반 넘게 경제 성장이 정체되었다. 경제는 성장하고 있었지만, 성장세는 느리고 불확실했다. 기업과 투자자들은 무언가에 포위된 것 같은 기분을 느꼈다."[16]

프리드먼은 서구 사회의 가치가 이슬람 근본주의의 폭력을 견디고 살아남을 것을 믿어 의심치 않았다. "자유를 추구하는 힘은 그 반대의 힘보다 무한히 더 강하다. 위협은 언제나 존재했다! 하지만 자유 사회가 '짓궂은 날씨'를 막아 줄 수 있는 경제적 효율을 달성하는 데 성공한 이래 그 어떤 위협도 자유 사회의 발전을 막지 못했다."[17]

그린스펀은 테러 공격이 경제에 미친 충격을 고려해 이자율을 필요하다면 언제까지고 낮게 유지하겠다고 선언했다. 그린스펀의 선언은 '통화량이 경제에 미치는 영향은 무엇이고 통화량을 어떻게 관리해야 하는가'라는 오래된 논쟁에 다시 불을 붙였다. 사실 그린스펀이 테러 공격에 대응해 "공격적으로 낮은 이자율 정책을 유지" 하기로 결정했을 때, 연준은 이미 "닷컴 버블의 붕괴와 전반적 주가 하락의 영향을 완화한다"[18]는 이유로 연달아 일곱 번 이자율을 인하한 상황이었다.

그린스펀은 2002년 10월까지 다섯 번 더 이자율을 내렸고 미국의 이자율은 1.25%로 떨어져, 아이젠하워 대통령 이후 최저를 기록했다. 그린스펀은 이렇게 말했다. "10년 전이었다면 대다수 사람들이 이자율이 말도 안 되게 낮다고 생각했을 것이다." 그럼에도 경제는 반등 기미를 보이는 듯했다. 이전에 확실하다고 믿던 것들이 더는 확실하지 않았다. 그린스펀은 이렇게 설명했다.

평생 인플레이션과 싸우며 커리어의 대부분을 보낸 사람으로서, 이 자율을 이렇게 낮추자니 이상한 기분이 든다. 하지만 현재 미국 경제는 확실히 디스인플레이션disinflation에 빠져 있다. 모든 시장의 힘이 임금과 물가를 끌어내리는 방향으로 작용해 물가 상승률 기대치와 장기 이자율을 낮추고 있다.

여기까지는 시작에 불과했다. 전 세계가 디스인플레이션 경향을 보이면서 전반적으로 물가 상승 압력이 약해지더니 경제학자들이 더 큰 재앙으로 여기는 디플레이션의 전조가 보이기 시작했다. 디플레이션의 전통적 해결책은 금융 시스템에 새로운 자금을 충분히 공급하는 것이었다. 그린스펀은 이렇게 말했다. "언제든 디플레이션이 닥칠 것이 예상되면 인쇄기를 돌려 디플레이션 악순환을 막을 만큼 충분한 달러를 찍어 내야겠다고 생각했었습니다. 하지만 지금은 확신이 서지 않습니다."[19]

돈의 값어치를 낮춰 자금을 충분히 공급하는 것은 그린스펀에게 남은 몇 안 되는 선택지 중 하나였다. 그린스펀은 경제학의 오래된 격언대로 "줄을 매어 당길 수는 있지만, 밀 수는 없다"[20]는 것, 즉 은행과 기업에 돈을 싸게 빌려줄 수는 있지만, 투자자들이 좋은 기회가 없다고 생각해 돈을 빌리지 않거나 은행이 돈을 빌려주지 않으려 하면 더 할 수 있는 일이 없다는 것을 알고 있었다. 하지만 별다른 방법이 없었다.

그린스펀은 이자율을 낮추면 "수요 견인 인플레이션으로 인해 거품"이 껴서 나중에 조정이 올 수 있음을 알면서도 2003년 6월 다시 이자율을 1%까지 내렸다. 프리드먼은 그린스펀이 이자율을 계속 내리는 이유를 이렇게 설명했다. "그린스펀은 1930년대 미국과 1990년대 일본 사례를 되짚어보고 '실수를 해도 과하게 긴축적인 쪽보다는 과하게 확장적인 쪽이 낫다'고 판단한 것으로 보인다."[21] 과거에 프리드먼은 면밀한 분석을 통해 1930년대에 미국 정부가 지나치게 긴축적인 통화 정책을 폄으로써 은행의 연쇄 도산과 대공황을 초래했다는 결론을 내렸다. 대공황으로부터 70년이 지난 2000년대 초, '통화량을 늘리면 경제를 침체에서 구해낼 수 있는가'라는 문제는 다시 수면 위로 올랐다.

사실 이 문제는 전혀 새로운 것이 아니었다. 새뮤얼슨은 『새뮤얼슨의 경제학』 초판에서 이렇게 말했다.

중앙은행은 국채 및 채권 보유량을 늘리고 회원 은행의 법정 지급 준비율을 낮춤으로써 통화량과 은행 예금의 양이 늘어나도록 유도할 수 있다. 다만, 유도는 할 수 있어도 극단적 조치를 취하지 않는 한, 강제하는 것은 불가능하다. 우리는 중앙은행의 통화 정책이 경제가 심각한 불황에 빠져 있을 때 더 효과적으로 듣길 바라지만, 시중 은행은 그럴 때일수록 새로운 투자나 대출을 꺼려할 가능성이 높다.[22]

부시 정부는 기록적으로 낮은 이자율을 지속적으로 유지했을

뿐 아니라, 21세기 초 미국 의회의 주요 쟁점이었던 연방 정부 적자
또한 크게 늘려 놓았다. 부시가 클린턴으로부터 자리를 물려받았을
때, 연방 정부 재정은 흑자 상태였다(2000년에는 2370억 달러, 2001년
에는 1270억 달러 흑자였다). 하지만 메디케어 의약품 보조가 시작되
어 의료비 지출이 크게 늘고 국방비 지출도 늘어난 와중에 부시가
감세 공약을 밀어붙이면서 곧 정부 지출이 세수를 앞지르기 시작했
다. 2002년 말이 되자, 1년 만에 미국의 재정 적자는 1580억 달러
로 크게 늘었다. 게다가 부시는 9/11 테러 공격에 대한 보복으로 전
쟁을 두 개나 선포했다. 그는 알카에다를 소탕하겠다면서 아프가니
스탄을 공격했고, 사담 후세인Saddam Hussein에게 '대량 살상 무기'가
있다고 주장하며 이라크와도 전쟁을 시작했다.

　클린턴 시절 건전한 재정을 부르짖으며 정부 적자를 줄이라고
요구하던 공화당은 태도를 바꿔 정부 부채에 너그러운 모습을 보이
기 시작했다. 일부 공화당원들은 원래 어떤 대가를 치르더라도 정
부가 돈을 빌리면 안 된다고 믿었다. 이들에게 재정 적자는 정부가
세수에 맞춰 국정을 운영하는 데 실패했음을 보여 주는 방종의 증
거였다. 이들은 일반 가정이 영원히 빌린 돈으로 생활할 수 없는 것
처럼 국가도 평시에는 수입과 지출을 맞춰야 한다고 믿었다. 하지
만 시간이 지나면서 세금을 줄이기 위해서라면 적자를 늘려도 괜찮
다고 믿는 공화당 대통령이 하나둘 등장하기 시작했다. 2002년 조
지 W. 부시의 부통령 딕 체니가 말했듯, 레이건은 정부 부채를 신경
쓰지 않고 "적자가 나도 상관없다"[23]는 태도를 보여 줬다. 이제 부
시가 대통령이 되어 거침없이 국가 부채를 늘리자, 공화당은 대통
령의 행동을 정당화하기 위해 고심했다.

이번에도 프리드먼은 국회 의원들이 적자가 늘어난 것을 구실 삼아 정부 지출을 줄이기를 바랐다. "[90년대에] 공공 지출은 줄어드는 경향을 보였다. 그러다 공화당이 정권을 잡더니, 줄곧 목이 말랐던지 부시의 첫 임기부터 폭발적인 지출을 하기 시작했다."[24] 프리드먼은 연방 정부 부채를 줄이기 위해 국회가 정부 지출을 법으로 제한해야 한다고 생각했다. "정부의 총지출을 제한하기 위한 조세지출제한조항 …… 도입을 고려해야 합니다. 꼭 균형예산법 Balanced Budget Amendment 형태로 도입할 필요는 없지만, 그것도 하나의 방법이겠지요."[25]

프리드먼은 부시가 이 생각을 받아들이리라는 기대는 하지 않았다. 조지 W. 부시 정권에 대한 그의 최종 평가는 이랬다. "부시 정권의 대규모 세금 감면에는 무척 후한 점수를 줄 수밖에 없습니다. 부시가 했던 발언들도 매우 높이 평가합니다. 하지만 경제 부문만 보면 실망했다고 말할 수밖에 없습니다."[26]

한편 새뮤얼슨은 많은 논란을 일으킨 부시의 감세 정책에 부정적이었다. 부시의 감세는 부자들에게 엄청난 이득을 안겼는데, 새뮤얼슨은 이 점 때문에 훗날 경기가 나빠졌을 때 케인스의 조언대로 감세 정책을 펴는 데 어려움이 생길 수 있다고 생각했다. 새뮤얼슨은 이렇게 말했다. "부시가 미친 악영향은 끔찍합니다. 그는 사람들이 부자들에게 퍼주기 위한 감세 정책과 경제를 성장시키기 위한 진정한 감세 정책을 혼동하게 만들었습니다."[27] 새뮤얼슨이 보기에 부시가 감세 정책의 논리로 제시한, 세금을 낮추면 기업가들이 더 열심히 일하게 되어 경제가 성장한다는 공급주의 논리는 미신에 불과했다. "포춘 500대 기업의 법인세와 뻔뻔할 정도로 과한 보수를 받는 기업 경영자들의 세금을 낮춰 준다고 해서 그 사람들이 갑자기 일을 더 하지는 않습니다."[28]

CEO가 평사원 중간 임금보다 400배(20년 전까지만 해도 40배에 불과했습니다)나 더 많은 보수를 받는 기업의 임금 체제를 고려할 때, 모든 고소득층 감세에는 정당성이 없습니다. 경영자의 장기 실적이 아닌 분기 실적을 기준으로 보수를 지급하고, 경영자가 실패하더라도 황금 낙하산을 제공하는 관례는 생산성을 낮춥니다. 그러니 이 집단에 대한 세율을 낮추는 것은 오히려 생산성을 떨어뜨리는 짓입니다.[29]

그린스펀에 대한 상반된 평가

그린스펀의 긴급 조치는 프리드먼으로부터 그리 높은 평가를 받지 못했지만, 그린스펀은 프리드먼을 존경했다. 그린스펀은 이렇게 말했다. "프리드먼은 통화 정책을 비롯해 여러 중요한 경제 문제를 보는 현대인의 시각에 20세기 후반의 다른 어떤 사람보다 더 큰 영향을 미쳤다." 하지만 그린스펀은 연준의 정책에 통화주의를 적용하지는 않았다. 이번에도 이유는 물가 관리에 적당한 통화 지표를 찾을 수 없었기 때문이었다. 그는 프리드먼에게 이렇게 말했다.

우리는 인플레이션이 근본적으로 화폐적 현상이고, 궁극적으로는 명목 이자율이나 실질 이자율이 아닌 통화량 증가율의 영향을 받는다는 사실을 알고 있습니다. 하지만 지금으로서는 어떤 금융 자료를 취합해야 소득과 지출을 추적하는 현실적인 통화량 지표로 삼을 수

있는지 알기가 무척 어렵습니다.[30]

그럼에도 그린스펀이 2006년 연준 의장직을 은퇴했을 때, 프리드먼은 그린스펀의 실적을 추켜세웠다. "그린스펀의 임기 동안 통화량 증가율은 그 어느 때보다도 더 안정적이었습니다. 과거 연준과 비교할 때, 앨런이 이끄는 연준의 실력은 단연 일류라 할 만큼 돋보였습니다."[31] "무엇보다도 그린스펀의 가장 큰 업적은 물가를 안정적으로 유지하는 일이 가능하다는 사실을 보여 준 것입니다."[32]

프리드먼은 오랫동안 규칙에 따라 통화량을 증가시켜야 한다고 주장했지만, 그린스펀은 재량을 발휘해 인상적인 성과를 거뒀다. "저는 오랫동안 엄격한 규칙에 따라 통화량을 늘려야 한다고 주장했습니다. 앨런은 제가 틀렸으며, 재량이 있는 편이 더 나을 뿐 아니라, 사실상 필수적이라고 말했지요. 앨런이 18년 만에 연준 의장직을 내려놓는 지금, 그가 이룬 성과를 보면 앨런의 말이 옳았다는 생각이 듭니다. 그가 의장으로 있을 때는요."[33] 프리드먼은 그린스펀과 달리 정치적 압력에 굴복해 통화 공급을 늘리는 의장이 임명될 가능성이 있으므로 여전히 연준의 인간 요소가 위험하다고 생각한다고 말했다. "앨런 그린스펀은 대단한 능력을 보여 줬지만, 다음에 누가 의장이 될지 어떻게 알겠습니까? 통화는 중앙은행가들의 손에 맡겨 두기에는 너무 중요합니다."[34]

한편, 새뮤얼슨은 그린스펀의 업적과 도덕성을 더 비판적인 눈으로 바라보았다. 새뮤얼슨은 젊은 시절 그린스펀이 비정한 자유방임 자본주의와 자유 시장을 맹목적으로 옹호하는 아인 랜드의 사상에 심취했었다는 사실을 지적했다. "문제는 그가 아인 랜드의 최측근이었다는 것입니다." "사이비 종교에 빠진 사람을 억지로 데리고 나올 수는 있지만, 그에게서 종교색을 지울 수는 없습니다. 그는 가르침대로 움직였을 겁니다. 어쩌면 이런 말을 집무실 벽에 써 붙여 놓았을지도 모릅니다. '자본주의 체제의 명예를 훼손하는 그 어떤 것도 이 집무실 밖으로 나갈 수 없다. 탐욕은 선이다.'"[35] "그린스펀의 본성은 나쁘지 않습니다. 랜드나 [아서] 번스 같은 비열한 인간들과는 다르죠." 새뮤얼슨은 그린스펀의 잘못을 이렇게 지적했다. "1996년 이후 주식 시장에 거품이 끼었다는 명확한 신호가 나타났습니다. 하지만 그는 시장 과열을 막기 위한 예방적 정책을 쓰지 않았습니다(과연 경솔해서였을까요?) …… 거품이 터진 다음 효과적으로 대처할 수 있다고 믿을 만한 이유가 전혀 없는데도요. 연준의 무관심 속에서 괴물 같은 금융 공학은 엔론 사태 때처럼 거품을 키웠습니다. 그린스펀은 눈치를 채지도 못했고 행동에 나서지도 않았죠. 결국 그가 의장직을 내려놓았을 때, 후임자들은 당장이라도 울음을 터뜨릴 것 같은 아기를 떠안게 되었습니다."[36]

조지 W. 부시 정권을 끝으로 프리드먼이 미국의 통화 공급 방식을 영구적으로 바꿔 놓을 기회는 다시 오지 않았다. 아프가니스탄전과 이라크전에 지친 미국인들은 다음 대통령으로 민주당의 버락 오바마Barack Obama를 선출했다. 변호사였던 오바마는 경제에 대한 관심이나 지식이 많지 않았다. 새로 임명된 연준 의장은 조용한 프리드먼 지지자였지만, 2008년 대선에서 오바마가 당선된 이후 미국 경제는 연방 정부 개입이 늘어나는 쪽으로 움직였다. 프리드먼의 사상은 프리드먼 자신처럼 구시대의 유물이 되었다. 갑작스럽게 세계 경제가 신용 경색에 빠지고 은행이 부도 위기에 내몰렸을 때, 연방 정부가 조언을 구한 쪽은 새뮤얼슨을 비롯한 케인스학파 경제학자들이었다.

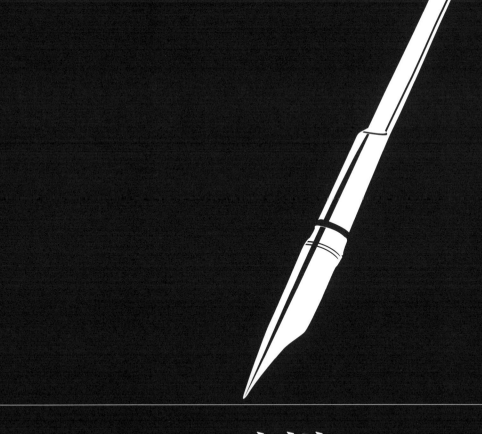

16   진정한
프리드먼 추종자

프리드먼은 벤 버냉키(사진)가 연준 의장으로 지명되자 기뻐했다. 자신의 사상에 동의할 가능성이 큰 인물이라 여겼기 때문이다. 한편, 버냉키는 연준 집무실에 『새뮤얼슨의 경제학』사인본을 두고, 새뮤얼슨을 "경제학의 거인"이라 일컬을 만큼 존경했다. 반면 새뮤얼슨은 버냉키에 대해 회의적이었다. 지적으로는 뛰어나지만 상황을 이해하는 데 필요한 직관이 부족하다는 것이다.

프리드먼은 2006년 11월 16일 샌프란시스코 자택에서 심장 마비로 사망했다. 그는 94세
의 나이로 생을 마감할 때까지 대체로 좋은 건강 상태를 유지했다. 다만, 생의 마지막 5년
동안, 두뇌 회전이 느려져 예전처럼 혁신적 · 공격적 · 반직관적인 사고를 하기 힘들어했다.

“ 연준 의장이 된 버냉키는 눈 앞에 다가온
위기를 예측하지 못하고 경제가 인플레이션 없는
영구적인 번영기에 들어섰다고 생각했다. ”

프리드먼은 벤 버냉키Ben Bernanke[1]가 연준의 차기 의장으로 지명되자 놀라워하며 기뻐했다. 2006년 2월 그린스펀의 자리를 물려받은 버냉키는 적어도 서류상으로는 프리드먼이 선호하는 조건을 갖춘, 그의 사상에 동의할 가능성이 큰 인물이었다. 프린스턴대학교 경제학과 교수이자 학과장을 지낸 버냉키는 주로 경기 순환에 정부가 어떤 영향을 미치는지에 대해 연구했다. 이는 케인스와 하이에크 논쟁의 핵심 주제이자, 두 사람의 제자들이 이후 70년 동안 다퉈 온 주제이기도 했다. 또한 버냉키는 당시 화두로 떠오른 디플레이션 관리 및 인플레이션 억제 분야의 전문가였다. 그리고 특히 대공황의 원인 및 결과 연구의 권위자로, 대공황의 원인을 통화주의의 관점에서 해석한 프리드먼과 슈워츠의 연구를 존경했다. 심지어 그는 1931년 통화 공급을 지나치게 옥죄어 대공황을 초래하고 지속시킨 네 연준 이사의 사진을 집무실 벽에 걸어 두기까지 했다. 드디어 프리드먼의 진정한 추종자가 연준 의장이 된 것이었다.

2002년 11월, 버냉키는 프리드먼의 90세 생일을 축하하는 자리에 연사로 초대받았다. 그는 MIT 경제학과 박사 과정 시절에 『미국 화폐사』를 읽고 "프리드먼과 슈워츠의 분석에서 많은 교훈을 얻었다"면서 이렇게 말했다. "중앙은행이 세상을 위해 할 수 있는 가장 큰 일은 프리드먼이 말한 '안정적 통화 환경'을 조성하는 일, 즉 물가 상승률을 낮고 안정적으로 유지하는 일입니다." 이어서 버냉키는 자신이 의장으로 있는 연준을 대신해 매우 이례적인 사과를 했다. 버냉키는 연준이 지나치게 경직적인 통화 정책으로 대공황을 유발했다는 프리드먼의 비판이 사실이라고 인정하면서 프리드먼 쪽을 바라보며 이렇게 말했다. "대공황에 대한 선생님의 지적은 옳았습니다. 우리가 대공황을 초래했습니다. 정말 죄송합니다. 하지만 선생님 덕분에 다시는 그런 실수를 저지르지 않을 것입니다."[2]

같은 달 말, 버냉키는 이자율이 0 또는 거의 0에 가까운 상황에서 디플레이션에 대응해야 하는 어려움에 대해 말했다. "명목 이자율이 0이 되면, 이자율을 더 내릴 수 없다. 마이너스 이자율로 돈을 빌려주는 것보다 현금을 그냥 가지고 있는 편이 더 낫기 때문이다." 실제로 단기 이자율이 0에 도달하면서 중앙은행은 이자율을 내려 경제에 개입할 수 없게 되었다. 언젠가 중앙은행의 '총알이 다 떨어질' 것이라던 말이 사실이 된 것이다.

'줄로 밀 수는 없다'는 케인스의 경고에도 불구하고, 버냉키는 중앙은행이 "정책 금리가 0인 때에도 총수요[3]를 꽤 늘릴 수 있다"고 주장했다. 중앙은행이 쓸 수 있는 방법 중 하나는 흔히 '양적 완화'로 불리는 신용 스와프(중앙은행이 자신의 부채를 직접 사들여 낮은 이자율로 다시 대출하는 것)를 통해 돈을 싼값에 공급하는 것이었다. 버냉키는 프리드먼과 다른 경제학자들 앞에서 "연방기금금리가 0에 도달하면 연준을 비롯한 경제 기관이 디플레이션 앞에서 무력해진다는 말은 사실과는 거리가 멀다"고 힘주어 말했다.[4]

버냉키는 연준 집무실에 『새뮤얼슨의 경제학』 사인본을 두었고, 새뮤얼슨을 "경제학의 거인"으로 존경했다. 하지만 새뮤얼슨은 버냉키에게 회의적이었다. 그는 버냉키가 지적으로 뛰어나기는 하지만(버냉키는 SAT에서 1600점 만점에 1590점을 맞았고, 어린 시절 학교에서 가르치지 않는 미적분학을 독학하기도 했다), 상황을 이해하는 데 필요한 직관이 부족하다고 보았다. 새뮤얼슨이 보기에 버냉키는 자신의 박사 학위 논문 주제였던 대공황을 통합적 시각으로 보지 못했다. 그는 버냉키의 박사 논문이 지닌 문제를 이렇게 지적했다. "지금 1980년대에 대공황에 관해 논하는 사람들은 대부분 당시 분위기가 실제로 어땠는지 모르는 상태로 글을 씁니다."[5] "[1953년에 태어난 버냉키는] 대공황을 직접 겪어 보지 못했습니다. 1950년 이후에 태어난 사람들에게는 뼈에 사무치는 대공황의 기억이 없습니다. [버냉키처럼] 아주 우수한 MIT 학생이라고 해도 그 느낌을 알 수는 없지요."[6]

새뮤얼슨은 버냉키가 미국의 다른 젊은 세대와 마찬가지로 대공황 당시 10년 동안이나 지속된 실업의 무서움을 모르기 때문에 연준의 정책을 결정할 때 실업의 중요성을 지나치게 낮게 평가하고 있다고 생각했다. 또, 사람들이 점점 더 프리드먼 등이 제안하는 우파 정책에 끌리는 것도 30년대의 대량 실업과 많은 희생을 요했던 제2차 세계 대전에 대한 기억이 점차 사라지면서 실업에 관대해졌기 때문이라는 것이 그의 진단이었다. "1980년부터 2003년 현재까지 유권자들은 점점 우경화되고 있습니다. 대공황과 '선한' 전쟁이라 불린 제2차 세계 대전 당시의 효율적 미국 정부에 대한 기억이 옅어지면서 '이타주의'는 점점 더 힘을 잃고 있습니다."[7]

자유 지상주의자의 죽음

프리드먼은 2006년 11월 16일 샌프란시스코 자택에서 심장 마비로 사망했다. 그는 94세의 나이로 생을 마감할 때까지 대체로 좋은 건강 상태를 유지했다. 1972년 메이오클리닉Mayo Clinic에서 협심증 수술(관상동맥우회술)을 받고, 1984년에는 뉴올리언스에서 심장 마비를 일으켜 스탠퍼드 병원에서 두 번째 관상동맥우회술을 받았으나, 이 두 번의 수술을 제외하면 매주 테니스를 치고 매년 스키를 즐겼다. 생의 마지막 5년 동안, 프리드먼은 두뇌 회전이 느려져 예전처럼 혁신적·공격적·반직관적인 사고를 하기 힘들어했다. 2001년, 막 출간한 연구 논문을 보내 온 새뮤얼슨에게 프리드먼은 이렇게 말했다. "자네의 논문을 보면서 즐거웠다네. 하지만 더하거나 뺄 점은 찾지 못했어. 여전히 이런 연구를 할 수 있다니 자네에게는 정력이 남아 있는 것 같아. 안타깝게도 나는 그렇지 않은 듯해."[8] 그리고 다음 달 새뮤얼슨과 편지를 주고받다가 후버연구소 펠로 에드워드 텔러Edward Teller[9]가 미국에 충성심이 없다면서 J. 로버트 오펜하이머 J. Robert Oppenheimer[10]를 놀렸던 일화가 화제에 오르자, 프리드먼은 요즘은 후버연구소에서 열리는 오찬 행사에 자주 참석하지 않는다고 말했다. 원래 그는 후버연구소에서 점심을 먹으며 열띤 논쟁을 벌이기로 유명했었다.

새뮤얼슨은 로즈 프리드먼에게 보낸 애도 편지에서 깊은 상실감을 토로했다. "밀턴이 죽었다는 소식을 듣고 우주가 바뀌어 버린 기분이 들었습니다. 1932년 가을, 밀턴이 시카고대학교에 왔을 때부터 저는 자신의 논리가 이끄는 길이라면 어디라도 주저 없이 발을 내딛는, 매우 뛰어난 그를 항상 의식했습니다. 제가 엇나가려 할 때마다 밀턴이 쓴 모든 단어와 수식이 저를 붙잡아 주었지요. 그의 업적에 최고의 찬사를 보낼 수밖에 없었습니다."

밀턴 프리드먼은 경제학을 자유 시장과 자유 지상주의가 있는 오른쪽으로 움직이는 데 20세기이 다른 어떤 학자보다도 더 많은 공헌을 했습니다. 그와 달리 존 케네스 갤브레이스는 학계에 큰 영향력을 미치지 못했지요. 프리드리히 하이에크도 일반 대중에게 상당한 영향을 미쳤지만, 경제학자들 사이에서는 밀턴이 하이에크보다 훨씬 큰 설득력을 가지고 있었습니다.[11]

이어서 새뮤얼슨은 개인적 이야기를 덧붙였다. 그는 1978년에 예순두 살의 아내 매리언을 암으로 잃었다.

로즈, 저는 반려자를 잃는다는 게 어떤 일인지 알고 있습니다. 다행히 시간이 지나도 사별로 인한 애틋한 감정은 무뎌지지 않더군요. 오히려 시간은 우리가 알지 못하는 신비한 연금술을 발휘해 좋은 기억을 더 또렷하게 만듭니다. 밀턴과 함께한 시간과 그에 대한 기억이 친구와 가족들을 축복할 것입니다.

결코 끝나지 않을 것 같은 논쟁

프리드먼은 죽는 날까지 자신의 주장을 굽히지 않았다. 그는 사망한 다음 날 《월스트리트저널》에 실린 칼럼 「돈은 중요하다Money

Matters」로 마지막 기습 공격을 날렸다. 이 칼럼에서 프리드먼은 당시 하고 있던 세 번의 경제 호황기(1920년대의 미국, 1980년대의 일본, 1990년대의 미국)에 대한 비교 연구를 바탕으로 통화량이 국민소득과 주가에 결정적 영향을 미친다고 주장했다. 죽기 얼마 전 행해진 인터뷰에서 바라던 만큼 성공을 이루었느냐는 질문을 받자 프리드먼은 이렇게 답했다. "전반적으로 무척 잘 살았다고 느낍니다. 원하는 걸 다 이루지는 못했습니다만, 그럴 수는 없는 일이니까요. 아무튼 전체적으로는 무척 흡족합니다."[12]

비록 중앙은행이 신규 화폐 공급을 관리하는 권한을 컴퓨터 프로그램에 넘기는 일은 벌어지지 않았지만, 프리드먼의 연구 이후 중앙은행가들은 통화량 증가율을 안정적으로 유지해야 한다는 생각을 가지게 되었다. 프리드먼은 이렇게 말했다. 중앙은행은 "디플레이션의 해결책이 돈을 충분히 공급하는 것이고 인플레이션의 해결책이 돈을 너무 많이 공급하지 않는 것임을 드디어 깨달았습니다."[13] 그 덕에 "[지난 20년 동안 우리는] 황금시대를 누렸습니다. 물가 상승률은 낮아져 적당한 수준에서 안정적으로 유지되고 있습니다. 불황은 세 번밖에 발생하지 않았는데, 모두 짧고 경미했습니다. 이제 미국에서 20년 동안 가는 불황은 다시 일어나지 않을 것입니다."[14]

《뉴욕타임스》는 프리드먼을 "전후 자유 시장 경제 이론의 대가로, 개인의 책임과 작은 정부를 강조하는 운동을 이끈 인물로" 소개하며, "존 메이너드 케인스, 폴 새뮤얼슨 등 거인들과 어깨를 나란히 하는 20세기 최고의 경제학자"[15]라고 평했다. 《파이낸셜타임스》의 샘 브리턴은 프리드먼의 솔직함과 용기를 기려 이렇게 말했다. "그가 가진 한 가지 매력은 다른 사람들이 감히 입 밖에 내지 못한 뼈아 폰 진실을 기꺼이 내뱉는다는 점이었다. 그는 경제적 올바름을 주장하는 집단적 힘에 대항해 자신의 신념을 지켰다."[16]

가장 너그럽고 진솔한 헌사를 바친 이는 새뮤얼슨의 조카이자 테니스 파트너로, 클린턴 행정부 재무장관을 지낸 로런스 서머스[17]였다. 서머스는 이렇게 썼다. "젊은 시절 그는 내게 악마 같은 사람이었다. 시간이 흐르고 나서야 나는 마지못해 그를 존경하게 되었다. 시간이 갈수록 그 존경은 진심 어린 존경으로 바뀌었다." 프리드먼이 죽음 앞에서 서머스는 그에게 한발 더 다가갔다. "20세기 전반의 가장 영향력 있는 경제학자가 케인스라면, 20세기 후반의 가장 영향력 있는 경제학자는 프리드먼이다. 공화당의 리처드 닉슨이 '이제 우리는 모두 케인스주의자다'라고 말했듯, 솔직한 민주당원이라면 이제 우리가 모두 프리드먼주의자라는 사실을 인정할 것이다. 우리는 프리드먼주의자다. 그는 당대의 통념과의 싸움에서 너무나도 많은 승리를 거두었다."[18]

서머스는 《뉴욕타임스》에 실린 추모 글에서 이렇게 말했다. "1970년대에 대학교를 다닌 나는 재정 정책이 경제를 안정화시키는데 가장 중요하며, 필립스 곡선에 따라 고용을 늘리려면 어느 정도의 물가 상승을 감내해야 하고, 미세 조정을 통해 경기 변동을 잠재울 수 있다고 배웠다. 이 생각에 반대하는 사람은 밀턴 프리드먼을 비롯한 일부 반체제 인사뿐이었다. 당시 이단으로 여겨졌던 프리드먼의 생각은 이제 정설이 되었다." 이제 정치인과 경제학자들은 "이견 없이 재정 정책보다 통화 정책이 경제 전반에 더 큰 영향을 미치고, 인플레이션 기간이 길어지면 실업이 줄어드는 것이 아니라 생활 수준이 떨어지며, 미세 조정으로는 경기 변동을 잠재울 수 없다"고 생각한다. "프리드먼은 설득력 있는 위대한 사상으로 전 세계인의 삶을 바꿀 수 있다는 사실을 보여 주었다. 영웅을 잃은 기분이다."[19]

이 글을 본 새뮤얼슨은 서머스에게 편지를 보냈다.

중요한 학자가 세상을 떠난 뒤 얼마 동안은 '망자에게는 좋은 말만 하라nihil nisi bonum'는 원칙이 적용되지. 톰 소여가 자기 장례식을 즐겼듯이 말이야. 밀턴은 (그가 믿지 않았던 천국에서) 분명 추모 기사를 보며 기뻐하고 있을 거야. 74년이라는 (오랜) 시간 그를 알고 지내면서, 나는 그의 주 목적이 현대 사회에 자유 지상주의적 시각을 심는 데 있다고 믿게 되었어. …… 대공황의 기억이 희미해지면서 …… 프리드먼은 우리 경제학자들이 더 빠른 속도로 이기적인 정치인들을 따라잡게 만들었지.

이어서 새뮤얼슨은 인플레이션을 해결하는 데 재정 정책보다 통화 정책이 더 효과적이라는 서머스의 말을 비판했다.

네가 한 말 중에 "재정 정책보다 통화 정책이 경제 전반에 더 큰 영향을 미친다"는 말이 내 눈을 끌더구나. (정확히 무슨 뜻으로 한 말인지는 모르겠다만) 대체 누가 그 주장을 증명한 거지? 루카스? 배로Barro?[20] 프리드먼 자신? 아니면 마틴 펠드스타인Martin Feldstein?[21] 2006년 현재 그 주장을 설득력 있게 뒷받침하는 거시 경제 이론이 대체 어디에 있는지 모르겠구나.

…… 네게만 하는 이야기다만, 밀턴 프리드먼이 발표한 모든 글을

읽은 사람이자 거시 경제학자로서 나는 그를 낮게 평가할 수밖에 없다. 미시 경제학자로서도 그는 (마셜 본인도 인정했다시피) 미시적 근거가 없는 [앨프리드] 마셜Marshall의 부분 균형에 집착하는 낡은 방식을 고수한 사람이야. …… 이런 인신공격적 평가는 그냥 듣고 넘겨 주길 바라. 아무튼 그와 같은 사람은 다시 나오기 힘들 거야.

이 편지를 인용하지는 말아 주렴. 아직 '오직 진실만을nihil nicuc verum' 말해야 할 시기는 아니니까.[22]

공식적으로 프리드먼의 업적을 평가해 달라는 부탁을 받으면, 새뮤얼슨은 오랜 라이벌의 업적을 적당히 너그럽게 평했다.《월스트리트저널》인터뷰에서 그는 이렇게 말했다. "밀턴 프리드먼은 경제학계가 대공황기의 공상적 자선주의를 벗어나 자유 시장을 존중하는 분위기로 향하는 데 20세기의 그 어떤 인물보다도 더 큰 사상적 영향력을 미쳤습니다. 우리는 경제학의 거인을 잃었습니다."[23] 그리고《뉴욕타임스》에는 이렇게 말했다. "프리드먼은 자신이 과학을 하는 사람이라고 믿었지만, 자기 생각보다 훨씬 더 열정에 차 있었습니다."[24] 프리드먼의 삶과 직업에 대한 더 신랄한 평가는 나중으로 미뤘다.

2009년 8월 18일, 로즈 프리드먼이 사망하자, 새뮤얼슨은 당시 캘리포니아에 거주하던 프리드먼의 자녀 데이비드 프리드먼David Friedman과 재닛 마텔Janet Martel에게 "프리드먼 일가"를 수신자로 하는 애도 서한을 보냈다. "처음 만났을 때부터 밀턴의 뛰어남을 느꼈습니다. 우리는 가치관의 차이에도 불구하고 예의 있는 담론을 주고받으며 한 세기의 3분의 2를 함께 보냈습니다. 저는 그 담론을 우리 둘 다에게 바치는 헌사로 생각합니다."[25] 데이비드 프리드먼은 이렇게 답했다. "의견이 다른 사람과 평화롭게, 심지어 친근하기까지 한 관계로 지낸다는 건 정말로 좋은 일입니다." 이어서 데이비드는 새뮤얼슨이 편지에서 언급한 "가치관의 차이"라는 말을 지적했다. "좌우를 막론하고 사람들은 서로 선호하는 가치가 달라서 선호하는 정책도 다른 거라고 둘러대는 경향이 있습니다. 하지만 사실은 다른 정책을 옹호하는 쪽의 시각이 옳은 게 확실해 보일 때, 그에게 동의하지 않기 위해 정책으로 인해 초래되는 결과가 좋은지 나쁜지에 대해 의견이 다르다고 둘러 댈 뿐이지요."

데이비드는 의사 면허제는 거래 금지와 크게 다를 바 없으므로 의료의 능숙도에 따라 인증제를 시행해야 한다는 프리드먼의 주장을 새뮤얼슨이 반대했던 일을 사례로 들었다.

논리적으로 따지고 들자면 선생님께서 환자의 후생보다 의사의 후생을 더 가치 있게 생각하기 때문에 의사의 공급을 제한해 의료 서비스의 가격을 높이는 쪽을 지지했다고 생각할 수도 있습니다만, 그렇다고는 생각되지 않습니다. 그게 아니라면 이 사례에서의 의견 차이는 가치가 아닌 경제학의 문제입니다. 저는 다는 아니더라도 많은 경우가 이에 해당할 것이라고 생각합니다.[26]

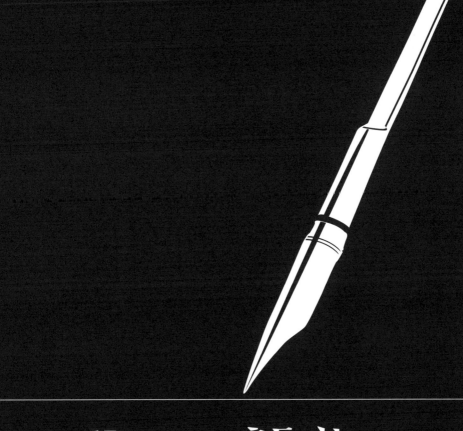

17

흔들리는
자본주의

폴 새뮤얼슨은 2009년 12월 13일 매사추세츠주 벨몬트의 자택에서 94세의 나이로 사망했다. 새뮤얼슨은 오랫동안 고혈압을 앓았고 혈압약과 콜레스테롤 저하제를 복용하고 있었다. 가족들은 추도식에 조화를 보내는 대신 환경보호단체인 매사추세츠오듀본소사이어티에 돈을 기부해 달라고 부탁했다.

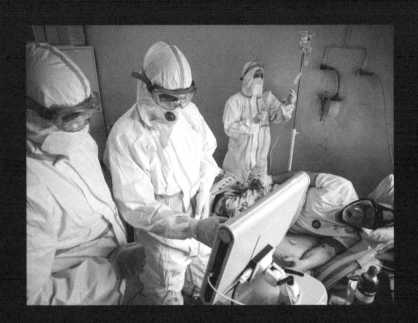

2019년 11월 코로나바이러스-19가 발생했다. 폐렴과 비슷한 증상을 보이는 이 바이러스는 전염성이 매우 강했고, 특히 노인과 기저 질환자에게 치명적이었다. 전 세계는 병이 퍼지는 것을 막기 위해 인위적으로 경제 활동을 대폭 제한하는 방안과 아예 개입하지 않거나 최소한으로 개입함으로써 사람들이 죽도록 방치하는 방안 중 하나를 선택해야 하는 난관에 봉착했다.

“ 2008년 금융 위기로 새뮤얼슨과 프리드먼의
사상이 시험대에 올랐다.
이후 코로나바이러스-19가 발생했다. ”

프리드먼이 1년 더 살았더라면, 통화만 충분히 공급하면 유동성 부족을 해결할 수 있다는 자기 이론의 한계를 드러낸 2007, 2008년의 금융 위기를 경험할 수 있었을 것이다. 2002년 까지만 해도 버냉키는 미국의 금융과 은행 구조가 매우 튼튼하다는 (어찌 보면 지나친) 자신감에 차 있었다. 그는 이렇게 말했다. "현 상황에서 특히 믿을 만한 보호 요인은 미국 금융 체제가 강건하다는 것입니다. 우리의 은행 체제는 적절한 규제와 함께 건강하게 유지되고 있으며, 기업과 가계의 재정 상태도 전반적으로 양호합니다."[1]

하지만 이미 오래전부터 미국의 금융 체제에는 세계적 재앙을 유발할 위험 요인이 숨어 있었다. 몇 년 뒤 터진 금융 위기는 1930년대 대공황 연구의 전문가였던 버냉키마저 "대공황을 포함해 세계 역사상 최악의 금융 위기"[2]라고 인정할 만큼 규모가 컸다. 하지만 위기가 오기 전에 미국이 깊은 수렁을 향해 가고 있다는 사실을 눈치 챈 사람은 거의 없었다. 2008년 9월과 10월, 상황은 최악으로 치달았고 버냉키는 "미국에서 가장 큰 금융 기관" 열아홉 곳 가운데 "열두 곳이 한두 주 내에 파산할 위험이 있다"는 진단을 내렸다.[3]

버냉키가 프리드먼의 아흔 살 생일 축하연에서 잔을 들어 올리

며 "대공황에 대한 선생님의 지적은 옳았습니다. 우리가 대공황을
초래했습니다. 정말로 죄송합니다. 하지만 선생님 덕분에 다시는
그런 실수를 저지르지 않을 것입니다"⁴라고 말했을 때, 그는 금융
위기의 시대는 끝났고 그가 '대안정기Great Moderation'라고 이름 붙
인, 호황과 불황의 골이 깊지 않은 시대가 시작되었다고 믿었을 것
이다. 하지만 당시 미국 경제의 상황은 편안하고 안정적인 것과는
거리가 멀었다. 미국 자본주의를 움직이는 금융 산업은 붕괴와 혼
란이 내려다보이는 벼랑 끝에 아슬아슬하게 서 있었다. 경제학계도
혼란스럽기는 마찬가지였다. 경제 위기로 케인스의 해결책이 재평
가받으면서 수십 년 동안 잠잠했던 고전학파와 케인스학파의 대결
이 다시 벌어지기 시작했다. 금융 위기는 하이에크와 케인스의 논
쟁을 물려받은 프리드먼과 새뮤얼슨 두 사람의 대립적 사상을 다시
시험대 위에 올려놓았다.

　버냉키⁵는 연준이 9/11 이후 기업 활동을 조장하기 위해 이자
율을 낮게 유지해 신용을 싼값에 끊임없이 공급한 것이 금융 위기
를 초래했다고 진단했다. 신용 대출 이자가 내려가고 모기지 대출
이 빠르게 늘어나면서 미국의 주택 시장은 호황을 누렸다. 평소대
로라면 대출 심사를 통과하지 못했을 신용이 낮은 사람까지도 대출
을 받을 수 있었다. 모기지 회사들이 현금 보증금을 면제하고 차입
자가 돈을 갚을 능력이 있는지 없는지 신경 쓰지 않기 시작하자, 신
규 차입자가 폭발적으로 늘어났다. 여기에 더해 클린턴 정부 시절
그린스펀과 공화당 의원들의 끈질긴 요청으로 오랫동안 존재해 온
은행 규제들이 폐지되면서, 대출 기관과 부실 채권을 묶어 파는 기
관을 제대로 관리할 수 없게 됐다. 버냉키는 이렇게 말했다. "대다수

부실 대출이 연방 규제를 아예, 또는 거의 받지 않는 금융 기관들에 의해 행해졌다는 점도 규제 당국이 부실 대출을 제대로 막지 못한 이유입니다."[6] 게다가 금융 회사들은 투자자들이 위험을 제대로 판단할 수 없도록 일부러 복잡한 신규 투자 상품을 만들어 좋은 대출 채권과 나쁜 대출 채권을 묶어 팔았다.

미국 경제는 9/11에도 불구하고 21세기의 첫 10년 동안 경기 침체를 피했을 뿐 아니라, 자산 가격이 끊임없이 오르면서 약간의 호황마저 누렸다. 하지만 2007년 초, 주택 가격이 떨어지자 모기지 연체율이 오르기 시작했다. 금융 기관은 대출을 줄였고 투자자들은 미심쩍은 주택담보부증권MBS: mortgage-based securities에 투자한 자금을 인출했다.

그해 여름, 총 12조 달러에 달하는 미국의 모기지 대출 가운데 반 이상을 보증하던 거대 모기지 전문 금융사 패니메이Fannie Mae와 프레디맥Freddie Mac이 심각한 상황에 빠졌다. 집값이 곤두박질치면서 차입자들이 대출금을 상환하지 못하자, 패니메이와 프레디맥의 주가는 크게 내려갔다. 손실액이 불어나면서 2007년 11월, 패니메이와 프레디맥은 각각 14억 달러와 20억 달러 손실을 보고했다.

2007년 7월, 캘리포니아 소재 은행 인디맥IndyMac이 파산할 것이라는 소문이 돌자, 다급해진 예금자들이 자산을 인출하는 뱅크런 사태가 벌어졌다. 이들의 판단은 옳았고, 소문대로 인디맥은 파산해 문을 닫았다. 이즈음 연방 정부가 개입해야 한다는 의견이 하나둘 나오기 시작했지만, 인디맥의 파산은 다가올 금융 시장의 폭풍에 대한 경고로 받아들여지지 못했다. 그러나 얼마 지나지 않아 세계 금융 시스템이 엄청난 위기에 처했음이 확실해졌다. 2007년 8월,

프랑스 대형 은행 BNP파리바BNP Paribas가 갑자기 투자 펀드 세 개의 환매 중단을 선언했다. "미국 증권 시장 중 일부 부문의 유동성이 완전히 사라지면서, 특정 자산의 가치를 제대로 측정하기 불가능하다"[7]는 이유에서였다. 다른 말로 하면 자신이 보유한 자산이 좋은 부채인지 나쁜 부채인지 판단할 수 없다는 것이었다.

부실 증권을 대량 보유한 전 세계 다른 대형 은행들도 BNP파리바와 같은 상황에 놓여 있었다. 은행들은 과거에 지키던 제한을 벗어던지고 '레버리징leveraging'을 통해 자신이 가진 자산보다 훨씬 많은 돈을 빌리고 빌려준 상태였다. 일부 은행이 문제의 심각성을 깨달았을 때는 이미 늦은 뒤였다. 훗날, 영국 총리 고든 브라운 Gordon Brown은 당시 상황을 이렇게 설명했다. "은행의 레버리지 비율이 너무 높았습니다. 은행에 계속 영업할 자본이 없었습니다. 우리는 자본 없이 자본주의를 해 나가고 있었습니다."[8]

2008년 3월 장부 가치로 수백억 달러에 달하는 '서브프라임' 증권을 보유한, 미국에서 다섯 번째로 큰 투자 은행 베어스턴스Bear Sterns가 파산 위기에 처하면서 투자자들이 몰려들어 돈을 인출하는 사태가 벌어졌다. 급하게 진행된 인수 협상에서 경쟁사였던 JP모건 JPMorgan은 인수에 동의하며 한 가지 중요한 단서를 붙였다. 연준이 베어스턴스의 부실 모기지 증권 300억 달러를 인수해야 한다는 것이었다. 이 요청을 들어주려면 연준은 그때까지의 방침을 완전히 바꾸어야만 했다. 하지만 버냉키는 문제가 충분히 공론화되기도 전에 개입 결정을 내렸다. 베어스턴스가 무너지면 연쇄 도산이 시작될 것이라는 이유에서였다. 베어스턴스는 누가 봐도 '파산하게 두기에는 너무 컸다.' 하지만 이런 논리대로라면, 유동성 위기에 직면

한 은행들을 연준이 다 구해야 하는 걸까?

새뮤얼슨은 패니메이와 프레디맥이 계속 비틀거리자 불길해졌다. 그는 하버드대학교 총장이자 차기 오바마 행정부 국가경제위원회 위원장인 조카 래리 서머스에게 편지를 보내 2008년 7월 22일 재무부로부터 250억 달러의 긴급 지원금을 대출받은 순간부터 패니메이와 프레디맥은 "시리지고" 사실상 정부 기관이 된 것이나 다름없다고 말하며 지원을 당부했다. 그리고 "물가 상승률"에 초점을 맞춰 정책을 펴야 한다고 주장하는 프리드먼 추종자들을 비판했다.

> 너는 아직 드러나지 않은 피해까지 고려하면 금융 공학이 만든 프랑켄슈타인과 부동산 거품이 만나 폭발을 일으키면서 발생한 이 사태를 민간이 다 해결할 수 있을지 의문이라고 말했지. 나도 네 생각에 동의한단다.
>
> 연방 정부의 돈줄을 쥔 재무부와 연준은 경제를 수렁에서 구해 내기 위해 1939년 이래 발생한 그 어떤 경제 위기와 부동산 거품 붕괴 때보다 더 많은 돈을 풀어야만 할 거야.
>
> 이렇게 생각하는 나로서는 베어스턴스의 무분별한 행동은 용인했으면서 정부가 프레디맥과 패니메이를 도우면 두 회사의 경영진과 주주가 이전의 나쁜 관행으로 돌아가거나 새로운 나쁜 관행을 만들 거라는 너의 의견을 이해하기 힘들구나. 네가 정말 그렇게 믿는다면 그건 좋지 않은 생각이야. 이제 프레디맥과 패니메이는 [재무장관 행키 폴슨Hank Paulson[9]과 버냉키의 명령을 받는 무대 위 꼭두각시일 뿐이야. …… 물가 상승률 목표를 중시해야 한다고 고집 피우는 사람들은 이 상황을 받아들이기 힘들겠지만 말이지.[10]

서머스는 이렇게 답했다.

상황이 심각하다는 데는 저도 동의합니다. 정부가 훨씬 더 많이 개입해야겠지요. …… 도덕적 해이를 따질 때가 아니니까요. …… 하지만 패니메이와 프레디맥의 경우에도 그럴까요? 이들의 규모를 축소하거나 제한을 걸기에는 시간이 부족합니다. 폴슨과 버냉키가 운영을 한다고 해도 왜 현재의 경영진과 주주를 구제해야 하나요? …… 제가 아직 젊고 순진하다는 건 알지만, 패니메이와 프레디맥은 제가 지난 8년 동안 정부와 일하며 목격한 특수 이익 집단에 의한 부패 가운데 최악의 사례입니다. 저는 의견을 바꾸지 않겠습니다. 주택 시장에 필요한 건 무엇이든 해야 할 상황인 것은 맞지만, 그 회사 주주들을 구제할 필요는 없습니다.[11]

새뮤얼슨은 이렇게 답했다.

어쩌면 순진하게 들릴 수도 있지만, 나는 패니메이와 프레디맥의 주주들이 이미 끝났다고 본단다. 법적으로는 아니라고 해도 사실상 이제 그 둘은 정부 기관이야. …… 결국 그 둘은 정부 돈을 엄청나게 먹어 치우게 될 거야.[12]

재무장관 행크 폴슨 또한 패니메이와 프레디맥이 파산할 경우 후폭풍을 감당할 수 없다는 결론을 내렸다. 새뮤얼슨이 서머스에게 편지를 보낸 지 2주 뒤인 2009년 9월 7일, 폴슨은 다음과 같이 말하며 두 회사를 국유화하기로 했다고 밝혔다. "패니메이와 프레디맥은 규모가 너무 크고 미국 금융 시스템 전반에 속속들이 얽혀 있습니다. 이 두 회사 가운데 어느 하나라도 파산한다면 미국의 금융 시장에 거대한 혼란이 닥칠 것입니다."[13] 이로써 연방 정부는 다시 한번 대마불사를 이유로 대형 금융 기관의 파산을 막기 위해 개입했다. 하지만 사태는 여기서 끝나지 않았다.

2주 뒤인 9월 15일 리먼브라더스Lehman Brothers가 파산 신청을 하자, 사람들은 베어스턴스, 패니메이, 프레디맥 파산 당시 그랬던 것처럼 이번에도 연준이 나서서 파산을 막으리라고 기대했다. 당시 리먼브라더스는 다른 금융 기업처럼 연방 정부 통화를 단기로 빌린 뒤, 더 높은 이자를 받고 대출을 해 주는 단기 거래로 몇 년 동안 짭짤한 수익을 올린 상태였다. 하지만 자산 6000억 달러 중 5720억 달러가 대출 채권이라는 사실은 리먼브라더스를 매우 취약하게 만들었다. 자산 가치가 5%만 떨어져도 자본 잠식이 올 만큼 위험한 상황이었다. 시장 변동성이 커지면서 자산 가치가 5% 이상 하락할 가능성이 높아지고 단기 채무자들이 돈을 연체하기 시작하자, 우려는 현실이 되었다. 처음에 재무부와 연준은 리먼브라더스를 인수할 민간 기업을 찾으려 했다. 하지만 인수자가 나타나지 않자, 리먼브라더스를 파산하게 두고 결과를 받아들이기로 했다. 리먼브라더스는 법에 따라 파산 절차Chapter 11 bankruptcy를 밟았다.

이 결정은 도박이었다. 리먼브라더스가 파산하면 다른 대형 금융 기관은 안전할까? 은행이 줄줄이 파산하면서 얼마 안 되는 미국 은행의 수가 더 적어지고 살아남은 은행만 더 대형화되는 건 아닐까? 사태가 확산되면 금융 시장 전체가 무너지지 않을까? 금융업계가 공포에 질리면서 금융 시스템이 빠르게 마비되었다.

리먼브라더스가 문을 닫은 다음 날, 세계에서 가장 큰 보험 회사 AIG가 파산을 신청했다. 이 소식에 놀란 연준은 AIG를 인수하기로 하고, 850억 달러를 대출해 주는 대가로 AIG 주식의 80%를 받았다. 자유 시장은 다시 멈춰 섰고 연방 정부는 손을 놓고 있을 수 없었다. 버냉키와 폴슨은 미국의 대기업 가운데 어떤 기업을 살리고 죽일지 결정해야 하는 곤란한 위치에 서게 되었다. 자유 시장의 실패는 확연했다.

금융회사들은 부실 대출을 떠안게 될지도 모른다는 우려로 서로에게 해 주던 대출을 갑자기 중단했다. 신용 시장이 얼어붙고 금융 산업이 멈춰 섰다. 위기의 끝이 보이지 않는 상황에서, 연방 정부가 해결책을 찾아 헤매는 사이 주가가 곤두박질쳤다. 2008년의 금융 위기는 1929년과 똑같지는 않았지만, 미국과 세계 경제에 대공황과 비슷한 수준의 파급력을 미쳤다. 버냉키는 이렇게 말했다. "주식 가격이 하락하고 금융 시스템이 흔들리고 돈을 구하기가 어려워지면서 전 세계 경제 활동과 고용이 엄청나게 빠른 속도로 수축하고 있습니다."[14]

9월 18일, 버냉키와 폴슨은 '문제 자산'을 사들이기 위해 국회에 7000억 달러의 긴급 구제 금융 자금 승인을 요청했다. 폴슨은 국회 의원들 앞에서 말했다. "승인이 되지 않으면 월요일에 경제가 아예 사라져 있을지도 모릅니다." 9월 29일, 국회는 폴슨과 버냉키가 제안한 부실자산구제프로그램TARP: Troubled Asset Relief Program을 부결했다. 국회 의원들은 대부분 자유 시장의 실패를 인정하고 싶지 않아 했다. 하지만 근시안적인 이들의 저항은 이것으로 끝이었다. 의회의 결정에 시장은 빠르고 냉혹하게 반응했다. 부결 소식이 전해지자마자 다우존스지수는 월스트리트 역사상 가장 큰 일일 낙폭을 기록하며 770포인트나 급락했다. 시장은 언제나 옳다는 신념을 가진 국회 의원들은 바로 그 시장이 자신들의 결정에 내린 판결을 보고 공포에 질렸다. 잘못을 깨달은 국회는 10월 3일 TARP를 다시 표결에 부쳤고 이번에는 만장일치로 자금 지원을 승인했다.

연준은 금융 시장 붕괴를 막기 위해 TARP 외에 눈에 덜 띄는 다른 조치들도 시행했다. 버냉키는 대공황 당시 통화량을 늘리지 않아 상황을 악화시켰다는 프리드먼의 주장을 참고해 2007년 9월 5.25%였던 단기 이자율을 2008년 봄 2%까지 크게 낮췄다. 이로도 충분하지 않자 2008년 12월에는 이자율을 0으로 낮추고 오랫동안 이자율을 높일 의사가 없다고 선포했다. 또한 연준은 신뢰할 만한 은행과 금융 기관이 대출을 받을 수 있도록 마지막 보루가 되어 주었다. 은행 간 단기 대출을 연준이 직접 보증하면서, 위험성이 높다는 이유로 돈을 빌릴 수 없었던 은행들도 돈을 빌릴 수 있게 되었다.

이것으로도 충분하지 않았다. "줄로 밀 수는 없다"는 케인스의 격언은 곧 사실로 드러났다. 돈을 무한정 저렴하게 공급하기는 쉬웠지만, 그 돈을 쓸 좋은 투자처를 찾기는 어려웠다. 버냉키는 이렇게 말했다. "통화 정책만으로 경제에 필요한 지원을 다 할 수는 없습니다."[15]

부시 정권 말, 연방 정부는 2008년 경기부양법Economic Stimulus Act of 2008을 준비했다. 오바마 정부가 들어오고 몇 주 안 되어 의회를 통과한 이 법은 수조 달러의 정부 지출을 통해 직접 경기를 부양하는 내용으로, 케인스식 경기 불황 대응책에 해당했다. 이 법에는 이미 계획이 끝난 도로 및 교량 공사 등 말 그대로 '삽만 뜨면 되는'

공공 건설 프로젝트가 포함되어 있었기 때문에 대규모 자금을 즉시 건설사와 도급업자 등에 지급해 빠르게 경기를 부양할 수 있을 것으로 기대되었다.

이 케인스식 경기 부양책은 과연 효과가 있었을까? 새뮤얼슨과 오바마 행정부 인사들은 국회가 승인한 8000억 달러[2020년 가치로 9580억 달러]로는 부족하다고 생각했다. 새뮤얼슨은 이렇게 말했다. "방향은 옳습니다." 하지만 "결국 돈이 더 많이 들 것입니다."[16]

그 무엇도 예전 같지 않았다. 30년도 더 전에 새뮤얼슨은 대공황이 다시 일어나기란 불가능하다고 예측했다. 대공황에서 얻은 교훈과 경제를 조절하기 위한 거시 경제학 도구의 발명 덕분에 같은 비극이 반복되지 않으리라는 것이었다. 1974년, 새뮤얼슨은 이렇게 적었다. "대공황은 불가피한 사건이 아니었다. 이제 그 정도로 심각한 불황이 다시 올 가능성은 거의 없다. 이렇게 말하는 이유는 당시까지만 해도 전 세계 정부가 고전 금융 이론을 따랐기 때문이다. 당시에는 경기가 나빠지면, 정부가 허리띠를 졸라맸고 시민들에게도 절약을 강요했다. …… 이제 우리는 케인스 '이후' 시대에 살고 있다. 허버트 후버Herbert Hoover의 시대로 되돌아갈 리 없다."[17] 새뮤얼슨의 예상과 달리 밀턴 프리드먼을 비롯한 자유 지상주의자들이 수십 년에 걸쳐 모든 형태의 정부 개입을 폄하한 탓에 후버식 비개입주의는 되살아났다. 다행히 다시 케인스식 정책을 쓴 덕분에 2008년 금융 위기가 두 번째 대공황으로 이어지는 일은 일어나지 않았다. 하지만 뱅크런과 연쇄 도산의 어두운 시대는 가고 밝고 안정적인 대안정기가 왔다는 버냉키와 일부 사람들의 안일한 생각은 완전히 바뀌었다. 시장 참여자들이 재난을 피할 수 있을 만큼 충분히 잘 알고 있다고 주장하는 합리적 기대 가설도 2008년 이후 기반을 잃었다. 그 말이 맞는다면 어째서 아무도 금융 위기가 일어날 것이라는 '합리적 기대'를 하지 않았단 말인가?

자유 시장주의자들의 약속과 달리, 미국은 수렁에서 빠져나오기 위해 10년 동안 고통스러운 시간을 보내야 했다. 회복은 잔인할 징도도 느렸다. 자유 시장을 지키기 위한 프리드먼의 싸움은 그의 생전에는 큰 승리를 거뒀지만, 금융 위기 이후 시장을 자유롭게 두면 시장 원리에 의해 영구적인 번영과 완전 고용, 경제 성장이 달성된다는 믿음은 흔들리기 시작했다. 그럼에도 TARP를 부결했던 무신경한 국회 의원들은 경기 회복을 빠르게 만들기 위한 연방 정부의 모든 시도를 앞장서서 반대했다. 이들은 정부가 은행을 구제할 때마다 정부가 나서서 구해줄 것이라는 안일한 생각이 널리 퍼지면 '도덕적 해이'가 발생할 것이라는 비판을 내놓았다.

하지만 시장이 최악의 상황으로 치달아도 절대로 정부가 개입하면 안 된다는 생각은 자취를 감추었다. 막상 위기가 심각해지자, 경제가 벼랑 아래로 떨어지는 것을 지켜만 보다가 시장이 해결책을 제시할 때까지 기다리자고 주장하는 유명 경제학자는 찾아볼 수 없었다.[18] 프리드먼이 항상 말한 대로 시장이 자체적으로 해결할 때까지 기다리자고 주장하는 사람은 아무도 없었다. 이런 해결책은 고려 대상조차 되지 못했다. 사태는 너무 빠르게 악화되었고, 시간은 촉박했다. 기업과 사람들이 입을 피해를 생각하면, 시장이 무너지는 것을 그대로 보고만 있는 것은 정치적으로 가능한 해결책이 아니었다. 실업률이 8%를 넘어 계속 증가하는 와중에 정부가 멀찍이 서서 대공황 때의 대량 실업이 다시 발생하는 모습을 보고만 있는 것은 상상조차 하기 힘들었다.

　그렇더라도 경기 부양을 위해 돈을 너무 많이 풀면 돈 가치가 낮아져 인플레이션이 발생할 수밖에 없다는 프리드먼과 하이에크의 경고는 생각해 봐야 하지 않을까? 새뮤얼슨은 경기 부양책이 물가를 높일 가능성이 높다고 인정하면서도 그 정도 물가가 오르는 건 감내할 만하다고 주장했다. "긍정적으로 생각해서 2012년까지 실업률을 4%로 내릴 수 있다면, 물가가 지금보다 더 오르기는 하겠지요. 어쩌면 1년에 2%씩 올라서 8%가 되어 있을지도 모르는 일입니다. 저는 그 정도는 감내할 수 있다고 생각합니다. 디플레이션이 더 문제이기 때문입니다. 현 상황을 고려할 때, 차라리 과도하게 부양을 하는 편이 부족하게 하는 것보다는 낫습니다. 제정신이라면 누구나 그 정도 물가 상승을 신경 쓰기보다는 다시 정부 개입 없이 경제가 스스로 굴러갈 수 있는 상황을 만드는 데 집중할 것입니다."[19] 버냉키도 이에 동의했다. 폭풍이 가라앉고 경제가 안정된 이후에 인플레이션 조짐이 명확해지면, 연준이 즉시 개입해 통화량을 천천히 줄여 가면 될 것이었다.

　새뮤얼슨은 금융 위기가 "제2차 세계 대전 이후 미국, 아니, 전 세계에 최악의 경험"이 될 거라고 말했다. 언제 경제가 완전히 회복될지 묻자, 그는 버냉키와 마찬가지로 대공황을 참고해 이렇게 답했다. "정부가 엄청난 적자 지출을 한다고 해도 2012년 하반기" 아니, 심지어 2014년까지는 경제가 완전히 회복되기 어려울 것입니다. "1933년 3월 루스벨트가 집권을 시작하고 제2차 세계 대전이 시작될 때까지 걸린 시간만큼은 걸리겠지요."[20]

　복잡하고 이해하기 어려운 현대 경제는 경기가 언제 회복될지 예상하기 어렵게 만들었다. 현대 경제는 점점 더 복잡해져서 2008년 즈음에는 최고경영자들조차 경제를 제대로 이해하지 못하고 있었다. 새뮤얼슨은 이렇게 말했다. "경기의 오르내림과 경제 거품은 선사 시대부터 계속되어 왔다."

> 이번 위기의 다른 점은 MIT와 와튼 스쿨Wharton school을 졸업한 '뛰어난' 학생들이 금융 공학이라는 괴물로 너무나도 복잡한 카드 집을 지어 놓았다는 것이다. 사태를 제대로 이해하고 금융 시스템의 신뢰를 회복하기까지는 매우 오랜 시간이 걸릴 것이다. 그들은 너무 복잡해서 어떤 CEO도 이해할 수 없는 금융 상품을 만들었다. 속을 들여다보기가 너무 어려운 나머지 아무도 시장이 무너질 징조를 눈치 채지 못했다.[21]

한편 새뮤얼슨은 'MIT를 졸업한 뛰어난 학생' 중 한 명인 버냉키가 '2007년 이후의 새로운 상황에 빠르게 적응한' 것에 감탄해 일종의 '팬레터'를 보내기도 했다.[22]

2008년 금융 위기를 해결하기 위한 조치 중에는 케인스식 정책도 있었지만, 프리드먼의 통화 이론에 입각한 정책도 있었다. 프리드먼과 슈워츠의 대공황 연구는 중앙은행이 경제에 충분한 돈을 공급해 유동성 문제를 해결할 수 있다는 교훈을 주었다. 프리드먼은 1990년대에 오랫동안 유동성 위기에 시달린 일본에게 다음과 같은 해결책을 제시한 바 있었다.

일본은행은 현금을 지불하거나 경제학자들이 고성능 화폐highpowered money라고 부르는 중앙은행 계좌 잔액을 늘려 주는 방식으로 공개 시장에서 일본은행 국채를 사들일 수 있다. 이렇게 공개 시장 매입을 하면 시중 은행이 보유한 지급 준비금이 늘어나므로 은행이 부채를 늘릴 수 있다. ⋯⋯ 통화 증가 속도가 빨라질 때 발생하는 결과는 언제나 같다. 1년 정도 지나면 경제는 더 빠른 속도로 성장하고 생산량이 늘어날 것이다. 시간이 더 지나면 물가 상승률이 심하지 않은 수준까지 증가할 것이다.[23]

예상대로 일본은 양적 완화QE 정책을 도입해 국채 및 다른 금융 자산을 공개 시장에서 사들였고, 그 결과 국채와 금융 자산의 가격은 높아졌으며 투자자에게 지급해야 하는 이자율은 낮아졌다.

버냉키 또한 양적 완화를 도입했다. 양적 완화와 함께 대침체 이전 8000억 달러였던 연준의 국채 보유량은 2010년 6월 2.1조로 크게 늘었다. 2010년 11월, 이마저도 부족한 것으로 밝혀지자 연준은 QE2라고 불리는 두 번째 양적 완화를 실시했고 2012년 11월에는 QE3를 시작했다. 일부 보수 경제학자들은 프리드먼이 살아 있었다면 양적 완화를 용인했을 리 없다면서 반대했지만, 버냉키가 프리드먼의 대공황 연구에서 얻은 교훈은 명확했다. 연준 의장은 경제 내 자금을 말리는 죄를 짓지 말지어다. 보수 정치인들이 이를 갈며 호통치고 보수 경제학자들이 의도적으로 침묵하는 가운데, 버냉키는 양적 완화를 통해 금융 위기가 경제 공황으로 발전하는 것을 막을 수 있다는 사실을 입증해 보였다. 게다가 보수주의자들의 예언과 달리, 경제에 그렇게 많은 자금을 주입했음에도 물가 상승률이 치솟는 일은 벌어지지 않았다.

그러나 침체기에 통화량을 늘려야 한다는 프리드먼의 주장은 그저 정당성을 인정받는 수준에 그쳤다. 2008년 경제 위기가 정말로 입증한 것은 새뮤얼슨의 신고전파 종합 이론이 타당하다는 사실이었다. 새뮤얼슨은 경기가 좋을 때는 시장 경제 원칙을 따르는 편이 좋지만, 경제가 침체기로 돌입할 때는 케인스식 처방이 여전히 유효하다고 밀했고, 경제 위기는 이 말이 사실임을 보여 주었다. 새뮤얼슨과 프리드먼은 같은 시대를 살았다. 둘은 대량 실업이 발생하고 기업과 은행이 줄줄이 파산했던 대공황과 정부가 경기 변동을 없애기 위해 케인스식 수요 관리 정책을 적극적으로 펴면서 수십 년 동안 이어진 번영, 오랫동안 계속된 스태그플레이션, 반신반의로 행해진 연준의 프리드먼식 통화주의 실험, 공급주의 경제학과 합리적 기대 가설의 부상을 모두 함께 경험했다. 오랜 제로 금리 정책이 재앙에 가까운 금융 위기를 불러왔을 때, 조지 W. 부시의 재무부와 버냉키의 연준이 자문을 듣고자 한 쪽은 프리드먼이나 하이에크가 아니었다. 이들은 오래된 케인스주의에서 위안을 얻었다.

이듬해 새뮤얼슨은 이런 질문을 던졌다. "무엇이 2007년 이후 계속되고 있는 월스트리트 자본주의의 자멸을 초래했는가? 금세기 최악의 금융 참사의 기저에는 규제 없이 시장이 제멋대로 날뛰는 것을 허용한 밀턴 프리드먼과 프리드리히 하이에크의 자유 지상주의적 자유방임 자본주의 사상이 깔려 있다. 이 사상은 오늘날 우리가 겪는 고통의 근원이다. 두 사람은 죽었지만, 이들이 남긴 독은 여전히 살아 있다."[24] 평생 '변치 않는 중도주의자'의 길을 걸었던 새뮤얼슨은 금융 위기와 그 해결 과정을 통해 자신의 정당성을 확인했다. 그는 이렇게 말했다. "저는 사이클이 한 번 다 도는 것을 볼 만큼 오래 살았습니다. 오늘날 우리는 시장의 자체 규제가 가능하다는 밀턴 프리드먼의 주장이 완전히 틀렸음을 목도하고 있습니다."[25]

스태그플레이션이 처음 모습을 드러낸 1970년대에 새뮤얼슨은 이렇게 말했다. "케인스 이후의 현대 '혼합 경제'하에서 재정 및 통화 정책은 반복적 경기 침체를 방지하고 경기의 오르내림을 완화하고 과소 소비를 바로잡고 일자리를 보장할 수 있다."[26] 그리고 2009년, 금융 위기가 세계를 강타하고 1년이 지난 시점에도 새뮤얼슨은 자신 있게 같은 말을 할 수 있었다. "중앙은행이 신중히 이자율을 조절하면 20세기에 빈번했던 지나친 경기 상승이나 하강이 없는 대안정기로 향할 수 있다는 사실을 1965년 힉스와 핸슨이 개발한 케인스주의 모형[IS-LM모형-옮긴이]보다 더 잘 보여 주는 이론은 없습니다."[27]

듀크대학교 아카이브

새뮤얼슨은 기억력이 좋았다. 그렇기에 그가 마음에 담아둘 만한 행동을 하는 건 경솔한 짓이었다. 1941년 하버드는 경제학과의 한 반유대주의자 교수 때문에 막 박사를 딴 새뮤얼슨에게 합당한 자리를 제안하지 않았다. 이후 하버드와 새뮤얼슨 사이에는 한 가지 사건이 더 있었다. 새뮤얼슨의 명성이 높아지면서, 그가 작성한 문서는 연구 중심 대학에게 큰 가치를 갖게 되었다. 2006년 11월 새뮤얼슨은 하버드대학교 아카이브에 자신이 개인적으로 작성한 자료와 학술 논문을 보관해 줄 것을 요청했다. 그는 하버드에 조지프 슘페터의 자료는 있지만, 노벨상 수상자 프랑코 모딜리아니와 로버트 솔로의 아카이브는 노스캐롤라이나 더럼Durham의 듀크대학교 도서관이 보관하고 있음을 상기시켰다. 새뮤얼슨은 이렇게 썼다. "새로운 연구에 온통 정신이 팔려 있을 때는 자서전이나 아카이브에 대해 생각할 시간이 거의 없습니다. 하지만 이런 일은 확실히 해 둘 필요가 있으니까요."[28] 새뮤얼슨의 제안에 하버드대학교 도서관장은 당연히 환영의 뜻을 내비쳤다. "저희 도서관에 귀하의 자료를 보관하게 되어 영광입니다." 하지만 편지에서는 명백한 특권 의식이 묻어났다. "귀하와 우리 대학교의 특별한 인연을 고려해, 저희는 기꺼이 귀하의 자료를 맡아 관리해 드릴 것입니다. 경제학에 대한 귀하의 공헌과 수 세대의 경제학자를 길러 내는 데 있어서 귀하가 한 역할을 고려하면 더더욱 귀하의 자료를 하버드에 보관해 드릴 것을 보장할 수 있습니다. …… 귀하의 자료는 저희의 소장품을 더욱 빛내 줄 것입니다."[29]

사실 새뮤얼슨은 1992년에 듀크대학교로부터 자료를 보관하게 해 달라는 제안을 받은 상태였다. 듀크대학교는 모딜리아니의 자료 외에도 번스, 악셀 레이온후브드Axel Leijonhufvud,[30] 월터 리프먼, 로버트 E. 루카스, 오스트리아학파의 창시자 카를 멩거Carl Menger, 돈 패틴킨Don Patinkin,[31] 윌리엄 포크너 재단의 자료를 보관하고 있었다. 여기에 더해 하이에크의 자료도 대부분 듀크에 있었으며, 안나 슈워츠가 사망하면 그녀의 자료도 듀크에서 관리하기로 되어 있었다. 듀크대학교 희귀도서·필사본·특별소장품도서관Duke's Rare Book, Manuscript and Special Collections Library 관장 로버트 L. 버드Robert L. Byrd는 MIT에 자료를 기증하려 했던 새뮤얼슨을 만나 그를 설득했다. 그는 듀크대학교가 "다른 대학과 달리 특정 대학의 역사가 아닌 경제학이라는 학문의 역사에 초점을 맞춰 아카이브를 관리한다"[32]는 점을 특별히 강조했다.

2005년, 버드는 아카이브 관리 예시를 보여 주기 위해 새뮤얼슨에게 모딜리아니 논문의 검색 도구 목록을 보내며 이렇게 말했다. "자료를 MIT 아카이브에 보관하시기로 한 것으로 알고 있습니다만, 만약 제가 잘못 알고 있는 것이라면 …… 연락을 주시기 바랍니다."[33] 그해 말, 새뮤얼슨이 듀크에 자료를 맡기는 것을 고민하고 있다고 답하자, 버드는 귀중한 자료를 듀크에 맡기는 것을 고려해 주어서 고맙다는 겸손한 편지를 보냈다. 버드는 새뮤얼슨이 듀크를 고려한다는 "사실을 알고 무척 기뻤다"면서, 듀크대학교가 새뮤얼슨의 아카이브를 보관하기에 완벽한 장소인 이유를 나열했다. "저희에게 선생님의 기록을 보관할 기회를 주신다면 큰 영광일 것입니다." "저희를 선택해 주신다면, 자료의 활용성이 커지고 선생님의 업적과 성과를 연구하고자 하는 학자들이 받을 수 있는 도움이 더 많아질 것이라고 자부합니다."[34]

다음 달, 새뮤얼슨은 버드에게 편지로 이렇게 알렸다. "제게 있는 여러 자료를 듀크 아카이브에 보관하는 쪽으로 마음을 정했습니다. …… 듀크대학교가 보여 준 관심과, 자식과 같은 제 논문들이 다른 훌륭한 학자들의 지적 자제들 곁에서 오래오래 행복하게 지낼 수 있을 거라는 사실에 큰 매력을 느꼈습니다."[35] 그리하여 결국 새뮤얼슨의 자료는 하버드도 MIT도 아닌 듀크에 안착했다.

한편 프리드먼의 아카이브는 시카고대학교에서 은퇴한 그를 보수 자유 지상주의 경제학계의 전설로 환대해 준 보수주의의 성지 후버연구소에 남아 있다.

위대한 경제학자의 마지막

폴 새뮤얼슨은 2009년 12월 13일 매사추세츠주 벨몬트의 자택에서 94세의 나이로 사망했다. 새뮤얼슨은 오랫동안 고혈압을 앓았고 혈압약과 콜레스테롤 저하제를 복용하고 있었다. 그는 28년을 함께한 부인 리사 에카우스Risha Eckaus와 네 명의 아들, 두 명의 딸, 한 명의 의붓딸, 열다섯 명의 손주를 남겼다. 장례식은 가족장으로 치러졌고, 대중이 참여할 수 있는 추도식이 열렸다. 가족들은 추도식에 조화를 보내는 대신 환경 보호 단체인 매사추세츠오듀본소사이어티Massachusetts Audubon Society에 돈을 기부해 달라고 부탁했다.

새뮤얼슨의 추도 기사는 그의 분야를 막론한 지식과 거시 경제학 분야에서 이룬 여러 혁신, MIT 경제학과에 한 공헌, 경제학 문제를 수학적으로 접근한 독창적 연구 방식, 그의 교과서 『새뮤얼슨의 경제학』, 그리고 무엇보다 그가 주창한 신고전파 종합에 대한 찬사로 뒤덮였다. 《뉴욕타임스》는 기사에서 이렇게 말했다. "새뮤얼슨은 경제학의 거의 모든 연구 주제에 대한 접근 방식을 바꿔 놓았다. 새뮤얼슨과 프리드먼의 논쟁만으로도 20세기 미국의 경제 정책사를 충분히 설명할 수 있을 것이다."[36] 《뉴욕타임스》 경제면을 대표하는 칼럼니스트 폴 크루그먼Paul Krugman은 이렇게 썼다. "경제학자라면 누구나 사람들의 사고 방식을 근본적으로 바꿔 놓을 영향력 있는 논문 한 편을 쓰고 싶어 한다. 새뮤얼슨은 그런 논문을 열 개 이상 썼다."[37] 보수 언론 《월스트리트저널》도 새뮤얼슨을 "경제학의 거인"이라 부르며 추모했고, 《이코노미스트》는 그를 "마지막 위대한 경제학자"라고 불렀다.[38]

영국의 《데일리텔레그래프The Daily Telegraph》는 이렇게 썼다. "새뮤얼슨은 경제학에 광범위한 공헌을 했다. 그는 후생 경제학, 소비 이론, 가격, 자본 축적, 경제 성장, 공공재, 금융, 국제 무역을 아우르는 다양한 분야에서 업적을 남겼다. 경제학 문제 가운데 그가 정곡을 찌르는 주장을 내놓지 않은 문제를 찾기 힘들 정도이며," 그가 교과서에 실은 말들은 "복잡한 국제 시장을 이해하고 설명할 때 사용되는 만국 공통어가 되었다." "새뮤얼슨은 통화주의자 밀턴 프리드먼과 자주 겨뤘지만, 2008년 세계가 대공황 이래 가장 극심한 침체기에 들어섰을 때 선택받은 해결책은 프리드먼이 아닌 새뮤얼슨의 처방이었다."[39]

코로나바이러스 위기가 증명한 것

세계 경제를 위협한 다음번 재앙은 프리드먼과 새뮤얼슨 둘 다 목격하지 못했다. 2019년 11월 중국에서 코로나바이러스-19COVID-19 (이하 코로나바이러스)가 발행했다. 폐렴과 비슷한 병세를 보이는 이 바이러스는 전염성이 매우 강했고, 특히 노인과 기저 질환자에게 치명적이었다. 일당 독재 국가인 중국은 인구 1100만 명의 대도시 후베이성 우한에 강력한 통행 금지령을 내렸다. 아무도 우한에서 나가거나 우한으로 들어올 수 없었다. 시민들은 자택에 머물러야 했고 필수 인력만 감염을 방지하기 위한 마스크와 보호 장구를 갖춘 채 돌아다닐 수 있었다. 그러나 봉쇄령이 내려졌을 때는 이미 늦은 뒤였다. 중국 정부에서 발표한 공식 자료에 따르면,[40] 12월 20일 60명이었던 후베이성 코로나바이러스 환자의 수는 12월 31일까지

266명으로 증가했다. 감염자 수는 한 주에 약 두 배씩 늘었다.

이후 한 달 동안, 바이러스는 국제선 비행기를 타고 빠르게 퍼져 이탈리아의 밀라노와 토리노 등지에서 수백 명의 사망자를 냈다.[41] 의료 자원이 부족해지자 민주주의 정부도 중국 공산당 정부만큼이나 심각하게 시민의 자유를 제한할 수밖에 없었다. 이동 제한령이 내려지고 마스크 의무 착용 규제가 도입되었지만, 바이러스는 계속 퍼져 나갔다. 2020년 3월 말, 미국은 세계에서 가장 많은 코로나바이러스 환자가 발생한 나라가 되었다. 7월 말까지 전 세계에서 20만 명이 사망했으며, 그중 4분의 1이 미국에서 사망했다.

각국 정부는 병이 더 퍼지는 것을 막기 위해 경제 활동을 대폭 제한해 인위적으로 경제를 무너뜨리는 것과 아예 개입하지 않거나 최소한만 개입함으로써 많은 사람이 죽도록 방치하는 것 중에 선택해야 하는 난관에 봉착했다. 바이러스 확산세가 너무 맹렬해서 코로나 확산 방지 정책이 경제에 미칠 영향을 논할 시간은 거의 없었다. 심지어 경제 활동에 엄청난 타격을 입힐 것이 분명한 외출 금지 명령을 내릴 때조차도 마찬가지였다. 재택 근무를 할 수 있는 사람들은 집에서 일했지만, 나머지 사람들은 일자리를 잃은 채 집에 갇힌 신세가 되었다. 병원과 요양 시설 등에서 근무하는 필수 인력들은 바이러스 전파와 감염을 막아 줄 개인 보호 장비가 부족한 상황에서도 계속 일해야만 했다. 세계 경제는 크게 수축했다. 2020년까지는 2008년 금융 위기가 대공황 이후 최악의 경제난으로 꼽혔지만, 코로나바이러스 대유행이 곧 그 자리를 이어받았다. 1914~1918년과 1935~1945년에 걸친 두 차례의 세계 대전조차 지구 전체에 영향을 미치지는 못했는데, 코로나바이러스는 전 세계를 위협했다.

7월 말이 되자 미국의 총확진자는 400만 명을 넘어섰고 이 중 13만 6484명이 사망했다. 주가는 35% 하락했고 채권 시장은 얼어붙었다. 국제선 항공, 관광, 접객업을 비롯해 미용실과 치과 등 서비스업이 문을 닫았다. 이런 상황에서 연방 정부는 그저 수요를 유지하기 위해 돈을 빌려 시민들에게 나누어 줄 수밖에 없었다. 인프라 건설 등 정통 케인스식 경기 부양책을 쓸 시간은 없었고, 대신 모든 미국인에게 1200달러의 지원금이 지급되었다. 트럼프 정부 재무장관 스티브 므누신Steve Mnuchin[42]은 미국인 다섯 명 중 한 명이 코로나바이러스로 인해 직업을 잃게 될 것으로 예측했다. 2008년 금융 위기로 발생한 실업자의 두 배가 넘는 숫자였다. 실업 급여가 한시적으로 주당 600달러로 인상되었고, 2020년 3월 21일 기준으로 4880만 명[43]이 실업 급여를 신청했다. 2021년에 백신이 나올 것으로 예상되는 가운데 크고 작은 기업들이 백신이 나올 때까지 버티기 위해 연방 정부로부터 보조금이나 대출 지원을 받았다. 2008년 금융 위기 때와 마찬가지로, 의회는 둘로 나뉘어 바이러스가 미국 경제에 가할 타격을 줄이기 위해 어떤 조처를 해야 하는지를 두고 싸웠다. 공화당은 개입을 주저했다. 민주당은 적극적으로 개입하고자 했지만, 눈앞의 비극이 얼마나 심각한지 좀처럼 감을 잡지 못한 현실 감각 없는 자기 중심적 대통령이 이끄는 연방 정부와 공화당의 반대에 부딪혔다. 2008년의 교훈에도 불구하고 후버리즘Hooverism이 다시 미국을 위협하고 있었다.

대서양 너머 영국 정부 또한 미국과 비슷한 정책을 폈다. 영국 정부는 록다운lockdown을 선언하고 모든 노동자에게 최대 2500파운드[3200달러] 내에서 평상시 임금의 80%를 보장해 주기로 했다. 어려움에 처한 크고 작은 사업체와 자영업자에게는 보조금이 지급되고 대출이 지원되었다. 노벨상을 받은 시카고학파 경제학자 로버트 루카스는 2008년 금융 위기 당시 이렇게 말했다. "위기가 닥치면 모두 케인스주의자가 되는 것 같다." 새뮤얼슨이 신고전파 종합을 통해 주장한 것과 일치하는 말이 있다. 다시 위기를 맞은 2020년의 미국에서는 정부 지원 규모를 두고 격렬한 논쟁이 벌어졌다. 많은 사람이 정부의 지원이 경제를 살리기에 충분하지 않다고 생각했다. 많은 기업이 다시 일어서지 못하고, 많은 노동자가 예전의 일자리로 돌아가지 못할 것이었다.

경제에 유동성을 공급하는 것까지는 프리드먼주의자와 케인스주의자 둘 다 동의하는 바였지만, 코로나바이러스는 작은 정부를 지향하고 시장에서 정부의 입김을 지우고자 했던 프리드먼의 바람을 완전히 무너뜨렸다. 코로나바이러스가 유행하면서 연방 정부는 시장을 완전히 통제하며 어떤 업종이 운영을 계속하게 할지, 어떤 기업을 살리고 죽일지를 결정해야 하는 위치에 섰다. 다른 국가에서도 책임감 있는 정부들은 모두 '큰 정부'만 쓸 수 있는 방법을 동원해야 전염병을 억제하고 극복할 수 있다는 답을 내렸다. 작고 힘없는 정부를 가진 (대체로 경제 또한 규모가 작고 부실한) 나라들은 자국을 덮친 전염병에 제대로 대응하지 못했다. 프리드먼의 영향을 받아 오랫동안 '큰 정부'를 비난해 온 미국의 보수주의자들조차도 경제 활동을 일시적으로 멈출 수밖에 없다는 주장에는 거의 이견을 표하지 않았다. 티파티Tea Party 등 극우주의자들이 록다운이 기업에 악영향을 미칠 것이라면서 작은 반발을 하기는 했지만, 사회적 거리두기가 어려울 때 마스크를 의무 착용하게 한 조치에 반대하는 시위를 여는 정도에 그쳤다. 프리드먼이 살아 있었다면 아마 그도 마스크를 썼을 것이다. 남편이 쓸데없는 원칙을 지키기 위해 목숨을 거는 모습을 로즈가 그냥 지켜만 봤을 리 없다.

코로나바이러스는 큰 정부의 필요성을 증명했을 뿐 아니라, 정부가 어려울 때 마지막으로 기댈 수 있는 최종 대출 기관이자, 수천만 명의 실업자를[44] 빈곤으로부터 구할 수 있는 유일한 기구임을 보여 주었다. 1930년대 대공황 당시 후버 정부는 국민들이 실업 급여를 받기 위해 줄을 서고 먹을 것을 찾아 헤매는 모습을 가만히 지켜보기만 했다. 후버에 이어 대통령이 된 프랭클린 루스벨트Franklin Roosevelt[45]는 사람들을 일자리로 돌려보내기 위해 기업의 권한을 제한하면서까지 여러 차례 뉴딜 프로그램을 시행했다.[46] 1936년 케인스가 발표한『일반 이론』은 정부가 대규모 자금을 투입해 공공 사업을 벌여 일자리를 공급하는 방식의 이론적 근거가 되었다. 2020년, 코로나바이러스로 인해 세계 경제 성장률은 대공황 이후 가장 극적으로 낮아졌다. 1월부터 3월까지 미국의 연간 경제 성장률은 5% 하락했고 4월부터 6월까지는 33.4%나 추락했다.[47] 몇 안 남은 현대의 '오스트리아학파'(하이에크주의) 경제학자들은 중앙 정부의 개입 없이 재앙을 해결할 방법을 제시하지 못했다. 바이러스가 최악으로 치닫게 두고 시장이 해결할 때까지 기다리자는 주장을 하는 사람은 찾아보기 힘들었다. 보수주의자들은 2008년과 마찬가지로 이번에도 그저 정부 부채가 늘었다고 투덜대고 부채 상환 속도를 두고 논쟁을 벌였을 뿐, 케인스식 해결책 자체를 반대하지는 않았다.

두 천재 경제학자의 유산

새뮤얼슨과 프리드먼이 남긴 유산은 무엇일까? 누군가 경제학의 지형을 바꿨다고 생각하느냐고 묻자 프리드먼은 이렇게 답했다. "무척 답하기 어려운 질문이군요."[48] 프리드먼은 경제보다는 정치 면에서 더 두드러진 성취를 이뤘다. 타월한 언변으로 사람들을 자유 시장에 열광하게 만들었지만, 그는 혼자였다. 그가 죽은 뒤에도 그의 반정부적이고 자유 지상주의적인 사상은 사람들을 자극했다. 하지만 경제학을 '전통' 경제학으로 돌려놓으려던 그의 시도는 완전히 잊혀졌다. 프리드먼이 남긴 두드러진 업적이 있다면, 그것은 연방 정부가 재정 정책으로 경제를 관리하는 것을 망설이게 만든 것이었다. 스태그플레이션과 프리드먼은 케인스학파의 '신경제학'을 거세게 공격했다. 하지만 연준 의장과 재무장관들은 이자율 조절을 비롯한 통화 정책만으로는 변동 환율제에서 달러 가치를 안정적으로 유지하고 물가 상승률, 실업률, 경제 성장률을 관리할 수 없다고 호소했다. 소비함수론 등 프리드먼의 경제 이론 가운데 일부는 계속 존경의 대상으로 남을 것이다. 하지만 그는 교조적 통화주의에 심취한 이후부터 이런 주제에는 거의 관심을 두지 않았고, 그가 대표 사상으로 여겼던 교조적 통화주의는 경제 사상사에서 별로 중요하지 않은 주석 정도의 위치를 차지할 뿐이다.

하버드에서 화학과 물리학을 복수 전공하고 시카고대학교에서 이론물리학으로 석·박사 학위를 받은[49] 아들 데이비드 프리드먼이 결국 아버지의 뒤를 이어 자유 지상주의 경제학자가 되기는 했지만, 프리드먼은 자신의 학파를 남기지 못했다. 케인스의 충성스러운 제자들로 이루어진 케임브리지 서커스 같은 조직은 시카고에서는 만들어지지 않았다. 프리드먼은 유일무이한 존재였으며, 끝까지 외톨이로 남았다.

일부 경제학자들은 프리드먼의 통화주의가 그저 딴죽걸기에 불과하다는 사실을 증명하느라 낭비한 시간을 아까워했다. 새뮤얼슨과 절친한 MIT 교수이자, 프리드먼과 마찬가지로 브루클린에서 태어나 노벨 경제학을 수상한 로버트 솔로는 2013년 프리드먼에 대해 이렇게 말했다. "요즘 정치 경제에서 좌우를 막론하고 밀턴 프리드먼의 주장을 찾아보기 힘들다는 사실이 기쁘다. 나는 그가 경제와 사회에 나쁜 영향을 미쳤다고 생각한다."

우리는 재능 있는 극단주의자와 생산성 없는 말씨름을 하느라 더 실용적이고 건설적인 학술 토론과 정치 논쟁에 쓰였어야 할 시간을 낭비했다. 그런 입씨름이 숨어 있는 가정을 찾아내고 불명확한 주장을 또렷하게 다듬는 데 도움이 된 것은 사실이지만, 들인 노력에 비해 얻은 것은 너무 적었다.[50]

프리드먼은 독창적인 정치적 시각을 퍼뜨리는 데는 약간의 성공을 거뒀다. 징벌적 소득 세제를 개편하라는 그의 요청은 실제로 받아들여졌다. 1950년부터 1980년까지 30년 동안 한 번도 70% 아래로 떨어진 적 없었던 미국의 연방 최고소득세율은 계속 낮아져 2021년 40.8%가 되었다.[51] 의무 복무제를 폐지하라는 주장도 실현되었지만, 베트남 참전 군인들이 겪은 끔찍한 참상을 생각하면 징병제는 프리드먼이 없었어도 끝이 났을 가능성이 높다. 한편 정치가 공교육에 미치는 영향을 줄이고자 했던 그의 시도는 부분적으로 성공했다. 이 생각은 빌 클린턴부터 마거릿 대처까지 좌우를 막론한 정치인의 지지를 받았고, 공적 자금을 지원받아 교사와 학부모, 지역 단체가 직접 학교를 설립하는 차터 스쿨charter school 형태로 현실화되었다. 하지만 미국의 공립 학교는 여전히 자금 부족과 지나친 공무원의 행정 중심주의로 골머리를 앓고 있다. 프리드먼은 간단한 인증만 받으면 누구나 의료 서비스를 제공할 수 있기를 바랐지만, 의사들은 여전히 엄격한 면허제의 보호 아래 전문직으로 일하고 있으며, 그가 폐지하려고 노력했던 에너지부The Department of Energy도 여전히 남아 있다. 헤로인과 코카인 등 마약을 합법화해야 한다는 그의 조언 또한 한 번도 진지하게 받아들여지지 않았다. 프리드먼은 평생 아웃사이더였고, 죽어서도 아웃사이더로 남았다.

2009년 티파티가 급부상하면서 프리드먼이 미국 정치에 미친 악영향은 뚜렷이 드러났다. 큰 정부와 세금에 반대하는 이 풀뿌리 집단은 부시, 오바마, 버냉키의 경기 부양책에 대한 불만을 기초로 세력을 키웠으며, 2016년 대통령으로 당선된 도널드 트럼프Donald Trump[52]의 지지 기반이 되었다. 프리드먼이 아니었다면 과연 트럼프가 대통령이 될 수 있었을까? 가능은 했을 것이다. 하지만 수십 년에 걸친 그의 자유 지상주의 운동이 닉슨 이후 당선된 그 어느 대통령보다 더 재선에만 집착하고 이기적이고 일관성 없고 고집 센 대통령이 탄생할 기초를 마련한 것만은 분명하다.

트럼프의 인기가 급격히 오른 배후에는 미국의 굴뚝산업(석탄, 철강, 조선)이 임금 경쟁력을 잃으면서 해고당한 실업자와 나이 든 블루칼라 노동자들이 있었다. 프리드먼이 자유무역을 예찬하는 가운데 클린턴 대통령 시절 미국은 적극적으로 자유 무역을 추진했다. 1994년에는 멕시코, 캐나다, 미국을 자유 무역 지대로 묶는 NAFTA가 체결되었고, 1995년에는 기존의 관세 및 무역에 관한 일반협정GATT: the General Agreement on Tariffs and Trade이 세계무역기구WTO: World Trade Organization로 전환되었다. 자유 무역은 미국 경제에 전체적으로는 도움이 되었을지 모르나, 미국 제조업 노동자들에게는 재앙이었다. 이들은 보건, 안전, 노동자 보호 규제가 취약한 국가(주로 아시아)의 저임금 노동자들에게 일자리를 빼앗겼다. 자유 무역은 미국을 둘로 갈라 놓았고, 자유 무역의 결과로 생계를 잃은 사람들은 미국 노동자에게 불리한 무역 협정을 재협상하겠다고 약속한 트럼프를 같은 편으로 여겼다.

새뮤얼슨은 세계화에 찬성했고 자유 무역이 참여국에 도움이 된다고 생각했지만, 보호 관세가 사라지면 미국 노동자들이 불이익을 입을 수 있다는 점도 함께 지적했다. 1972년 그는 「부유한 국가의 국제 무역International Trade for a Rich Country」[53]이라는 제목으로 강연을 했는데 이 강연이 인기를 끌면서 이 주제는 그의 주요 강연 레퍼토리로 자리 잡았다. 강연에서 새뮤얼슨은 "자유 무역이 모든 나라 모든 사람에게 이로우리라는 법은 없다"면서, "원래 부유한 국가가 비교 우위를 누리던 분야에서 가난한 국가가 새로운 비교 우위를 차지하면 부유한 국가는 전반적으로 손해를 볼 수 있다"고 말했다. 미국의 무역 협정을 재협상하고 미국 시장을 보호하기 위해 선택적 관세를 도입하겠다는 트럼프[54]의 공약이 2016년 대통령 선거에서 인기를 끈 것은 이런 경제적 진실이 뒷받침되었기 때문이었다.

한편, 전통적인 복지 수당을 부의 소득세로 바꾸자는 프리드먼의 혁신적 주장은 정치 성향을 막론한 지지를 얻었다. 새뮤얼슨 또한 부의 소득세를 "실현할 때가 된 아이디어"[55]라며 환영했다. 이 아이디어는 국가가 모든 사람에게 기본 소득을 보장하는 '보편 기본 소득' 개념으로 발전했는데, 코로나바이러스가 유행하면서 여러 나라에서 한시적이지만 비슷한 제도가 도입되었다. 앞으로 점점 더 인간의 노동력을 로봇이 대체할 것이라는 전망을 생각할 때, 미래에는 기본 소득 제도가 영구적으로 자리 잡아 일하지 않은 사람들에게 소득을 보장할 가능성이 높다.

프리드먼은 경제학자였지만, 그의 행보에는 언제나 정치적 의도가 있었다. 하이에크처럼 프리드먼도 보수주의자가 아닌 자유 지상주의자로 불리기를 원했다. 프리드먼이 적극적으로 퍼뜨린 생각 중 하나는 모든 나라에서 정부 권력을 대폭 줄여야 한다는 것이었다. 그는 무정부주의에는 관심이 없다고 강조했지만, 1964년 배리 골드워터 선거 운동 때부터 로널드 레이건의 임기 8년, 그리고 그 이후까지 계속 국가의 오만함을 지적하는 데 앞장섰고, 케인스가 좋은 국가를 만들기 위해 도입한 대규모 정부 프로그램이 하나둘 없어질 때마다 환호했다. 레이건은 첫 번째 대통령 취임사에서 정부는 미국인의 문제를 해결하는 존재가 아니라, 그 자체가 '문제'라고 말했다. 레이건이나 프리드먼이 티파티 세력의 급부상을 예상했을 리는 없지만, 2007년 금융 위기 이후 연방 정부가 경기 부양을 위해 공공 부채를 늘리자, 이에 불만을 품은 티파티 세력이 급격히 커진 데는 분명 이들의 책임이 있다. 프리드먼이 살아 있었다면 원칙적으로는 좌우 정부 모두로부터 지속적 무시를 당했다고 느끼는 성난 블루칼라 백인 우파 노동자들의 반정부 운동을 지지했을지도 모른다. 하지만 트럼프를 찬양하는 과격한 오합지졸들의 모임에 좋은 말을 했을 리는 없다. 이들에 대한 그의 날카로운 비판을 듣지 못하는 것이 아쉽다.

프리드먼이 마련한 이론적 토대 위에서 시작된 작은 정부 운동은 50년 동안 공화당의 정책을 이끌었고, 원래 전통적인 중도 보수 정당이던 공화당을 부끄러움을 모르는 자유 지상주의 정당으로 완전히 바꾸어 놓았다. 프리드먼은 공화당이 원래 추구하던 원칙을 버리고 자유 지상주의 원칙을 채택하게 하는 데 완벽히 성공했다. 조지 H. W. 부시 이후, 프리드먼의 작은 정부 원칙에 부합하는 신념을 갖추지 않은 사람은 공화당 대통령 후보가 될 수 없었다. 하지만 2020년대 들어 작은 정부 운동은 자승자박 상태에 빠졌다. 2021년 1월 6일, 트럼프 지지 세력이 워싱턴 D.C.의 국회의사당을 습격해 건물과 사무실, 시설, 서류, 기념물 등을 부수기 시작하면서, 생명의 위협을 느낀 국회 의원들이 대피하는 일이 벌어졌다. 소동은 상원 회의실이 공격당하고 나서야 끝이 났고, 혼란 속에서 다섯 명이 목숨을 잃었다. 일부 시위대는 국회 의원들을 납치해 린치하고 부통령 마이크 펜스Mike Pence와 하원 의장 낸시 펠로시Nancy Pelosi를 즉시 처형하겠다고 선언해 충격을 주었다. 이 폭력 시위가 정부를 전복하려는 내란이었는지, 그저 체제를 흔들어 보려는 시도였는지, 아니면 단지 시위대에게 의회를 습격하라고 선동한 선거에서 진 대통령을 향한 지나친 지지 표현이었는지는 아직 확실히 밝혀지지 않았다. 확실한 것은 시위대의 규모와 열기로 볼 때, 무정부 또는 주 자치를 옹호하며 연방 정부가 커지는 것을 비판해 온 프리드먼의 운동이 정점에 달했다는 것이었다. 프리드먼이 살아 있었더라면 분명 시위대의 폭력을 강하게 비판하고 사실이 마음에 들지 않으면 부정하는 모습에 질려 했을 것이다. 하지만 자신의 선동적인 사상이 사상자까지 내며 실패로 끝난 이 우스꽝스러운 쿠데타에 영감을 주었다는 사실을 부정하지는 못했을 것이다.

그토록 닮은 듯 다른 두 사람

프리드먼이 경제학보다 정치에 더 많은 영향을 미친 반면 새뮤얼슨은 경제학과 사회에 눈에는 덜 띄지만 절대 지워지지 않을 흔적을 남겼다. 새뮤얼슨이 자신의 학파를 남겼는지에 대해서는 의견이 나뉜다. 그는 어려운 논문을 손쉽게 썼고, 다른 어떤 경제학자가 썼어도 대표작이 되었을 만한 여러 편의 논문을 남겼다. 경제학에 수학을 접목한 그의 접근 방식은 철학의 한 분야에 가까웠던 경제학을 진정한 사회 과학으로 바꿔 놓았다.

새뮤얼슨은 경제학계에서 일종의 명문가를 이루었다. 그의 동생 로버트 서머스Robert Summers[56]와 제수 애니타 서머스Anita Summers,[57] 처남 케네스 애로Kenneth Arrow,[58] 조카 래리 서머스는 모두 저명한 경제학자다. 그러나 새뮤얼슨이 남긴 가장 중요한 유산은 그를 케인스주의의 가장 유능한 전도사로 만들어 준 교과서 『새뮤얼슨의 경제학』으로 경제학을 배운 다음 세대 경제학자들일 것이다. 또한, 새뮤얼슨은 가장 효과적인 경제 위기 해법으로 널리 인정받는 신고전파 종합도 남겼다. 1931년 케인스와 하이에크가 시작한 정부 개입 논쟁의 진정한 승자는 두 사람의 사상을 결합한 새뮤얼슨이라 할 수 있을 것이다.

새뮤얼슨은 아흔이 넘은 뒤에도 매일 같은 일과를 유지했다. "저는 죽는 날까지 이렇게 살고 싶습니다. [MIT] 슬론 빌딩 3층에 있는 [연구실에서] 논문을 쓰고, 틈틈이 테니스를 치고, 저의 또 다른 연구실인 버거킹 콩코드애비뉴Concord Avenue 지점에서 커피를 마시는 거죠."[59] 그는 바쁜 와중에도 시간을 내어 평생의 라이벌 프리드먼에 대해 다음과 같은 평을 남겼다.

프리드먼은 높은 지능에도 불구하고 남보다 앞선 논문을 많이 쓰는 편이 아니었습니다. 그에게는 이상하게 괴팍한 구석이 있었습니다. 그의 논리와 추론은 직관적 이데올로기의 지배를 받았지요. …… 특유의 카리스마와 재빠른 논박을 하는 능력 덕분에 그는 하이에크나 미제스보다 더 큰 영향력을 미쳤고 1965년 이후 시작된 경제학계의 우경화를 주도했습니다. …… 밀턴이 피리를 불지 않았더라도 우경화는 진행되었겠지만, 그처럼 빨리 진행되지는 않았을 것입니다.[60]

새뮤얼슨은 그토록 닮은 점이 많은 자신과 프리드먼이 왜 완전히 다른 길을 택했는지 설명하고 싶어 했다. 그는 성향 차이를 이유로 꼽았다. 두 사람은 동시대를 살았지만, 살면서 겪은 가장 큰 사건인 대공황을 각자 다르게 해석했다. 새뮤얼슨은 이렇게 썼다. "어린 시절 밀턴이 공상적 사회주의나 사회 개량주의에 단 한 번이라도 빠진 적이 있었다면, 경제 법칙이라는 강산強酸이 그때의 감정을 다 녹여 버린 것이 분명하다."[61] 새뮤얼슨이 쉽게 명성과 부를 얻을 수 있는 길을 선택한 데 반해 프리드먼은 항상 주류에 도전하려 했다. 새뮤얼슨은 이렇게 썼다. "물살을 거스르지 않았다면 그는 훨씬 더 빠르게 헤엄쳤을 것이다. 하지만 그는 국가 권력에 저항하고, 정치인과 공무원을 의심하고, 선의에 감동받지 않는, 타협할 줄 모르는 자유 지상주의자였다."[62]

프리드먼에 대한 새뮤얼슨의 마지막 평가는 프리드먼이 자신감에 차서 목표를 확신했던 것이 그를 막다른 골목으로 몰아넣었다는 것이었다. 말년에 한 인터뷰에서 새뮤얼슨은 이렇게 말했다. "밀턴 프리드먼은 평생 한 번도 실수한 적이 없습니다. 정말 대단한 일 아닙니까?"

[프리드먼은] 제가 평생 만나 본 사람 가운데 가장 똑똑했습니다. 하지만 제가 보기에는 자신이 엄청난 실수를 저지르고 있다는 사실을 모르고 있는 것 같았어요. 아마 프리드먼의 모든 저작을 처음부터 끝까지 다 읽은 사람은 전 세계에 저밖에 없을 겁니다. …… 프리드먼에 대해 제가 한 농담은 거의 다 진심이었습니다. 때때로, 저는 그가 지능 지수가 너무 높은 나머지 자신으로부터 자기를 지키지 못하는 것 같다고 말하곤 했지요. 그는 자신이 이룬 업적을 흡족해했지만, 저는 그가 완전히 잘못된 방향으로 가는 삶의 열차에 올라탔으며, 그건 엄청난 비극이었다고 생각합니다.[63]

감사의 글

이 책을 쓰면서 미국 동·서부 해안을 오갔다. 밀턴 프리드먼의 논문이 보관된 후버연구소 아카이브 관리자들과 새뮤얼슨 아카이브가 있는 듀크대학교 희귀도서·필사본·특별소장품 도서관의 데이비드 M. 루빈스타인David M. Rubenstein에게 감사를 전한다. 두 곳 모두 내게 따뜻한 격려와 많은 도움을 주었다. 특히 사라 세튼 베르그하우젠Sara Seten Berghausen, 엘리자베스 B. 던Elizabeth B. Dunn을 비롯한 듀크대학교 아카이브 관리자들과 후버연구소의 에릭 토머스 웨이킨 Eric Thomas Wakin, 캐럴 A. 리든햄Carol A. Leadenham, 장 매클위 캐논Jean McElwee Cannon, 새라 패튼Sarah Patton, 제니 메이필드Jenny Mayfield에게 큰 신세를 졌다.

이 책은 존 메이너드 케인스와 프리드리히 하이에크의 1931년 논쟁에 대한 나의 해석에서 시작되었다. 케인스와 하이에크의 논쟁으로 경제학계는 좌우로 갈라져 싸우기 시작했고, 이후 두 집단은 계속해서 신랄한 논쟁을 이어 갔다. 케인스와 하이에크가 어렵게 휴전을 하고 40년이 지난 뒤, 논쟁은 다시 시작되었다. 이번에 맞붙은 것은 MIT의 폴 새뮤얼슨과 시카고대학교의 밀턴 프리드먼이었다. 이 두 위인의 평생에 걸친 우정과 다툼을 그리는 과정에서 전작

『케인스 하이에크』를 쓸 때 도움 받았던 사람들로부터 또 한번 많은 도움을 받았다. 특히 큰 도움을 준 두 명은 유니버시티 칼리지 런던University College, London의 비키 칙Vicky Chick과 듀크대학교 경제학과 연구교수 브루스 캘드웰Bruce Caldwell이다. 비키는 케인스와 케인스 학파에 관한 지식과 열정을 나누어주었다.『케인스 하이에크』를 쓰는 내내 지지를 보내 준 하이에그의 공식 전기 작가 브루스는 듀그대학교 새뮤얼슨 아카이브를 이용하는 데도 도움을 주었다.

나의 친구이자 멘토인 2006년 노벨 경제학상 수상자 에드먼드 펠프스에게도 큰 신세를 졌다. 펠프스는 내가 이 길고 복잡한 이야기를 풀어 나가는 동안 계속해서 용기를 주었다. 네드(에드먼드의 애칭)는 프리드먼과 함께 필립스 곡선(필립스 곡선은 실업과 물가 상승률 사이에 상충 관계가 있다는 가설에 따라 만들어졌다)의 논리적 결함을 밝힌 바 있으며, 케인스가 남긴 이론을 해석하는 데도 중요한 역할을 했다. 네드 덕분에 나는 그가 컬럼비아대학교에 새로 만든 자본주의와 사회 센터Center on Capitalism and Society에서 방문연구원으로 일할 수 있었고, 시사성 있는 경제 사상을 다루는 그의 연례 학회에 참석해 사고의 폭을 넓힐 수 있었다. 그에게 큰 감사를 보낸다.

책의 마무리 단계에서 원고를 읽고 경제학에 대한 폭넓은 지식을 바탕으로 조언해 준 세 명의 친구, 제임스 레드베터James Ledbetter, 피터 V. 라싱Peter V. Rajsingh, 탐 샤프Tom Sharpe에게도 감사 인사를 전한다. 이들은 모호하거나 혼동을 줄 만한 표현이나 누락된 단위가 있는지 꼼꼼하게 살펴봐 주었다. 이 친구들의 지성과 꼼꼼한 검토 덕분에『새뮤얼슨 vs 프리드먼』은 훨씬 더 좋은 책으로 거듭났다. 하지만 이 책에 오류가 있다면 그것은 오로지 나의 책임이다. 덧붙여, 자료를 조사해 준 존 애슬렛John Aslet에게도 큰 감사를 보낸다.

이 책에 부친의 편지와 연구를 인용하는 것을 허락해 준, 폴 새 뮤얼슨의 의붓딸 제인 새뮤얼슨Jane Samuelson과 아들 윌리엄 새뮤얼 슨William Samuelson, 그리고 밀턴 프리드먼의 딸 재닛 마텔Janet Martel 에게도 큰 감사를 보낸다. 또, 일부 주제에 대한 프리드먼의 시각을 정확히 알려준 프리드먼의 아들 데이비드 프리드먼과 새뮤얼슨과 오랫동안 함께 연구한 재니스 머레이Janice Murray에게도 감사를 전 한다.

로즈 프리드먼과 밀턴 프리드먼의 회고록『행복한 두 사람Two Lucky People』의 내용을 인용하도록 허락해 준 시카고대학교 출판부 와 새뮤얼슨의『경제학 연구Readings in Economics』제6판의 내용을 인 용하게 해 준 맥그로힐McGraw-Hill 출판사에도 감사 인사를 전하고 싶다. 해리 루비Harry Ruby와 버트 캘마Bert Kalmar의 노래 〈아임 어게 인스트 잇I'm Against It〉의 가사를 인용하게 해 준 소니/ATV 뮤직 퍼 블리싱/페이머스 뮤직Sony/ATV Music Publishing/Famous Music에도 큰 감 사를 보낸다.

이 책은 내가 W.W. 노튼의 편집자 브렌던 커리Brendan Curry와 작업한 세 번째 책이다. 브렌던보다 더 너그러운 편집자는 세상에 또 없을 것이다. 그는 내가 미궁에 빠지려 할 때마다 부드럽게 방향 을 바로잡아 주었다. 이 책의 집필과 편집 과정에서 브렌던이 한 역 할은 값을 매기기 힘들 정도로 크다. 브렌던의 동료 비 홀캠프Bee Holekamp, 낸시 그린Nancy Green, 레베카 호미스키Rebecca Homiski, 애나 올러Anna Oler, 베스 스티들Beth Steidle에게도 감사 인사를 전한다.

이 책은 내가 출판 에이전트 래프 새글린Rafe Sagalyn의 현명한 도움을 받아 출판한 세 번째 책이기도 하다. 이번에도 래프는 내가 중요한 작업에만 집중할 수 있도록 신경 써 주었다. 작가와 에이전트를 이어 주는 마법 같은 힘이 존재한다면, 나는 래프와 처음 만났을 때부터 그 힘을 느낄 수 있었다. 래프는 미리 설명하지 않고 바로 전화를 걸어도 내가 구상하는 책이 어떤 책인지 바로 알아차리고 너질 내로 직당한 출판사를 찾아낸다.『케인스 하이에그』기 그렇게 세상에 나왔다. 그는『새뮤얼슨 vs 프리드먼』이 가진 매력 또한 바로 알아봐 주었다.

아내 루이즈 니콜슨Louise Nicholson의 끝없는 도움과 지지를 언급하지 않고 이 글을 마칠 수는 없을 것이다. 지난 몇 년 동안 루이즈는 새뮤얼슨, 프리드먼, 케인스, 하이에크, 볼커, 그린스펀, 버냉키 등에 대한 나의 정리되지 않은 생각을 인내심 있게 들어 주고 난관에 부딪힐 때마다 마음의 의지가 되어 주었다. 루이즈의 사랑이 아니었다면, 내가 쓴 모든 책은 세상에 나오지 못했을 것이다.

2020년 7월 뉴욕에서

니컬러스 웝숏

주

1 | 18년 논쟁의 시작

1   윌리엄 빈센트 애스터William Vincent Astor(1891.11.15.~1959.2.3.).

2   제3대 애스터 자작, 윌리엄 월도프 '빌' 애스터 2세William Waldorf "Bill" Astor
II, 3rd Viscount Astor(1907.8.13.~1966.3.7.).

3   1851년 찰스 배리 경Sir Charles Barry이 건축한 이탈리아풍 저택으로 버킹엄
셔 태플로우Taplow 근방에 위치.

4   제2대 애스터 자작 월도프 애스터Waldorf Astor, 2nd Viscount Astor(1879.5.19.~
1952.9.30.).《런던 타임스London Times》소유주.

5   애스터 자작 부인 낸시 위처 랭혼 애스터Nancy Witcher Langhorne Astor,
Viscountess Astor(1879.5.19.~1964.5.2.), 영국 최초의 여성 국회 의원.

6   빈센트가 영국을 방문했던 1958년경 클리브덴 하우스는 잠시나마 조용한
시절을 즐겼다. 하지만 채 3년도 지나지 않아 보수당 정부 장관들이 매춘부
와 밀회를 즐긴 장소로 다시 신문 헤드라인에 오르내리게 된다. 프러퓨모
불륜 사건Profumo Affair으로 알려진 이 스캔들에서 해럴드 맥밀런 내각의 전
쟁부 장관 존 프러퓨모John Profumo는 매춘부 크리스틴 킬러Christine Keeler
와 부적절한 관계라는 의심을 받았다. 프러퓨모는 처음에는 부인했으나 곧
사실을 인정하고 사퇴했다. 이 스캔들과 연이은 성 추문은 맥밀런 정부의
근간을 흔들었고 1964년 열린 총선에서 보수당이 패배하는 결과로 이어졌
다.

7   존 제이컵 '잭' 애스터 4세John Jacob "Jack" Astor IV(1864.7.13.~1912.4.15.).

8   〈타이태닉호의 비극〉(1958), 로이 와드 베이커Roy Ward Baker가 연출한 영
국 영화로 케네스 모어Kenneth More, 아너 블랙맨Honor Blackman, 케네스
그리피스Kenneth Griffith, 알렉 맥코웬Alec McCowen, 데이비드 맥컬럼David
McCallum, 마이클 브라이언트Michael Bryant가 출연했다.

9   벤자민 크라운인실드 '벤' 브래들리Benjamin Crowninshield "Ben" Bradlee
    (1921.8.26.~2014.10.21.), 《워싱턴포스트》 기자, 《뉴스위크》 워싱턴 지국
    장, 《워싱턴포스트》 편집국장.

10 데이비드 핼버스탬David Halberstam(1934.4.10.~2007.4.23.), 《뉴욕타임스》 소
    속 저널리스트로 베트남에서 작성한 기사로 1964년 퓰리처상을 수상했다.

11 노튼 윈프레드 사이먼Norton Winfred Simon(1907.2.5.~1993.6.2.) 캘리포니아
    의 제조업자, 자선 사업가. 캘리포니아 패서디나의 노튼 사이먼 미술관에서
    그가 수집한 미술품들을 볼 수 있다.

12 오즈번 '오즈' 엘리엇Osborn "Oz" Elliott(1924.10.25.~2008.9.28.), 1961년부
    터 1979년까지 《뉴스위크》 편집국장이었다. 그가 편집국장으로 있는 동안
    《뉴스위크》의 주간 발행 부수는 두 배로 증가해 300만 부에 이르렀다.

13 필립 레슬리 '필' 그레이엄Philip Leslie "Phil" Graham(1915.7.18.~1963.8.3.),
    《워싱턴포스트Washington Post》 발행인(1946년부터 사망 당시까지)이자 공
    동 소유주(1948년부터), 유진 마이어Eugene Meyer의 딸 캐서린 그레이엄
    Katharine Graham과 결혼.

14 Ben Bradlee, *A Good Life* (Touchstone, New York, 1995), p. 249.

15 월터 리프먼Walter Lippmann(1889.9.23.~1974.12.14.)은 "20세기 가장 영향
    력 있는 미국 저널리스트"로 불린다. 《여론Public Opinion》이라는 영향력 있
    는 저작을 남겼다.

16 에밋 존 휴스Emmet John Hughes(1920.12.26.~1982.9.18.), 《타임라이프Time-
    Life》 편집자 겸 해외지국장, 아이젠하워 대통령 연설문 작성자.

17 헨리 스튜어트 해즐릿Henry Stuart Hazlitt(1894.11.28.~1993.7.9.), 자유 지상
    주의 성향의 보수 경제 칼럼니스트.

18 헨리 크리스토퍼 월릭Henry Christopher Wallich(1914.6.10.~1988.9.15.), 예일
    대학교 경제학과 교수, 아이젠하워 대통령 경제자문위원회 위원을 역임하
    였으며 1974년 연방준비위원회 위원으로 임명.

19 존 메이너드 케인스, 케인스 경John Maynard Keynes(1883.6.5.~1946.4.21.),
    케임브리지대학교 수학과 출신의 경제학자. 저서 『고용, 이자, 화폐의 일반
    이론』(1936)으로 거시 경제학의 판도를 바꾸어 놓았고 불황을 막기 위해서
    는 정부가 적극적으로 차입하고 지출해야 한다고 주장했다.

20 린든 베인스 존슨Lyndon Baines Johnson(1908.8.27.~1973.1.22.), 텍사스 출신
    민주당원으로 1961년부터 케네디가 암살당하기 전까지 존 F. 케네디 내각
    의 부통령을 맡았다. 케네디가 암살당한 1963년 11월부터 1969년까지 제
    36대 미국 대통령을 역임했다.

21 존 케네스 갤브레이스John Kenneth Galbraith(1908.10.15.~2006.4.29.).

22 『풍요한 사회The Affluent Society』(1958)는 제2차 세계 대전 이후 미국 민간
    부문이 크게 성장한 반면 공공 부문은 적절한 사회적·물리적 인프라를 갖
    추는 데 실패하여 소득 불평등이 지속 불가능한 수준으로 커졌음을 지적하
    고 그 이유를 밝힌 책이다. 갤브레이스는 이 책에서 린든 존슨Lyndon Johnson
    대통령의 '빈곤과의 전쟁War on Poverty' 정책을 예상했다.

23 존 피츠제럴드 '잭' 케네디John Fitzgerald "Jack" Kennedy(1917.5.29.~1963.11.22.),
    1961년부터 1963년 암살 시까지 제35대 미국 대통령을 역임했다.

24 존 F. 케네디의 짧지만 화려한 집권기는 흔히 아서왕의 캐멀롯Camelot 시대
    에 비유된다. 캐멀롯 왕국은 1960년에 개막한 러너와 로우 연출의 뮤지컬〈
    캐멀롯Camelot〉과 1967년에 개봉한 리처드 해리스Richard Harris와 바네사
    레드그레이브Vanessa Redgrave 주연의 영화 〈캐멀롯〉에서 이상적인 국가로
    그려졌다.

25 폴 앤서니 새뮤얼슨Paul Anthony Samuelson(1915.5.15.~2009.12.13.) 미국 최
    초의 노벨 경제학상 수상 경제학자. 경제학 교과서의 결정판으로 불리는
    『새뮤얼슨의 경제학』을 저술했다.《뉴욕타임스》는 그에게 "20세기의 가장
    중요한 경제학자"라는 칭호를 붙였다.

26 새뮤얼슨과의 인터뷰, *New York Times*, October 31, 1993.

27 아서 마이어 슐레진저 주니어Arthur Meier Schlesinger Jr.(1917.10.15.~2007.2.28.),
    출생 당시 이름 아서 밴크로프트 슐레진저Arthur Bancroft Schlesinger, 역사학
    자, 사회비평가, 공공 지식인.

28 John Kenneth Galbraith, *A Life in Our Times: Memoirs* (Ballantine, New
    York, 1982), pp. 389-90.

29 Richard Parker, John Kenneth *Galbraith: His Life, His Politics, His
    Economics* (Farrar, Straus and Giroux, New York, 2005), p. 416.

30 Letter from Elliott to Samuelson, May 17, 1966. Duke Samuelson
    archive.

31 밀턴 프리드먼Milton Friedman(1912.7.31.~2006.11.16.), 보수 경제학자로 미
    국의 닉슨 대통령과 레이건 대통령, 영국의 대처 수상을 자문했다.《이코노
    미스트》는 그를 "20세기 후반, …… 아니 전 세기를 통틀어 가장 영향력 있
    는 경제학자"로 꼽았다.

32 *Oriental Economist*, November 1976, pp. 17-18.

33 앞의 자료.

34 조지 조지프 스티글러George Joseph Stigler(1911.1.17.~1991.12.1.), 시카고학

파 경제학자, 1982년 노벨 경제학상을 받았다.

35 Milton Friedman and Rose D. Friedman, *Two Lucky People: Memoirs* (University of Chicago Press, Chicago, 1998), p. 357.

36 *New York Times*, September 4, 1966.

37 프리드리히 하이에크Friedrich Hayek(1899.5.8.~1992.3.23.), F. A. 하이에크로 알려졌다. 오스트리아에서 출생한 영국 경제학자 겸 철학자로, 케인스학파에 맞서 정통 자유 경제학을 지킨 오스트리아학파의 중심 인물이다. 케인스가 제안한 혁신적인 거시적 경제 처방에 맞서기 위해 1931년 빈에서 런던으로 거주지를 옮겼다. 1974년 노벨 경제학상을 받았다.

38 미국은 1941년 제2차 세계 대전에 참전한 뒤부터 민주당과 공화당 정부를 가리지 않고 연방 정부에 경제 운영을 맡겼다. 하지만 1960년대 말이 되자, 끊임없는 세수 지출과 채권 발행으로 경기를 부양하는 방식이 한계에 도달했고 극심한 인플레이션과 급격한 성장률 저하가 나타났다.

39 Friedman and Friedman, *Two Lucky People*, p. 357.

40 Letter from Samuelson to Friedman, December 8, 1995; *Two Lucky People*, p. 357n.

2 | 다시 태어난 새뮤얼슨

1 Interview with Samuelson by William A. Barnett, University of Kansas, December 23, 2003.

2 Massachusetts Institute of Technology (MIT) 150 Oral History project, July 19, 2007. https://infinitehistory.mit.edu/video/paul-samuelson.

3 시카고는 사촌 간 결혼을 금지했기에 프랭크와 엘라는 시카고를 떠나야 했다. 둘은 위스콘신을 거쳐 사촌 간 결혼이 합법인 인디애나주로 이주했다.

4 MIT 150 Oral History project, July 19, 2007. https://infinitehistory.mit.edu/video/paul-samuelson.

5 앞의 자료.

6 MIT 150 Oral History project. https://infinitehistory.mit.edu/video/paul-samuelson.

7 Karen Ilse Horn, *Roads to Wisdom, Conversations with Ten Nobel Laureates in Economics* (Edward Elgar, Cheltenham, England, 2009), p. 43.

8 MIT 150 Oral History project. https://infinitehistory.mit.edu/video/

paul-samuelson.

9   앞의 자료.

10 새뮤얼슨의 아버지는 서양 지성사에서 가장 중요한 고전을 모은 전집인 하 버드 고전 선집을 소장하고 있었다. 그중에는 애덤 스미스의 『국부론』도 있 었지만, 새뮤얼슨은 어릴 때 이 책을 읽지 않았다.

11 토머스 로버트 맬서스Thomas Robert Malthus (1766.2.13.~1834.12.29.). 인구 가 경제에 미치는 영향을 연구한 영국 성직자.

12 MIT 150 Oral History project. https://infinitehistory.mit.edu/video/ paul-samuelson.

13 애런 디렉터Aaron Director (1901.9.21.~2004.9.11.), 시카고 법학 대학원 교수 로 시카고 경제학파 형성에 중심적인 역할을 했다. 로버트 보크, 리처드 포 스너, 안토닌 스컬리아, 윌리엄 랭퀴스트 등 여러 유명 법학자에게 영향을 미쳤다. 프리드리히 하이에크의 초기 후원자로 하이에크의 저서 『노예의 길』을 미국에서 출판하는 데 중요한 역할을 했다.

14 프랭크 하이네먼 나이트Frank Hyneman Knight (1885.11.7.~1972.4.15.), 시카 고 경제학파 창시자 중 한 명. 노벨상 수상자인 프리드먼, 조지 스티글러, 제 임스 M. 뷰캐넌James M. Buchanan을 가르쳤다.

15 제이컵 바이너Jacob Viner (1892.5.3.~1970.9.12.) 시카고 경제학파의 공동 창 시자. 다른 시카고학파 경제학자에 비해 자유 시장에 회의적인 편이어서 시 카고학파로 보지 않는 견해가 많다.

16 헨리 캘버트 사이먼스Henry Calvert Simons (1899.10.9.~1946.6.19.), 시카고대 학교 경제학자, 통화주의 이론의 초기 주창자.

17 폴 하워드 더글러스Paul Howard Douglas (1892.3.26.~1976.9.24.), 시카고대학 교를 비롯한 대학의 경제학 교수를 맡았다. 1949년부터 1967년까지 일리 노이주 민주당 상원 의원으로 일했다.

18 시카고대학교를 중심으로 한 시카고학파는 케인스학파가 경제학을 지배하 던 시절, 새로운 통설이 된 케인스 주의에 맞서 전통적인 시장 중심 논리를 폄으로써 신고전경제학을 지켰다. 대표적 학자로 게리 베커Gary Becker, 로 널드 코스Ronald Coase, 유진 파마Eugene Fama, 로버트 포겔Robert Fogel, 밀턴 프리드먼, 라스 피터 핸슨Lars Peter Hansen, 프리드리히 하이에크, 프랭크 나 이트, 로버트 E. 루카스Robert E. Lucas, 리처드 포스너Richard Posner, 시어도어 슐츠Theodore Schultz, D. 게일 존슨D. Gale Johnson, 조지 스티글러가 있다.

19 Roger E. Backhouse, *Founder of Modern Economics: Paul A. Samuelson*, vol. 1: *Becoming Samuelson*, 1915-1948 (Oxford University Press, Oxford,

2017), p. 103.

20 이 모델을 만든 새뮤얼슨은 '미국의 케인스'라 불리는 하버드 경제학과 교수 앨빈 하비 핸슨Alvin Harvey Hansen(1887.8.23.~1975.6.6.)으로부터 아이디어를 얻었다고 말했다. 앨빈 핸슨은 루스벨트 행정부가 케인스의 이론을 정부 정책에 적용하는 것을 도왔고 경제자문위원회와 사회보장제도 수립을 지원했다.

21 시카고대학교 경제학과장 시어도어 슐츠는 "서로 다른 철학을 가진 최고의 학자 두 명, 그러니까 자네와 밀턴 프리드먼이 함께 한다면 무척 효과적일 걸세."라고 말하며 새뮤얼슨을 붙잡았다. 하지만 새뮤얼슨은 학교를 옮기기로 결정했다. 그는 좌파 경제학에 동의하지는 않지만 자신은 중도주의자이기 때문에 우파적 시각을 '효과적으로' 상쇄하기 위해서라도 좌파 경제학을 알아야 할 의무를 느낀다고 답했다.

22 MIT Oral History project. https://infinitehistory.mit.edu/video/paul-samuelson.

23 Obituary of Samuelson, *New York Times*, December 14, 2009.

24 Horn, *Roads to Wisdom*, p. 47.

25 David C. Colander and Harry Landreth, *The Coming of Keynesianism to America: Conversation with the Founders of Keynesian Economics* (Edward Elgar, Cheltenham, U.K., and Northampton, Mass., 1996).

26 더 나아가 프리드먼은 이렇게 말했다. "지난 20년 동안 미국이 이룬 경제 성장은 모두 실업에 빚을 지고 있습니다. 더 적은 인력으로 더 많은 상품을 생산할 방법을 찾아내고 사람들을 더 생산적인 분야로 몰아내서 이룬 성과죠. 사람들을 한 분야에서 다른 분야로 재배치하는 과정에서 영구적인 실업은 아니지만, 일시적인 실업이 발생했습니다." 프리드먼과의 인터뷰.《월스트리트저널》, 2006. 7. 22.

27 Interview with Samuelson by William A. Barnett, University of Kansas, December 23, 2003, p. 156.

28 앨빈 하비 핸슨, 하버드 경제학과 교수, 대통령 경제자문위원회와 사회보장제도 수립에 기여. 1930년대에 케인스 경제학을 미국에 소개하고 케인스의 저서 『일반 이론』에 실린 주장들을 널리 알린 인물로 유명하다.

29 바실리 바실리예비치 레온티예프Wassily Wassilyevich Leontief(1906.8.5.~1999.2.5.), 오스트리아-헝가리 제국에서 태어난 미국 경제학자, 1973년 노벨 경제학상 수상자.

30 조지프 알로이스 슘페터Joseph Alois Schumpeter(1883.2.8.~1950.1.8.), 오스

트리아에서 태어난 미국의 경제학자·정치학자, 1919년 오스트리아 재무 장관 역임. 시장의 파괴와 점진적 복구 과정을 설명한 '창조적 파괴' 이론으로 널리 알려져 있다.

31 고트프리트 폰 하벌러Gottfried von Haberler(1900.7.20.~1995.5.6.), 오스트리아 출신 미국 경제학자.

32 MIT Oral History project, July 19, 2007. https://infinitehistory.mit. edu/video/paul‒samuelson.

33 Paul A. Samuelson and William A. Barnett (eds.), *Inside the Economist's Mind: The History of Modern Economic Thought, as Explained by Those Who Produced It* (Wiley-Blackwell, Hoboken, N.J., 2005), p. 11.

34 캐런 일세 혼은 책에 새뮤얼슨이 이렇게 말했다고 적었다. "[시카고에 머물렀더라면] 그들이 믿지 않았던 독점 경쟁이라는 혁신적 이론을 놓쳤을 겁니다. 그들이 믿지 않았던 케인스 혁명도 놓쳤겠죠. 그리고 이건 시카고대학교에서도 일부 받아들이기는 했지만, 경제학의 수식화mathematization 움직임도 놓쳤을 겁니다."

35 해럴드 히칭스 버뱅크Harold Hitchings Burbank(1887.7.3.~1951.2.6.), 1927년부터 하버드대학교 경제학과 교수로 근무했다. 1931년에 정치 경제학 데이비드 A. 웰스David A. Wells 교수로 임명됐다. 하버드대학교 경제학과 학과장 (1927~1938)을 지냈다.

36 Samuelson conversation with William A. Barnett, *Inside the Economist's Mind: Conversa- tions with Eminent Economists*, ed. Paul A. Samuelson and William A. Barnett (John Wiley & Sons, Hoboken, NJ, 2009), p. 156.

37 에드윈 비드웰 윌슨Edwin Bidwell Wilson(1879.4.25.~1964.12.28.), 예일 및 하버드 수학자, 박식가.

38 MIT Oral History project. https://infinitehistory.mit.edu/video/paul‒samuelson.

39 앞의 자료.

40 앞의 자료.

41 로리 타쉬스Lorie Tarshis(1911.3.22.~1993.10.4.). 이 사건에 대해 더 자세히 알고 싶다면 다음을 참고하라. http://community.middlebury.edu/~colander/articles/Political%20Influence%20on%20the%20 Textbook%20Keynesian%20Revolution.pdf.

42 윌리엄 프랭크 버클리 주니어William Frank Buckley Jr.(원래 이름은 윌리엄 프랜시스 버클리William Francis Buckley지만, 윌리엄 프랭크로 알려졌다)

(1925.11.24.~2008.2.27.) 미국의 보수 저널리스트, 편집자, 진행자. 1955년 《내셔널 리뷰National Review》 창간, 공격적인 인터뷰를 진행하는 TV 쇼〈파이어링 라인Firing Line〉의 진행자.

43 칼 테일러 컴튼Karl Taylor Compton(1887.9.14~1954.6.22.), 물리학자, 매사추세츠공과대학교MIT: Massachusetts Institute of Technology 총장(1930~1948).

44 Samuelson, "On the Prowl in an Enchanted Forest," *New York Times*, October 12, 1986.

45 Samuelson, Nobel Economists Lecture Series, Trinity University, San Antonio, February 1985.

46 David Warsh, "The Rivals: Paul Samuelson and Milton Friedman arrive at the University of Chicago in 1932," *Economic Principals blog*, July 12, 2015. http://www.economicprincipals.com/issues/2015.07.12/1758.html.

47 앞의 자료.

48 애들레이 유잉 스티븐슨 2세Adlai Ewing Stevenson II(1900.2.5.~1965.7.14.), 일리노이주지사(1949~1953), 1952년, 1956년 민주당 대선 후보, 유엔 주재 미국 대사(1961~1965).

49 윌리엄 애버렐 해리먼William Averell Harriman(1891.11.15.~1986.7.26.), 해리 트루먼 정부 상무 장관, 뉴욕주지사(1955~1958), 1952년, 1956년, 민주당 대선 예비 후보, 소련주재 미국 대사, 영국주재 미국 대사.

50 MIT 150 Oral History project. https://infinitehistory.mit.edu/video/paul-samuelson.

51 월트 휘트먼 로스토Walt Whitman Rostow(1916.10.7.~2003.2.13.), 월트 로스토 또는 W. W. 로스토로 알려져 있다. 1960년대에 미국 정부가 대동남아 반공주의 외교 정책을 세우는 데 일조한 경제학자 겸 정치 이론가로, 미국의 베트남전 개입에 적극 찬성했다.

52 Joseph Pechman, interview with Samuelson, Council of Economic Advisers Oral History August 1, 1964.

53 Interview with Samuelson by William A. Barnett, University of Kansas, December 23, 2003, in *Macroeconomic Dynamics*, 8, 2004, p. 533.

54 앞의 자료.

55 *New York Times* obituary of Samuelson, December 14, 2009.

56 MIT 150 Oral History project. https://infinitehistory.mit.edu/video/paul-samuelson

57 새뮤얼슨은 1991년 1월 캘리포니아 클레어몬트대학원Claremont Graduate University, Calif.에서 열린 강연에서 케임브리지 경제학자 니컬러스 칼도르로부터 달러를 변동 환율에 노출시키라는 조언을 들었다고 말했다. 니컬라스 칼도르Nicholas Kaldor(1908.5.12.~1986.9.30.), 칼도르 남작, 출생 시 이름은 칼도르 미클로스Káldor Miklós. 케임브리지 경제학자, 케인스의 조수, 영국 총리 해럴드 윌슨Harold Wilson의 특별 자문관. 칼도르는 1931년 런던정경대에서 라이오넬 로빈스Lionel Robbins의 지시로 하이에크가 케인스와 다투기 위해 논문을 쓸 때 그의 영어를 교정해 주었다.

58 MIT Oral History project. https://infinitehistory.mit.edu/video/paul-samuelson. file:///Users/nicholaswapshott/Downloads/Paul%20A.%20Samuelson.pdf.

59 로런스 헨리 '래리' 서머스Lawrence Henry "Larry" Summers(1954.11.30.~), 부친 로버트 서머스Robert Summers(새뮤얼슨에서 서머스로 성을 개명)가 폴 새뮤얼슨의 동생이다. 하버드대학교 전 총장 겸 찰스 W. 엘리엇 대학 교수Charles W. Eliot University Professor, 전임 세계은행 수석경제학자(1991~1993), 국제 재무부 차관(1993~1995), 재무부 부장관(1995~1999), 재무장관(1999~2001), 하버드대학교 총장(2001~2006), 국가 경제 위원회 위원(2009~2010).

60 MIT memorial service for Samuelson, April 10, 2010. http://news.mit.edu/2010/samuelson-memorial-0412.

61 Samuelson personal correspondence, 2004. Quoted in Michael Szenberg, Lall Ramrattan, and Aron A. Gottesman, eds., Samuelsonian Economics and the Twenty-First Century (New York, Oxford University Press, 2006), p. xxv.

62 케네디 암살 이후 경제자문위원장직은 케인스주의 경제학자 월터 헬러 (Walter Heller, 1915.8.27.~1987.6.15.)에게 넘어갔다. 헬러는 린든 존슨에게 '빈곤과의 전쟁'을 계속 해 나갈 것을 주장했다.

3 | 프리드먼의 고군분투

1 Friedman's biographical note for the Nobel Prize committee. http://www.nobelprize.org/nobel_prizes/economic-sciences/laureates/1976/friedman-bio.html.

2 John B. Taylor interview with Samuelson. http://web.stanford.

edu/~johntayl/Onlinepaperscombinedbyyear/2001/An_Interview_
with_Milton_Friedman.pdf.

3   Interview with Friedman for the WGBH economics series Commanding
    Heights, 2002. https://www.pbs.org/wgbh/commandingheights/
    shared/minitext/int_miltonfriedman.html.

4   애런 디렉터는 법학자 로버트 보크Robert Bork, 리처드 포스너Richard Posner,
    안토닌 스컬리아Antonin Scalia 와 대법원장 윌리엄 랭퀴스트William Rehnquist
    등 당대의 보수 법학자들에게 큰 영향을 미쳤다.

5   Friedman's biographical note for the Nobel Prize committee. http://
    www.nobelprize.org/nobel_prizes/economic-sciences/laureates/
    1976/friedman-bio.html.

6   데이비드 프리드먼은 부모의 뒤를 이어 자유 시장에 대한 믿음과 자유 지
    상주의 사상을 설파하는 경제학자가 되었다. 지은 책으로『자유의 기구The
    Machinery of Freedom』(1973)가 있다.

7   프리드먼은 열두 시간 동안 신발을 판 대가로 겨우 75센트를 받고는 바로
    신발 가게를 그만 두었다.

8   Warsh, "The Rivals," Economic Principals blog, July 12, 2015. http://
    www.economicprincipals.com/issues/2015.07.12/1758.html.

9   해럴드 호텔링Harold Hotelling(1895.9.29.~1973.12.26.), 수리 통계학자이자
    이론 경제학자로 스탠퍼드대학교 부교수(1927~1931), 컬럼비아대학교 교
    수(1931~1946), 노스캐롤라이나대학교 수리통계학 교수(1946~사망 시)를
    지냈다. 경제학에서는 호텔링 법칙, 호텔링 딜레마, 호텔링 규칙으로 알려
    져 있으며 통계학에서는 호텔링의 T 제곱 분포로 알려져 있다.

10 웨슬리 클레어 미첼Wesley Clair Mitchell(1874.8.5.~1948.10.29.), 경기 순환에
    대한 실증 연구로 알려진 미국 경제학자로 초기 수십 년 동안 전미경제연구
    소National Bureau of Economic Research를 이끌었다.

11 존 모리스 클라크John Maurice Clark(1884.11.30.~1963.6.27.). '유효 경쟁
    workable competition'이라는 개념을 개발한 미국 경제학자로, 승수 등 케인스
    경제학의 기초 이론을 만드는 데 기여했다.

12 로이드 W. 민츠Lloyd W. Mints(1888.2.20.~1989.1.3.) 미국 경제학자로 초기
    통화주의자다. 시카고학파는 민츠의 화폐 수량설을 중시했다.

13 윌슨 앨런 월리스Wilson Allen Wallis(1912.11.5.~1998.10.12.), 미국의 경제학
    자·통계학자, 로체스터대학교 총장, 경제부State for Economic Affairs 차관, 아
    이젠하워, 닉슨, 포드, 레이건 정부의 경제 정책 자문.

14 헨리 슐츠Henry Schultz(1893.9.4.~1938.11.26.), 미국의 경제학자·통계학자. 계량 경제학의 창시자 중 한 명.

15 아서 세실 피구Arthur Cecil Pigou(1877.11.18.~1959.3.7.), 영국 경제학자 케임브리지 대학교 정치경제학 교수(1908~1943).

16 프랭크 윌리엄 타우시그Frank William Taussig(1859.12.28.~1940.11.11.), 현대 무역 이론의 기초를 확립한 미국 경제학자.

17 사이먼 스미스 쿠즈네츠Simon Smith Kuznets(1901.4.30.~1985.7.8.), 미국 경제학자로 1971년 노벨 경제학상을 수상했다.

18 프리드먼은 책을 낼 기회를 놓치지 않았다. 국가자원위원회에서 했던 연구를 책으로 낸 것처럼 그는 전문직 소득에 대한 연구도 쿠즈네츠와 함께 『전문 자영업자의 소득Income from Independent Professional Practice』(전미경제연구소. 뉴욕. 1945)이라는 책으로 출판했다. 노벨상 수상 위원회에 제출한 자서전에서 그는 이렇게 말했다. "이 책은 1940년에 완성됐지만, 전쟁이 끝나고 나서야 출간할 수 있었다. 연구소의 일부 이사들이 의사가 가진 독점력 때문에 의사가 치과 의사보다 소득이 높다는 우리의 결론을 둘러싸고 논쟁을 벌였기 때문이다."

19 Warsh, "The Rivals," Economic Principals blog, July 12, 2015. http://www.economicprincipals.com/issues/2015.07.12/1758.html.

20 Friedman and Friedman, *Two Lucky People*, p. 59.

21 앞의 자료. pp. 58~59.

22 앞의 자료. p. 58.

23 월터 A. 모튼Walter A. Morton(1899~1982), 위스콘신대학교 매디슨 캠퍼스 경제학과 교수, 관세, 세금, 실업 보험, 1930년대 영국 금융을 주로 연구했다.

24 칼 섬너 슈프Carl Sumner Shoup(1902.10.26.~2000.3.23.), 1930, 40, 50년대에 캐나다, 미국, 일본, 유럽, 중남미의 세법 수립에 공헌한 미국 경제학자. 컬럼비아대학교 맥빅나McVicknar 명예 교수.

25 루스 프린스 맥Ruth Prince Mack(1903.11.6.~2002.12.30.) 1940년대부터 60년대까지 뉴욕 전미경제연구소 연구원으로 일했다. 컬럼비아대학교와 뉴욕 뉴스쿨New School for Social Research, 버룩경영행정대학교Baruch School of Business and Public Administration, 뉴욕시립대학교City University of New York에서 가르쳤다.

26 같은 기간, 로즈 프리드먼은 가정경제국Bureau of Home Economics에서 파트타임으로 일했다.

27 케인스가 제시한 해결책은 물가를 통제하거나 세금을 더 걷는 것이 아니라

일종의 '강제 저축'처럼, 세금을 거뒀다가 전쟁이 끝나면 돌려주는 것이었다. 하이에크도 케인스에게 동의했지만, 세금으로 모은 돈을 주식 시장에 투자해야 한다고 주장했다.

28 Friedman and Friedman, *Two Lucky People*, pp. 112-13.

29 앞의 자료, p. 123.

30 John B. Taylor interview with Samuelson. http://web.stanford. edu/~johntayl/Onlinepaperscombinedbyyear/2001/An_Interview_ with_Milton_Friedman.pdf.

31 제이컵 마샥Jacob Marschak(1898.7.23.~1977.7.27.), 키에프 출신 경제학자.

32 로버트 메이너드 허친스Robert Maynard Hutchins(1899.1.17.~1977.5.14.), 예일대학교 로스쿨 학과장(1927~1929), 총장(1929-1945), 시카고대학교 총장(1945-1951).

33 Letter from Marschak to Robert M. Hutchins, February 28, 1946, University of Chicago, Office of the President, Hutchins Administrative Records, 1892-1951, Box 73, pp. 3-4.

34 Letter from Friedman to Stigler, November 27, 1946, quoted in J. D. Hammond and C. H. Hammond, Making Chicago Price Theory: Friedman-Stigler Correspondence 1945-1957 (Routledge, London, 2006).

35 안나 제이컵슨 슈워츠Anna Jacobson Schwartz(1915.11.11.~2012.6.21.), 전미 경제연구소 경제학자이자《뉴욕타임스》기고가. 프리드먼과 함께《미국 화폐사A Monetary History of the United States, 1867~1960》를 저술했다.

36 《노예의 길》은 1944년 3월 하이에크가 당시 거주하던 영국에서 처음 출판되었다.

37 Friedman and Friedman, *Two Lucky People*, p. 158.

38 이들은 몽펠르랭 총회에서 브리지를 함께 칠 사람을 찾는 데 성공했다. 노르웨이 싱어송라이터인 트리그버 호프(Trygve Hoff, 1938.7.7.~1987.12.2.)였다.

39 Friedman and Friedman, *Two Lucky People*.

40 앞의 자료.

41 루트비히 하인리히 에들러 폰 미제스Ludwig Heinrich Edler von Mises (1881.9.29.~1973.10.10.), 오스트리아학파 경제학자, 역사학자, 사회학자. 저서《사회주의: 경제 사회적 분석Socialism: An Economic and Sociological Analysis》에서 정부의 경제 개입 효과를 부정하는 논리를 폈다.

42 볼커의 조카가 운영하는 공익 신탁으로 자유 시장 사상과 사상가들을 홍보 하는 일을 했다. 훗날 활발해질 보수 자유주의 운동을 초기부터 지원했다. 하이에크가 시카고대학교로 옮기도록 지원했고 디렉터가 시카고대학교에 서 운영하던 법과 사회 프로그램도 지원했다.

43 Interview with Friedman for the WGBH economics series Commanding Heights, 2002. http://www.pbs.org/wgbh/commandingheights/ shared/minitextlo/int_miltonfriedman.html.

44 Quoted in Friedman and Friedman, Two Lucky People, p. 159.

45 프리드먼은 자녀들이 성년이 된 1957년 이후부터는 로즈와 함께 여름휴가 차 몽펠르랭 총회에 자주 참석했다. 1971년에는 몽펠르랭 소사이어티 회장 이 되었다.

46 Interview with Hayek, quoted in Alan Ebenstein, *Friedrich Hayek: A Biography* (Palgrave, New York, 2001.)

47 Pigou, Arthur (A. C.), *Economics in Practice* (Macmillan, London, 1935), p. 24.

48 Sidney Blumenthal, *The Rise of the Counter-Establishment: The Conservative Ascent to Political Power* (Union Square Press, New York, 1986), p. 91.

49 조앤 바이올렛 로빈슨Joan Violet Robinson(1903.10.31.~1983.8.5.), 결혼 전 이름은 존 바이올렛 모리스Joan Violet Maurice, 영국의 경제학자로 케임브리지 서커스를 이끌었다.

50 프리드먼의 키는 구두를 벗고 섰을 때 157cm 정도였다.

51 리처드 퍼디낸드 칸Richard Ferdinand Kahn(1905.8.10.~1989.6.6.), 칸 남작, 영국의 경제학자. 킹스칼리지에 다닐 때 케인스와 친구가 되었고 케임브리 지 서커스의 일원이었으며《일반 이론》집필 당시 케인스의 가장 가까운 조 력자였다. 정부가 공공사업 등을 통해 경제에 추가 지출을 할 때마다 총 수 요가 늘고 그에 따라 경제 활동이 눈에 띄게 활발해진다는 사실을 증명했 다. See *The Making of Keynes' General Theory* (Cambridge University Press, Cambridge, 1948).

52 (에드워드) 오스틴 (고세지) 로빈슨(Edward) Austin (Gossage) Robinson (1897.11.20.~1993.6.1.) 영국 경제학자 케임브리지 서커스의 주요 일원.

53 칼도르는 1931년 하이에크가《이코노미카Economica》에 케인스의 주장을 비판하는 글을 작성할 때 도움을 주었다. 나중에는 케인스학파의 주요 인물 이 되었고 1964년부터 1970년까지 해럴드 윌슨 노동당 정부를 자문했다.

54 해리 고든 존슨Harry Gordon Johnson(1923.5.26.~1977.5.8.), 캐나다 경제학자.

55 데니스 홈 로버트슨 경Sir Dennis Holme Robertson(1890.5.23.~1963.4.21.), 영국 경제학자. 케임브리지 서커스 소속의 다른 경제학자처럼 로버트슨도 케인스의《일반 이론》초고를 다듬는 데 깊이 관여했다. '유동성 함정'이라는 개념을 처음 제안했다.

56 Friedman and Friedman, *Two Lucky People*, p. 242.

57 브레턴우즈 회의Bretton Woods Conference, 정식 명칭은 국제연합통화금융회의United Nations Monetary and Financial Conference다. 미국 뉴햄프셔 주 브레턴우즈의 마운트워싱턴 호텔Mount Washington Hotel에서 44개 연합국이 파견한 730명의 대표들이 모여 제2차 세계 대전 이후 국제 통화 및 금융 질서를 규제할 방법을 논의했다. 케인스가 회의를 주도하고 판단을 내렸다.

58 Friedman and Friedman, *Two Lucky People*, p. 248.

59 앞의 자료.

60 Rupert Cornwell, "Paul Samuelson: Nobel Prize-winner widely regarded as the most important economist of the 20th century," *The Independent*, December 16, 2009.

61 Conor Clarke, "An Interview with Paul Samuelson," *The Atlantic*, June 17, 2009.

62 Michael M. Weinstein, "Paul A. Samuelson, Economist, Dies at 94," *New York Times*, December 13, 2009.

63 John Cassidy interview with Samuelson, *The New Yorker*, December 14, 2009.

64 앞의 자료.

65 앞의 자료.

66 마리 에스프리 레옹 발라스Marie-Esprit-Léon Walras(1834.12.16.~1910.1.5.), 한계 가치 이론을 정립한 프랑스의 수리 경제학자로 일반균형이론general equilibrium theory을 발전시켰다.

67 Letter from Samuelson to Friedman, August 25, 1950. Duke Samuelson archive.

68 Letter from Samuelson to Friedman, May 15, 1973. Duke Samuelson archive.

69 John Cassidy interview with Samuelson, The New Yorker, December 14, 2009.

4 | 케인스에게 맞서다

1 Friedman and Friedman, *Two Lucky People*, p. 255.

2 1931년 케인스와 실랑이를 벌인 후, 하이에크는 몇 년 동안 케인스의 『일반 이론』을 비판하는 데 집중했다. 그 결과물로 출판된 『순수 자본 이론The Pure Theory of Capital』(1941)은 케인스에 반대하는 학자들 사이에서조차 주목을 받지 못했다.

3 Friedrich Hayek, *Hayek on Hayek: An Autobiographical Dialogue*, ed. Stephen Kresge and Leif Wenar (University of Chicago Press, Chicago, 2010), p. 145.

4 Friedman and Friedman, Two Lucky People, p. 222.

5 앞의 자료, pp. 229-30.

6 앞의 자료, p. 230.

7 Milton Friedman, Capitalism and Freedom, 40th anniversary edition (University of Chicago Press, Chicago, 1962).

8 Warsh, "The Rivals," Economic Principals blog, July 12, 2015. http://www.economicprincipals.com/issues/2015.07.12/1758.html.

9 https://www.jfklibrary.org/learn/about-jfk/historic-speeches/inaugural-address.

10 Friedman, Capitalism and Freedom, p 1.

11 앞의 자료.

12 앞의 자료, p. 2.

13 앞의 자료.

14 앞의 자료, p. 198.

15 앞의 자료.

16 앞의 자료, p. 199.

17 앞의 자료.

18 Blumenthal, The Rise of the Counter-Establishment, pp. 106-7.

19 줄리어스 헨리 '그루초' 막스(1890.10.2.~1977.8.19.), 미국 코미디언, 막스 브라더스의 일원으로 열세 편의 영화를 만들었다.

20 Marx Brothers movie (1932) with screenplay by Bert Kalmar, Harry Ruby, S. J. Perelman, and Will B. Johnstone.

21 프리드먼의 자유 지상주의libertarianism는 폰 미제스, 아인 랜드Ayn Rand, 머레이 로스바드Murray Rothbard 등 다른 자유 지상주의 사상가들의 영향을 거

의 받지 않은 것으로 보인다. 실제로 그는 글을 쓸 때 이들의 이름을 거의 언급하지 않았다. 프리드먼은 자신의 경험을 바탕으로 자유 지상주의(프리드먼은 그냥 '자유주의liberalism'로 부르는 편을 선호했다)적 시각을 가지게 된 듯하다. 특히 뉴딜 정책의 일환으로 경제학자로 고용되어 일했을 때의 경험이 영향을 준 것으로 보인다.

22 "Liberty Is Winning the Battle of Ideas," Register (Santa Ana, Calif.), November 23, 1986. Reprinted in the Mont Pélerin Society Newsletter, May 1987, pp. 8-9. Excerpted from a speech at a banquet celebrating the move of the Reason Foundation from Santa Barbara to Los Angeles, October 18, 1986.

23 Samuelson, *Economics: An Introductory Analysis*, 9th ed. (McGraw-Hill, New York, 1973), p. 848.

24 조지 워커 부시George Walker Bush(1946.7.6.~), 제43대 미국 대통령(2001~2009), 텍사스주지사(1995~2000)

25 윌라드 밋 롬니Willard Mitt Romney(1947.3.12.~), 2019년 1월부터 유타주 상원 의원을 맡고 있다. 2003년부터 2007년까지 매사추세츠주지사를 지냈다. 2012년 공화당 대통령 후보.

26 뉴턴 리로이 깅리치Newton Leroy Gingrich(1943.6.17.~), 출생 시 성은 맥퍼슨McPherson, 미국 공화당 하원 의원장(1995~1999)

27 루돌프 윌리엄 루이스 줄리아니Rudolph William Louis Giuliani(1944.5.28.~), 뉴욕 시장(1994~2001), 2018년부터 도널드 트럼프 대통령의 변호사로 일하고 있다.

28 리처드 브루스 체니Richard Bruce Cheney(1941.1.30.~), 미국 부통령(2001~2009), 백악관 수석보좌관(1975~1977), 전 와이오밍주 하원 의원(1979~1989), 미국 국방부 장관(1989~1993).

29 이 문제에 있어서만은 프리드먼과 갤브레이스의 의견이 일치했다.

30 Friedman, "Why Not a Volunteer Army?" New Individualist Review (Liberty Fund, India- napolis, Ind., 1981).

31 Friedman, "Prohibition and Drugs," *Newsweek*, May 1, 1972, p. 104.

32 프리드먼은 다음 논문에서 이 아이디어를 처음으로 주장했다. "The Role of Government in Education," *Economics and the Public Interest*, ed. Robert A. Solo (Rutgers University Press, New Brunswick, N.J., 1955).

33 Friedman, "Decentralizing Schools," *Newsweek*, November 18, 1968, p. 100.

34 앞의 자료.

35 배리 모리스 골드워터Barry Morris Goldwater(1909.1.2.~1998.5.29.). 애리조나 주 5선 상원 의원(1953-1965, 1969-1987), 1964년 공화당 대통령 후보로 선출되어 린든 존슨 대통령과 맞붙었다.

36 넬슨 앨드리치 록펠러Nelson Aldrich Rockefeller(1908.7.8.~1979.1.26.), 미국의 사업가, 부동산 개발자, 제41대 미국 부통령(1974~1977), 제49대 뉴욕주 지사(1959~1973).

37 윌리엄 J. 배루디 주니어William J. Baroody Jr.(19137.11.5.~1996.6.8.), 제럴드 포드 대통령 시절 백악관 공공 연락관을 역임했으며, 훗날 미국 기업 연구소AEI: American Enterprise Institute 소장이 되었다.

38 Friedman and Friedman, *Two Lucky People*, p. 368.

39 *Saturday Evening Post*, August 31, 1963.

40 Goldwater's speech at the Republican National Convention, the Cow Palace, San Francisco, July 16, 1964.

41 http://www.cnn.com/2014/09/07/politics/daisy-ad-turns-50/index.html.

42 Friedman talk to University of Chicago faculty, "Schools of Chicago," reproduced in The University of Chicago Record, 1974, p. 6.

5 | 칼럼 경쟁

1 Paul A. Samuelson, *The Samuelson Sampler* (Thomas Horton and Company, Glen Ridge, N.J., 1973), April 1968, p. 65.

2 앞의 자료, 1969년 1월, p. 168.

3 Interview with Samuelson by William A. Barnett, University of Kansas, December 23, 2003.

4 Friedman, *Newsweek*, November 9, 1970, p. 80. http://miltonfriedman. hoover.org/objects/56682/paul-samuelson?ctx=e20bfa6d-28ba-45c5-af74-e7802e94570f&idx=19.

5 Samuelson, The Samuelson Sampler, p. vii.

6 앞의 자료, 1967년 11월, p. 39.

7 앞의 자료, 1967년 1월, p. 34.

8 *Newsweek*, April 9, 1979.

9   Samuelson, *The Samuelson Sampler*, p. vii.

10   Samuelson, "Raising 1967 Tax Rates," *Newsweek*, December 1966.

11   장 자크 루소Jean-Jacques Rousseau(1712.6.28.~1778.7.2.), 제네바 출신의 18세기 철학자, 작가, 작곡가. 루소의 정치 철학은 계몽시대에 큰 영향을 미쳤으며, 특히 프랑스에서 영향력이 커서 프랑스 혁명에도 영향을 주었다. 그가 쓴 『인간 불평등 기원론』과 『사회계약론』은 현대 정치 및 사회 사상을 떠받치는 두 기둥이다.

12   지그문트 프로이트Sigmund Freud. 출생 당시 이름은 지그문트 슐로모 프로이트Sigismund Schlomo Freud, 오스트리아의 신경학자, 정신분석학의 창시자.

13   엘윈 브룩스 "E. B." 화이트Elwyn Brooks "E. B." White(1899.7.11.~1985.10.1.), 『스튜어트 리틀Stuart Little』과 『샬롯의 거미줄Charlotte's Web』을 썼다. 《뉴요커》에 정기적으로 기고했다.

14   조지프 러디어드 키플링Joseph Rudyard Kipling(1865.12.30.), 영국의 언론가, 소설가, 시인. 소설 『정글북The Jungle Book』, 『왕이 되려던 사나이The Man Who Would Be King』, 시 〈만달레이 가는 길The Road to Mandalay〉, 〈강가 딘Gunga Din〉, 〈백인의 짐The White Man's Burden〉 등을 남겼다.

15   니콜로 마키아벨리Niccolò Machiavelli(1469.5.3.~1527.6.21.), 르네상스시대 이탈리아 경제학자, 정치학자, 외교관, 철학자, 휴머니스트. 정치 과학의 창시자로 불린다.

16   새뮤얼 버틀러Samuel Butler(1935.12.4.~1902.6.18.) 영국의 번역가로 라틴 고문헌을 번역했으며, 유토피아를 다룬 풍자 소설 『에레혼Erewhon』을 썼다.

17   찰스 존 허팸 디킨스Charles John Huffam Dickens(1812.2.7.~1870.6.9.), 영국의 작가, 사회비평가. 『올리버 트위스트Oliver Twist』, 『니컬러스 니클비Nicholas Nickleby』, 『크리스마스 캐럴A Christmas Carol』, 『데이비드 코퍼필드David Copperfield』, 『황폐한 집Bleak House』, 『어려운 시절Hard Times』, 『두 도시 이야기A Tale of Two Cities』, 『위대한 유산Great Expectations』 등을 썼다. 『위대한 유산』 『황폐한 집』 『크리스마스 캐럴』 『데이비드 코퍼필드』 등 그의 작품은 19세기 중반 런던의 극심한 불평등을 주제로 하고 있다.

18   Blumenthal, *The Rise of the Counter-Establishment*, p. 89.

19   John Davenport, "The Radical Economics of Milton Friedman," *Fortune*, June 1, 1967.

20   Conor Clarke, "An Interview with Paul Samuelson," *The Atlantic*, June 17, 2009.

21   로버트 머튼 솔로(1924.8.23.~), 1987년 노벨 경제학상 수상자, 1949년부터

MIT 교수로 재직 중이다.

22 Solow quoted by Paul Krugman in "Who Was Milton Friedman?" *New York Review of Books*, February 15, 2007.

23 Quoted by Robert Sobel from a Samuelson interview in *Time* magazine, in Sobel's The Worldly Economists (Free Press, N.Y., 1980), p. 144.

24 Paul A. Samuelson, "My Life Philosophy," *The American Economist*, vol. 27, no. 2, Fall 1983, October 1, 1983. https://doi.org/10.1177/0569434 58302700202.

25 Michael M. Weinstein, "Paul A. Samuelson, Economist, Dies at 94," *New York Times*, December 13, 2009.

26 앞의 자료.

27 조지 프랫 슐츠George Pratt Shultz(1920.12.13.~), 경제학자, 사업가. 닉슨 정부 노동 장관(1969~1970) 미국 예산관리국OMB, Office of Management and Budget 국장(1970~1972), 미국 재무 장관(1972~1974), 레이건 행정부 국무 장관(1982~1989).

28 Brad DeLong, obituary of Friedman. https://delong.typepad.com/ sdj/2012/01/econ-1-uc-berkeley-spring-2012-why-we-are-reading-milton-friedman-and-rose-director-friedman-free-to-choose.html.

29 새뮤얼 브리턴 경Sir Samuel Brittan(1933.12.29.~), 영국 언론인.《파이낸셜타임스》최초의 경제 특파원.

30 Samuel Brittan, obituary of Friedman, *Financial Times*, November 17, 2006.

31 마틴 앤더슨Martin Anderson(1936.8.5.~2015.1.3.), 경제학자, 정치 분석가, 작가.

32 Martin Anderson, *Revolution: The Reagan Legacy* (Hoover Institution Press, Stanford, Calif., 1990), p. 172.

33 Robert Solow, "Why Is There No Milton Friedman Today?" *Econ Journal Watch*, vol. 10, no. 2, May 2013, pp. 214-16.

34 Brian Snowdon and Howard Vane interview with Friedman, in Snowdon and Vane, *Modern Macroeconomics: Its Origin, Development, and Current State* (Cheltenham, U.K, Edward Elgar, 2005.

35 Samuelson, *Economics*, 1st ed. (1948), p. 8.

36 John Maynard Keynes, *The Economic Consequences of the Peace* (Harcourt, Brace and Howe, New York, 1920), p. 235.

37 Keynes, The Collected Writings of John Maynard Keynes, vol. 4: *A Tract on Monetary Reform* (Macmillan for the Royal Economic Society, London, 1971), p. 16.

38 앞의 자료, p. 136.

39 앞의 자료, P. 65.

40 아서 네빌 체임벌린Arthur Neville Chamberlain(1869.3.18.~1940.11.9.), 영국 보수당 의원으로 1937년 5월부터 1940년 5월까지 영국 수상을 지냈다. 나치 유화 정책을 펴고 1938년 뮌헨 협약에 서명해 체코의 독일어권 지역인 주데텐Sudetenland 지방을 아돌프 히틀러가 이끄는 나치 독일에 내 준 인물로 유명하다. 1989년 히틀러가 폴란드를 공격하자 체임벌린은 독일에 전쟁을 선포했고 이후 8개월 동안 수상으로 재임한 뒤 윈스턴 처칠에게 자리를 내주었다.

41 Keynes, *Collected Writings*, vol 19: Activities 1922-9: *The Return to Gold and Industrial Policy* (Macmillan for the Royal Economic Society, London, 1981), pp. 158-62.

42 앞의 자료, p. 229.

43 앞의 자료, pp. 158-62.

44 앞의 자료, p. 220.

45 John Maynard Keynes, *The End of Laissez-Faire* (Hogarth Press, London, 1926), p. 47.

46 Paul A. Samuelson, *Readings in Economics*, 6th ed. (McGraw-Hill, New York, 1970), p. 85.

47 Friedrich Hayek, *Prices and Production and Other Works: F. A. Hayek on Money, the Business Cycle, and the Gold Standard*, ed. Joseph T Salerno (Ludwig von Mises Institute. Auburn, Ala., 2008), p. 275.

48 Hayek, *The Road to Serfdom*, p. 125.

49 Letter from John Maynard Keynes to Friedrich Hayek, June 28, 1944. Reprinted in Keynes, *Collected Writings*, vol. 27: *Activities 1940-1946: Shaping the Post-War World: Employment and Commodities*, ed. Elizabeth Johnson, Donald Moggridge (1980), pp. 385-87 (Macmillan for the Royal Economic Society, London, 1973).

50 앞의 자료.

51   Samuelson, *Economics*, 8th ed. (1970), p. 140.

52   Interview with Milton Friedman, *Playboy*, February 21, 1970.

53   Paul Krugman, "Who Was Milton Friedman?" *New York Review of Books*, February 15, 2007.

54   John B. Taylor interview with Milton Friedman, *Macroeconomic Dynamics*, February 2001, pp. 101-31.

6 | 개입과 비개입

1   Samuelson, *Readings in Economics*, p. 86.

2   Samuelson, *Economics*, 1st ed. (1948), p. 284.

3   *Newsweek*, November 4, 1968.

4   Interview with Friedman, "Outspoken Economists Milton and Rose Friedman," *San Francisco Focus*, October 1984, pp. 70-78, 162-64.

5   Samuelson, *Economics*, 1st ed. (1948), p. vii.

6   앞의 자료, p 257.

7   앞의 자료, p. 617n.

8   앞의 자료. 새뮤얼슨은 이런 내용을 실었다. "F. A. 하이에크"는 사회주의가 "경쟁을 흉내 낼" 수 있다는 주장이 사회주의에서는 "개개인에게 현 상황을 더 나아지게 하려는 동기를 심어주기 어렵다는 문제를 간과"하고 있다면서 "개개인이 가진 정보를 효과적으로 활용할 수 있는 건 자유 기업 체제뿐"이라고 주장했다. 하지만 러시아 공산 정부의 경제 운영 방식에 비판적 관심을 가지고 있던 새뮤얼슨은 뒤에 다음 문장을 덧붙여 하이에크의 주장과 달리 사회주의에 시장 경제를 접목할 수 있음을 시사했다. "점점 더 가격과 생산성에 의존하는 쪽으로 움직이고 있는 소련의 동향에 대해서는 40장을 참고하라." 새뮤얼슨이 하이에크에게 좀 더 우호적이었다면, 소련이 가격 체제를 받아들인 것을 하이에크의 주장이 옳았다는 쪽으로 해석할 수도 있었을 것이다.

9   앞의 자료, p. 207n. 새뮤얼슨은 대대로 부를 누린 '올드 머니old moneyed' 부자들에 비해 신흥 부유층이 저축을 덜 하는 현상에 대한 프리드먼, 제임스 듀젠베리James S. Duesenberry, 프랑코 모딜리아니Franco Modigliani의 연구 결과를 인용했다.

10   앞의 자료, p. 272.

11 Paul Samuelson, contribution to a 1958 symposium sponsored by the Committee for Economic Development.

12 Friedman and Friedman, *Two Lucky People*, p. 341.

13 *Time*, December 31, 1966.

14 *Time*, February 4, 1966.

15 윌리엄 조지 그랜빌 베너블스 버논 하코트 경, KC Sir William George Granville Venables Vernon Harcourt, KC(1827.10.14.~1904.10.1.). 영국의 변호사, 언론인, 자유당 내무 장관, 영국 재무 장관, 영국 제1야당 당대표.

16 Private letter from Samuelson to Friedman, May 17, 1966. Hoover Institution Friedman archive.

17 Letter from Friedman to Samuelson, May 11, 1987. Duke Samuelson archive.

18 Mark Skousen, "The Perseverance of Paul Samuelson's Economics," *Journal of Economic Perspectives*, vol. 11, no. 2, Spring 1997, pp. 137-52.

19 Interview with Friedman, quoted in Mark Skousen, "My Friendly Fights with Dr. Friedman," posted September 25, 2007. https://mskousen.com/2007/09/my-friendly-fights-with-dr-friedman/

20 Robert L. Hetzel, "The Contributions of Milton Friedman to Economics," *Economic Quarterly*, vol. 93, no. 1, Winter 2007, p. 2.

21 Milton Friedman, with the assistance of Rose Friedman, *Capitalism and Freedom* (University of Chicago Press, Chicago, 1962), preface to the 1982 edition.

22 Friedman and Friedman, *Two Lucky People*, p. 341.

23 Samuelson, The Samuelson Sampler, April 1973, p. 181.

24 앞의 자료, October 1966, p. 5.

25 앞의 자료, September 1968, p. 7.

26 앞의 자료, p.vii.

27 *Newsweek*, May 29, 1978. Quoted by Mark Skousen, "My Friendly Fights with Dr. Friedman," posted September 25, 2007. https://mskousen.com/2007/09/my-friendly-fights-with-dr-friedman/

28 케인스 『화폐개혁론』에 실린 장 제목인 "과세로서의 인플레이션Inflation as a Method of Taxation"을 변형한 것이다.

29 *Newsweek*, April 9, 1979.

30 Friedman *Newsweek* column, "Because or Despite?" 28 October

1968, p. 104. https://miltonfriedman.hoover.org/friedman_images/Collections/2016c21/NW_10_28_1968.pdf.

31 앞의 자료.

32 예를 들어 다음과 같은 사건들이 있었다. 1819년 미국은 최초의 금융 위기를 겪었다. 1836년 미국의 부동산 투기로 인해 영국, 유럽대륙, 미국의 주식 시장이 차례로 붕괴했다. 1857년 캘리포니아 골드러시로 인해 증가하던 통화량이 정체되면서 미국에서 신용 위기가 발생해 주가가 붕괴됐다. 1866년 철도 투기로 인해 '블랙 프라이데이'가 발생했고 뱅크런이 일어나며 신용이 경색됐다. 1907년 주식 시장 붕괴로 시작된 미국의 뱅크런 사태가 프랑스와 이탈리아로 번졌다. 1921년 원자재 가격이 폭락했다. 1929년 미국 주식 시장이 붕괴하며 '대공황'이 시작됐다.

33 Friedman, "Whose Money Is It Anyway?" *Newsweek*, May 4, 1981, p. 64.

34 성경에는 계속 퍼내도 기름이 줄지 않는 신비로운 과부의 항아리가 엘리야를 먹여 살린 이야기가 나온다(열왕기 17:8-16). 케인스는 과부의 항아리 비유를 즐겨 했다. See Keynes, *A Treatise on Money* (Macmillan, London, 1930), p. 139.

35 Friedman, "Whose Money Is It Anyway?" p. 64.

36 앞의 자료. http://miltonfriedman.hoover.org/friedman_images/Collections/2016c21/NW_05_04_1981.pdf.

37 Friedman, "What Belongs to Whom?" *Newsweek*, March 13, 1978, p. 71. http://miltonfriedman.hoover.org/friedman_images/Collections/2016c21/NW_03_13_1978.pdf.

38 Samuelson, *The Samuelson Sampler*, February 1971, p. 191.

39 Samuelson, *Readings in Economics*, p. 90.

40 *Newsweek*, April 9, 1979.

41 Samuelson, *Readings in Economics*, p. 89.

42 *Newsweek*, August 29, 1977.

43 Samuelson, *Readings in Economics*, p. 86.

44 아인 랜드Ayn Rand(1905.2.2.~1982.3.6.), 출생 당시 이름은 앨리사 즈노브 예브나 로젠바움Alisa zinov'yevna Rosenbaum. 러시아계 미국인 소설가, 각본가. 베스트셀러 소설『파운틴헤드』와『아틀라스』로 잘 알려져 있다. 러시아에서 태어나 자랐다. 1926년 미국으로 이주했다.

45 로버트 에머슨 루카스 주니어Robert Emerson Lucas Jr.(1937.9.15.~). 시카고대학 경제학자, 신고전주의 거시 경제학 이론을 개발하는 데 중요한 역할을

했다. 1995년 노벨 경제학상을 받았다.

46 게리 스탠리 베커Gary Stanley Becker(1930.12.2.~2014.5.3.) 시카고대학교 소속 미국 경제학자로 1992년 노벨 경제학상을 받았다.

47 로버트 윌리엄 포겔Robert William Fogel(1926.7.1.~2013.6.11.) 미국의 경제사학자로 더글러스 노스Douglass North와 함께 1993년 노벨 경제학상을 수상했다.

48 Samuelson, The Samuelson Sampler, November 1968, p. 10.

49 앞의 자료. July 1972, p. 269.

50 앞의 자료. January 1970, p. 265.

51 앞의 자료. July 1972, p. 268.

52 앞의 자료.

53 새뮤얼 랭혼 클레멘스Samuel Langhorne Clemens(1835.11.30.~1910.4.21.), 마크 트웨인Mark Twain이라는 필명으로 작품을 발표한 미국의 작가. 대표작으로 『톰 소여의 모험』(1876), 『허클베리 핀』(1885)이 있다.

54 Samuelson, The Samuelson Sampler, July 1972, p. 269.

55 새뮤얼슨의 강연은 다음 자료에 정리돼 있다. "Issues in Fiscal and Monetary Policy: The Eclectic Economist Views the Controversy; Original and Unpublished Papers," edited by James J. Diamond, DePaul University Department of Economics, November 1971, pp. 20-21.

56 Friedman, "Interest Rates and the Demand for Money," Journal of Law and Economics, vol. 9, 1966.

57 Letter from Friedman to Samuelson, November 15, 1971. Hoover Institution Friedman archive.

58 Letter from Samuelson to Friedman, December 1971. Hoover Institution Friedman archive.

59 Samuelson, Readings in Economics, p. 86.

60 앞의 자료, p. 142.

61 Friedman, "Whose Money Is It Anyway?" p. 64. http://miltonfriedman. hoover.org/friedman_images/Collections/2016c21/NW_05_04_1981. pdf.

62 1927년 CdFCompañía General de Tabacos de Filipinas 대 내국세입청Collector of Internal Revenue 사건의 판결문에서 홈스는 이렇게 말했다. "마지막으로 인용한 사건에서 보았듯 법에 의한 모든 금전 집행은 그 금액에 상당하는 만큼의 의욕을 꺾는 것이겠으나, 첫눈에는 의욕을 꺾는 것처럼 보이는 일이

사회 전체의 유기적 연결 관계를 생각하면 의욕을 고취하는 일이 될 수도 있다. 세금은 우리가 문명사회를 위해 내는 돈이다. 여기에는 기회를 보장받은 값도 포함된다.

63   Samuelson, Readings in Economics, p. 91.

64   앞의 자료, p. 90.

65   앞의 자료.

66   앞의 자료, p. 89.

67   앞의 자료, p. 88.

68   Paul A. Samuelson, Economics from the Heart: A Samuelson Sampler (Harcourt Brace Jovanovich, New York, 1983), p. 6.

69   Friedman, "Things That Ain't So," Newsweek, March 10, 1980, p. 79. http://miltonfriedman.hoover.org/friedman_images/Collections/2016c21/NW_03_10_1980.pdf.

70   Samuelson, Economics from the Heart, December 30, 1974, p. 5.

71   앞의 자료, April 19, 1979, p. 55.

72   앞의 자료, September 11, 1978, p. 53.

73   Samuelson, The Samuelson Sampler, February 1969, p. 16.

74   레너드 트렐로니 홉하우스Leonard Trelawny Hobhouse(1864.9.8.~1929.6.21.). 영국 대학 최초의 사회학 교수 에드워드 웨스터마크Edward Westermarck와 함께 사회 진보를 옹호한 영국의 사회학자.

75   버락 오바마 대통령은 2012년 대통령 선거에서 새뮤얼슨과 비슷한 취지의 발언을 했다가 상대편 밋 롬니 후보로부터 조롱을 받았다. 오바마는 이렇게 말했다. "당신이 성공한 사람이라면 그 과정에서 누군가의 도움을 받았을 것입니다. 당신의 삶에는 훌륭한 스승이 있었을 것입니다. 당신이 능력을 발휘할 수 있게 해 준 멋진 미국의 시스템이 있었을 것입니다. 누군가의 투자로 도로와 다리가 건설되었을 것입니다. 당신이 운영하는 사업체를 만든 사람은 당신이 아닙니다. 다른 누군가가 그 일을 가능하게 한 겁니다."

76   Samuelson, *Economics from the Heart*, August 13, 1973, p. 34.

77   Samuelson, *The Samuelson Sampler*, September 1968, p. 7.

78   로버트 스트레인지 맥나마라Robert Strange McNamara(1916.6.9.~2009.7.6.), 포드 자동차 전 회장, 베트남 전쟁 기간에 미국 국방부 장관을 지냈다. 세계은행 총재(1968~1981).

79   Samuelson, *Economics from the Heart*, July 23, 1979, p. 71.

80   Samuelson, *The Samuelson Sampler*, September 1968, p. 7.

81 애덤 스미스Adam Smith(1723.6.16.~1790.7.17.), 스코틀랜드의 경제학자, 철학자. 최초의 경제학 책으로 일컬어지는『국부론An Inquiry into the Nature and Causes of the Wealth of Nations』(1776)을 썼다.

82 Friedman's television series Free to Choose, 1980. https://thedailyhatch.org/2013/08/26/milton-friedmans-free-to-choose-how-to-stay-free-transcript-and-video-60-minutes/.

83 Samuelson, "Modern Economic Realities and Individualism," in Innocence and Power; Indi- vidualism in Twentieth-Century America, ed. Gordon H. Mills (University of Texas Press, Austin, 1965), p. 55.

84 미국 최초의 독점 금지법인 셔먼 법Sherman Act은 "제한 없는 자유로운 경쟁이라는 상거래 규칙을 보호하기 위해 제정된 경제적 자유를 위한 포괄적 헌장"으로 1890년 의회를 통과했다. 셔먼 법의 도입은 시장이 자유롭고 공정하게 기능하게 하기 위해서는 정부가 개입해야 한다는 역설을 뚜렷이 보여 준다. 정부 개입이 없는 제한 없는 시장은 독점으로 수렴하는 경향이 있다.

85 Samuelson, "Modern Economic Realities and Individualism," in Innocence and Power: Indi- vidualism in Twentieth-Century America, p. 55.

86 Samuelson, Readings in Economics, p. 87.

87 Samuelson, Economics from the Heart, April 9, 1979, p. 55.

88 Samuelson, The Samuelson Sampler, April 1973, p. 181.

7 | 승승장구하는 통화주의자

1 조지 가비George Garvy(1913.5.30.~1987.10.6.), 라트비아 출신 경제학자. 마틴 R. 블린Martin R. Blyn과 함께 통화량 변화가 경기 변동을 결정하는 핵심 요인이라는 프리드먼의 1969년 이론이 틀렸음을 증명하고자 했다.

2 토머스 S. 쿤Thomas S. Kuhn(1922.7.18.~1996.6.17.). 미국의 물리학자, 역사학자, 과학철학자. 저서『과학혁명의 구조The Structure of Scientific Revolutions』(1962)에서 '패러다임 전환'이라는 말을 처음으로 소개했다.

3 로버트 제이컵 알렉산더, 스키델스키 남작Robert Jacob Alexander, Baron Skidelsky(1939.4.25.~), 경제 사상사가, 케인스 전기 작가, 워릭대학교 정치 경제학과 명예 교수.

4 Friedman's commentary accompanying the facsimile edition of Keynes's General Theory, 1936 (Verlag Wirtschaft und Finanzen GmbH,

Dusseldorf, 1989). Reproduced in *Economic Quarterly* (Federal Reserve Bank of Richmond), vol. 83, no. 2, Spring 1997.

5   John O'Sulivan, filmed interview with Hayek, Films for the Humanities, 1985.

6   Keynes, *A Tract on Monetary Reform* (Macmillan, London, 1923), p. 80.

7   케인스는 『화폐개혁론A Tract on Monetary Reform』(1923)에서 다음 방정식으로 이를 설명했다. n=p(k+rk') 여기서 n은 화폐의 유통량, p 는 소비자물가지수, k는 사람들이 현금으로 보유 중인 화폐의 비율, k'은 사람들이 은행에 맡겨둔 화폐의 비율, r은 예금 중 은행이 준비금으로 보유 중인 비율을 말한다.

8   Keynes, *A Tract on Monetary Reform*, p. 80.

9   John Cassidy interview with Samuelson, *The New Yorker*, December 14, 2009.

10 With contributions from Phillip Cogan, John J. Klein, Eugene M. Lerner, and Richard T. Selden.

11 Keynes, John Maynard, *The General Theory of Employment, Interest, and Money* (Macmillan 1936). See Chapter 21, "The Theory of Prices."

12 Friedman, Milton, "The Quantity Theory of Money-A Restatement." In *Studies in the Quantity Theory for Money*, edited by Milton Friedman (Chicago: University of Chicago Press, 1956), pp. 3-21

13 『일반 이론』에서 케인스는 소득-지출 모형으로 알려진 소비 지출, 산업 산출량, 투자 사이의 관계를 설명했다.

14 Interview with Samuelson by William A. Barnett, University of Kansas, December 23, 2003.

15 도로시 브래디Dorothy Brady 와 마거릿 리드Margaret Reid가 취합한 데이터를 사용했다. 프리드먼에 따르면 로즈 프리드먼도 기여했다.

16 보수 경제학자와 국회 의원들은 이 논리를 차용해 2008년 금융 위기 이후 침체에 빠진 미국 경제를 되살리기 위해 오바마 행정부가 제안한 경기부양책의 효과에 의문을 제기했다.

17 『브리태니커 백과사전』은 시카고 유통업체 시어스Sears의 소유로, 항목을 작성하고 편집하는 일을 대부분 시카고대학교에서 맡았다. 1941년 시어스는 시카고대학교에 『브리태니커 백과사전』의 소유권을 선물로 주겠다고 제안했지만, 시카고대학은 이 제안을 거절했다.

18 M1 통화라는 줄임말로 불리는 협의 통화에는 시중에 유통 중인 모든 현금과 여행자 수표 등의 현금성 자산, 그리고 사람들이 은행에 맡겨둔 요구불

예금이 포함된다. M2 통화는 M1 통화에 단기 은행 예금과 적금, 머니마켓펀드MMF 등이 포함된다. M3는 M2에 더 장기인 예금과 24시간 이후 만기가 도래하는 머니마켓펀드를 더한 것이다. M4에는 M3와 나머지 예금이 포함된다.

19 Letter from Samuelson to Friedman, December 8, 1964. Duke Samuelson archive.

20 Letter from Friedman to Samuelson, January 13, 1965. Duke Samuelson archive

21 피에로 스라파Piero Sraffa(1898.8.5.~1983.9.3.). 이탈리아 경제학자. 케인스는 무솔리니 파시스트 정권으로부터 스라파를 구하기 위해 케임브리지 마셜 도서관에 자리를 마련해 주었다. 조앤 로빈슨과 함께 네오리카도학파 Neo-Ricardian School를 창시했다.

22 Keynes, *Collected Writings*, vol. 13: *General Theory and After, Part 1* (Macmillan for the Royal Economic Society, London, 1973), p. 265.

23 Letter from Samuelson to Friedman, January 26, 1963. Duke Samuelson archive.

24 Letter from Friedman to Samuelson, February 2, 1965. Duke Samuelson archive.

25 Letter from Friedman to Samuelson, November 15, 1971. Duke Samuelson archive.

26 제임스 토빈James Tobin(1918.3.5.~2002.3.11.). 미국의 저명한 경제학자. 하버드대학교와 예일대학교 교수를 지냈고 미국 대통령 경제자문위원을 역임했다.

27 Letter from Samuelson to Friedman, December 21, 1971. Duke Samuelson archive.

28 앨런 H. 멜처Allan H. Meltzer(1928.2.6.~2017.5.8.), 미국 경제학자. 펜실베이니아주 피츠버그 카네기멜런대학교 테퍼 경영대학원 및 정치·전략 연구소 앨런 H. 멜처 교수.

29 Meltzer's obituary of Friedman for Britannica. http://blogs.britannica.com/2006/11/milton-friedman-1912-2006.

30 Letter from Friedman to Michael M. Weinstein, May 18, 1999. Duke Samuelson archive.

31 프리드먼은 다음의 짧은 대담에서 개인의 현금 보유량을 계산하기 위해 자신과 슈워츠가 쓴 방법론과 가정에 대해 언급했다. "The Demand for

Money," at the American Philosophical Society, Philadelphia, Pa.,
November 10, 1960.

32 아서 프랭크 번스Arthur Frank Burns (1904.8.27.~1987.6.26.). 미국 경제학자.
컬럼비아 럿거스대학교와 전미경제연구소에서 근무했다. 아이젠하워 대
통령 경제자문위원장(1953~1956), 닉슨 행정부 대통령 자문, 연준 위원장
(1970~1978), 주서독미국대사(1981~1985)

33 A. F. Burns and P. A. Samuelson, *Full Employment, Guideposts, and
Economic Stability* (American Enterprise Institute, Washington, 1967), pp.
92-93.

34 출판된 연설문에 따르면 프리드먼은 이렇게 말했다. "이 연설문은 초안을
보고 유용한 비평을 해 준 아멘 알키언Armen Alchian, 게리 베커, 마틴 브론
펜브레너Martin Bronfenbrenner, 아서 F. 번스, 필립 케이건Phillip Cagan, 데이
비드 D. 프리드먼David D. Friedman, 로런스 해리스Lawrence Harris, 해리 G. 존
슨Harry G. Johnson, 호머 존스Homer Jones, 제리 호던Jerry Hordan, 데이비드 메
이셀먼David Meiselman, 엘런 H. 멜처, 시어도어 W. 슐츠, 안나 J. 슈워츠, 허
버트 스타인Herbert Stein, 조지 J. 스티글러, 제임스 토빈의 도움으로 작성되
었습니다."

35 https://www.andrew.cmu.edu/course/88-301/phillips/friedman.
pdf.

36 1967년 12월 29일 프리드먼이 한 이 연설은 1968년 3월 *The American
Economic Review*, vol. 58, no. 1.에 실렸다.

37 1977년 미국 의회는 연방준비법Federal Reserve Act을 제정해 연방준비제도
이사회와 연방공개시장위원회에 "신용과 통화의 총합이 미국 경제의 장기
생산 증대 능력에 상응하도록 유지함으로써 최대 고용과 물가 안정, 안정적
인 장기 이자율 달성을 효과적으로 촉진"시킬 임무를 부여했다.

38 Friedman speech to AEA published in the March 1968 edition of The
American Economic Review, vol. 58, no. 1.

39 크누트 빅셀Knut Wicksell (1851.12.20.~1926.5.3.), 스웨덴의 경제학자. 빅셀
의 연구는 오스트리아학파에 영향을 주었다.

40 Samuelson, *Economics*, 1st ed. (1948); (with William D. Nordhaus since
1985), 9th ed. (1973), pp. 393-94.

41 Friedman speech to AEA, American Economic Review, vol. 58, no. 1.

42 알반 윌리엄 후세고 "A. W." "빌" 필립스Alban William Housego "A. W." "Bill"
Phillips (1914.11.18.~1975.3.4.), 전자공학자, 경제학자, 사회학자, 런던정경

대 경제학과 교수.

43 https://www.andrew.cmu.edu/course/88-301/phillips/friedman.
    pdf.

44 새뮤얼슨과 솔로는 1959년 전미경제학회 컨벤션에서 "필립스 곡선Phillips
    Curve"을 소개했다.

45 P. Samuelson and R. Solow, "The Problem of Achieving and
    Maintaining a Stable Price Level: Analytical Aspects of Anti-Inflation
    Policy," *American Economic Review*, May 1960, pp. 177-94.

46 Vivek Dehejia, "How Milton Friedman and Edmund Phelps Changed
    Macroeconomics." https://worldview.stratfor.com/article/how-
    milton-friedman-and-edmund-phelps-changed-macroeconomics.

47 J. Daniel Hammond, "Friedman and Samuelson on the Business
    Cycle," Cato Journal, vol. 31, no. 3, Fall 2011.

48 한번은 기자가 프리드먼에게 점심을 사며 이렇게 말했다. "자주 하시는 말
    씀 중에 '공짜 점심은 없다'는 말이 있는데요. 오늘 그 말이 틀렸음을 증명
    하겠습니다. 제가 사지요." 프리드먼은 이렇게 말했다. "오. 아닙니다. 아
    니예요. 마크. 공짜 점심은 없어요. 당신의 말을 두 시간이나 들어줬잖아
    요!" Mark Skousen, "The Rational, The Relentless," *Liberty Magazine*,
    September 2007.

49 Edmund Phillips, "Phillips Curves, Expectations of Inflation and
    Optimal Employment Over Time," *Economica*, vol. 34, no. 135, August
    1967, pp. 254-81.

50 Letter from Samuelson to Friedman, May 15, 1973. Hoover Institution
    Friedman archive.

51 새뮤얼슨은 직접 취합한 대량의 통화 데이터를 바탕으로 결론을 이끌어내
    는 프리드먼의 방식에 깊은 인상을 받지 않았다. 2003년 그는 이렇게 말했
    다. "그랜저 인과관계Granger causality, 공적분, 공직선성colinearities, 불량조
    건ill-conditioning 등 여러 계량 경제학적 안전장치를 확보하지 않고 단순한
    선형 회귀분석을 통해 이 이론이 맞다 저 이론이 맞다 검증하려 하는 학자
    들의 주장은 매우 근거가 취약합니다."

52 Friedman, *Capitalism and Freedom*, p. 135.

53 Friedman, "The Counter-Revolution in Monetary Theory," IEA
    Occasional Paper, Institute of Economic Affairs, London, 1970.

54 프리드먼이 1961년부터 1964년까지 케네디와 존슨 행정부 경제자문위원

장을 지낸 월터 헬러Walter Heller와 한 토론은 프리드먼의 토론 가운데 가장 인기가 많은 토론으로 손꼽힌다. 다음을 참고하라. Milton Friedman and Walter W. Heller, *Monetary vs. Fiscal Policy: A Dialogue* (W. W. Norton, New York, 1969).

55   리처드 밀하우스 닉슨Richard Milhous Nixon(1913.1.9.~1994.4.22.), 아이젠하워 정부 부통령(1953~1961), 제37대 미국 대통령(1969~1974)

8 | 천천히 하지만 확실하게

1   케인스주의자와 프리드먼 지지자는 심지어 '스태그플레이션'이라는 용어 자체를 두고도 논쟁했다. 프리드먼과 공동 연구를 한 안나 슈워츠는 케인스주의 경제학자인《뉴욕타임스》칼럼니스트 폴 크루그먼Paul Krugman이 마치 새뮤얼슨이 스태그플레이션이라는 단어를 발명한 것처럼 썼다고 질책했다. 슈워츠는 2007년 크루그먼이《뉴욕리뷰오브북스New York Review of Books》에 기고한「밀턴 프리드먼은 누구인가?Who Was Milton Friedman?」에 응수하는 글에서 "[크루그먼은] 1965년 영국에서 기원한 '스태그플레이션'이라는 말을 폴 새뮤얼슨이 1967에 처음 쓴 것처럼 잘못 말했다"고 썼다.

2   John Cassidy interview with Samuelson, *The New Yorker*, December 14, 2009.

3   앞의 자료.

4   *Newsweek*, May 29, 1978.

5   *Newsweek*, February 15, 1971.

6   *Newsweek*, October 15, 1973.

7   Samuelson and Barnett, *Inside the Economist's Mind* (Blackwell, Oxford, 2007), p. 147.

8   Samuelson advice to President Kennedy, 1961, "Text of Report to the President-Elect on Prospects for the Nation's Economy in 1961," *New York Times*, January 6, 1961.

9   Samuelson, *Economics*, 1st ed. (1948), p. 282.

10   Bureau of Labor Statistics CPI-All Urban Consumers. https://data. bls.gov/pdq/ SurveyOutputServlet.

11   메리엄웹스터Merriam-Webster 사전에 의하면 '하이퍼인플레이션'이라는 말은 1880년에 처음 기록에 등장했다. 제1차 세계 대전 이후 오스트리아와 독

일, 제2차 세계 대전 이후 헝가리가 겪은 하이퍼인플레이션이 유명하다.

12 Samuelson, "Price Controls," *Newsweek*, December 1970.

13 Interview with Samuelson, US News & World Report, December 1960.

14 Samuelson, "Inflation Trauma (II)," *Newsweek*, May 21, 1973.

15 Samuelson, *The Samuelson Sampler* (Newsweek, November 1967), pp. 39-40.

16 Samuelson, *Economics*, 1st ed. (1948), p. 283.

17 Samuelson, *The Samuelson Sampler* (Newsweek, November 1967), p. 39.

18 앞의 자료, pp. 39-40.

19 앞의 자료.

20 앞의 자료, p. 41.

21 앞의 자료.

22 앞의 자료, p. 43.

23 앞의 자료.

24 Milton Friedman and Paul A. Samuelson, "How the Slump Looks to Three Experts," *Newsweek*, May 25, 1970, pp. 78-79.

25 Letter from Samuelson to Friedman, August 21, 1962. Duke Samuelson archive.

26 Samuelson, Readings in Economics.

27 앞의 자료, p. 144.

28 앞의 자료, p. 139.

29 Milton Friedman, *Inflation: Causes and Consequences for the Council for Economic Education*, Mumbai (Asia Publishing House, New York, 1963).

30 앞의 자료.

31 Samuelson, *Readings in Economics*, p. 142.

32 앞의 자료, p. 143.

33 Friedman, "The Relationship of Prices to Economic Stability and Growth," 85th Congress, 2nd Session, joint Economic Committee Print, Washington D.C., U.S. Government Print- ing Office, 1958.

34 Samuelson, *Readings in Economics*, p. 384.

35 앞의 자료, p. 385.

36 앞의 자료.

37 앞의 자료, p. 386.

38 앞의 자료, p. 385.

39 앞의 자료, p. 386.

40 앞의 자료.

41 앞의 자료, p. 387.

42 앞의 자료.

43 앞의 자료.

44 앞의 자료.

45 앞의 자료, p. 388.

46 단서를 많이 붙이기는 했지만, 프리드먼은 전미경제학회 강연을 통해 통화 "질서가 무너지면서" 대공황이 발생했고 "미국에서 벌어진 주요 경제 위기 는 모두 통화 문제로 인해 발생했거나 크게 악화되었으며," "모든 주요한 인 플레이션은 통화량 증가로 인해 발생했다"는 통화주의의 중심 교리를 더욱 굳혔다.

47 Samuelson, *Readings in Economics*.

48 새뮤얼슨은 동료 포스트케인스주의자이자 하버드대학교와 예일대학교 교 수를 지낸 1981년 노벨 경제학상 수상자 제임스 토빈, 일리노이대학교 어 배너-샴페인과 피츠버그 카네기멜런대학교, MIT 교수를 지낸 1985년 노 벨 경제학상 수상자 프랑코 모딜리아니를 꼽았다.

49 Samuelson, *Readings in Economics*, p. 148.

50 앞의 자료, p. 145.

51 하워드 실베스터 엘리스Howard Sylvester Ellis(1898.7.2.~1992.4.15.), 미국의 경제학자, UC버클리 경제학과 교수(1938~1965).

52 새뮤얼슨은 시카고대학교에서 프리드먼의 통화주의 이론 세미나를 들 은 카네기멜런대학교의 앨런 멜처, 오하이오주립대학교의 칼 브루너Karl Brunner(1916.2.16.~1989.5.9.), 시카고대학교의 해리 존슨Harry Johnson (1923.5.26.~1977.5.9.)과 함께 런던정경대, 세인트루이스 연방준비은행, 시 카고대학교를 졸업한 은행가 집단, 그리고 잠시지만 위스콘신 주 민주당 상 원 의원 윌리엄 프록시마이어William Proxmire(1915.11.11.~2005.12.15.)가 위원장으로 있던 시기의 양원합동경제위원회를 프리드먼 추종자 및 추종 집단으로 언급했다.

53 Samuelson, *Readings in Economics*, p. 146.

54 앞의 자료, p. 145.

55 앞의 자료.

56 앞의 자료.

57 앞의 자료, pp. 145-46.

58 앞의 자료, 146n.

59 앞의 자료, p. 147n. 3.

60 앞의 자료, p. 147.

61 '양적 완화'로 알려진 과정이다. 이 과정을 보통 '돈을 찍는다'고 표현하지
    만, 실제로 돈을 찍어내는 것과는 다르다. 이 문단에서 새뮤얼슨은 중앙은
    행이 국채를 사들이는 경우와, 차입 없이 새로 돈을 찍어 공급하는 경우를
    비교하고 있다.

62 Samuelson, *Readings in Economics*, p. 148.

63 앞의 자료.

64 앞의 자료.

65 앞의 자료.

66 강조 표시는 새뮤얼슨이 한 것이다.

67 Keynes, *Collected Writings*, vol. 4: *Tract on Monetary Reform* (1923),
    p. 65. 케인스는 일자리를 만들기 위해 공공 지출을 늘리면 '장기적으로' 인
    플레이션이 나타날 수 있다는 보수 경제학자들의 말에 분개해 "그 장기long
    run에 우리는 모두 죽습니다"라고 쏘아붙였다.

68 Samuelson, *Readings in Economics*, p. 149.

69 앞의 자료, p. 150.

9 | 교활한 대통령

1   Friedman and Friedman. *Two Lucky People*, p. 368.

2   앞의 자료.

3   리오 브렌트 보젤 주니어Leo Brent Bozell Jr. (1926.1.15.~1997.4.15.), 미국의 보
    수주의 활동가, 천주교 작가, 보수 사상가 겸 TV 스타인 윌리엄 F. 버클리
    William F. Buckley의 누이 패트리샤 리 버클리Patricia Lee Buckley와 결혼했다.

4   *New York Times* magazine, October 11, 1964. https://miltonfriedman.
    hoover.org/ friedman_images/Collections/2016c21/NYT_10_11_
    1964.pdf.

5   Friedman and Friedman, *Two Lucky People*, p. 114.

6   Milton Friedman, "A Proposal for Resolving the U.S. Balance of
    Payments Problem: Confidential Memorandum to President-elect

Richard Nixon," dated October 15, 1968, submit- ted to Nixon in December 1968. https://miltonfriedman.hoover.org/friedman_ images/Collections/2016c21/Rowman_1988_a.pdf.

7   Friedman and Friedman, *Two Lucky People*, p. 376.

8   *Newsweek*, March 27, 1978.

9   Friedman and Friedman, *Two Lucky People*, p. 376.

10   폴 윈스턴 매크래컨Paul Winston McCracken(1915.12.29.~2012.8.3.), 경제학자, 닉슨 경제자문위원회 위원장(1969~1971).

11   그 외 프리드먼이 도움을 받았다고 언급한 사람들은 다음과 같다. 아멘 알키언, 게리 베커, 마틴 브론펜브레너, 아서 F. 번스, 필립 케이건Phillip Cagan, 데이비드 D. 프리드먼David D. Friedman, 로런스 해리스Lawrence Harris, 해리 G. 존슨Harry G. Johnson, 호머 존스Homer Jones, 제리 호던Jerry Hordan, 데이비드 메이셀먼David Meiselman, 엘런 H. 멜처, 시어도어 W. 슐츠, 안나 J. 슈워츠, 허버트 스타인, 조지 J. 스티글러, 제임스 토빈.

12   허버트 스타인Herbert Stein(1916.8.27.~1999.9.8.), 미국의 경제학자, 리처드 닉슨과 제럴드 포드Gerald Ford 정부에서 경제자문위원장을 지냈다 (1972~1974).

13   Herbert Stein, *Presidential Economics: The Making of Economic Policy from Roosevelt to Reagan and Beyond.* (Simon & Schuster, New York, 1985), p. 154.

14   앞의 자료, p. 145.

15   경제자문위원회 위원 중 대다수는 경제에 '자연 고용률'이 존재한다는 프리드먼의 생각에 동의했다. 이 생은로 추후 이들이 닉슨의 '완전 고용' 재정에 동의하는 결과로 이어졌다. 완전 고용 재정이란, 경제가 완전 고용에 도달했을 때를 재정 균형으로 보는 것이다.

16   Quoted in Denis Healey, *The Time of My Life* (Michael Joseph, London, 1989), p. 380.

17   피터 조지 피터슨Peter George Peterson(1926.6.5.~2018.3.20.), 미국의 투자은행가, 미국 상무부 장관 (1972.2.29.~1973.2.1.)

18   From taped conversation 546-2, July 26, 1971, White House Tapes, Nixon Presiden- tial Materials Staff, National Archives at College Park, Md. http://millercenter.org/presidentialrecordings.

19   Stein, *Presidential Economics*, p. 138.

20   '완전 고용 재정' 정책에는 완전 고용을 보장하기 위해서는 연방 정부가 경

기 부양 지출을 해야 한다는 가정이 깔려 있다. 닉슨은 완전 고용을 달성할 수 있을 만큼 지출을 늘려 경기를 부양하고 일자리를 만들고자 했다.

21   http://www.presidency.ucsb.edu/ws/?pid=3110. 닉슨은 과열[인플레이션]을 피하기 위해 재정 균형을 맞춰야 할 시기에, 정부 지출을 통해 실업을 줄이고 완전 고용이 달성될 때까지 재정 적자를 감내해야 한다는 단순한 케인스주의 해법을 제시했다. 닉슨은 완전 고용이 달성되어도 지출을 계속 늘리고자 했다.

22   http://www.presidency.ucsb.edu/ws/?pid=3110.

23   Interview with Friedman, *Playboy*, February 21, 1970.

24   From taped conversation 547-9, July 27, 1971, White House Tapes, Nixon Presidential Materials Staff, National Archives at College Park, Md. http://millercenter.org/presidentialrecordings.

25   Friedman and Friedman, *Two Lucky People*, pp. 386-87.

26   존 보든 코널리 주니어(John Bowden Connally Jr., 1917.2.27.~1993.6.15.), 텍사스주지사, 미국 재무부 장관. 1963년 11월 댈러스에서 케네디가 암살당했을 때, 함께 차에 타고 있다가 큰 부상을 입었다.

27   From taped conversation 268-5, August 2, 1971, White House Tapes, Nixon Presidential Materials Staff, National Archives at College Park, Md. http://millercenter.org/presidentialrecordings.

28   제2차 세계 대전이 끝났을 때 미국은 세계 공식 금 보유량의 반이 넘는 5만 7400온스의 금을 보유하고 있었다.

29   닉슨의 수석보좌관 H. R. 헤일드먼H. R. Haldeman은 대통령에게 이렇게 말했다. "영국이 30억 달러를 금으로 바꿔달라고 요청했습니다. 영국에게 금을 내어주면 다른 나라도 비슷한 요청을 할 겁니다. 요청을 거절한다면, 그들은 우리에게 달러를 지탱하기에 충분한 금이 있는지 의심하겠지요. 어느 쪽을 택하든 엄청난 위기가 닥칠 겁니다.", Haldeman, The Haldeman Diaries: Inside the Nixon White House (Putnam, N.Y., 1994). 8월의 첫 12일 동안 미국은 36억 달러를 금으로 교환해 주었다.

30   처음 법으로 물가와 임금을 고정시키는 정책을 시행한 인물은 영국 총리 (1964~1970, 1974~1976) 해럴드 윌슨Harold Wilson이다. 경제학자였던 그는 1965년 정부가 임금 협상을 조사하고 임금 인상률이 지나치다고 판단하면 협상을 무효화할 수 있게 하는 물가와 임금 정책을 시행했다.

31   From taped conversation 455-3, February 22, 1971, White House Tapes, Nixon Presidential Materials Staff, National Archives at College

Park, Md. http://millercenter.org/presidentialrecordings.

32 From taped conversation 452-4, February 19, 1971, White House Tapes, Nixon Presidential Materials Staff, National Archives at College Park, Md. http://millercenter.org/presidentialrecordings.

33 From taped conversation 541-2, July 21, 1971, White House Tapes, Nixon Presidential Materials Staff, National Archives at College Park, Md. http://millercenter.org/presidentialrecordings.

34 From taped conversation 268-5, August 2, 1971, White House Tapes, Nixon Presidential Materials Staff, National Archives at College Park, Md. http://millercenter.org/presidentialrecordings.

35 Friedman email to Burton A. Abrams and James L. Butkiewicz of the Department of Economics, University of Delaware, Newark, Del.

36 Interview with Friedman, August 25, 1971, for Instructional Dynamics Incorporated's *Eco- nomics Cassette Series*, a biweekly, subscription-based series, 1968-1978. https://digitalcollections. hoover.org/objects/52346/the-presidents-new-economic -policy?ctx=6abc8261-3a8b-4aee-ad8e-2aec517ae55a&idx=13.

37 *Newsweek*, May 25, 1970.

38 Friedman and Friedman, *Two Lucky People*, pp. 383-84.

39 Friedman, "Why the Freeze is a Mistake," *Newsweek*, August 30, 1971.

40 앞의 자료.

41 Friedman and Friedman, *Two Lucky People*, p. 387.

42 Friedman, "Will the Kettle Explode?" *Newsweek*, October 18, 1971.

43 새뮤얼슨은 이렇게 썼다. "닉슨의 블랙리스트Nixon's enemy list에 이름을 올리면서 가족과 친구들 사이에서 명성이 올라갔다." MIT 150 Oral History. https://infinitehistory.mit.edu/ video/paul-samuelson.

44 "How the Slump Looks to Three Experts" *Newsweek*, May 25, 1970, pp. 78-79.

45 Samuelson, "Coping with Stagflation," *Newsweek*, August 19, 1974.

46 https://miltonfriedman.hoover.org/friedman_images/Collections/ 2016c21/Gov_09_23_1971.pdf.

47 앞의 자료.

48 Hearings before the Joint Economic Committee, Congress of the United States, Ninety- second Congress, first session, Part 4,

September 20, 21, 22, and 23, 1971, p. 735.

49 앞의 자료.

50 앞의 자료.

51 앞의 자료.

52 https://miltonfriedman.hoover.org/friedman_images/Collections/2016c21/Gov_09_23_1971.pdf.

53 Samuelson, "Coping with Stagflation," *Newsweek*, August 19, 1974.

54 앞의 자료.

55 앞의 자료.

56 Stein, *Presidential Economics*, pp. 168-69.

57 앞의 자료, p. 207.

58 Friedman and Friedman, *Two Lucky People*, pp. 387-88.

59 *Newsweek*, September 8, 1980.

60 http://www.pbs.org/wgbh/commandingheights/shared/minitextlo/int_miltonfriedman.html#8.

10 | 시카고 보이즈

1 살바도르 기예르모 아옌데 고센스Salvador Guillermo Allende Gossens (1908.6.26.~1973.9.11.), 칠레의 사회민주주의 대통령, 1970~1973.

2 Kristian C. Gustafson, "CIA Machinations in Chile in 1970: Reexamining the Record." https://www.cia.gov/library/center-for-the-study-of-intelligence/csi-publications/csi-studies/studies/vol47no3/article03.html.

3 Nixon, quoted by Robert Dallek, in *Nixon and Kissinger: Partners in Power* (HarperCollins, New York, 2007), p. 234.

4 CIA 비밀요원들이 쿠데타에 직접 개입하지는 않았다. 하지만 CIA는 아옌데의 반대파에게 폭넓은 재정적 지원을 했다. See Dallek, *Nixon and Kissinger*, pp. 509-15.

5 아우구스토 호세 라몬 피노체트 우가르테(Augusto José Ramón Pinochet Ugarte, 1915.11.25.~2006.12.10.), 칠레의 장군, 정치인, 독재자(1973~1990), 1998년까지 칠레군 최고 사령관을 지냈으며, 1973년부터 1981년까지 칠레 군사 정부의 대통령을 지냈다.

6   Blumenthal interview with Friedman, quoted in Blumenthal, *The Rise of the Counter-Establishment*, p. 112.

7   아널드 칼 하버거Arnold Carl Harberger(1924.7.27.~), 당시 시카고 경제학과장

8   Friedman and Friedman, *Two Lucky People*, p. 398.

9   프리드먼은 경제에 자유주의를 천천히 도입하는 것을 선호하지 않았다. 그는 모든 변화가 즉시 일어나야 한다고 주장했다. 칠레의 경우, 이는 정부 개입의 급격한 축소, 수입 관세 폐지, 시장 규제 개혁, 직접세에서 간접세로의 전환, 국유 기업의 민영화를 동시에 진행한다는 뜻이었다. 프리드먼은 '충격 요법'이라는 용어를 처음 쓴 사람은 자신이 아니라며 부인했지만, 이 정도로 급진적인 경제 조치를 취한 나라는 칠레가 처음이었다.

10 Friedman and Friedman, *Two Lucky People*, p. 399.

11 See Appendix A of Friedman and Friedman, *Two Lucky People*, p. 591.

12 Friedman and Friedman, *Two Lucky People*, p. 400.

13 MIT 150 Oral History. https://infinitehistory.mit.edu/video/paul-samuelson.

14 Nobel Prize Paul A. Samuelson Facts. https://www.nobelprize.org/prizes/economic-sciences/1970/samuelson/facts/.

15 Quoted in Friedman and Friedman, *Two Lucky People*, pp. 444-45.

16 Letter from Samuelson to Friedman, November 5, 1970. Hoover Institution Friedman archive.

17 Letter from Friedman to Arthur R. Nayer, October 13, 1970. Hoover Institution Friedman archive.

18 새뮤얼슨은 제이컵 바이너, 프랭크 나이트, 폴 더글라스, 조지프 슘페터, 바실리 레온티예프, 고트프리트 하벌러, 앨빈 핸슨, 로이드 메츨러Lloyd Metzler, 로버트 솔로, 제임스 토빈, 로런스 클라인Lawrence Klein, 로버트 먼델Robert Mundell, 조지프 스티글리츠, 베르틸 올린Bertil Ohlin, 군나르 뮈르달Gunnar Myrdal, 에릭 룬드베리Erik Lundberg, 잉바르 스베닐손Ingvar Svennilson, 구스타프 카셀Gustav Cassel, 에릭 린달Erik Lindahl, 크누트 빅셀의 이름을 언급했다.

19 https://www.nobelprize.org/uploads/2018/06/samuelson-lecture.pdf.

20 앞의 자료.

21 소스타인 번드 베블런Thorstein Bunde Veblen(1857.7.30.~1929.8.3.), 노르웨이 사람으로 출생 당시 이름은 토르슨 번드 베블런Torsten Bunde Veblen이다. 경제학자겸 사회학자로 '과시적 소비' 개념으로 잘 알려져 있다. 사람들이

자신의 부와 사회적 지위를 과시하기 위해 '과시적 여가'와 과시적 소비를 즐긴다고 주장했다.

22   Samuelson, "A few remembrances of Friedrich von Hayek (1899 – 1992)," *Journal of Economic Behavior & Organization*, vol. 69, no. 1, January 2009, pp. 1 – 4.

23   Friedman and Friedman, *Two Lucky People*, p. 445.

24   Larry Martz, "A Nobel for Friedman," *Newsweek*, October 25, 1974.

25   Friedman and Friedman, *Two Lucky People*, p. 442.

26   앞의 자료.

27   *Newsweek*, October 25, 1976.

28   Friedman letter to Samuelson, October 20, 1976. Duke Samuelson archive.

29   스티븐 로런스 라트너Steven Lawrence Rattner(1952.7.5.~), 금융인, 언론인. 2009년 오바마 행정부 자동차 산업 대통령 태스크포스에서 수석 자문으로 활동했다.

30   Quoted in Friedman and Friedman, *Two Lucky People*, p. 442.

31   Brian Snowdon and Howard Vane interview with Friedman, in Modern Macroeconomics: Its Origin, Development, and Current State (Edward Elgar, Cheltenham, U.K., 2005).

32   Friedman and Friedman, Two Lucky People, p. 442.

33   앞의 자료, p. 443.

34   앞의 자료, Appendix A, pp. 598-99.

35   프리드먼의 말이 맞았다. 연 750%라는 엄청난 수치를 기록했던 칠레의 물가 상승률은 1981~1982년 5월 기준 3.6%로 떨어졌다.

36   Friedman and Friedman, *Two Lucky People*, Appendix A, pp. 599-600.

37   Friedman's Nobel Banquet speech revised by Friedman and with graphs for the University of Chicago. https://www.nobelprize.org/uploads/2018/06/friedman-lecture-1.pdf.

38   Peter Jaworski interview with Friedman, The Journal(Queen's University, Canada), March 15, 2002, pp. 18-19.

39   Friedman's Nobel lecture, December 13, 1976. https://www.nobelprize.org/uploads/2018/06/friedman-lecture-1.pdf.

40   Friedman, "The Counter-Revolution in Monetary Theory," IEA Occasional Paper, no. 33, (Institute of Economic Affairs, London, 1970).

41 Friedman and Friedman, *Two Lucky People*, p. 458.

42 George J. Stigler, *Memoirs of an Unregulated Economist* (Basic Books, New York. 1985), pp. 33-34.

43 Newsweek, January 12, 1970.

44 Samuelson, *Economics*, 3rd ed. (1955), p. 316.

45 Samuelson, *Economics*, 5th ed. (1961), pp. 314-15.

46 Samuelson, *Economics*, 9th ed. (1973), p. 329.

47 Samuelson, *Economics*, 12th ed. (1985), p. 828.

48 Samuelson, *Economics*, 15th ed. (1995).

49 Samuelson, *Economics*, 5th ed. (1961). p. 318.

50 Samuelson, *Economics*, 18th ed. (2004), p. 41.

51 Samuelson, *Economics*, 8th ed. (1970), p. 140.

52 Samuelson, *Economics*, 11th ed. (1980), p. 761.

53 앞의 자료., pp. 761-63.

54 Samuelson, *Economics*, 15th ed. (1995), p. 372.

55 Samuelson, *Economics*, 18th ed. (2004), p .40.

56 앞의 자료, p. 41.

57 Quoted by Independent Institute, obituary of Friedman, November 18, 2006.

11 | 연준의 통화주의 실험

1 워터게이트 사건 자체보다 포드가 닉슨을 사면한 것이 더 논란이 되었다.

2 https://en.wikipedia.org/wiki/File:Gallup_Poll-Approval_Rating-Jimmy_Carter.png.

3 *Newsweek*, May 29, 1978.

4 https://www.washingtonpost.com/archive/politics/1978/11/02/carter-moves-to-halt-decline-of-dollar/880b916b-24c7-4ce7-807f-1057b9ba40fd/.

5 "Recession: Made in Washington," *Newsweek*, December 24, 1979.

6 https://www.americanrhetoric.com/speeches/jimmycartercrisisofconfidence.htm.

7 https://news.gallup.com/poll/116677/Presidential-Approval-

Ratings-Gallup-Historical-Statistics-Trends.aspx.

8   조지 윌리엄 밀러George William Miller(1925.3.9.~2006.3.17.), 카터 대통령 시
    절 미국 재무부 장관을 지냈다.

9   폴 아돌프 볼커 주니어Paul Adolph Volcker Jr.(1927.9.5.~2019.12.8.), 카터 대
    통령과 레이건 대통령 시절 1979년 8월부터 1987년 8월까지 연준 의장을
    지냈다. 1970년대부터 1980년대 초까지 이어진 인플레이션을 끝낸 인물로
    널리 알려져 있다. 2009년 2월부터 2011년 1월까지 오바마 대통령 경제회
    복사문위원회Economic Recovery Advisory Board 의장을 지냈다.

10 William L. Silber, Volcker: The Triumph of Persistence (Bloomsbury
    Press. New York. 2012), pp. 145-46.

11 *New York Times*, July 29, 1979, p. F1.

12 Silber, *Volcker*, p. 148.

13 Personal Letters from 1979, Papers of Paul Volcker. Federal Reserve
    Bank of New York Archives, Box 95714.

14 앞의 자료.

15 오스카 모르겐슈테른Oskar Morgenstern(1902.1.24.~1977.7.26.), 프린스턴대
    학교 경제학자, 수학자 존 폰 노이만John von Neumann과 함께 게임이론이라
    는 수학 분야를 개척하고 이를 경제학에 응용했다.

16 프리드리히 아우구스트 루츠Friedrich August Lutz(1901.12.29.~1975.10.4.),
    독일에서 태어난 프린스턴 경제학자. 기대 가설expectations hypothesis을 개
    발했다.

17 Paul Volcker, "The Problems of Federal Reserve Policy since World
    War II," Princeton, 1949. https://catalog.princeton.edu/catalog/
    dsp019019s3255.

18 Minutes of Federal Open Market Committee Meeting, August 14,
    1979, p. 1.

19 데니스 윈스턴 힐리, 힐리 경Denis Winston Healey, Lord Healey(1917.8.30.~
    2015.10.3.), 영국 노동당 국무 장관British Labour Party Secretary of State for Defence
    (1964~1970), 영국 재무장관(1974~1979), 노동당 부당대표(1980~1983).

20 Healey, *The Time of My Life*, p. 432.

21 앞의 자료.

22 Presidential address to the American Economic Association and
    the American Finance Association, Atlantic City, N.J., September 16,
    1976. https://www.newyorkfed.org/medialibrary/media/research/

quarterly_review/75th/75article7.pdf.

23 앞의 자료.

24 Paul Volcker, "The Role of Money Targets in an Age of Inflation," Journal of Monetary Economics 4, no. 2, April 1978.

25 앞의 자료, p. 331.

26 1977년 봄부터 여름까지 인플레이션은 5%에서 7%로 뛰어올랐다.

27 Paul Volcker and Toyoo Gyohten, Changing Fortunes: The World's Money and the Threat to American Leadership (Times Books, New York, 1992), pp. 164–65.

28 *New York Times*, September 19, 1979, p. 1.

29 Volcker and Gyohten, Changing Fortunes, p. 165.

30 Paul A. Samuelson and William A. Barnett (eds.), *Inside the Economist's Mind: The History of Modern Economic Thought*, as Explained by Those Who Produced It (Wiley-Blackwell, Hoboken, N.J., 2006), p. 180. http://www.library.fa.ru/files/Samuelson-Barnett.pdf.

31 대서양 너머에서도 같은 일이 벌어졌다. 영국의 재무 장관 힐리가 통화량 예측치를 목표로 공개한 것이다. 힐리는 이렇게 썼다. "시장을 만족시키기 위해 나는 그동안 내부적으로만 공개했던 통화량 예측치를 공개하고 이를 목표라고 부르기 시작했다." Healey, *The Time of My Life*, p. 432.

32 Transcript of press conference with Volcker, the Federal Reserve Building, Washington, D.C., October 6, 1979, p. 3. https://fraser.stlouisfed.org/files/docs/historical/volcker/Volcker_19791006.pdf.

33 Volcker and Gyohten, *Changing Fortunes*, p. 167.

34 앞의 자료.

35 Samuelson and Barnett, *Inside the Economist's Mind*, p. 178. http://www.library.fa.ru/files/Samuelson-Barnett.pdf.

36 *Newsweek*, August 29, 1977.

37 Healey, *The Time of My Life*, p. 383.

38 Volcker and Gyohten, *Changing Fortunes*, p. 170.

39 앞의 자료, p. 166.

40 "Recession: Made in Washington," *Newsweek*, December 24, 1979.

41 Volcker and Gyohten, *Changing Fortunes*, p. 169.

42 앞의 자료, p. 170.

43 앞의 자료, p. 172.

44 *Newsweek*, May 12, 1969.

45 "Recession: Made in Washington," *Newsweek*, December 24, 1979.

46 "Living with Inflation," *Newsweek*, February 25, 1980.

47 http://www.pbs.org/wgbh/commandingheights/shared/minitextlo/
int_miltonfriedman.html#8.

48 "Monetary Instability," *Newsweek*, June 15, 1981, p. 80.

49 Quoted in Samuelson, *The Samuelson Sampler*, p. 16.

50 "Living with Inflation," *Newsweek*, February 25, 1980,

51 앨런 스튜어트 블라인더Alan Stuart Blinder(1945.10.14.~) 프린스턴대학교
경제학 및 행정학과 교수, 클린턴 정부 경제자문위원회 위원(1993~1994),
연방준비의원회 부의장(1994~1996)

52 Alan S. Blinder, Hard Heads, Soft Hearts: Tough-Minded Economics
for a Just Society (Addison-Wesley, Reading, Mass., 1987), p. 78.

53 *The Wall Street Journal*, June 3, 1980, p. 6.

54 앞의 자료.

55 *Newsweek*, September 3, 1973.

56 "Monetary Overkill," *Newsweek*, July 14, 1980, p. 62.

57 Milton Friedman and Paul A. Samuelson, "Productivity: Two Experts
Cross Swords," *Newsweek*, September 8, 1980.

58 Allen Wallis, quoted in Friedman and Friedman, *Two Lucky People*, p. 474.

59 Milton Friedman and Rose Friedman, *Free to Choose*, p. 299.

60 앞의 자료, p. 316.

61 앞의 자료, p. 330.

62 앞의 자료, p. 332.

63 앞의 자료, p. 300.

12 | 죽은 이론이 된 통화주의

1 Friedrich Hayek, *Choice in Currency: A Way to Stop Inflation* (Institute of
Economic Affairs, London, 1976), p. 16.

2 https://www.presidency.ucsb.edu/documents/address-behalf-
senator-barry-goldwater-time-for-choosing.

3 Silber, William L. *Volcker: The Triumph of Persistence* (Bloomsbury

Press, New York, 2012, p. 194.

4　M0는 가장 협의의 통화인 '본원 통화'를 측정하는 지표다. 시중에 유통된 지폐와 동전의 양에 연준이 보관하고 있는 어음교환협정은행 계좌의 잔고를 합한 값이다. M 통화량 지표에 대해 더 알고 싶다면, 7장 18번 주석을 참고하자.

5　Samuelson interview with *The Atlantic*, June 17, 2009.

6　새뮤얼슨 또한 연방 정부가 실패한 기업을 지원하는 데 반대했다. 그는 이렇게 말했다. "비경제적 기업을 살리겠다고 주장하는 정부가 입증 책임을 저야 한다." *Newsweek*, December 8, 1980.

7　"Election Perspective," *Newsweek*, November 10, 1980, p. 94.

8　그 외 소속 인물로는 아서 F. 번스, 폴 매크래컨, 허버트 스타인, 앨런 그린스펀, 아서 래퍼, 제임스 린James Lynn, 윌리엄 사이먼William Simon, 토머스 소웰Thomas Sowell, 찰스 E. 워커Charles E. Walker가 있다.

9　Anderson, *Revolution*, pp. 267-68.

10　Friedman and Friedman, Two Lucky People, p. 394.

11　앞의 자료.

12　"The Wayward Money Supply," *Newsweek*, December 27, 1982, p. 58.

13　*Meet the Press* (NBC), March 21, 1982.

14　레오 캘빈 로스텐Leo Calvin Rosten(1908.4.11.~1997.2.19.). 미국의 유머 작가, 이디시어 사전학 전문가, 정치학자.

15　"More Double Talk at the Fed," *Newsweek*, May 2, 1983, p. 72.

16　Milton Friedman, "Lessons from the 1979-82 Monetary Policy Experiment," *American Economic Review* 74, May 1984, pp. 397-400.

17　Brian Snowdon and Howard Vane interview with Friedman, in Snowdon and Vane, *Modern Macroeconomics*.

18　주요 공급주의 경제학자로는 컬럼비아대학교 경제학과 교수이자 1999년 노벨 경제학상 수상자인 로버트 먼델Robert Mundell(1932.10.24.~), 래퍼 곡선을 통해 일정 수준의 감세는 오히려 세수를 늘릴 수 있다고 주장한 아서 래퍼Arthur Laffer, 그리고 경제학자 겸 언론인 새디어스 와니스키Thaddeus Wanniski(1936.6.17.~2005.8.29.)가 있다.

19　Quoted in obituary of Samuelson, *New York Times*, December 13, 2009.

20　프랑스 경제학자 장 바티스트 세Jean-Baptiste Say(1767.1.5.~1832.11.15.)의 이름을 딴 이론이다.

21　영화《꿈의 구장Field of Dreams》(1989)에서 케빈 코스트너Kevin Costner가 연

기한 주인공의 생각과 비슷하다. "일단 만들면 사람들이 올 거야."

22 *Newsweek*, December 15, 1980.

23 *Newsweek*, January 10, 1977.

24 아서 베츠 래퍼Arthur Betz Laffer(1940.8.14.~). 레이건 정부 경제정책자문위원(1981~1989), '공급 경제학의 아버지'로 불렸다.

25 Laffer on the napkin story, https://www.heritage.org/taxes/report/the-laffer-curve-past-present-and-future.

26 Stein, *Presidential Economics*, p. 239.

27 앞의 자료, p. 245.

28 Samuelson, *Economics*, 7th ed. (1967), p. 343.

29 Samuelson and Nordhaus, *Economics*, 14th ed. (1992), p. 332.

30 조지프 애런 펙먼Joseph Aaron Pechman(1918.4.2.~1989.8.19.), 경제학자, 조세 전문가.

31 에밀 데스프레스Emile Despres(1909.9.21.~1973.4.23.), 미 국무부 독일 경제고문(1944~1945), 스탠퍼드대학교 윌리엄스 칼리지 경제학과 교수.

32 Samuelson, "Arthur Laffer: Here's my account." Duke Samuelson archive.

33 그는 결국 1972년에 시카고대학교에서 박사 학위를 받았다.

34 Quoted in Eric Alterman, *Sound and Fury: The Making of the Punditocracy* (Cornell, Ithaca, N.Y., 1999), p. 171.

35 Samuelson, "Arthur Laffer: Here's my account." Duke Samuelson archive.

36 1981년 경제회복조세법The Economic Recovery Tax Act of 1981은 개인 소득세 최고 세율을 70%에서 50%로, 최저 세율을 14%에서 11%로 낮추고 자본 소득 최고 세율을 28%에서 20%로 낮췄다. 1986년 세금개혁법Tax Reform Act 도입 이후 개인소득세 최고 세율은 50%에서 38.5%를 거쳐 이듬해 28%까지 낮아졌고 자본 소득 최고 세율을 20%에서 28%로 높아졌다.

37 "A Simple Tax Reform," *Newsweek*, August 18, 1980, p. 68.

38 *Newsweek*, September 24, 1973.

39 *Newsweek*, February 16, 1981.

40 "Deficits and Inflation," *Newsweek*, February 23, 1981, p. 70.

41 "Closet Keynesianism," *Newsweek*, July 27, 1981, p. 60.

42 Glenn Kesler, "Rand Paul's claim that Reagan's tax cuts produced 'more revenue' and 'tens of millions of jobs'," *Washington Post*, April 19, 2015. https://www.washingtonpost.com/news/fact-

checker/wp/2015/04/10/rand-pauls-claim-that-reagans-tax-cuts-produced-more-revenue-and-tens-of-millions-of-jobs/?arc404=true.

43 "Deficits and Inflation," *Newsweek*, February 23, 1981, p. 70.

44 사실 적자를 크게 늘린 것은 공화당 대통령들이었다. 특히 레이건, 조지 W. 부시, 도널드 J. 트럼프 집권기에 적자가 크게 늘었다.

45 의회는 법으로 균형 재정 달성을 강제하려는 시도도 했다. 1985년 그램-러드먼-홀링스 균형 예산 및 비상 적자 통제법the Gramm-Rudman-Hollings Balanced Budget and Emergency Deficit Control Act of 1985은 정부 지출을 제한하려는 의도로 제안되었으나, 대법원이 헌법에 명시된 삼권 분립에 위배된다고 판결하면서 무효화됐다.

46 윌리엄 제퍼슨 클린턴William Jefferson Clinton (1946.8.19.~) 출생 당시 이름은 윌리엄 제퍼슨 블라이스 3세William Jefferson Blythe III다. 제42대 미국 대통령, 아칸소주지사(1979~1981, 1983~1992)

47 "Deficits and Inflation," *Newsweek*, February 23, 1981, p. 70.

48 통화량이 크게 증가하고 인플레이션이 극심했던 1974년부터 1979년까지의 기간 동안 M1은 7% 증가했다. 1979년부터 1984년까지 M1은 7.4% 증가했지만, 이 기간 통화량은 감소하고 물가 상승률은 낮아졌다.

49 Quoted in William Greider, *Secrets of the Temple: How the Federal Reserve Runs the Country* (Simon & Schuster, New York, 1989), p. 540.

50 M1, M2, M3 지표의 정의는 7장의 주석 18번을 참고하라.

51 Interview with Friedman, July 19, 1984, quoted in Greider, *Secrets of the Temple*, p. 543.

52 윌리엄 풀William Poole (1937.6.19.~), 세인트루이스 연방준비은행 총재.

53 Quoted in Greider, *Secrets of the Temple*, p 543.

54 Interview with Friedman, July 19, 1984, quoted in Greider, *Secrets of the Temple*, p. 684.

55 J. 찰스 파티J. Charles Partee (1927.10.21.~2007.2.15.), 연방준비제도이사회 이사(1976~1986)

56 Quoted in Greider, *Secrets of the Temple*, p. 68

57 James U. Blanchard III interview with Hayek, May 1, 1984. https://www.libertarianism.org/publications/essays/interview-f-hayek.

58 앞의 자료.

59 "Monetarism and hyper-inflation," letter from Hayek to The Times

(London), March 5, 1980, p. 17.

60 소련의 몰락에는 많은 요인이 영향을 미쳤다. 크렘린의 관념론자들을 당황
    시킨 폴란드 자유연대 노동자 투쟁Solidarity workers' revolt in Poland, 내재적 비
    효율성으로 인한 소련의 파산, 미국의 군비 증대에 응수해야 한다는 생각에
    서 비롯된 군비 지출 압박, 동유럽 공산주의 정부의 자유로운 국경 이동허
    가, '폴란드 출신 교황' 요한 바오로 2세John Paul II 및 영국 수상 대처와 미국
    대통령 레이건 등 영향력 있는 인물의 도덕적 압박 등이 영향을 미쳤다.

61 Tom G. Palmer, "Why Socialism Collapsed in Eastern Europe," Cato
    Policy Report, September/October 1990.

62 레흐 바웬사Lech Wałęsa(1943.9.29.~), 폴란드의 정치가, 노동 운동가. 폴란
    드 노동자 자유연대Solidarnos'c'를 공동 창설하고 이끌었다. 1983년 노벨 평
    화상을 수상했으며, 폴란드 대통령(1990~1995)을 지냈다.

63 Friedman, *Capitalism and Freedom*, p. 4.

64 앞의 자료, p. 9.

65 Friedman and Friedman, *Two Lucky People*, p. 396.

66 Friedman, *Capitalism and Freedom*, p. 3.

13 | 여정의 끝에 다다르다

1 Samuelson, *Economics*, 5th ed. (1961), p. 819.

2 Friedman and Friedman, *Free to Choose*, p. 25.

3 Samuelson, *Economics*, 1st ed. (1948), p. 595.

4 Quoted in obituary of Samuelson, *New York Times*, November 17, 2006.

5 Winston S. Churchill, House of Commons, November 11, 1947.

6 1962년 러시아를 방문했을 때, 프리드먼은 소비에트 경제의 통화량 데이터
   를 요청했지만, "중앙은행은 그런 지표를 공표하지 않는다. 국가 기밀이다"
   라는 말을 들었다. Friedman and Friedman, *Two Lucky People*, p. 285.

7 프리드먼은 서구 지식인들이 우파 독재자는 단호히 반대하면서도 공산주
   의의 폭정에는 지나치게 너그럽다고 생각했다. 프리드먼은 시카고대학교
   출판사가 펴낸 하이에크의 『노예의 길』15주년 기념판 서문에서 이렇게 말
   했다. "오늘날 사람들은 사회주의가 실패하고 자본주의가 성공했다는 데
   대체로 동의하고 있다. 그러나 지식인 집단이 소위 하이에크적 시각이라 부
   를 만한 시각으로 전향했다는 주장은 기만에 불과하다. 자유 시장과 사유

재산에 대한 논의가 이루어지고는 있지만(거의 완전한 자유방임주의를 주장하는 의견 또한 수십 년 전에 비해 더 존중받고 있다), 대다수 지식인은 나쁜 대기업으로부터 개인을 보호하거나 빈곤을 저감하거나 환경을 보호하거나 '평등'을 증진해야 한다는 소리만 들으면 자동적으로 정부 권력을 키우는 쪽을 택한다."

8 "An interview with Milton Friedman," *Reason*, December 1974.

9 Samuelson, *Economics*, 5th ed. (1961), pp. 825-31.

10 허버트 스펜서Herbert Spencer(1820.4.27.~1903.12.8.), 영국의 철학자, 생물학자, 문화인류학자, 사회학자, 전통 자유주의 정치 이론가. 찰스 다윈의 『종의 기원』을 읽고 "적자생존"이라는 표현을 처음 사용한 것으로 유명하다.

11 모두 프리드먼이 지적한 적 있는 내용이다.

12 Letter from Edward Kosner to Samuelson, October 29, 1974. Duke Samuelson archive.

13 윌리엄 닷슨 브로일즈 주니어William Dodson Broyles Jr.(1944.10.8.~), 언론인, 각본가,《뉴스위크》편집장(1982~1984)

14 Letter from Friedman to William Broyles Jr., December 23, 1983. Hoover Institution Friedman archive.

15 Milton Friedman, Bright Promises, Dismal Performance: An Economist's Protest, ed. William R. Allen (Harcourt Brace Jovanovich, New York, 1983), preface, pp. ix-x.

16 레스터 칼 서로Lester Carl Thurow(1938.5.7.~2016.3.25.), 미국의 정치경제학자, MIT슬론경영대학원MIT Sloan School of Management 학과장(1987-1993)

17 Letter from Friedman to Richard Smith, January 26, 1984. Duke Samuelson archive.

18 Friedman wrote 300 columns for *Newsweek* between 1966 and 1984, 121 op-eds for the *Wall Street Journal*, and 22 op-eds for the *New York Times*.

14 | 영국에서 다시 찾은 기회

1 Healey, *The Time of My Life*, p. 377.

2 앞의 자료, p. 398.

3 피터 제이(1937.2.7.~), 영국의 경제학자, 방송인, 주미영국대사(1977~1979).

4   "A General Hypothesis of Employment, Inflation and Politics," Occasional Paper, Institute of Economic Affairs, January 1976.

5   *The Times* (London), July 13, 1976.

6   http://www.britishpoliticalspeech.org/speech-archive. htm?speech=174.

7   Friedman and Friedman, *Two Lucky People*, p. 569.

8   Ian Gilmour, *Britain Can Work* (Martin Robertson, Oxford, 1983), p. 95.

9   Healey, *The Time of My Life*, p. 300.

10   Meet the Press, October 24, 1976.

11   *Sunday Telegraph*, October 31, 1976.

12   Gilmour, *Britain Can Work*, p. 95.

13   키스 신존 조지프, 조지프 남작Keith Sinjohn Joseph, Baron Joseph(1918.1.17.~ 1994.12.10.), 키스 조지프 경으로 알려짐, 제2대 준남작, 영국 법정 변호사, 보수당 총리하에서 장관을 지냈다.

14   앨프리드 셔먼 경Sir Alfred Sherman(1919.11.10.~2006.8.26.), 작가, 언론인, 마거릿 대처의 정치 고문. 그는 종종 자신의 인기 없는 시각을 거침없이 드러내곤 했다. 1974년, 그는 러시아 신문《프라우다Pravda》에 이렇게 말했다. "인정합시다. 룸펜프롤레타리아, 유색인, 아일랜드인을 통제하려면 제대로 훈련받고 중무장을 한 경찰을 투입하는 수밖에 없습니다."

15   앨런 아서 월터스 경Sir Alan Arthur Walters(1926.6.17.~2009.1.3.), 영국의 경제학자, 마거릿 대처 총리의 수석 경제 고문(1981~1983, 1989)

16   Full text of Joseph speech: https://www.margaretthatcher.org/ document/110607.

17   https://www.theguardian.com/politics/1994/dec/12/obituaries.

18   Sir Keith Joseph, "Inflation is Caused by Governments." https://www. margaretthatcher.org/document/110607.

19   조지프는 매우 영리했지만, 빈곤 등의 문제에 대한 논쟁적 시각을 감추지 못했다. 1974년 10월 19일 애지배스턴Edgbaston에서의 연설에서 조지프는 "자녀를 낳기에 부적합한 어머니가 낳은 아이들의 비율이 높고, 점점 더 높아지고 있다. …… 대부분 교육 수준이 낮고 일부는 지능마저 낮다. 이들은 자녀에게 안정된 정서적 지원을 하거나 일관된 사랑과 견실한 가정을 제공할 능력이 없다. …… 이들은 문제아를 길러낸다. …… 영국 인간 자본human stock의 균형이 위협받고 있다." '인간 자본'을 위협한다는 이유로 수백만 명을 학살한 나치가 전쟁에서 패한지 30년밖에 지나지 않은 시점에

'인간 자본'이라는 표현을 쓰면서 조지프는 바로 당대표 후보에서 제외되었다. 이 연설은 CPS의 앨프리드 셔먼이 작성한 것으로 조지프는 자신이 대표감이 아님을 알고 있었다. 그는 이렇게 말했다. "내가 당대표가 된다면, 그것은 당과 국가와 내게 재앙일 것이다. …… 나는 내 그릇을 알고 있다. 어떤 일은 잘 맞지만, 안 맞는 일도 있다.", Morrison Halcrow, *Keith Joseph: A Single Mind* (Macmillan, London, 1989), p. 75.

20 에드워드 딜런 로트 뒤 칸 경Sir Edward Dillon Lott du Cann(1924.5.28.~2017.8.31.), 영국 국회 의원(1956~1987), 보수당 의장(1965~1967), 보수당 하원 평의원의 시각을 대변하는 1992년 위원회 의장(1972~1984).

21 윌리엄 스티븐 이언 화이트로William Stephen Ian Whitelaw, 제1대 화이트로 자작(1918.6.28.~1999.7.1.), 내무 장관, 부총리 등 영국 내각의 다양한 여러 자리를 지낸 보수 정치가.

22 Gilmour, *Britain Can Work*, pp. 94-95.

23 Edward Heath, *The Course of My Life* (Hodder & Stoughton, London, 1998), p. 576.

24 Margaret Thatcher, *The Path to Power* (HarperCollins, London, 1995), pp. 566-67.

25 존 이녹 파월John Enoch Powell(1912.6.16.~1998.2.8.), 고전문학자, 군인, 보수당 의원(1950~1974), 얼스터 연합당Ulster Unionist Party 하원 의원(1974~1987), 보건부 장관(1960~1963), NHSNational Health Service(영국 국민 보건서비스)를 위한 의료 인력을 확보하기 위해 서인도 이민자를 대거 받아들였다.

26 http://classics.mit.edu/Virgil/aeneid.6.vi.html.

27 https://www.telegraph.co.uk/comment/3643823/Enoch-Powells-Rivers-of-Blood-speech.html.

28 조지 에드워드 피터 소니크로프트, 소니크로프트 경George Edward Peter Thorneycroft, Lord Thorneycroft(1909.7.26.~1994.6.4.), 영국 보수당 재무 장관(1957~1958)

29 에블린 나이절 체트우드 버치, 릴 경Evelyn Nigel Chetwode Birch, Lord Rhyl(1906.11.18.~1981.3.8.), 영국 보수당 항공국방부 장관Secretary of State for Air(1955~1957)

30 Enoch Powell, Freedom and Reality (B. T. Batsford, London, 1969.)

31 Keith Joseph, "Monetarism Is Not Enough," Stockton Lecture, April 5, 1976. https://www.margaretthatcher.org/document/110796.

32 리처드 에드워드 제프리 하우, 애버라번의 하우 경Richard Edward Geoffrey Howe, Lord Howe of Aberavon(1926.12.20.~2015.10.9.), 대처 정부에서 가장 오랫동안 장관을 역임했다. 영국의 재무장관, 외무장관, 하원 대표를 지냈다.

33 Heath, *The Course of My Life*, p. 585.

34 *Newsweek*, June 16, 1980.

35 1980년 2월 27일, 대처는 프리드먼을 위한 소규모 축하연을 열었다. 이 자리에서 프리드먼은 제프리 하우, 존 비펜John Biffen, 키스 조지프, 이언 길모어Ian Gilmour, 패트릭 젠킨Patrick Jenkin과 만났다.

36 공교육을 받은 대처가 보수당 대표가 된 이후에도 보수당은 서로 편을 갈라 매도하고 괴롭히는 사립학교 특유의 습성을 버리지 못했다. 대처는 자신의 장관들을 통화주의에 동의하는 '건파dries'와, 케인스주의를 고수하는 '습파wets'로 나누었다.

37 Memorandum to U.K. Treasury and Civil Service Select Committee on "Enquiry into Monetary Policy," June 11, 1980. Parliamentary Papers (Commons), Session 1979-1980, 720, part 1 (July 1980): 1-4, 55-61. https://miltonfriedman.hoover.org/friedman_images/Collections/2016c21/1980juneHoCMemoOnMonetaryPolicy.pdf

38 앞의 자료.

39 Joseph, "Monetarism Is Not Enough," Stockton Lecture, April 5, 1976. https://www.margaretthatcher.org/document/110796.

40 Halcrow, *Keith Joseph*, p. 160.

41 Quoted in Blumenthal, *The Rise of the Counter-Establishment*, p. 121.

42 Heath, *The Course of My Life*, p. 575.

43 앞의 자료, p. 576.

44 앞의 자료, p. 578.

45 위르그 니한스Jürg Niehans(베른, 1919.11.8.~캘리포니아 팔로알토, 2007.4.23.)

46 Peter Riddell, The Thatcher Decade (Blackwell, Cambridge, 1989), pp. 18-19.

47 Margaret Thatcher, *The Downing Street Years* (Collins, London, 1993), pp. 132-39. https://www.margaretthatcher.org/document/110696.

48 *The Times* (London), March30, 1981. Full list of economists: https://c59574e9047e61130f13-3f71d0fe2b653c4f00f32175760e96e7.ssl.cf1.rackcdn.com/FECEBF1EA893413EB9D3FA246218F30A.pdf.

49 Halcrow, *Keith Joseph*, p. 165.

50　Riddell, *The Thatcher Decade*, p. 19.

51　나이절 로슨, 블레이비 남작 로슨Nigel Lawson, Baron Lawson of Blaby (1932.3.11.), 영국 보수당, 재무장관(1983-1989)

52　Riddell, *The Thatcher Decade*, p. 20.

53　앞의 자료, p. 21.

54　앞의 자료, pp. 21-22.

55　브라이언 그리피스, 포레스파크의 그리피스 경Brian Griffiths, Lord Griffiths of Fforestfach(1941.12.27.~), 영국의 보수 정치인, 시티유니버시티 비즈니스스쿨City University Business School 학과장.

56　대처는 프리드먼의 영향을 받았다고 주장했지만, 900페이지에 달하는 회고록『마거릿 대처-다우닝스트리트에서의 시간Margaret Thatcher: The Downing Street Years, and a footnote』에서 프리드먼의 이름은 본문에서 두 번, 각주에서 한 번 지나치듯 언급되었을 뿐이다.

57　The Campaign Guide 1987 (Conservative Research Department, London, 1986).

58　The Campaign Guide 1989 (Conservative Research Department, London, 1989).

59　앞의 자료, pp. 13-14.

15 ｜ 다시 오지 않을 기회

1　Friedman and Friedman, *Two Lucky People*, p. 391.

2　앞의 자료, p. 392.

3　Quoted in Jon Meacham, *Destiny and Power: The American Odyssey of George Herbert Walker Bush* (Random House, New York, 2015).

4　Friedman, "Oodoov Economics," *New York Times*, February 2, 1992. https://miltonfriedman.hoover.org/friedman_images/Collections/2016c21/NYT_02_02_1992.pdf.

5　Friedman and Friedman, *Two Lucky People*, p. 396.

6　William Jefferson Clinton, State of the Union address, January 23, 1996. https://clintonwhitehouse4.archives.gov/WH/New/other/sotu.html.

7　John Hawkins interview with Milton Friedman, Rightwingnews.com,

September 15, 2003.

8 Interview with Friedman, *Wall Street Journal*, July 22, 2006.

9 Tom DeLay with Stephen Mansfield, *No Retreat, No Surrender: One American's Fight* (Sentinel, New York, 2007), p. 112.

10 앞의 자료.

11 David Asman interview with Friedman, Fox News, May 15, 2004. https://miltonfriedman.hoover.org/friedman_images/Collections/2016c21/2004mayfox.pdf.

12 앞의 자료.

13 Letter from Samuelson to Friedman, December 8, 1995. Hoover Institution Friedman archive.

14 Letter from Friedman to Samuelson, December 28, 1995. Hoover Institution Friedman archive.

15 앨런 그린스펀Alan Greenspan(1926.3.6.~), 미국의 경제학자로 연준 의장을 5회 연임했다(1987~2006). 한때 아인 랜드와 가까이 지냈다.

16 Alan Greenspan, *The Age of Turbulence: Adventures in a New World* (Penguin, New York, 2007), p. 226.

17 Quoted in Henri Lepage, "Interview with Milton Friedman: The Triumph of Liberalism," *Politique internationale*, no. 100, Summer 2003, pp. 7-34.

18 Greenspan, *The Age of Turbulence*, p. 228.

19 앞의 자료.

20 케인스가 처음 한 것으로 알려진 이 말은 1935년 미국 하원 은행통화위원회House Committee on Banking and Currency에서 국회 의원 T. 앨런 골즈버러T. Alan Goldsborough가 연준 이사 매리너 에클스Mariner Eccles를 힐문하는 과정에서도 나왔다. 에클스: "현재 상황에서는 할 수 있는 일이 거의 없군요." 골즈버러: "줄을 밀 수는 없다는 뜻인가요." 에클스: "좋은 표현이군요."

21 Owen Ullmann interview with Milton Friedman, "So, What's New? The 'New Economy' Looks Like the Same Old Economy to the Nobel Laureate, Milton Friedman," *International Economy*, March/April 2001, pp. 14-17.

22 Samuelson, *Economics*, 1st ed. (1948), p. 277.

23 Quoted on CBS 60 Minutes. https://www.cbsnews.com/news/bush-sought-way-to-invadeiraq/.

24   Interview with Friedman, *Wall Street Journal*, July 22, 2006.

25   John Hawkins interview with Friedman, Rightwingnews.com, September 15, 2003.

26   Louis Rukeyser et al. interview with Friedman, "Nobel Laureate Milton Friedman Discusses His Personal Views of How to Deal with the Economy," Louis Rukeyser's Wall Street, CNBC (television broadcast), September 20, 2002.

27   Nathan Gardels interview with Samuelson, *New Perspectives Quarterly*, January 16, 2006.

28   앞의 자료.

29   앞의 자료.

30   Alan Greenspan, "Rules vs. discretionary monetary policy" at the 15th Anniversary Conference of the Center for Economic Policy Research at Stanford University, Stanford, California, September 5, 1997. https://www.federalreserve.gov/boarddocs/Speeches/1997/19970905.htm.

31   Louis Rukeyser et al. interview with Friedman, September 20, 2002.

32   Friedman, "He has set a standard," *Wall Street Journal*, January 31, 2006.

33   앞의 자료.

34   "Milton Friedman: Why the Euro is a Big Mistake," *Scotland on Sunday*, August 18, 2002.

35   Conor Clarke, "An Interview with Paul Samuelson," *The Atlantic*, June 17, 2009.

36   Letter from Samuelson to Benjamin M. Friedman, March 10, 2008. Duke Samuelson archive.

16 | 진정한 프리드먼 추종자

1   벤 버냉키Ben Bernanke(1953.12.13.~), 미국의 경제학자, 연준 의장(2006~2014)

2   Ben Bernanke, at conference honoring Friedman, University of Chicago, November 8, 2002. https://www.federalreserve.gov/boarddocs/speeches/2002/20021108/default.htm.

3   버냉키가 중앙은행이 "총수요"를 증가시킬 수 있다고 직접 언급한 것은 인

상 깊다. 경제를 불황에서 빠져나오게 하려면 총수요를 증가시켜야 한다는 것은 케인스가 제시한 혁신적 처방에서 가장 중요한 부분이었다.

4   Ben Bernanke, "Deflation: Making sure it doesn't happen here," remarks before the National Economists Club, Washington, D.C., November 21, 2002. https://www.federalreserve.gov/boardDocs/speeches/2002/20021121/default.htm.

5   Conor Clarke, "An interview with Paul Samuelson," *The Atlantic*, June 17, 2009.

6   Interview with Samuelson, *Wall Street Journal*, March 2009.

7   Interview with Samuelson by William A. Barnett, University of Kansas, December 23, 2003.

8   Letter from Friedman to Samuelson, October 25, 2001. Duke Samuelson archive.

9   에드워드 텔러Edward Teller(1908.1.15.~2003.9.9.), 헝가리계 미국 이론 물리학자, 오펜하이머와 함께 '수소 폭탄의 아버지'로 알려졌다.

10   줄리어스 로버트 오펜하이머Julius Robert Oppenheimer(1904.4.22.~1967.2.18.), 이론 물리학자, 캘리포니아대학교 버클리캠퍼스 물리학과 교수, 로스앨러모스 연구소장, 맨해튼 프로젝트를 지휘한 인물로 텔러와 함께 '원자폭탄의 아버지'로 불린다.

11   Letter from Samuelson to Rose Friedman, November 16, 2006. Duke Samuelson archive.

12   David Asman interview with Friedman, Fox news, May 15, 2004. https://miltonfriedman.hoover.org/friedman_images/Collections/2016c21/2004mayfox.pdf.

13   "Milton Friedman: Why the Euro is a Big Mistake," Scotland on Sunday, August 18, 2002.

14   Russell Roberts interview with Friedman. http://www.econlib.org/library/Columns/y2006/Friedmantranscript.html.

15   Holcomb B. Noble, "Milton Friedman, Free Markets Theorist, Dies at 94," New York Times, November 16, 2006.

16   Samuel Brittan, "Iconoclastic economist who put freedom first," obituary of Friedman, Financial Times, November 17, 2006.

17   서머스가 무분별한 정치적 올바름을 비판했다는 이유로 하버드 총장직에서 물러난 뒤, 새뮤얼슨은 다음과 같은 위로 편지를 보냈다. "너의 희망찬 십

자군 전쟁이 좌절되어 슬프구나. 또, 이 일로 하버드와 전 세계 대학의 발전이 늦춰질 것 같아서 (한 인간으로서) 안타까운 마음이 든다. 나는 네가 의미 있는 싸움을 했다고 생각해. …… 대학 캠퍼스에서도 다른 곳에서만큼 집단 심리가 작용하지. 어떤 때는 유혈 사태가 차라리 나을 정도로." 새뮤얼슨은 서머스에게 그를 내쫓은 몇 명 때문에 하버드에 유감을 품지는 말라고 조언했다.

18 Lawrence Summers, "A Fond Farewell," *Time*, December 25, 2006.

19 Lawrence Summers, "The Great Liberator," *New York Times*, November 19, 2006.

20 로버트 조지프 배로Robert Joseph Barro (1944.9.28.~), 경제학자, 하버드대학교 경제학과 폴 M. 바르부르크 교수Paul M. Warburg Professor. 신고전 거시 경제학의 창시자 중 한 명.

21 마틴 스튜어트 '마티' 펠드스타인Martin Stuart "Marty" Feldstein (1939.11.25.~), 경제학자, 하버드대학교 경제학과 조지 F. 베이커 교수George F. Baker Professor, 전미경제연구소NBER 명예 소장(1978~2008. 단. 레이건 대통령의 수석 경제 자문 겸 대통령경제자문위원회 위원장을 맡았던 1982~1984년은 제외).

22 Letter from Samuelson to Summers, November 20, 2006. Samuelson archive Duke University, Box 71. The italics are Samuelson's.

23 Greg Ip and Mark Whitehouse, "How Milton Friedman Changed Economics, Policy and Markets," *Wall Street Journal*, November 17, 2006.

24 Noble, "Milton Friedman, Free Markets Theorist, Dies at 94."

25 Letter from Samuelson to David Friedman and Janet Martel, August 20, 2009. Duke Samuelson archive.

26 Letter from David Friedman to Samuelson, September 8, 2009, Duke Samuelson archive.

17 | 흔들리는 자본주의

1 Ben Bernanke, "Deflation: Making sure it doesn't happen here," remarks before the National Economists Club, Washington, D.C., November 21, 2002. https://www.federalreserve.gov/boardDocs/speeches/2002/20021121/default.htm.

2   Court statement as part of lawsuit linked to 2008 bailout of AIG, quoted in *Forbes*, August 27, 2014. https://www.forbes.com/sites/timworstall/2014/08/27/ben-bernanke-the-2008 -financial-crisis-was-worse-than-the-great-depression/#25a4c8497684.

3   앞의 자료.

4   Ben Bernanke, at conference honoring Friedman, University of Chicago, November 8, 2002. https://www.federalreserve.gov/boarddocs/speeches/2002/20021108/default.htm.

5   Bernanke speech, "Four Questions about the Financial Crisis," Morehouse College, Atlanta, Ga., April 14, 2009.

6   앞의 자료.

7   BNP Paribas press release, August 7, 2007.

8   BBC Radio 4, "The Bailout," October 6, 2018.

9   헨리 메리트 '행크' 폴슨 주니어Henry Merritt "Hank" Paulson Jr.(1947.3.28.~), 미국 재무부 장관(2006~2009), 골드만삭스Goldman Sachs 회장 겸 대표 CEO(1998~2006)

10 Letter from Samuelson to Summers, July 29, 2008. Duke Samuelson archive, Box 71.

11 Letter from Summers to Samuelson, August 20, 2008. Duke Samuelson archive, Box 71.

12 Letter from Samuelson to Summers, August 20, 2008. Duke Samuelson archive, Box 71. The italics are Samuelson's.

13 Paulson press conference on federal government takeover of Fannie May and Freddie Mac, September 7, 2008.

14 Bernanke, "Four Questions about the Financial Crisis," speech at Morehouse College, Atlanta, Ga., April 14, 2009.

15 앞의 자료.

16 Nathan Gardels interview with Samuelson, *New Perspectives Quarterly*, January 16, 2006.

17 *Newsweek*, October 28, 1974.

18 한 명 예외가 있다면, 스탠퍼드의 존 B. 테일러John B. Taylor가 그 영광의 인물이다.

19 Gardels interview with Samuelson, *New Perspectives Quarterly*, January 16, 2006.

20 앞의 자료.

21 앞의 자료.

22 Letter from Samuelson to Bernanke, March 3, 2009. Duke Samuelson archive.

23 Friedman, *Wall Street Journal*, December 17, 1997.

24 Samuelson, "Farewell to Friedman-Hayek libertarian capitalism," Tribune Media Services, October 15, 2008.

25 J. Daniel Hammond, "Friedman and Samuelson on the Business Cycle," *Cato Journal*, vol. 31, no. 3, Fall 2011.

26 Samuelson, "Economic Policy is an Art," *New York Times*, October 30, 1970.

27 Conor Clarke, "An Interview with Paul Samuelson," *The Atlantic*, June 17, 2009.

28 Letter from Samuelson to Robin McElheny, associate director of the Harvard University Archives, November 9, 2006. Duke Samuelson archive.

29 Letter from Sidney Verba, director of the Harvard University Library, to Samuelson, November 14, 2006. Duke Samuelson archive.

30 악셀 레이온후브드Axel Leijonhufvud(1933~), 스웨덴 경제학자, 캘리포니아대학교 로스앤젤레스 캠퍼스UCLA 명예교수, 이탈리아 트렌토대학교 University of Trento 교수.

31 돈 패틴킨(1922.1.8.~1995.8.7.), 이스라엘계 미국인 통화주의 경제학자, 예루살렘히브리대학교Hebrew University of Jerusalem 총장, 패틴킨의 논문 「통화, 이자, 물가Money, Interest, and Prices」(1956)는 오랫동안 통화주의 경제학자들이 가장 많이 인용하는 자료였다.

32 Letter from Byrd to Samuelson, September 15, 1992. Duke Samuelson archive.

33 Letter from Byrd to Samuelson, April 18, 2005. Duke Samuelson archive.

34 Letter from Byrd to Samuelson, November 8, 2005. Duke Samuelson archive.

35 Letter from Samuelson to Robert L. Byrd, December 14, 2005. Duke Samuelson archive.

36 Michael M. Weinstein, Samuelson obituary, *New York Times*, December

13, 2009.

37 Paul Krugman, "Paul Samuelson, RIP," *New York Times*, December 13, 2009.

38 *The Economist*, December 17, 2009.

39 Obituary, *Daily Telegraph*, December 14, 2009.

40 중국의 통계는 신뢰할 수 없는 것으로 악명 높다. 특히 경제 데이터나 전염병 같은 부끄러운 사건에 관한 데이터는 신뢰하기 어렵다. 나쁜 뉴스를 전하는 것 또한 환영받지 못힌다. 중국 정부는 코로나바이러스 확산을 경고한 리원량Li Wenliang 등 일곱 명의 의사를 '가짜 루머를 퍼뜨렸다'는 이유로 처벌했다.

41 By the end of July 2020, 35,107 Italians had died of COVID-19.

42 스티븐 터너 므누신Steven Terner Mnuchin(1962.12.21.~), 미국의 투자은행가, 2017년 2월부터 미국 재무부 장관을 맡았다.

43 https://datausa.io/coronavirus.

44 1월 기준으로 미국의 총 실업자 수는 7480만 명이다. https://nypost.com/2021/01/14/us-jobless-claims-965000-filed-amid-pressure-from-covid-19/.

45 프랭클린 델라노 루스벨트Franklin Delano Roosevelt(1882.1.30.~1945.4.12.), 제32대 미국 대통령.

46 See Amity Shlaes, *The Forgotten Man: A New History of the Great Depression*, Harper Collins, 2007.

47 "The Impact of Covid-19 on U.S. Economy and Financial Markets," *Forbes*, https://www.forbes.com/sites/mikepatton/2020/10/12/the-impact-of-covid-19-on-us-economy-and-financial-markets/?sh=3881b28e2d20.

48 Tunku Varadarajan, "The Romance of Economics: The Weekend Interview with Milton (and Rose) Friedman," *Wall Street Journal*, July 22-23, 2006

49 데이비드 디렉터 프리드먼David Director Friedman(1945.2.12.), 케인스와 마찬가지로 데이비드 프리드먼도 경제학 학위를 받지 않았다.

50 Robert Solow, "Why Is There No Milton Friedman Today?" *Econ Journal Watch*, vol. 10, no. 2, May 2013, pp. 214-16.

51 https://bradfordtaxinstitute.com/Free_Resources/Federal-Income-Tax-Rates.aspx

52 도널드 존 트럼프Donald John Trump(1946.6.14.~), 부동산 개발자, 방송인, 제 45대 미국 대통령.

53 첫 강연은 스웨덴-미국 상공 회의소Swedish-American Chamber of Commerce에 서 열렸다. 뉴욕, 1972.5.10.

54 트럼프가 자유 무역을 격렬히 비판하자 오히려 자유 무역에 대한 여론이 좋아진 것은 트럼프의 악영향이 어느 정도인지 잘 보여 준다. 오바마 정권 말, 자유 무역에 찬성한다고 답한 미국인들은 51%로, 반대한다고 답한 41%와 큰 차이가 나지 않았다. 2019년 8월, 자유무역에 찬성하는 미국인의 비율은 64%로 증가했고 반대 비율은 27%로 줄어들었다. https://www.cnbc.com/2019/08/18/americans-support-free-trade----and-are-worried-about-the-trump-economy-poll.html.

55 *Newsweek*, June 10, 1960.

56 로버트 서머스Robert Summers(1922.6.22.~2012.4.17.), 경제학자, 펜실베이니아대학교University of Pennsylvania 교수(1960~)

57 애니타 애로 서머스Anita Arrow Summers(1925.9.9.~). 펜실베이니아대학교 명예 교수, 도시 경제 발전, 재무, 교육 효율성 연구의 권위자.

58 케네스 조지프 애로Kenneth Joseph Arrow(1921.8.23.~2017.2.21.), 경제학자, 수학자, 작가, 정치 이론가. 존 힉스John Hicks와 노벨 경제학상을 공동 수상했다.

59 Quoted in obituary, *MIT News*, December 13, 2009.

60 Letter from Samuelson to Benjamin M. Friedman, May 7, 2008. Duke Samuelson archive.

61 Samuelson, "Hail to a Sage!" written for *Die Zeit*, June 1992. Duke Samuelson archive.

62 앞의 자료.

63 Horn, *Roads to Wisdom*, Conversations with Ten Nobel Laureates in Economics, p. 49.

참고 문헌

Alterman, Eric. *Sound and Fury: The Making of the Punditocracy* (Cornell, Ithaca, N.Y., 1999).

Anderson, Martin. *Revolution: The Reagan Legacy* (Hoover Institution Press, Stanford, Calif., 1990).

Arnold, Bruce. *Margaret Thatcher: A Study in Power* (Hamish Hamilton, London, 1984).

Backhouse, Roger E. *Founder of Modern Economics: Paul A. Samuelson*, vol. 1: *Becoming Samuelson, 1915–1948* (Oxford University Press, Oxford, 2017).

Blinder, Alan S. *Hard Heads, Soft Hearts: Tough-Minded Economics for a Just Society* (Addison-Wesley, Reading, Mass., 1987).

Blumenthal, Sidney, *The Rise of the Counter-Establishment: The Conservative Ascent to Political Power* (Union Square Press, New York, 1986).

Butler, David, and Dennis Kavanagh. *The British General Election of February 1974* (Macmillan, London, 1974).

—. *The British General Election of 1983* (Macmillan, London, 1974).

Bradlee, Ben. *A Good Life* (Touchstone, New York, 1995).

Brown, Gordon, *My Life, Our Times* (Bodley Head, London, 2017).

Buckley, William F. Jr. *God and Mammon at Yale* (Henry Regnery, Chicago, 1951.)

Cannon, Lou. *President Reagan: The Role of a Lifetime* (Public Affairs, New York, 1991).

Campbell, John. *Edward Heath: A Biography* (Jonathan Cape, London, 1993).

Congdon, Tim. *Money in a Free Society: Keynes, Friedman, and the New Crisis in Capitalism* (Encounter Books, New York, London, 2011).

Cosgrave, Patrick. *Thatcher: The First Term* (Bodley Head, London, 1985).

Cottrell, Allin, and Michael S. Lawlor. *New Perspectives on Keynes* (Duke University Press, Durham, N.C., 1995).

Cronon, E. David, and John W. Jenkins. *The University of Wisconsin: A History, 1925–1945*, vol. 3: *Politics, Depression, and War* (University of Wisconsin Press, Madison, 1994).

Dallek, Robert. *Nixon and Kissinger: Partners in Power* (HarperCollins, New York, 2007).

DeLay, Tom, with Stephen Mansfield. *No Retreat, No Surrender: One American's Fight* (Sentinel, New York, 2007).

Ebenstein, Alan. *Friedrich Hayek: A Biography* (Palgrave for St. Martin's Press, New York, 2001).

Ebenstein, Lanny. *The Indispensable Milton Friedman: Essays on Politics and Economics.* (Regnery, Washington, D.C., 2012).

Edwards, Lee. *Goldwater: The Man Who Made a Revolution* (Regnery, Washington, D.C., 1995).

Fogel, Robert, and Stanley L. Engerman. *Time on the Cross: The Economics of American Negro Slavery* (W. W. Norton, New York, 1974).

Friedman, Milton, Ed. *Studies in the Quantity Theory of Money* (University of Chicago Press, Chicago, 1956).

—. *A Theory of the Consumption Function* (Princeton University, Princeton, N.J., 1957).

—. *Capitalism and Freedom* (University of Chicago Press, Chicago and London, 1962).

—. *Inflation: Causes and Consequences* (Asia Publishing House, New York, 1963).

—. *The Optimum Quantity of Money and other essays* (Aldine, Chicago, 1969).

—. *Bright Promises, Dismal Performance: An Economist's Protest*, edited by William R. Allen (Harcourt Brace Jovanovich, New York, 1983).

Friedman, Milton, and Rose D. *Friedman. Free to Choose: A Personal Statement* (Penguin, London, 1980).

—. *Two Lucky People: Memoir* (University of Chicago Press, Chicago, 1998).

Friedman, Milton, and Walter W. Heller. *Monetary vs. Fiscal Policy: A Dialogue* (W. W. Norton, New York, 1969).

Friedman, Milton, and Anna Jacobson Schwartz. *A Monetary History of the United States, 1867–1960* (Princeton University Press, Princeton, N.J., 1963).

Gilmour, Ian. *Britain Can Work* (Martin Robertson, Oxford, 1983).

—. *Inside Right: A Study of Conservatism* (Quartet, London,1978).

Goldwater, *Barry, Conscience of a Conservative* (Victor, Shepardsville, Ky, 1960).

Graham, Katharine. *Personal History* (Alfred A. Knopf, New York, 1997).

Greenspan, Alan. *The Age of Turbulence: Adventures in a New World* (Penguin, New York, 2007).

Greider, William. *Secrets of the Temple: How the Federal Reserve Runs the Country* (Simon & Schuster, New York, 1989).

Halcrow, Morrison. *Keith Joseph: A Single Mind* (Macmillan, London, 1989).

Hammond, J. D., and C. H. Hammond. *Making Chicago Price Theory: Friedman- Stigler Correspondence 1945–1957* (Routledge, London, 2006).

Harris, Kenneth. *Thatcher* (Weidenfeld and Nicolson, London, 1988).

Hayek, Friedrich. *The Road to Serfdom* (George Routledge, 1944).

—. *Choice in Currency: A Way to Stop Inflation* (Institute of Economic Affairs, London, 1976).

—. *The Collected Works of F. A. Hayek*, ed. Bruce Caldwell.
> Vol. 2: *The Road to Serfdom, Text and Documents, The Definitive Edition, ed. Caldwell* (University of Chicago Press, Chicago, 2007).
> Vol. 9: *Contra Keynes and Cambridge: Essays and Correspondence*, ed. Caldwell (University of Chicago Press, Chicago, 1995).

Hayek, Friedrich, ed. Joseph T Salerno. *Prices and Production and Other Works: F. A. Hayek on Money, the Business Cycle, and the Gold Standard* (Ludwig von Mises Institute, Auburn, Ala., 2008).

Hayek, Friedrich, ed. Stephen Kresge and Leif Wenar. *Hayek on Hayek* (University of Chicago Press, Chicago, 2010).

Healey, Denis. *The Time of My Life* (Michael Joseph, London, 1989).

—. *When Shrimps Learn to Whistle: Signposts for the Nineties* (Michael Joseph, London, 1990).

Heath, Edward. *The Course of My Life* (Hodder & Stoughton, London, 1998).

Horn, Karen Ilse. *Roads to Wisdom, Conversations with Ten Nobel Laureates in Economics.* (Edward Elgar, Cheltenham, U.K., 2009).

Hurd, Douglas. *An End to Promises* (Collins, London, 1979).

Hutchinson, George. *Edward Heath: A Personal and Political Biography* (Longman, London, 1970).

Kaldor, Nicholas. *The Economic Consequences of Mrs. Thatcher* (Duckworth, London, 1983).

Keller, Morton, and Phyllis Keller. *Making Harvard Modern: The Rise of America's Universities* (Oxford University Press, New York, 2001).

Kahn, Richard F. *The Making of Keynes' General Theory* (Cambridge University Press, Cambridge, 1948).

Keegan, William. *Mr. Lawson's Gamble* (Hodder & Stoughton, London, 1989).

Keynes, J. M. *The Economic Consequences of the Peace* (Harcourt, Brace and Howe, New York, 1920).

—. *A Tract on Monetary Reform* (Macmillan, London, 1923).

—. *The End of Laissez-Faire* (Hogarth Press, London, 1926).

—. *A Treatise on Money* (Macmillan, London, 1930).

—. *The General Theory of Employment, Interest and Money* (Macmillan, London, 1936).

—. *The Collected Writings of John Maynard Keynes.*

Vol. 5: *A Treatise on Money: The Pure Theory of Money* (1930) (Macmillan for the Royal Economic Society, London, 1971).

Vol. 13: *General Theory and After, Part 1* (Macmillan for the Royal Economic Society, London, 1973).

Vol. 17: *Activities 1920– 2: Treaty Revision and Reconstruction* (Macmillan for the Royal Economic Society, London, 1981).

Vol. 19: *Activities 1922– 9: The Return to Gold and Industrial Policy* (Macmillan for the Royal Economic Society, London, 1981).

Vol. 27: *Activities 1940– 1946: Shaping the Post- War World: Employment and Commodities* (Publisher, Place, date).

Kiernan, Frances. *The Last Mrs. Astor: A New York Story* (W. W. Norton, New York, 2007).

Klein, Naomi. *The Shock Doctrine: The Rise of Disaster Capitalism* (Metropolitan Books, New York, 2007).

Kuhn, Thomas S. *The Structure of Scientific Revolutions* (University of Chicago Press, Chicago, 1962).

Lawson, Nigel, *The View from No. 11: Memoirs of a Tory Radical* (Bantam Press, London, 1992).

Ledbetter, James. *One Nation Under Gold* (Liveright, New York, 2017).

Leeson, Robert, *Keynes, Chicago and Friedman* (Pickering & Chatto, London,

2003).

Mackenzie, Norman, and Jeanne Mackenzie, eds. *The Diary of Beatrice Webb*, vol. 4: *The Wheel of Life*, 1924 - 1943 (Virago, London, 1985).

Meacham, Jon. *Destiny and Power: The American Odyssey of George Herbert Walker Bush* (Random House, New York, 2015).

Mirowski, Philip, and Dieter Plehwe. *The Road from Mont Pelerin: The Making of the Neoliberal Thought Collective* (Harvard University Press, Cambridge, Mass, 2009).

Nelson, Robert H. *Economics as Religion: From Samuelson to Chicago and Beyond* (Pennsylvania State University Press, University Park, Pa., 2001).

Parker, Richard. *John Kennedy Galbraith: His Life, His Politics, His Economics* (Farrar, Straus and Giroux, New York, 2005).

Pigou, Arthur [A. C.]. *Economics in Practice* (Macmillan, London, 1935).

Pym, Francis. *The Politics of Consent* (Hamish Hamilton, London, 1984).

Powell, Enoch. *Freedom and Reality* (B. T. Batsford, London, 1969).

Reagan, Ronald, ed. Douglas Brinkley. *The Reagan Diaries* (HarperCollins, New York, 2007).

Riddell, Peter. *The Thatcher Decade* (Blackwell, Cambridge, 1989).

Samuelson, Paul A., *Foundations of Economic Analysis* (Harvard University Press, Cambridge, 1947).

—. *Economics: An Introductory Analysis* (McGraw- Hill, New York, 1948): 1st ed. 1948; 2nd ed. 1951; 3rd ed. 1955; 4th ed. 1958; 5th ed. 1961; 6th ed. 1964; 7th ed. 1967; 8th ed. 1970; 9th ed. 1973; 10th ed. 1976; 11th ed. 1980; with William D. Nordhaus: 12th ed. 1985; 13th ed. 1989; 14th ed. 1992; 15th ed. 1995; 16th ed. 1998; 17th ed. 2000; 18th ed. 2004; 19th ed. 2013.

—. *Principles and Rules in Modern Fiscal Policy: A Neo- Classical Formulation* (1951).

—. *Readings in Economics*, 6th ed. (McGraw- Hill, New York, 1970).

—. *The Samuelson Sampler* (Thomas Horton and Company, Glen Ridge, New Jersey, 1973).

—. *Economics from the Heart: A Samuelson Sampler* (Harcourt Brace Jovanovich, New York, 1983).

Samuelson, Paul A., and William A. Barnett, eds. *Inside the Economist's Mind: The History of Modern Economic Thought, as Explained by Those Who*

Produced It (Wiley- Blackwell, Hoboken, New Jersey, 2005).

—. *Inside the Economist's Mind: Conversations with Eminent Economists* (Wiley-Blackwell, Hoboken, N.J., 2006).

Say, Jean- Baptiste. *A Treatise on Political Economy, Or, the Production, Distribution, and Consumption of Wealth* (first published in France, 1803; republished by Wentworth Press, New York, 2016).

Shlaes, Amity. *The Forgotten Man: A New History of the Great Depression* (HarperCollins, New York, 2007).

Shultz, George. *Turmoil and Triumph: My Years as Secretary of State* (Charles Scribner's Sons, New York, 1993).

Schultz, Henry. *The Theory and Measurement of Demand* (University of Chicago Press, Chicago, 1938).

Silber, William L. *Volcker: The Triumph of Persistence* (Bloomsbury Press, New York, 2012).

Skidelsky, Robert, ed. *Thatcherism* (Chatto & Windus, London, 1988).

Smith, David. *The Rise and Fall of Monetarism: The Theory and Politics of an Economic Experiment* (Penguin, London, 1987).

Stein, Herbert. *Presidential Economics: The Making of Economic Policy from Roosevelt to Reagan and Beyond* (Simon & Schuster, New York, 1985).

Stigler, George J. *Memoirs of an Unregulated Economist* (Basic Books, New York, 1985).

Szenberg, Michael, Michael Ramrattan, and Aron A. Gottesman, eds. *Samuelsonian Economics and the Twenty- First Century* (Oxford, 2006).

Tarshis, Lorie. *The Elements of Economics* (Houghton Mifflin, Boston, 1947).

Tebbit, Norman. *Upwardly Mobile: An Autobiography* (Weidenfeld and Nicolson, London, 1988).

Thatcher, Margaret. *The Downing Street Years* (HarperCollins, London, 1993).

—. *The Path to Power* (HarperCollins, London, 1995).

Volcker, Paul, and Toyoo Gyohten, *Changing Fortunes: The World's Money and the Threat to American Leadership* (Times Books, New York, 1992).

Von Mises, Ludwig. *Socialism: An Economic and Sociological Analysis* (Gustave Fischer Verlag, 1922). English translation by J. Kahane (Jonathan Cape, London, 1936).

Walters, Alan. *Sterling in Danger: The Economic Consequences of Pegged Exchange Rates* (Fontana/Collins, London, 1990).

Wanniski, Jude. *The Way the World Works: How Economies Fail— and Succeed* (Basic Books, New York, 1978).

Wapshott, Nicholas. *Ronald Reagan and Margaret Thatcher: A Political Marriage* (Sentinel, New York, 2007).

—. *Keynes Hayek: The Clash That Defined Modern Economics* (W. W. Norton, New York, 2011).

Wapshott, Nicholas, and George Brock. *Thatcher* (Macdonald, London, 1983).

Weintraub, E. Roy, *MIT and the Transformation of American Economics* (Duke University Press, Durham, N.C., 2014).

Winch, Donald. *Economics and Policy: A Historical Study* (Walker, New York, 1969).

Young, Hugo. *One of Us* (Macmillan, London, 1989).

찾아보기

사진 출처

20쪽 © Benjamin N. Duke

21쪽 © Keystone Press / Alamy Stock Photo

38쪽 © Steven R. Shook. (CC BY 2.0)

39쪽 U.S. National Archives and Records Administration

60쪽 © Hoover Archives (CC BY 3.0)

61쪽 © Justin Kern (CC BY-NC-ND 2.0)

88쪽 © Bachrach Studios

89쪽 U.S. Library of Congress

106쪽 © Walter Benington / © Mises Institute (CC BY-SA 3.0)

107쪽 U.S. Library of Congress

134쪽 © AP Photo/Horst Faas (CC BY 2.0)

135쪽 © Adam Smith Business School (CC BY-SA 4.0)

165쪽 © Stefan Fussan (CC BY-SA 3.0)

200쪽 © Gustave Doré / Wikipedia Commons

201쪽 © Erica Fischer (CC BY 2.0)

230쪽 U.S. National Archives and Records Administration

231쪽 U.S. House of Representatives and John Dean

260쪽 © Ministerio de Relaciones Exteriores de Chile (CC BY 2.0 CL)

261쪽 © New York Times (CC BY-SA 4.0)

284쪽 © Luis Alvarez Roure (CC BY-SA 3.0)

285쪽 © Rob C. Croes / Anefo (CC0 1.0)

318쪽 White House Photographic Collection

319쪽 © Raphaël Thiémard (CC BY-SA 2.0)

347쪽 © Jorge Láscar (CC BY 2.0)

362쪽 © Hugh Llewelyn (CC BY-SA 2.0)

394쪽 © Robert J. Fisch (CC BY-SA 2.0)

395쪽 © Eric Draper / Wikimedia Commons

416쪽 © Medill DC (CC BY 2.0)

417쪽 The Friedman Foundation for Educational Choice

430쪽 © Bernard Gotfryd

431쪽 © Mstyslav Chernov (CC BY-SA 4.0)

SAMUELSON FRIEDMAN